复旦大学美国研究中心

中美关系研究丛书

汪　熙　主编

★

中国人的美国观

——一个历史的考察

杨玉圣　著

内容提要

　　有人说，美国是天堂；有人说，美国是地狱；还有人说，美国既非天堂，亦非地狱。其实，关键是看对什么人而言。那么，在大多数中国人眼里，美国是一个什么样的国家呢？从19世纪上半叶起，中国就有人试图了解和认识美国。迄今一个半世纪还多的漫漫岁月中，已有许许多多的中国人表达了他们形形色色的美国观，本书即是对这各种各样中国人美国观的分析和评述，并讨论了这些观点产生的时代背景，读者从中可以从一个新的视角了解中美关系的变迁大势及其深层原因。应该说，要正确认识像美国这样一个异常复杂、万花筒般的国家，只有在尊重事实、实事求是、平心静气研究的基础上才有可能。对此，任何偏见、偏激和成见都是有害而无益的。读者读完本书后，可能会有更深刻的体味。

Publication of the Center for American Studies
Fudan University

Series Studies in Sino-American Relations
Series Editor : Wang Xi

─────────────────────★─────────────────────

CHINESE VIEWS OF AMERICA :
A HISTORICAL INTERPRETATION

BY
Yang Yusheng

Fudan University Press
Shanghai, China

本书的出版得到由美国福特基金会赞助的中华美国学会
美国学著作出版补贴基金的资助,特此致谢。

The publication of the book is made possible partly by the
Chinese Association for American Studies Publishing Subsidy
funded by the Ford Foundation.

Chinese Views of America:
A Historic Interpretation

This edition published by arrangement with toExcel, a division
of Kaleidoscope Software.

For information address:
toExcel
165 West 95th Street, Suite B-N
New York, NY 10025
www.toExcel.com

ISBN: 1-58348-048-X
Library of Congress Catalog Card Number: 98-88382

Printed in the United States of America

0 9 8 7 6 5 4 3 2 1

丛书主编前言

中国人看美国，美国人看中国，看来看去看了两百多年，还没有看清楚，有时甚至看错。这也难怪。中美两国都是大国，美国历史虽短，但也够复杂的。至于中国，几千年文化与传统的积淀，再加上近代各种政治观念(有的不是观念，是偏见)的影响，铸成了一套审视外国人，特别是美国人的特殊视角。由此看出去，看对了的固然不少，看错了的也不为不多。看一个民族、一个国家和它的人民，不是看"西洋镜"。它常常是两国感情导向和政治决策的看不见摸不着的基础。一旦看不清或看走了样，往往会引起严重后果。中美之间在处理两国间关系时，因此而引起的失误，历史上现实中都已屡见不鲜。

两国交往，看清对方很重要，但这不是一件容易事。它是一种专门学问，是社会科学各种学科综合运用的产物，如有可能还应加上直接观察的印象。它的视角必须是科学的(即辩证的)，历史的，兼容的，真实的。否则看不清楚。

说到中美两国彼此互看，追求理解，据我所知美国人比我们做得地道。他们传教士的著作(曾经影响过美国几代人的中国观)，商人的呼吁，新闻记者的评论，旅游者的记载，真可以说汗牛充栋。远的不说，90年代初，戈敦斯坦教授等编的《美国看中国：过去和现在中国在美国人心目中的形象》一书①，内容从早期中美贸易开始，一直到现在，包括了商业、传教、文化、外交、传播和旅游者等不

---

① *America Views China: American Images of China Then and Now.* Edited by Jonathan Goldstein, Jerry Israel and Hilary Conroy. (Bethehem: Lehigh University Press; and London & Toroton: Associated University Press, 1991. 310 pp.)

同角度的全方位的观察。此书尽管还有很多不足之处（特别是近代部分），但毕竟是一个认真的探索。应该讲，在这一方面，美国同行走在我们前面了。

在中美建交以后，人际交往增多，有些新一代的美籍华人（或称"洋同胞"）置身于美国社会之中，用他（她）们自身的酸、甜、苦、辣或得意之处的感受写出了报导美国社会和分析美国人的书。[①] 这些书的特点是把自己同美国社会交融在一起，向读者传递了美国社会深层面的芸芸众生的面貌。从这些书在我国畅销的情况看，也反映了中国人渴望了解美国的迫切心情。这些作品也算是现代中国人的美国观吧。但这些作品毕竟是"个案研究"，更不必说书中的真真假假还有争讼了。

我认为（这也许是我的偏见）要更好地了解中国人如何看美国，还得从历史的深度上下功夫。杨玉圣同志这本书确是在这一方面的一个尝试。这本书从中美关系的"开天辟地"开始，直到当代，涵盖了不同历史时期的不同历史人物和不同的政治团体及不同的社会阶层对美国的看法。把中国人的美国观放在变动的历史背景中去考察，而且言之有物，言之有据。如此这般地来分析或考察美国，应该说是在这一领域填补了一个空白。

玉圣同志自提出做这个题目开始，数易其稿，几度增删，到现在正式出版，前后已将近十年了，真是"十年磨一剑"。现在剑已出鞘，我们希望这本书的出版能引起一些共鸣和反对，让这一课题的研究能继续发展。

汪　熙
1996 年夏于复旦校园

---

① 近年来，这类书比较流行的如，周励：《曼哈顿的中国女人》；张效武、李效忠：《我在美国当律师》；陈燕妮：《告诉你一个真美国》，等等。

目　录

导　言

一

美国是个谜。

众所周知,"美国",是我们对"美利坚合众国"(The United States of America)的简称,这应该是个常识。然而,问题并不这么简单。晚清以来,除"美国"、"美利坚合众国"这两个简称和全称外,中国人对太平洋彼岸的这个新大陆国家还有其他数十种称谓,如花旗、花旗国、花旗邦;咩里干国、芋裹干、芋里干、米里干、咪唎喹、咪、米利坚、米利坚国、米国、米、弥利坚国、弥利坚、弥、嘆喹喹、美利哥、埋里嘎、美理加、美利加、墨利加、美理哥国、亚美理驾国、美里哥国、美里坚国、美;育奈士迭国、育奈士迭、友乃德司得次;合省国、合众国、联邦国;美理哥合省国、米利坚合众国、亚美理格合省国、亚美理驾合省国、亚美利加合众国、亚墨理驾合众国、亚美理驾会邦国、亚美利加之合众国、美利坚联合共和国、美洲合众国;大亚美理驾合众国、大亚美理驾、大美利驾;大美联邦、北美联邦、北美合众国、北美联合国、北美美利坚、合众国联邦、合众花旗、兼摄邦国、美利坚民主国;北美金元帝国、美国帝国主义、美帝国主义、美帝等等。

上述称谓,形形色色,其实都是不同时期的中国人对美国这同一个国家的不同称呼。有的是对 America 的音译,如埋里嘎、米利坚、美利坚等;有的是对 The United States 的音译,如育奈士迭、友乃德司得次等;有的是对 United States 的意译,如合省国、合众国等;有的是对 The United States of America 的意译,如美理哥合省国、米利坚合众国、美利坚联合共和国、美利坚合众国等;花旗等称谓则系当时人有感于美国别具一格的国旗——星条旗而作的形象说法。其所以有咪唎坚、咪之类的说法,则反映了当年海禁初开时中国人对海外"蛮夷"之邦鄙视的心态①。凡此等等,从中美文化交流史的角度言,无不饶有意味②。

单单关于美国这个国家的称谓,就有这样 60 余种说法,不可谓不多。这预示了中国人要了解美国,中国人要真正理解美国,将会经历怎样的艰难和曲折。

"美国到底是一个怎样的国家?""究竟应当如何认识美国?"中国人对这个谜底的解读,尽管早已开始,但迄今仍远未终结。

二

中美两国的正式交往始于 1784 年,"中国皇后"号构架了太平洋两岸最古老和最年轻的两大国联系的桥梁。双方较大规模和经

---

① 鸦片战争时期,中国朝野对中国以外的世界(尤其是西方国家),既不了解,亦不理解,总以"天朝上国"自居,并认为西方乃不文明、未开化之邦,故往往持不屑一顾的心态,反映在对西方国家的称谓上,动不动就加上"口"字旁以示鄙视之意,如称美国为"咪唎坚"、英国为"嘆咭唎"、法国为"佛唎哂"、瑞典为"口瑞口典"、挪威为"哪哦"等。甚至对一些外国人的称呼亦如此,像称颜顾盛为"口颜口盛"、伯驾为"口伯口驾"等。

② 我国出版的教科书、专著和工具书,往往以 1776 年 7 月 4 日通过《独立宣言》为美利坚合众国诞生的标志,其实不然。详见齐文颖:《独立宣言》是美利坚合众国诞生的标志吗?",《世界历史》,1985 年 1 期;杨玉圣:"《独立宣言》史事考——兼议美国史考实性研究",《美国史研究通讯》,1992 年 1 期。有些美国学者(亦包括部分中国学者)单纯从字面上解释中国人对美国的称谓,如说"美国"是"美丽之国"、"美丽的国家"的意思;"美国人"是"美丽的国家的人"的意思;"美帝"是"美丽的帝国主义"的意思。殊不知,这都是误会。事实上,中国人所谓的"美国",仅仅是对"美利坚合众国"(The United States of America)的简称,并不含有"美丽的国家"(Beautiful Country)之意;所谓"美帝",亦只是对"美国帝国主义"或"美帝国主义"(American Imperialism)的简称。在这里,"美"仅仅是也只能是我们对"美国"(U. S.)的简称,断非是"美丽的"(Beautiful)之意。

常性的往来是在 19 世纪中叶之后。由此肇其端,中美开始了彼此相互了解和认识的漫漫历程。

本书以上述历程的一个侧面即中国人的美国观为考察对象,企图在尊重历史、实事求是的基础上,借助前人、时贤的有关资料与成果,初步梳理和总结晚清以来中国人(主要是政论界和知识界)如何一步步了解和探索美国的认识历程。这是一个难度很大的研究课题。

中美两国的历史经历完全不同,双方的社会制度根本有别,两者的意识形态、生活方式迥然有异。中美文化是截然不同的东西方文明体系。如何理解在这种强烈的历史和现实的反差条件下,中国人对美国的认识历程,这是首先遇到的一个难题。怎样有机地结合晚清迄今中国社会制度、社会思潮的递嬗和中美国家关系变迁的大背景,以阐明中国人美国观的演进,这同样是一个难题。此外,我们能否从中国人美国观的变迁史中获取某些正面的经验及反面的教训,亦系无可规避的难题之一。

事实上,难题当然不仅是如此数端。问题的挑战性在于:中国人的美国观,中国人不研究,谁研究?

令人欣慰的是,自 80 年代初以来,已有学者陆续进行了一些拓荒性的工作,并推出了有关本课题的有价值的研究成果。中山大学陈胜粦教授率先对 19 世纪 40、50 年代中国人如何看美国问题进行了深入挖掘①。一些有心人开始关注晚清旅美纪游作品②。钟叔河主持校注、出版了《西海纪游草》等有关代表作。与此同时,钟氏为这些旧著所作的有声有色的新绍介,实际上亦可以看作是对

---

① 参见陈胜粦:"鸦片战争前后中国人对美国的了解和介绍",《中山大学学报》,1980年1、2期。
② 杨国桢:"我国早期的一篇美国游历记",《文物》,1980 年 11 期。

这些人的美国观的研究论文①，殊为可贵。北京大学中美关系史专家袁明教授也发表了这一方面的力作②。此外，涉及中国人的美国观问题的尚有其他论著③，亦有人以这一方面的问题作为硕士论文④ 或博士论文⑤ 的选题，这是很令人鼓舞的。

尤其值得指出的是，已经有学者开始从事中国人的美国观这

① 钟叔河著：《从东方到西方——"走向世界丛书"叙论集》，上海人民出版社，1989年。

② 袁明，"对当前中国大陆知识分子看美国的几点思考"，《美国研究》，1989年2期。亦见《国际政治研究》，1989年1期；中国社会科学院美国研究所等编：《中美关系十年》，商务印书馆，1989年。

③ 参见资中筠："中国的美国研究"，《美国研究》，1987年1期；汪熙、王邦宪："我国35年来的中美关系史研究"，《复旦学报》，1984年5期；刘绪贻："中国的美国史研究概况"，《史学月刊》，1986年6期；黄柯可：《美国史》，见陈启能主编：《建国以来世界史研究概述》，社会科学文献出版社，1991年；潘振祥："鸦片战争后的'开眼看世界'思潮"，《历史研究》，1986年1期；李喜所："中国人最早怎样看美国"，《历史知识》，1988年4期；杨玉圣："中国人的美国宪法观"，《美国研究参考资料》，1989年5期；徐国琦："巴黎和会前后中国知识界与美国外交政策"，《历史教学》，1989年10期；张芬梅："孙中山的理想共和国与美国政治制度"，《徐州师院学报》，1986年3期；何靖："美国资产阶级革命对孙中山的影响"，《孙中山研究》，4辑（1986年）；李庆余："美国宪法对孙中山的主要影响"，南京大学约翰斯·霍普金斯大学中美文化研究中心等编：《新的视野——中美关系史论文集》，南京大学出版社，1991年；张跃宏："中美新闻交流10年——试从跨文化传通的角度来观察"，中国社会科学院美国研究所等编：前引书；杨玉圣："八十年代的中国美国学——回顾与思考"，《美国研究》，1990年4期；黄安年："十年、四十年和一百五十年——美国问题中文著译作综述"，《美国研究参考资料》，1991年1期；杨玉圣："大洋彼岸改革潮的东方效应——三四十年代中国政论界与罗斯福新政"，《美国研究》，1991年2期；钟叔河著：《走向世界——近代中国知识分子考察西方的历史》，中华书局，1985年；熊月之著：《中国近代民主思想史》，上海人民出版社，1986年；任复兴主编：《徐继畬与东西方文化交流》，中国社会科学出版社，1993年；熊月之著：《西学东渐与晚清社会》，上海人民出版社，1994年。

④ 胡逢祥："梁廷枏史学研究"，硕士论文，华东师范大学历史系，1981年；参见吴泽主编：《中国近代史学史论集》（上），华东师范大学出版社，1984年。吴翎君："晚清中国朝野对美国的认识"，硕士论文，台湾大学历史研究所，1987年。

⑤ 陈昌芳（Chang-fang Chen）："Barbarian Paradise: Chinese Views of the United States，1784—1911"，博士论文，印第安纳大学，1985年。

一课题的资料编辑、整理和专门著作的撰写,其成果,或者已经面世①,或者即将面世②。我们为此而由衷地感到高兴和自豪。

概而言之,中国人的美国观已成为海内外部分学人关心和探索的一个新领域。上述有关文章、硕(博)士论文和著作,无疑应予珍视和尊重;探索者和先行者的心血的结晶,自然是值得感而铭之的。

不过,我们迄今仍缺乏一部综合考察中国人的美国观的著作。如果说这是美中之不足,恐不为过也。

三

美国从殖民地崛起为世界超级大国③,这是世界历史上最波澜壮阔,最引人注目的巨变之一。面向世界,面向现代化,面向未来,首先要求我们必须面向活生生的现实。就美国而言,"它的科技力量、经济力量和军事力量半个世纪以来一直高居世界首位,而且在国际舞台上也一直发挥着极其重要的作用,不管这种作用是好

---

① 沈大伟(David L. Shambaugh)编:《中华人民共和国有关美国书目(1977—1987)》(*Books about America in the People's Republic of China*, 1977—1987),华盛顿,1988年;黄安年编:《百年来美国问题中文书目(1840—1990)》,中国美国史研究会等,1990年;杨玉圣、胡玉坤:《中国美国学论文综目(1979—1989)》,辽宁大学出版社,1991年;欧达伟(R. David Arkush)、李欧梵(Leo O. Lee)编:《19世纪中叶至今中国人对美国的印象》(*Land Without Ghosts*: *Chinese Impression of America from the Mid-Nineteenth Century to the Present*),伯克利,加州大学出版社,1989年;沈大伟著:《美丽的帝国主义者》(*Beautiful Imperialist*: *China Perceives America*, 1972—1990),普林斯顿大学出版社,1991年;李本京、于子桥著:《中国大陆美国研究现况与分析》,台北正中书局,1991年。

② 汪熙等主编:《中美关系百年书目(1890—1990)》(中、美、日文),复旦大学出版社将出;韩德(Michael Hunt)著:《中国共产党人的美国观》(*Images and Action*: *Chinese Communist Views Confronts the United States*, 1920s—1950s),哥伦比亚大学出版社将出。

③ 余志森编著:《美国史纲——从殖民地到世界超级大国》,华东师范大学出版社,1992年;黄安年著:《美国的崛起》,中国社会科学出版社,1992年。

是坏,都是世界上其他国家所不能忽视的,不管它同美国为友还是为敌"①。此论极是。

认真地清理和总结晚清迄今中国人的美国观的演变轨迹,将有助于回顾鸦片战争以来中国人对美国的认识是如何由浅入深、由表及里的;在某种意义上,亦有助于研究近代以来中国人在与世界的联系中是如何看世界的思想历程;对于进一步增进中美两国人民之间的真正了解和理解,或许亦不无裨益。在改革、开放和发展已成为我国基本国策、世界新秩序正在急剧转型、21世纪即将来临的今天,开展中国人美国观的研究,其意义是不言而喻的。

本书只是对中国人的美国观这一重大课题的初步考察,它没有也不可能穷尽本课题的各个方面。况且,即便已有的考察和认识,亦不见得没有偏差或讹误。然而,笔者有一个殷切的心愿,即为解读美利坚之谜而竭尽微薄之力。

本书是我的这一心愿的初步结果。

---

① 李慎之:"《中国美国学论文综目》序",《世界历史》,1991年1期。

第一章 开眼看世界

——中国人美国观的缘起

1784年，是中美正式交往开始的时间标志。在这以前，中国人已经从传教士那里知道了美洲新大陆，但是否还晓得这个新大陆上的新国家——美国，似已无从确考①。"中国皇后"号来华，事实上使广州的中国人（首先是商人）开始与美国人接触，从当时人留下的记载看，这种接触当然不无新鲜感②。不过，中国人（当时主要

---

① 很有趣的是，志希在"古今中外派的学说"一文中曾谈到："现在中国有一派人，自以为'学贯古今，道通中外'，融会贯通，无所不晓；于是凡是外国所有学说，中国从前都是有的，外国所有的器物，中国从前都是有的——不但有的，而且比外国现在的精。这种风气，当今实在非常流行，遗老这样说，遗少这样说，甚至于留学生中也有人这样说。……四川有一位经学家说：……《诗经》里面说……'彼美人兮，西方之人兮'，乃是指美国人。'受小共大共，为大国骏庞'一句，小共乃是小共和国，指瑞士而言；大共乃是大共和国，指美国而言"。见《新潮》，2卷1号（1919年10月）。

② 中国人第一次与美国人打交道时，弄不明白美国人与在这以前早就来华的英国人之间的差别。当被告知美、英乃是两个不同的国家之后，中国人对这些远道而来的"新人"既友好，又好奇。"中国皇后"号管货员山茂召（Samuel Shaw）在其日记中载："你不是英国人吧？"

"不是。"

"但是你讲英文，所以当你第一次来的时候，我说不出有什么区别；但是现在我很明白了。在我跟英国人讲价钱的时候，他说：'这么多，——买吧，算了吧'。我告诉他说：'不，朋友，我给你这么多'。他看着我：'滚开，瘟三，怎么！你到这儿来——给我的货定价钱吗？'的确，大班先生，我看得很清楚，你不会是英国人。所有中国人都很喜欢你们的国家。"

"至此为止"，山茂召写道，"我敢说这个人的评语是使我满意的。可是为公道计，我还不得不加上他的结语：'人们初来中国，都是非常好的君子人，都像你一样。我想你多来广州两三趟，你也变得跟英国人一模一样了'。参见罗荣渠："关于美国史和中美关系史研究的一些问题"，《历史研究》，1980年3期。

是士大夫阶层)较多地关注大洋彼岸,还须经过大约半个世纪的光阴,直到轰隆隆的炮声惊醒了沉睡之梦。鸦片战争前后,先进的中国人终于自觉或不自觉地从惨败的屈辱中直面现实,"开眼看世界"的启蒙思潮勃兴[①],并由此开始了中国人了解、认识美国的漫漫历程。这是一项破天荒的珍贵记录。

一、从闭关到开放

中国不是走出中世纪而是被轰出中世纪的[②]。已故历史学家陈旭麓的这一形象说法,道出了古老的中国在近代社会新陈代谢历程中的特殊之处。鸦片战争使中国不由自主地被迫从闭关转而开放[③]。

在近代世界历史的急剧行程中,西方的兴盛和东方的沉沦是引人注目、发人深省的两大历史现象。究其原因,无非是以英国为中心的欧美国家,首得风气之先,乘政治、经济、思想革命的巨轮,率先闯荡全世界,"到处落户,到处创业,到处建立联系",并极力"按照自己的面貌为自己创造出一个世界"[④]。西学东渐,欧风美雨,全球各地无不受到其冲击或震撼。世界已经不是原来的世界了。

在这浩浩荡荡的世界历史潮流面前,中国的出路何在?鸦片战

---

① 潘振祥:前引文。

② 《陈旭麓学术文存》,上海人民出版社,1990年,第790页。

③ 对鸦片战争的重新研究,近年来颇有推陈出新、突飞猛进之势,其中最有代表性的创新性成果为茅海建著《天朝的崩溃——鸦片战争再研究》(三联书店1995年版)。茅氏痛陈道,"中国的现代化一日未完成,鸦片战争的意义就一分不会减。生活在这一尚未现代化区域中的人们,体会现实,探索问题,免不了联系到那次灾难性的战争。屈辱、仇恨、自卑、希望……种种情绪交织,民族感情油然而生。……它本身就不是一个让中国人轻松的问题。"("自序")

④ 《马克思恩格斯选集》,第1卷,第254、255页。

争用血与火为这个复杂的问题作出了一个简单的结论:"腐烂了的封建主义决不能对抗新兴的资本主义"(范文澜语)。无情的历史昭示:世界已经在越来越大的程度上发展为一个密不可分的有机整体;东方的文明无论如何久远与荣光,亦不可能游离于这个近代整体世界之外①。中国的门户由当时最发达的不列颠用强力来敲开,这绝不是偶然的。

不管愿意与否,英国的大炮"迫使天朝帝国与地上的世界接触","野蛮的、闭关自守的、与文明世界隔绝的状态被打破了"②。衰微的中国在满腔屈辱中揭开了新历史的第一页。特别需要指出的是,"开眼看世界"思潮的勃兴,表明了当时先进的中国人的理性追求;近代民族主义的萌动,是不甘屈服的中国人的抗争;救亡图强的思想与实践,从根本上预示了近代中国的希望。无论如何,中国社会终归启动了大转变的巨轮。

中国不是原来的中国了。

二、首开风气:林则徐、魏源、徐继畬看美国

林则徐是近代中国开眼看世界的第一人,"也是开创了解和介绍美国之风气的第一人"③。如同中国的其他封疆大吏一样,林则徐开始时对美国亦所知甚少,甚至连土耳其"是否系米利坚地方?抑系米利坚所属之地?"也搞不清楚。可贵的是,他能脚踏实地,不耻下问,开眼看世界。林氏对中国人美国观的发轫,至少有三方面的贡献:

---

① 关于近代世界整体观的阐释,参见吴于廑:《世界历史》,载陈翰笙主编《中国大百科全书·外国历史》,中国大百科全书出版社,1990年。夏诚著:《近代世界整体观》,成都出版社,1990年。
② 《马克思恩格斯选集》,第2卷,第3,2页。
③ 陈胜粦:前引文。

第一,主持翻译被梁启超誉为中国"新地志之嚆矢"的《四洲志》[①],首次比较具体地介绍了美国的方方面面[②]。与美国人裨治文的《美理哥合省国志略》[③]一起,构成了中国人早期了解美国的主要资料来源。陈胜粦教授说,《四洲志》"具有开创新风气的划时代的意义";其"育奈士迭国"部分,"同仍然'不确不详'的《海录·咩里干国》的内容相比较而言,也可以说是中国人比较确切和系统了解和介绍美国的开端",此乃公允之论。

第二,难能可贵的是,林则徐在与英、美商人的实际接触和交涉过程中,还明确提出了区别"米夷"("米利坚"夷)与"英夷"的问

① 《四洲志》,系据1836年问世的《世界地理大全》所译。1841年,曾有刻本,已佚。《小方壶斋舆地丛钞·再补编》曾辑录。台湾出版的《近代中国对西方及列强认识资料汇编》(第1辑第1分册)亦曾辑收。

② 如历史、地理、政治、财政、经济、人口、种族、宗教等。其中谈到,美国"地膏腴,丰物产","技艺工作,最精造火轮船。即纺织棉布、制造呢羽器具,均用火烟激机运动,不资人力。他国虽有,皆不能及";"风俗教门,各从所好",尤重教育,"人才辈出,往往奇异";"国中黑人居1/6,其中亦有似黑非黑、似白非白者",但"不准黑人预政事";美国"地广人稀",其"川泽分岐,难以悉数",西部尚有大量土地,"未尽开辟";无国王,其勃列西领[按:即总统]"综理全国兵、刑、赋税、官吏黜陟",4年一任,期满更代,若通国悦服,亦可再留一任,但"总无世袭终身之事";美国之民,"种类各别,品性自殊。因地制宜,教随人便,故能联合众志,自成一国。且各处其乡,气类尤易亲睦也。""数百年来,育奈士迭遂成富强之国。足见国家之勃起,全由部民之勤奋。故虽不立国王,仅设总领,而国政操之舆论,所言必施行,有害必上闻,事简政速,令行禁止,与贤辟所治无异。此又变封建郡县官家之局而自成世界者。"从这些情况介绍和议论看,《四洲志》虽系译著,但似乎亦掺杂了一些译者的意味在内,比如,很难想像《世界地理大全》中能有诸如"变封建郡县官家之局而自成世界者"这样典型的中国风味的话。当然,《四洲志》只是译著、而非中国人所作的专著,这是没有什么疑义的。

③ 裨治文(Elijah Coleman Bridgman,1801—1861),系第一个来华的美国教士、《中国丛报》创始人。《美理哥合省国志略》是迄今所知第一部美国史中文著作,初版于1838年。后曾易名数度再版,如《亚美理格合省国志》(1844)、《亚美理驾合省国志略》(1846)、《大美联邦志略》(1862)等。有的学者提到它时写成《美理哥合众国志略》,误。

题，不管这是出于"以夷制夷"的斗争策略，抑或其确有此感性认识①，对这一区别应予重视。这在早期中国人与西方列强打交道时是一种有代表性的现象②。

---

① 林则徐到广州后，查情访探，发现对手英国乃强悍之国，遂有"用诸夷以制英夷"的思想。他在《覆奏曾望颜条陈对关禁海事宜折》(道光二十四年四月二十五日)中指出：英"在外国最称强悍，诸夷中惟米利坚及佛兰西尚足与抗衡，然亦忌且惮之"，其他小国则多仰其鼻息。"自英夷贸易断后，他国颇皆欣欣向荣。盖逐利者喜彼绌而此赢，怀忿者谓 此荣而彼辱，此中控驭之法，似可以夷制夷，使其相间相搆，以彼此之离心，各输忱而内向"。见《林文忠公政书》乙集，两广奏稿，卷1；《近代中国对西方及列强认识资料汇编》，第1辑，第1分册，第164页。此外，林则徐当时亦确对美国人有些好感，称其"平素系作正经买卖，不贩鸦片"，且"颇知倾心向代"。参见《筹办夷务始末·道光朝》，卷7；李定一：《中美早期外交史》，台北，传记文学出版社，1978年，第106页。

② 曾任湖广总督、两广总督、刑部尚书等职的阮元(1764—1849)，曾致函伊里布(道光二十一年)谓："素知在粤通市各国，嗼咭唎之外，惟咪唎喥国最为强大，其国地平多米，嗼夷仰其接济，不敢触犯，而咪夷在粤向属安静，非若嗼夷之顽梗。若优待咪夷，免其货税，又将嗼夷之贸易移给咪夷，则咪夷心感荷天恩，力与嗼夷相抗。且嗼夷之船码，多向海外各国租赁裹胁而来，若咪夷为我所用，则各国闻之，无难瓦解"。伊里布(？—1843)深以为然，遂《代奏阮元咪制嗼片》(道光二十一年正月十五日)称："若假咪夷之力以制嗼夷，似觉事半功倍。虽以天朝之大，借助外夷未为正办，然兵法中本有伐交之说，而以夷制夷之法，汉唐以来，载于史策者不一而足，仿而行之，尚非失体。且以招抚嗼夷与驱策咪夷，两事相提并论，亦属此善于彼。阮元之策，似亦不为无见。"见《筹办夷务始末·道光朝》，卷21。裕谦(1793—1841)亦在《制嗼可晓谕各国以夷制夷片》(道光二十一年二月二十九日)奏曰：海外各国，"因嗼逆滋事，贸易平常，无不同深怨恨，如欧罗巴、咪唎喥、佛郎机诸国，其势力亦均与该逆相等，在天朝自不值明降谕旨，令其帮助"，但亦可晓谕各国，"大皇帝君临天下，中外一视同仁，顺者抚之，逆者剿之"。此次征英，"与尔等各国无干"；以此反奸之计，"既可安各国之心，又可慑逆夷之胆"。见《筹办夷务始末·道光朝》，卷24。就是说，鸦片战争时期，为了对抗赤裸裸的入侵者——英国，当时清政府要员中确不乏利用、分化"洋鬼子"者，亦即"以夷制夷"。事实表明，这并没有产生什么实际效果，但注意到要对美国等非明火执仗的国家和英国区别对待，总还是比较明智一些。况且，亦非对美国有百般依赖的非份之想。比如，伊里布在赞同"联咪制嗼"的奏折的结语中即不无疑惑道："惟咪夷能否服嗼夷，果肯为我所用？此外有无窒碍之处？奴才未能深悉，即阮元离粤多年，亦恐不无今昔之异"。这尚不失为清醒之言。还要补充说明的是，人们之视美国人"最为恭顺"(蒋攸铦语)、其"志在通商"(耆英语)，与当时联美制英的想法亦有吻合之处。不过，这种对美国人的好感虽然不少，但还很难说是"迷恋"美国。鸦片战争后，人们也开始对美国的"狡黠"之处有所认识。

第三,林则徐对其同时代人如魏源、梁廷枏等对美国的了解和认识,甚有影响。

作为晚清一代卓越的思想家、学问家①,林则徐的挚友——魏源(1794—1857),同样是早期中国人开眼看美国的先行者。单《海国图志》② 这一垂世之作,即可奠定其巍峨的历史丰碑。

在《海国图志》这部当时中国规模最大、百科全书式的世界史地巨著中,魏源不仅仅是辑录了到那时为止的有关中文资料,而且尤其值得称道的是,他还在书中阐发了自己对美国的认识:

> 呜呼!弥利坚国非有雄才枭杰之王也。涣散二十七部落,涣散数十万黔首,愤于无道之虎狼英吉利,同仇一倡,不约成城,坚壁清野,绝其馈道。遂走强敌,尽复故疆。可不谓武乎?创开北墨利加者佛兰西,而英夷横攘之,愤逐英夷者弥利坚,而佛兰西助之。故弥与佛世比而仇英夷,英夷遂不敢报复,远交近攻。可不谓智乎?二十七部首分东西二路,而公举一大首总摄之,匪惟不世及,且不四载即受代。一变古今官家之局,而人心翕然。可不谓公乎?议事、听讼、选官、举贤,皆自下始;众可可之,众否否之,众好好之,众恶恶之,三占从二,舍独徇同。即在下预议之人,亦先由公举。可不谓周乎?中国以茶叶大黄岁数百万济外夷之命,英夷乃以鸦片岁数千万竭中国之脂,惟弥利坚国邻南洲,金矿充溢,故以货易货外,尚岁运金银百数十万以裨中国之币。可不谓富乎?富且强,不横凌小

---

① 历史学家齐思和早在"魏源与晚清学风"一文中即已指出:晚清因东南海防而究外洋史地国情,"自魏源创之";魏氏不仅"实当时之外洋史地学大家也",且亦"不愧为晚清学术运动之启蒙大师矣。"见《燕京学报》,39 期(1950 年 12 月);亦见齐思和著:《中国史探研》,中华书局,1981 年。

② 《海国图志》,初为 50 卷本,成书于道光二十二年(1842 年)十二月,后增订而成 60卷本(1847 年)及 100 卷本(1852 年)。

国，不桀骛中国，且遇义愤，请效施驱。可不谓谊乎？[1]

"武"、"智"、"公"、"周"、"富"、"谊"，这 6 个字，简捷明了，提纲挈领，把美国如何从殖民地独立为新国家及其崭新的政治体制、外交举措活脱脱地勾勒出来，不愧为大家手笔。不是说魏氏所言皆可尽信[2]，但他在一个半世纪之前所发出的这些肺腑之言，实乃痛快淋漓，迄今仍不无发人深省之处。这是富有个性的一家之言，在水波不兴、闭塞封建的中国，尤不乏其振聋发聩的启蒙意义，应予珍视[3]。其特殊意义就在于：尽管亦有人对美国作过介绍[4]，但像魏氏那样能作出如此确之凿凿、掷地有声之评论者，尚不多见。可以说，中国人之有相对独立的美国观，自魏源始。

与魏源齐名，开中国人系统了解和介绍美国之先河的，还有徐

---

① 参见《海国图志·外大西洋墨利加洲总叙》，50 卷本，卷 39；100 卷本，卷 59。

② 比如，北美独立时仅 13 殖民地，而非"二十七部落"；那时其人口总数已达 400 万，亦非仅是"数十万黔首"等。

③ 中国近代民主思想史研究专家熊月之已公正指出："在近代，以中西政治制度相比较，以如此热情的字眼称赞西方资产阶级民主制度的，魏源是第一人。多年来，魏源的'师夷之长技以制夷'的思想的历史地位，已为世所公认，而他对西方民主制度的推崇，却不大为人们所重视。"见《中国近代民主思想史》，第 75 页。

④ 阮元早在《外蕃传》(道光二年)中即说过："咪唎喹国俗称花旗"，其西部尚"为蛮人所居，其地产皮"；"近年来舶甚多，几与英吉利相埒"；其"谐声比附以成字，各国大略相同"。见《广东通志》，卷 330；《近代中国对西方及列强认识资料汇编》，第 1 辑，第 1 分册。此一介绍，显系既简又略，且无甚评论。在《海国图志》(50 卷本)成书后，耆英(1787—1858)在一份奏折中(道光二十五年六月初四日)对美洲的发现、北美独立等美国史事作了较多介绍，谓咪唎喹"与中国昼夜相反，土旷人稀"；乾隆年间，"哗嗞啵""各各部落为一国，名合省国"；其"民俗重农事，喜工作"，"又最重贸易，……与嘧嗞哂最称和睦，与喋咕唎相外交而内相忌。其立国虽不过数十年，而地广民勤，物产丰殖，故西洋诸夷与喋咕唎哗嗞哂并称强大者，惟咪唎喹为较著"。见《筹办夷务始末·道光朝》，卷 74。

继畬和梁廷枏①。

徐继畬(1795—1873)对美国的认识,主要体现于其所著《瀛环志略》②。该书卷9《北亚墨利加米利坚合众国》,专门介绍了美国的基本情况。徐氏对中国人早期美国观的贡献,约略有如下5点:其一,第一次把美国的国名 The United States of America 意译为"米利坚合众国",已大致接近于其规范译称"美利坚合众国";与当时流行的美理哥合省国、育奈士迭国、咪唎坚国、花旗国等相比,米利坚合众国是对美国更形象准确的一种称谓。从名不正则言不顺(或名正则言顺)的角度来说,徐氏的这一贡献还是不能漠视的。其二,较早以中国人自己的笔触扼要介绍了当时美国各州和领地的情况。特别是,徐继畬看到美国的"州"(States)与中国的"省"的区别,而在行文中用"国"来表示③,亦大有可称道之处。其三,对大洋

---

① 关于梁廷枏的美国观,请参见本章第3节。这里有必要顺便补充的是,最新的研究成果表明,"魏、徐、梁是当时最先进的思想家。他们从一个封闭的容器中探出头来,开眼看世界,并能放下'天朝'的架子,平静地看待另一种文明(徐继畬最为突出),已是石破天惊之举。由此为基点,稍稍进步,便可登堂入室,领略新风光。然而,我们今天认为尚不够完美的著作,当时被许多人视之为'夷'张目而鄙视。在'天朝'的文化人中,他们是孤独的,这是他们个人的不幸;然中国最优秀的思想家尚未辨明中国的方向,又是整个民族的不幸。这是时代与社会间的落差"。见茅海建著:《天朝的崩溃——鸦片战争再研究》,第580—581页。
② 《瀛环志略》同样是中国人19世纪中叶所编纂的一部世界史地名著,成书于1848年。其前身即《瀛环考略》(1844年)。关于该书的研究,可参见美国学者龙夫威的《徐继畬及其瀛环志略》一书(任复兴译,文津出版社1990年版。)
③ 如缅国(缅因州)、纽罕什尔国(新罕布什尔州)、麻沙朱色士国(马萨诸塞州)、洼满的国(佛蒙特州)、洛哀伦国(罗得岛州)、干捏底吉国(康涅狄格州)、纽约尔国(纽约州)、宾夕尔勒尼安国(宾夕法尼亚州)、特尔拉华国(特拉华州)、马理兰国(马里兰州)、勿尔吉尼阿国(弗吉尼亚州)、北喀尔勒那国(北卡罗来纳州)、南喀尔勒那国(南卡罗来纳州)、若耳治国(佐治亚州)、倭海阿国(俄亥俄州)、密执安国(密歇根州)、阡的伊国(肯塔基州)、田纳西国(田纳西州)、阿拉巴麻国(亚拉巴马州)、密士失必国(密西西比州)、鲁西安纳国(路易斯安那州)、英蘦安纳国(印第安纳州)、奕伦诺尔国(伊利诺伊州)、阿甘色国(阿肯色州)、密苏尔釐国(密苏里州)等。

彼岸的这个新国家有自己的独到见解①,不无特点。其四,第一次把 George Washington 详细介绍给国人,华盛顿② 从此开始成为中国妇孺皆知的世界伟人之一。③ 其五,第一次对美国印第安人作了较具体的描述④,虽然个别提法不很准确⑤,但总的说来,这段记载是很有价值的。

三、梁廷枏的美国观

或许与魏源、徐继畬的盛名有关,学者们对其在开眼看世界中的地位已给予了很高的评价。相形之下,对梁廷枏则不是特别重视。这似乎有欠公允。从中国人对美国的认识历程看,梁氏实不在魏、徐之下;作为中国的美国研究处女作——《合省国说》的作者,梁的地位是断难低估的。

梁廷枏(1796—1861)与魏、徐最大的不同之处,是他尝试着独

---

① 如称美自独立后,"销兵罢战,专务农商";"各部同心,号令齐一","诸大国与之辑睦,无敢凌侮之者";"米利坚各国,天时和正,……其土平衍膏腴,五谷皆宜,棉花最良,亦最多";其"政最简易,榷税亦轻","骎骎乎富溢四海";"好讲学业,处处设书院"。徐继畬尤其对美国的政治体制一唱三叹:"米利坚合众国以为国,幅员万里,不设王侯之号,不循世及之规,公器付之公论,创古今未有之局,一何奇也!"见《瀛环志略》,卷9。

② 华盛顿(George Washington),当时亦译作兀兴腾、瓦乘敦、华圣顿。鸦片战争前后,亦偶作"哗嘘噸"。

③ 详见本章第4节。

④ 《瀛环志略·北亚墨利加米利坚合众国》载:合众国西部"尚有荒地数千里……其土番总称因底阿,种类甚多,长大多力,五官停正似中华,面色紫赤,发与睛皆黑色,不解耕织炊汲,茹毛饮血,或啖果菜瓜,以草木为棚寮蔽风雨。夏月裸上体,腰围兽皮,冬寒则上体亦披皮。又有面涂五色、头插鸟翎以示武者。业惟渔猎,不知文字,病无方药,惟求持咒者叱解之。其人明信,知敬老,受侮必报,汤火不辞。无钱币,以树皮、珠石相交易。有头目,以约番众。"

⑤ 如称印第安人在北美独立战争时曾踊跃为伍,"屡破英军","合众国之胜英,土番与有力焉。"事实上,独立战争时,印第安人主要是站在英国人方面,是"效忠派"的重要组成部分。

立编写美国史,不是汇编、而是剪裁资料,试图以时间为经、事实为纬,融会贯通,"开创了近代中国人自己编写外国[国别]通史的先例"①。

成书于1844年的《合省国说》②（3卷）,以《美理哥合省国志略》为基本资料来源,综合叙述哥伦布首航美洲至中美《望厦条约》签署之前的主要史事,含其立国始末、民主政体、经济、社会、文化等。最能表明梁廷枬的美国观的,首推其《合省国说·序》所云:

> 予盖观于米利坚之合众为国,行之久而不变,然后知古者"可畏非民"之未为虚语也。彼自立国以来,凡一国之赏罚、禁令,咸于民定其议,而后择人以守之。未有统领,先有国法。法也者,民心之公也。统领限年而易,殆如中国之命吏,虽有善者,终未尝以人变法。既不能据而不退,又不能举以自代;其举其退,一公之民。持乡举里选之意,择无可争夺、无可拥戴之人,置之不能作威、不能久据之地,而群听命焉。盖取所谓"视听自民"之茫无可据者,至是乃彰明较著而行之,实事求是而证之。为统领者,既知党非我树、私非我济,则亦惟有力守其法,于瞬息四年中,殚精竭神,求足以生去后之思,而无使覆当前之谏斯已耳。又安有贪侈凶暴,以必不可固之位、必不可再之时,而徒贻其民以口实者哉?

在这里,梁氏夹叙夹议,把美国的民主、法制刻画得维妙维肖,跃然纸上。他对这种"创一开辟未有之局"的新政体不啻感而慨之、敬而佩之。

---

① 胡逢祥:前引文。
② 1846年,《合省国说》与《兰仑偶说》、《耶稣教难入中国说》及《粤道贡国说》合刊,即《海国四说》,凡14卷。有的论著把《合省国说》写成《合众国说》,是不确切的。

梁氏对由选举产生的美国总统即"统领"① 的"限年而易"、不能久据印象甚深，且对美国总统"殚精竭神"、"力守其法"的政治家气度不无钦羡②。他既注意到了美国民主政治的运作及其对防止权力泛滥的作用，又看到了法制的特殊功用。特别是，《合省国说》还从地理环境、政治、民情等方面探讨美国民主共和制确立的原因，这在近代中国是第一次③，也是中国人对美国的新认识的起点。它说明，以梁廷枏为代表的有识之士"对当时世界上最进步的政治制度——资产阶级民主制度，已经从一般了解的基础上前进了一步，不但知其然，而且努力知其所以然。这是从感性向理性的起步"。④

　　凡此等等，无不说明：梁氏及其《合省国说》在早期中国人的美国观中占有相当地位，未可等闲视之。

---

① 据熊月之研究，在近代初期，中国人对美国一类国家元首的称谓有：皇帝、君主；大酋、总酋；民主；总统领；伯理玺天德、伯勒格斯、伯理喜顿。在这些称谓中，"皇帝"、"君主"之称名不符实；酋有一种轻侮的味道；"民主"，中文古籍本意"民之主"，亦不够贴切；伯理玺天德（President 的音译），虽不合中国语言习惯，但这几个汉字无不透露出一些威严华贵的意味，可使人联想到掌理国玺、享有天德者之类。"总统领"，后来习称总统，"纯粹是新造词，以其既能表示国家元首的含义（总的统领），无轻侮意味，又合中国文法，简明易讲，遂成为对美国一类国家元首的称谓。"参见《告别专制主义——中国近代民主思想历程》，第 58—60 页。此外据笔者考索，对美国"总统"的称谓，还有统领、总领、首领、总理者、大头目、监国、勃列西领、大伯勒格斯、国主。

② 无巧不成书，与梁廷枏差不多同时，恩格斯认为美国的总统为国家所做的事"比一打国王和君主加在一起所做的事还要多。"见《马克思恩格斯全集》，第 6 卷，第 183 页。

③ 参见胡逢祥、张文建著：《中国近代史学思潮与流派》，华东师范大学出版社，1991 年，第 71—72 页。

④ 熊月之著：《中国近代民主思想史》，第 82—83 页。熊月之研究员在《西学东渐与晚清社会》（上海人民出版社 1994 年版）中还指出："梁廷枏认为美国民主制度之建立，与其特定的历史、地理环境、与其族重商传统有内在联系，这是近代中国知识分子对美国制度作出的最早的一家之说。"（第 232 页）

四、乔治·华盛顿：美利坚的象征

华盛顿(1732—1799)是美利坚合众国的主要缔造者之一。自其人其事被介绍到中国后,作为美利坚民族的象征,这位美国"国父"一直深受中国人民尊重,其盛誉经久不衰①。

中国人主要是从"开眼看世界"的先驱者那里逐渐知道华盛顿的,其中徐继畬贡献尤著。在《瀛环志略·北亚墨利加米利坚合众国》中,徐氏以其饱蘸情触之笔,向国人塑造了一个新共和国的领袖形象：

"有华盛顿者,……少有大志,兼资文武,雄烈过人。"后率众革命,"血战八年,屡蹶屡奋","志气不衰",终获成功。"顿既定国,谢兵柄,欲归田,众不肯舍,坚推立为国王。顿乃与众议曰：得国而传子孙,是私也。牧民之任,宜择有德者为之。仍各部之旧,分建为国。每国正统领一,副统领佐之……,以四年为任满,……集部众议之,众皆曰贤,则再留四年(八年之后,不准再留)。否则,推其副者为正。副或不协人望,则别行推择乡邑之长,各以所推书姓名投匦中,毕则启匦,视所推独多者立之,或官吏,或庶民,不拘资格。退位之统领依然与齐民齿,无所异也。各国正统领之中,又推一总统领,专主会盟、战伐之事,各国皆听命。其推择之法,与推择各国统领同,亦以四年为任满,再任,则八年"。②

从这些记载看,徐氏主要是说明了华盛顿如何抗英建国的伟

---

① 自晚清迄今,不论中国社会制度前后如何变化,亦不论中美国家关系是好或坏,有两个美国人始终在中国人的心目中声名俱佳：其一是华盛顿,其二是林肯。

② 徐继畬:《瀛环志略》,卷9。

迹。以今人眼光视之,上述各州州长(即徐氏所说"各国统领")和美国总统(即徐氏所云"总统领")的选举办法,既详且细,亦很民主,但所谓"总统领"由"各国正统领之中"推择的说法,显然与美国总统的选举办法相距甚远。华盛顿在独立战争后曾解甲归田、息影政坛,这是事实;亦确有部分军人曾想拥立华盛顿为国王之事,但笼而统之曰"众不肯舍,坚推立为国王",则未必尽是。瑕疵之外,我们更应看到,徐氏之不惜笔墨为华盛顿塑像,主要还是基于他对封建专制诟病不满,对美国民主体制的称颂。从《瀛环考略》(《瀛环志略》的前身)一书的手稿影印件看,徐继畬特意在"得国而传子孙,是私也"这句话下面浓圈密点,以示强调①,即可以说明此点。

尤其令人感兴趣的是,徐继畬在上述平铺直叙之后,旋加一按语,慨而叹之曰:

> 按:华盛顿,异人也!起事勇于胜、广,割据雄于曹、刘;既已提三尺剑,开疆万里,乃不僭位号,不传子孙,而创为推举之法,几于天下为公,骎骎乎三代之遗意!其治国崇让善俗,不尚武功,亦迥与诸国异。余尝见其画像,气貌雄毅绝伦。呜呼!可不谓人杰矣哉?②

此段按语,声势夺人,其字里行间,无不洋溢着一个开明的中国士大夫对美国开国政治家的仰慕之情。在这段按语的手稿上,梁氏都曾加以浓圈密点,特别是"几于天下为公"6个字下面,更是写了圈、圈了再写的。据今人分析,这可能是徐在写这几个字时,颇费思索,考虑再三,最后才决定写上的③,而这正是其精彩、闪光之处。

---

① 参见熊月之著:《中国近代民主思想史》,第78页。

② 华盛顿纪念塔(1885年落成),内壁有190块雕刻之石,其中有一块石碑,即刻有徐继畬的此段按语。此碑前刻:"钦命福建巡抚部院大中丞徐继畬所著《瀛环志略》曰:……",其后刻有:"大清浙江宁波府镌碑立石 合众国耶稣教士识 咸丰三年六月初七日"。

③ 熊月之著:《中国近代民主思想史》,第78页;熊月之著:《向专制主义告别——中国近代民主思想历程》,第37页。

在封建的"天朝",家天下,世袭制,独裁专断,泯灭人性,本乃天经地义一般。在自成一统的闭塞氛围下,虽不乏有思想的异端者,但绝大多数还是安之乐泰,更有感觉好得很者。然而,一经从闭关到开放,新信息即挡不住、新世界亦即遮不住了。乔治·华盛顿之进入中国人的视野,恐亦可以作如是观。

"泰西古今人物,能不以华盛顿为称首哉!"在中国,如此热情洋溢地称颂华盛顿的丰功伟绩,徐继畬是首开先河者①。此后,这位"美国之父"即一直在中国广为传颂②。

---

① 台湾学者李定一先生写道:鸦片战争后未几,"在满清专制政体之下,朝野都极端鄙视'犬羊之性'的夷人风范中,《瀛环志略》公然推崇'夷人'华盛顿'骎骎乎三代之遗意',不能不说是非常特出。徐继畬似乎可算得中国近代第一个提倡西洋代议政治的人,也可称之为崇拜美国文化的先驱。"见《中美早期外交史》,第92～93页。

② 参见艾周昌:"华盛顿与中国",《历史教学问题》,1984年3期;俞旦初:"美国独立史在近代中国的介绍和影响",《世界历史》,1987年2期。根据迄今为止所能掌握的资料,蒋敦复(1808—1867)的《华盛顿传》(见《啸谷堂文集》卷5),很可能是中国人关于华盛顿最早的一篇专门文章。黎汝谦等译《华盛顿传》(《华盛顿全传》),问世于1886年,很可能是近代中国第一部由美国学者撰写、译成中文出版的华盛顿传记著作。晚清迄今,有关著、译已有二三十种。余志森著《华盛顿评传》(中国社会科学出版社1990年版),是中国人所作该类传记著作中最富学术价值者之一。余氏认为,"华盛顿得到中国志士仁人的仰慕是受之无愧的。他作为正面指导国家前进的一位开国元勋,受命于美利坚民族危难之际,执政于合众国初创之时。在美利坚民族由争取独立的革命战争转变为百废俱兴的和平建国时期,由君主政体转[变]为资产阶级共和政体的历史转折点上,华盛顿被人民推上历史舞台克尽厥职";这位"不仅可敬而且可亲"的伟人,德性高尚,坦诚正直,他追求权力,但不迷恋权力;身处权力顶峰,但不被权力腐蚀;企求声誉,但不欺世盗名。"他死了,但他的名字同争取民族独立和建立资产阶级共和政体的事业密不可分,他的业绩如同高耸入云的纪念塔牢牢竖立在美国人民心中。"(见"序言",第364页)。

第二章　跨越太平洋

——中国人对美国的早期实地观察

浩瀚的太平洋把古老的中国与新兴的美国从地理上隔离开来。中国人赴美归国后留下的游记与观感，反映了当时人对新大陆的新感受。百闻不如一见，耳闻不如目睹。晚清中国人对美国的早期实地观察反复说明了这一点。

一、筚路蓝缕

由谢清高口述、杨炳南笔记的《海外番夷录》(即《海录》)①，很可能是中国人关于美利坚合众国最早的一部游记②：

> 芊哩干国，在嘆咭唎西，由散爹哩西少北行，约二月；由嘆咭唎西行，约旬日可到，亦海中孤岛也。疆域稍狭，原为嘆咭唎所封，今自为一国。风俗与嘆咭唎同。即来广东之花旗也。

此外，书中还记录了美国的"土产"如金、银、铜、铁、铅、锡、白铁、玻璃、沙藤、洋参、鼻烟、羽纱、哔叽等，也介绍了美国"多尚奇技淫巧"以及"出入多用火船"。在谈到轮船时，书中是这样写的："船内外俱用轮轴，中置火盆，火盛冲轮，轮转拨水，无烦人力，而船行

---

① 谢清高(1765—1821)，自18岁时起，随"番舶"经商，"遍历海中诸国"，凡14载。1820年春，谢氏述其平生阅历及海外见闻，由杨炳南撰记。1842年，《海录》印本问世。

② 参见冯承钧：《海录注》，中华书局，1955年，卷下。

自驶,其制巧妙,莫可得窥"。

《海录》"所载外国事颇为精审"(林则徐语)。其所记美国情形,亦大致妥当。"在谢清高以前,我国已有的地理学书籍中,虽也提到了美洲(……),但正式提到美利坚合众国的,在中文著作中,当以谢清高这书最早"[1]。不过,现在还没有充分的史料足以证明谢氏确实到过美国。

创游"西海"之始的林鍼(1824--?),为我们留下了其访美纪游之作——《西海纪游草》。这"是一种十分罕见的书"(钟叔河语)。感谢杨国桢和钟叔河先生,他们对这本书的"发现"与整理,使该书得以重见天日[2]。

林鍼是 1847 年春"受外国花旗聘舌耕"而赴美的,第二年回国。林氏对"花旗"的观感,主要见诸其《西海纪游草》、《西海纪游诗》、《西海纪游自序》。我们先看他初到纽约时的感受:

> 宫阙嵯峨现,桅樯错杂随。激波掀火舶,载货运牲骑。
> 巧驿传千里,公私刻共和。泉桥承远溜,利用济居夷。

以上是《西海纪游诗》所记,以下摘自《西海纪游自序》(其注已删掉):

> 百丈之楼台重叠,铁石参差;万家之亭榭嵯峨,桅樯错杂。舻舳出洋入口,引水掀轮;街衢运货行装,拖车取马。浑浑则老少安怀,嬉嬉而男女混杂。田园为重,农夫乐岁兴歌;山海之珍,商贾应墟载市。博古院明灯幻影,彩焕云霄;巧驿传密事急邮,支联脉胳。暗用廿六文字,隔省

---

① 吴德铎:"最早介绍美利坚合众国的《海录》",《文汇报》,1979 年 2 月 4 日。

② 《西海纪游草》是 1849 年撰毕,1872 年刻印问世的。杨国桢所撰"我国早期的一篇美国游历记"(《文物》1980 年 11 期),首次报道、介绍了该书。其版框高 14.5 公分,宽 9 公分,连封面,共 50 页(其中有 36 页为他人题记、序跋、题诗),"西海纪游诗"为五言排律 50 韵,2 页;《西海纪游自序》乃骈体文,6 页。钟叔河将该书收入其主编的《走向世界丛书》第 1 辑第 1 种。

俄通；沿开百里河源，四民资益。酋长与诸民并集，贵贱难分；天堂地狱，奉教兢兢；……山海奇观，书真难磬；……

显然，这都是奇景异观。对于美国的建筑、电话、水利等设施，林针在《自序》的夹注中也作了具体描绘。如关于纽约的自来水，注云：纽约"为花旗之大马头，番人毕集，初患无水。故沿开至百里外，用大铁管为水筒，藏于地中，以承河溜；兼筑石室以蓄水，高与楼齐，……各家楼台，暗藏铜管于壁上，以承放清浊之水，极工尽巧。而平地喷水，高出万丈，如天花乱坠。"对于美国人注重发明创造、技夺天工的情况，林氏也很有兴趣，谓"其俗不尚虚文，凡人能首创一艺足以利世，特加奖赏"。就是说，"应心得手，创一技便可成名"。再如，据他观察，美人印刷、舟车、纺织、锤铸等，"均用火烟轮运以机器，神速而不费力"。而且，他还很为之心动，表示愿学习美国人的科技，"苟吾人有志其成，不期年可以奏效也。"

《西海纪游自序》还谈到了"暴强所扰，八载劳师"的北美抗英独立战争、"统领为尊，四年更代"的总统制、"士官众选贤良，多签获荐"的选举制、"黑面生充下陈，毕世相承"的奴隶制以及"半据荒洲，地宽人少"的经济状况。对于美国社会，林针有时亦不无诟病，如云其"四毒冲天，人有奸淫邪盗"之类。

林针曾谦称他的《西海纪游草》是"测海窥蠡"。用我们今人的眼光看，其所闻所见的确亦谈不上广达、深刻，但这并非漠视其筚路蓝缕之功。"用小小的贝壳去测量大海，当然无法知道海的广大；但是比起没有接触海甚至没有见过海的人来，却要知道得多了一些"，这就正如钟叔河先生所指出的那样，"有了直接的接触（不管如何有限），也就有了真实的了解（不管如何肤浅）。"① 这与"几不知天地之大、九州之外更有何物"的"坐井观天"之类已有很大的区别。林针的游记主要地是给了我们这一启示。

---

① 钟叔河著：《走向世界》，第50、56页。

二、耳闻不如目睹

在林铖之后，到美国去的中国人开始多起来，人们有更多的机会得以实地观察这个万花筒般的新国家。有了感性认识，理性认识也就不再是可望而不可及的非份之想了。当然，这种认识的获得不可能一帆风顺，更不可能一蹴而就。

华工是 19 世纪 40 年代末开始首先大量赴美的中国人，有关反映其初到美国的观感的资料，目前所见无多。这恐怕与其一般无甚文化有关。从个别的史料看，他们对于美国印象不错。如有人谈初到"花旗国南方"的感受是："地广人稀，每欲觅人开垦，种植谷蔬。……其地气候温和，无盛燠、严寒之虑。……所产以白糖、白米、棉花三项为大宗，并常植麦、谷、烟叶、菜蔬，极为繁盛……是亦海外之乐土也。"① 继华工之后，自 1872 年始陆续有三批中国幼童赴美留学，这是早期中美交往史上的又一大事。当首批幼童告别亲朋、远赴新大陆之际，"每人感觉是惊惧兴奋交织的。远在天边的美国情形更使人无法想象"②，甚至有的传说美国"有野人会生剥人皮，再披上狗皮，使人变成四不像的动物。"美国究竟是怎样的呢？不看不知道。"此间一切与东方迥异"③，1875 年赴美幼童薛有福后来在一封信中这样说。

中国幼童初到美国后，在旧金山逗留了 3 天，这些幼小的心灵第一次接触到新世界，"许多轮船穿梭行驶，并排停泊。鳞次栉比的整洁民房，树荫草地中的大厦，市区蜂窝似的商场——这一切，对

① 阙名："墨洲杂记"，《小方壶斋舆地丛钞》，第 12 轶，第 42 页。
② 勒法格著：《中国幼童留美史》(*China's First Hundred*)，香港文艺书局，1980 年，第 43 页。
③ 高宗鲁译注：《中国留美幼童书信集》，传记文学出版社，台北，1986 年，第 55 页。

幼童们都是一番难忘的景象。"① 离开旧金山后，旋即乘上火车，横贯美国大陆，越过落基山后，火车奔驰在一望无际的西部平原，幼童们同样是兴致勃勃、新奇得很，"在许多车站旁，他们都看到穿着土著衣服的红印第安人，黑色头发上插着鹰的羽毛，脸上像中国平剧[按：即京剧]中戏子一样涂有颜色，挽弓佩箭，好不神气！"在某些草原地带，有成群的野牛，角短毛长，猛桀不驯，每当火车奔驰时，即"狼奔豕突"。

更重要的是，这些幼童"第一次有机会接触到西方的文化及文明，亲自目睹美国人民共同生活中的民主方式及无数其他有意义的活动。"② 亲自看了，感触自然也就大不一样。那时能有机会去美国并留下记述者，当然还不多。不过，从这些记述中确可以看到、找到一些新的体验。

比如，对于美国科学技术的发达、机器的广泛应用，人们无不印象至深。李圭1876年参观费城博览会就特别留意了"弗可悉数"的各种机器，如掘煤机、吸水机、陶冶机、垦地浚河机、运舟车机、纺棉理麻机、织机、染机、造纸机、裁缝机，并叹今宇宙乃"一大机局也。"他还正确指出，"美国地大人稀，凡一切动作，莫不恃机器以代人力。故其讲求之力，制造之精，他国皆不逮焉。"③ 李圭进而认识到，农田耕作系中国首务，亦应引进机器，力省工倍，物无遗利，"洵能使国无旷土，人无游民，仓廪实，风教敦焉。"戴鸿慈曾参观过美国的国家印刷局，发现其"置机极多，印刷神速，不可思议。"如"其印邮局收票之器，一小时能印10万张。初以为太过"，但参观之后，"立知信然。"尤其妙不可言的是，它能终日运行，不烦人力，"机器至此，可云巧夺天工矣。"④ 中国人感到新鲜的远不止这些，

---

① 温秉忠：《一个留美幼童的回忆》。高宗鲁译注：前引书，第78页。
② 高宗鲁译注：前引书，第85页。
③ 李圭著：《环游地球新录》，湖南人民出版社，1980年，第26页。
④ 戴鸿慈著：《出使九国日记》，卷3。岳麓书社，1986年。

如祁兆熙在其《游美洲日记》曾说到他初乘火车时的感觉："车轮一发，………山川、田地、林木，恍如电光过目。忽进山洞，比夜更黑，不见天日……。"戴鸿慈《出使九国日记》中则谈到了他在匹兹堡的见识："各厂林立，汽管参差，烟漫林野，入夜光焰烛天，弥望皆是。"李圭在《环游地球新录》中记下了对纽约的印象："屋由三层高至七八层，壮丽无比。行人车马，填塞街巷，彻夜不绝。河内帆樯林立，一望无际。铁路、电线如脉络，无不贯通。……若统地球言之，直与英京伦敦、法京巴里[按：即巴黎]鼎足为三，而屋宇齐整美观，英法闻尚弗迨。"

对于美国的政治体制，人们亦很感兴趣。如张德彝谈到了"各怀私意，彼此不睦"的美国两党——"平行"党、"分尊卑"党①。崔国因在其旅美日记中对于美国议会制的"至美"、"至公"、"实事求是"、上下"毫无隔阂"深为感佩。他以在美国的所见所闻为例说，"因居美国，两见开议院矣。将开议院之前10日，美外部分送各国公使准入议院凭据一纸，可持之以入，一扩闻见，意至美矣。院式圆，空其中，环而坐，各有案，纸笔均备。有所见，则书于纸，刊于报，示至公也。无酬应之烦，嚣杂之习，拘束之劳，宽其礼数，而实事求是。"这是崔氏光绪十六年（1890）十月二十二日所记，翌年八月十六日日记又载："因查美国自总统以至各部、议院，无不出都避暑，逾3月而后回，而事不丛脞者，简也。简，则节目不烦，而弊亦不多。凡立法以救弊者，不知所立之法，而弊所由生也。美国之为治，可谓简也；未尝无弊，而弊不至于甚者，则上、下毫无隔阂之故也。"②身为驻美公使，崔国因的观察是实在的，他没有先入之见，而能如实地作出自己的判断，实难能可贵。说到底，现实最有说服力。这就

---

① 张德彝著：《欧美环游记》，湖南人民出版社，1981年，第108页。近代中国人对美国民主、共和两党的译法，还有丹们奇勒、利巴披力根；点文欹勒、力怕步近；抵门哥勒、利巴别里根等。

② 崔国因著：《出使美日秘日记》，黄山书社，1988年，第184、343页。

难怪 15 年后戴鸿慈等奉清廷之命考察美国政治时,亦承认这一"新造之国"确有可借鉴之处。在美考察一个月期间,他们拜谒总统,参观议院、公署、学校、商店、工厂,还到各行政部门索取现行章程,其结论说,"大抵美以工商立国,纯任民权,与中国政体本属不能强同,然其规划之周详,秩序之不紊,当日设施成迹,具在简编,要其驯致富强,实非无故,藉资取镜,所益甚多。"① 当然,他们并不主张中国"骤相仿效"美式体制。驻美公使伍廷芳对美国的观察也很有意味②:

> 东方民族久处专制政体之下,惟知君上为神圣不可侵犯,自由平等之说未之或闻。一旦涉及美洲,无一不顿改前观。行动、言论,均可自由。试披览报纸对于当道之称职与否,率皆任意评论,无所忌讳。居之既久,知美乃自由发生之地、英雄崛起之邦,人民无束缚,种族无阶级,有非他国所可同日语者。……属美侨民,濡染既久,性质恒默为之,称作此间,乐不复思蜀之想者,比比然也。

美国当然并非"理想国",比如其民主选举,"弊亦随之。"③曾任驻旧金山总领事的黄遵宪,即在其《纪事》这一长诗的最后一段谈美国选举道:"吁嗟华盛顿,及今百年矣。自树独立旗,不复受压制。红黄黑白种,一律平等视。人人得自由,万物咸遂利。民智益发扬,国富乃倍蓰。泱泱大国风,闻乐叹观止。乌知举总统,所见乃怪事。怒挥同室戈,愤争传国玺。大则酿祸乱,小亦成击刺。……

① 故宫博物院明清档案馆编:《清末筹备立宪档案史料》,中华书局,1979 年,上册,第 8 页。
② 伍廷芳著:《美国视察记》,中华书局,1915 年,第 50—51 页。
③ 戴鸿慈:《出使九国日记》"序"。马建忠 1877 年曾在《适可斋纪言》卷 2 说过,"美之监国,由民自举,似乎公而无私也;乃每遇选举之时,贿赂公行。更一监国,则更一番人物;凡所官者,皆其党羽。欲望其治,得乎!"

至公反成私,大利亦生弊。……倘能无党争,尚想太平世。"① 这就是黄氏旅美3载的切身感受。他原以为,"太平世必在民主国无疑也",但美国的现实表明未必尽然。

在当时的中国人看来,美国有其焕然一新之处,如"街道整齐洁静,道途无歌唱者,无嘲骂者,无拾遗者,无争斗者,无乞丐,少偷儿,大小闾巷皆设男女净房,违者罚无赦。"自然,它也不是世外桃源。如"赤身演戏",即"最易坏人心术。"不过,后者显然还是个别现象。

看与不看是不一样的。看了之后,就能逐渐有了独立的看法。我们还不能要求晚清的中国人即能对美国有正确的认识。其实,即便在后来②,甚至在今天,误会、错误亦是在所难免的。"在中国未与西方接触前,中国是'自给自足',而且'自我满足'"。然而,当人们走出国门后,情况就大不一样了。

---

① 钱仲联主编:《中国近代文学大系·诗词集》,上海书店,1991年,第1卷,第496页。

② 一个很可以说明问题的例子是,据费孝通先生在其1945年出版的《初访美国》中说:"我乡下在二三十年前普通人的确相信洋鬼子是直脚,像僵尸一般,转不得弯。有一次有人看见一个西洋人手里拿根杖,就把这杖当作洋鬼子直脚的证明,大家认为千真万确了。假若脚不是直的,转弯不成问题时,为什么要拿根手杖呢?洋鬼子要挖眼睛,开肚子,这种信念不知有什么根据,大概和他们的蓝眼睛有一点关系。至于洋鬼子和洋婆子拉着手在大街上走,那是说明了他们是毫无廉耻的。"参见费孝通著:《美国与美国人》,三联书店,1985年,第70—71页。

第三章 从洋务热到抵约潮
——晚清朝野美国观的一个侧面

19世纪60至90年代,以"求富"、"求强"为主要内容、以"中体西用"为主要纲领的洋务热,是晚清引人注目的主潮流之一。洋务派对外关注的重心,一般而言,并不在美国,但有关的材料也可以约略反映出其对大洋彼岸的某些认识。与此同时,美国对中国人的排斥、迫害,自19世纪下半叶起,从地方到全国,愈来愈升级,这激起了中国人的义愤,也急剧地强化了对美国的失望、反感情绪。1905年的抵约潮充分反映了这一点。

一、洋务派对美国的认识

面对着几千年未有的"大变局",洋务、自强已成为中国当务之急。用李鸿章的话说就是,"中国日弱,外人日骄,……若不自强,则事不可知。"[1] 在历经数不尽的屈辱和失败后,西方的"战舰之精"、"机器之利"、"富强之术",再也不能不正视了。不仅要正视,而且还要"取法"。从当时的情况看,美国并非"取法"的主要对象,但一般说来,洋务派对美国的经验也还是颇为关心的。

"美以富为强"[2],不失为"泰西之雄国"。[3] 薛福成对于"多旷

---

① 《李文忠公全集·朋僚函稿》,卷16。

② 光绪十四年十一月八日崔国因奏。中国史学会主编:《洋务运动》(三)(中国近代史资料丛刊),上海人民出版社,1961年,第565页。

③ 王韬:《洋务在用其所长》。《洋务运动》(一),第497页。

土，皆系膏腴"的美国不无钦羡，特别是对其产业在 80 年内增加多至 43 倍颇为感慨。据他分析，其竞富争强，"所恃者火轮舟车耳。"薛氏 1878 年作《创开中国铁路议》，内称，美国在 40 年前尚无铁路，"今通计国中六通四达，为路至 21 万里。凡垦新城，辟荒地，无不设铁路以导其先；迨户口多而贸易盛，又必增铁路以善其后。开国仅百年，日长炎炎，几与英、俄相伯仲。"[①] 张之洞亦以美国的开发为例说明，"地利不开辟，则千古犹是荒废；人力不善用，则百世莫能振兴。"他对此说得很明白，"美洲居大地三分之一，当未开辟以前，其土人穴居野处，榛狉荒陋，百余年来，西人以格致之术经营于其间，遂成天下至富之国。同此地利，同此人力，而今昔悬殊者，实人事有以勉之也。"[②] 曾为使美随员的徐承祖对此亦有同感，"查美国因机器厂甚多，出产丰足，兼有电报、火车运转极速，故立国甫及百年，而庶富已等于欧洲。"[③] 从美之"国大民富、人莫敢侮"的现实状况中，人们愈发进一步认识到"火轮舟车及电线诸务"的迫切性。张之洞的结论是深刻的："我若不自振作，……将财源日涸、民生日蹙，既不能富，其何以强？"李鸿章也正是基于从谋求自强的角度力主选派幼童留美。他认为，"挑选幼童赴美肄业，以求洋人擅长之技"，这与造就人才、渐图自强"关系甚大"。"赴美国书院学习军政、船政、步算、制造诸学，使西人擅长之技，中国皆能谙悉，以培人才，实为中国自强的根本、当务之急"[④]。不管其政治立场、出发点如何，作为晚清洋务运动核心人物的李鸿章终于意识到，在急剧转变的世界形势下，"以中国之大，而无自强自立之时，非惟可忧，抑

① 丁凤麟等编：《薛福成选集》，上海人民出版社，1987 年，第 107 页。
② 张之洞光绪十五年十月十七日致李鸿章电。参见顾廷龙等主编：《李鸿章全集》（二），电稿（二），上海人民出版社，1986 年，第 153 页。
③ 《洋务运动》（一），第 238 页。
④ 李时岳、胡滨著：《从闭关到开放——晚清"洋务热"透视》，人民出版社，1988 年，第 335 页。

亦可耻"①,这种认识本身还是相当难得的。

洋务派人士对美国政治的看法,迄今尚未找到更多的材料。郑观应对美国的地方政治倒是作过一些介绍,如他在《吏治论》中曾这样说过②:

> 一县之地,治狱者一人,治赋者一人,治杂事者一人。其厅署并在一地,每旦齐集,日中而退。其事至简,其学素习。其有相商之事,每日相见即可论定。抑且学校之事,属之文部;警察之事,别有专司。故县可不劳而理,而民亦无不尽之情。此与汉时三老、啬夫、游缴诸职命意实同,而其制尤善,可为万国之通法者也。

就是说,这种"美利坚之政",既有效率,又能体味民意,显然与中国的混沌官场大异其趣,所以,美国之制"尤善",应为"通法"的对象。对议会的认识,郑观应亦有其独到之处,他认为,这是"通下情"、"得民心"、"张国势"的关键所在。陈炽也在《庸书·外篇》(卷下)中视议院为"英美各邦所以强兵富国、纵横四海之根源也。"然而,无论是郑观应还是薛福成,无不异口同声地说美国"民权过重"③。关于这一点,已有学者作过很好的总结,即:"对于这些正在从地主阶级中分化出来的知识分子来说,美国和法国的民主共和制度还是一种不能接受的'异端',还是必须加以抵制的'洪水猛兽'。"④ 张之洞的《劝学篇·正权》考论,亦反映了此一状况⑤:

> 考外洋民权之说所由来,其意不过曰国有议院,民间

---

① 《李文忠公全书·奏稿》,卷24。
② 夏东元编:《郑观应集》,上海人民出版社,1982年,上册,第372页。
③ 郑观应在《盛世危言·议院》中谓:议院"集众思,广众意,用人行政一秉至公,法诚美矣",然"美国议院则民权过重,……";薛福成《出使日记》卷3亦称:"西洋各邦立国规模,以议院为最良,然如美国则民权过重,……"
④ 戴逸:"戊戌维新前的资产阶级启蒙思想",见胡绳武主编:《戊戌维新运动史论集》,第26页。
⑤ 《张文襄公全集》,卷202。

可以发公论、述众情而已，但欲民申其情，非欲民揽其权。译者变其文曰民权，误矣。美国人来华者，自言其国议院公举之弊，下挟私徇，深以为患。华人之称美者，皆不加深考之谈耳。……近日摭拾西说者，甚至谓人人有自主之权，益为怪妄。

虽说郑观应肯定过美国地方政府体制"尤善"，王韬也肯定过"花旗善法"，① 但这还只是个别情况。

洋务派政治家对美国的认识，也反映到其对美外交等方面。当时都认为，美国为最强大的国家之一。有的说它是与英、法、俄并称的四强之一，有的说它是与英、法、俄、德并称的五强之一。人们认为，美国乃"自守之国也"，尚不足为中国之祸，对华亦"无狼吞虎噬之志"。② 曾国藩认为，美国人"性质醇厚，其于中国素称恭顺"。③ 李鸿章亦作如是观，如说美"最为公平顺善"，"无贪人土地之欲"，而且"好排难解纷"。④ 再如说"美最敦睦"，"美廷素无远志"，"美例向不干预他国事"，"美廷向敦睦谊"，等等。⑤ 他还认为，美国"君臣喜中国振奋有为，遇事每能帮助"⑥。外交是洋务派最棘手的难题之一。为谋"喘息自强之暇"，自然得寻求相对安宁的国际环境。以积贫积弱之国应付强权世局，那么，最重要的关键之一就是得搞明白：何国当防？何国可依？何者为敌？何者为友？从有关史料看，有反日、反俄者，尚无明确提出反美的。在当时，联美论是一种不无

① 参见忻平平著：《王韬评传》，华东师范大学出版社，1990年，第164—165页。
② 参见《洋务运动》（一），第208页，288页。
③ 《曾文正公奏稿》，卷12。章继光著：《曾国藩思想简论》，湖南人民出版社，1988年，第213页。
④ 苑书义著：《李鸿章传》，人民出版社，1991年，第331页。
⑤ 《李鸿章全集》（一），电稿（一），第537页；《李鸿章全集》（二），电稿（二），第255页、292页、357页。
⑥ 《洋务运动》（二），第179页。

号召力的观点之一。郑观应是主张联美的[①]：

> 查立约诸国，最强者莫如英，而美、法与俄皆堪颉颃。
> 然英人险诈，法人鸷猛，势力相敌，迹其离合，实系安危。
> 俄则地据形胜，兵严纪律，惟以开疆拓土为心，向为诸国
> 所忌，而尤为中华之所患。宜外与联合，内严防守，不可或
> 忽也。美素秉信守礼，风俗庞厚，与中国素无猜嫌，当相与
> 推诚布公，立敦和好，有事则稍资臂助，无事亦遥藉声援。

薛福成早在 1865 年的《上曾侯相书·筹海防》中即已提出西方大国间有矛盾可用，"夫英、法、俄、美 4 国，势均力敌，其先皆有仇隙，非能始终辑睦也。"此后他在《应诏陈言疏》（光绪元年）中系统阐述了其联美主张[②]：

> 洋人之至我中国，专恃合从连横，而我以孤立无助，
> 受其箝制，含忍于今。诚欲于无事之时，多树外援，则择交
> 不可不慎也。方今有约之国，以英、法、俄、美、德五国为最
> 强。五国之中，英人险谲，法人慓悍，所至之地，……阴图
> 占据。此中国之深仇，不可忘也。俄地广兵强，……今且
> 西守伊犁，东割黑龙江以北，据最胜之地以扼我后路。
> ……此中国之强敌，不可忽也。美国自为一洲，风气浑朴，
> 与中国最无嫌隙。其纽约与蒲公使所立新约，则明示以助
> 我中国之意。盖亦恐中国稍弱，则欧洲日强，还为彼国之
> 害也。故中国与美国，宜推诚相与，略弃小嫌，此中国之强
> 援，不可失也。

奕䜣等认为，薛氏以上"所陈各国形势，颇多符合"，[③] 故持赞成态度。亦有人以为，"美国尚知言理而不劫，且其强盛又为英人所

---

① 《郑观应集》，上册，第 114 页。
② 《薛福成集》，第 76—77 页。
③ 《洋务运动》（一），第 161 页。

畏，可借之以制英人也。"①

不过，有史料表明洋务派的外交观并未仅仅就此而踏步不前。事实上，他们还进一步认识到，归根结蒂，唯须自强，方能有希望，美国亦靠不住。李鸿章在致驻美公使伍廷芳的信中指出，"美邦政教人情，诚如尊恉。论者皆云宜结为援。中国所需，自应取材于此。至于根本至计，尤在变法自强。彼既不肯为我祸，亦岂肯为我福。子舆氏有言：祸福无不自己求之者，恃人终难久也。"② 盛宣怀 1899 年亦亲自对慈禧太后说，美"虽无占我土地之心"，但亦"断不帮我，……只得讲究自强。"③ 后来在与美国谈判订立商约的过程中，盛氏甚至发现，尽管"美方极力见好，谓事事不侵我主权，而其取益防损，心计甚工，究未尝放松一步"④。这些认识应该说已是相当深刻的了。

洋务派对外确有不少妥协，断送了不少民族权益，但也要看到其抗争的一方面。比如，曾国藩就说过这样的话，"鄙意办理洋务，小事不妨放松，大事之必不可从者，乃可出死力与之苦争。"⑤ 从粤汉铁路的借款及路权的收回这一史实，也可以说明这一点。盛宣怀在谈到何以要从美国借款时是这样解释的：各要害口岸，已几乎尽为外国所占。"仅有内地，犹可南北自由往来，若粤汉一线再假手英人，将来俄路南引，英轨北趋，只卢汉一线踯躅其中，何能展布！惟有赶将粤汉占定自办，尚堪称资补救。故此路借款，断以美国为

① 同上，第 297 页。
② 转引自苑书义著：前引书，第 351 页。
③ 北京大学历史系近代史教研室整理：《盛宣怀未刊信稿》，中华书局，1960 年，第 276 页。
④ 《愚斋存稿》，卷 9。夏东元著：《盛宣怀传》，四川人民出版社，1988 年，第 339 页。
⑤ 《曾文正公书札》，卷 31。王尔敏："19 世纪中国国际观念之演变"，《中国近代现代史论文集》，台北，1985 年，第 7 编（二），第 32 页。

宜。"① 盛氏认为,美技术"最新,距华最远,尚无利我土地之心",②故此借款以美为宜。张之洞认为,无论英、法、德哪一国承办,均有大害;而美国离华遥远,如同今人所分析的,"他亦相信美人在华无攫权的野心,故在借款与修建铁路方面,主张用美款。"③ 可是,当美方违反合同时,张之洞等坚决主张按照合同废约,"以杜后患",否则,"其害不可思议。"④ 结果终获成功。

二、1905 年抵约运动与美国观

在考察晚清中国人的美国观时,不能不特别把视线转移到1905 年。美国对华人的无端排斥、迫害,终于使中国人积郁数十载的怨愤在这不寻常的一年轰然爆发。自"中国皇后"号驶华以来,还从没有任何时候像 1905 年中国抵约潮中所表现出的那种对美国的不满。如果说美国"失去"中国,那么,这至少可以追溯到风云激荡的 1905 年。由于美国人 19 世纪 80 年代以后对华人"无毒不施"⑤、"惨毒不堪"⑥ 的焚掠劫杀,中国人对美国的"文明"、"自由"有了另一层面的认识;美国政府对中国的蛮横、欺压,使中国人对美国是中国之友的观念开始反省;从万众一心、民气大伸、抵制美货的火热斗争中,中国人重新找到了民族自救的信心。

---

① 盛同颐:《盛宣怀行述》,见《洋务运动》(八),第 60 页。
② 参见夏东元著:《晚清洋务运动研究》,四川人民出版社,1985 年,第 225 页。盛宣怀在"呈递恭亲王的说帖"中说,美国对中国"无所觊觎,铁路工程尤精,如借美债,用美匠,各国忌心称逊。"参见李国祁著:《中国早期的铁路经营》,台北,1976 年,第145 页。
③ 李国祁著:《张之洞的外交政策》,台北,1970 年,第 89 页。
④ 参见张秉铎著:《张之洞评传》,台湾中华书局,1972 年,第 142 页。
⑤ 郑观应:《盛世危言·贩奴》。见夏东元编:《郑观应集》,上海人民出版社,1982 年,上册,第 415 页。
⑥ 张荫桓:《三洲日记》。见阿英编:《反美华工禁约文学集》,中华书局,1962 年,第 581页。

中国人以移民的身份飘洋赴美，是1848年加州"淘金热"之后的事。是年金矿发现的消息传到中国后，不少轮船公司即以此相招徕。如一则贴在广州的海报说，"美国人民为天下最富者，他们欢迎中国人，一旦到达美国，有大屋居住，大工钱收入，好衣好食。……请勿疑惧，应即走向发财之路。"① 如此广而告之，固然不免夸大其辞，但无疑是有极大诱惑力的。于是，中国人开始大规模地飘洋过海，踏上赴新大陆谋生之路。这些勤劳朴实、与世无争的炎黄子孙，含辛茹苦，任劳任怨，在开发美国的创业历程中饱洒血泪与汗水，如采矿、筑路、垦荒、农耕等等②，可歌可泣。"蓝缕启山林，丘墟变城郭"③，就是当时对华人业绩的写照。尽人皆知，铁路的修建是近代美国经济起飞的"火车头"，而铁路是与华工的名字联在一起的，"美之铁路，华之血也。"可是，中国人因此而得到了什么呢？

一位研究美国移民史的当代中国学者不无悲愤地写道④：

> 据某些学者研究，美利坚民族的一个特点是"宽容"(tolerance)，因此美国能够成为各民族的"熔炉"(the melting pot)，或者如美国国玺上铭刻的"合众为一"(E-pluribus Unum)。但是从华工的遭遇来说，他们得到的不是宽容，而是过河拆桥；他们没有被"合众为一"，而是遭种族歧视。美国讲究"公平竞争"和"机会均等"，可是"不给华人一个机会"却成了19世纪80年代以后在美国流行的口号。

美国历史上留下了最污秽、最耻辱的一页：驱逐、迫害、抢劫、

---

① 陈冠中："美国华侨血泪简史"，《明报月刊》，1977年10—11月号。陈翰笙主编：《华工出国史料汇编》，中华书局，1984年，第7辑，第15页。

② 详见朱杰勤："19世纪后期中国人在美国开发中的作用和处境"，《历史研究》，1980年1期。

③ 黄遵宪："逐客篇"(1882年)。钱仲联主编：《中国近代文学大系·诗词集》，第1卷，第493页。

④ 邓蜀生著：《美国与移民》，重庆出版社，1990年，第220页。

侮辱、屠杀无辜的中国人。此后,干脆不准中国人赴美,登峰造极,无以复加。

据陈兰彬在其《使美纪略》中所述,美方报纸凭臆论说,连篇累牍,"凡可以欺凌华人者,无不恣意言之","令人阅而愤懑"。当然,美国人并非仅仅是"动口"的君子。崔国因在其日记中有感于同胞在美受虐,常常难以自已。这位清廷驻美公使往往既愤且慨,光绪十六年(1890)四月二十五日日记云:"华人居美,诚遍地荆棘矣。难矣哉!"后来他又在日记中不止一次地说,美国苛禁华工之例"严且酷也",对华人的虐待"肆行无忌也。"① 最早全面以文学形式反映华人遭美排斥的是黄遵宪,他在其《逐客篇》中痛心疾首曰:"倒倾四海水,此耻难洗濯。"郑观应在《致广州拒约会同人书》中说,美之待我华人,种种苛政,视若仇人,贱如牛马,"闻者伤心,见者下泪。"② 他的《哀黄人》亦是一名诗,对于美国人那种"苛刻无人理"的铁石心肠,诗中控诉道:"彼族多野蛮,狠心少恺恻。圈禁似猪豚,鞭策如牺牲。……暴虐我华工,暗如地狱里。"人们不能不问苍天:"天下不平之事,孰逾于斯?"③

《时报》刊载的一篇演说斥曰:"逐客也,收监也,殴打也,烧铺也,世界上所称最野蛮之事,而美人皆一一施于华人,其毒手如何?"④ 中国人遭欺侮,"受美国无限的苦楚",⑤ 实惨不忍言⑥:

那美人,公理全无。可恨他,待我华工,异常残酷。说不尽,那强权手段,比我为牛为马,如仆如奴。

美之待中国人,一言以蔽之,"谁不曰美人虐我,谁不曰美人辱

① 崔国因著:《出使美日秘日记》,第122、235、285页。
② 夏东元编:《郑观应集》,上海人民出版社,1986年,下册,第547页。
③ 黎民铎:《拒约报出世感言》。阿英编:前引书,第694页。
④ 阿英编:前引书,第614页。
⑤ 宣樊子:《檀香山华人受虐记》。阿英编:前引书,第553页。
⑥ 陇西三郎:《拒约报》。同上,第684页。

我!"①其情其形,令哭者有余悲、伤者有余怒,闻者亦有余愤。崔国因在其光绪十六年(1890)六月初七日日记中记载说,美一牧师花勒,曾环游地球,亦承认美禁华人至美,乃"无礼之尤","羞对中国者也。"

1905年波澜壮阔的抵约潮就是对美国人这种"无礼之尤"的回答。对于美国人的"无端苛暴"、"一味凌侮",一向忍辱负重的中国人已经领受够了。"全国人皆耻美对我禁工条约之苛","全国通商口岸之人皆耻美不以人道待我。"②是可忍,孰不可忍?有一个班本说出了大家的心里话:

> 我中国,积弱至今,屡受那,外人欺侮,真是可怜!今日里,那美国,立心更险,将我同胞,种种苛待,苦不堪言!更难堪,还要立约禁我华工,……今之世界,并无公理,只有强权。问一声,我同胞,难道任外人作践?到此时,不思抵抗,更待何年?

当时人认为,美国之禁绝华工,"用强权,蔑公理,污人道,破邦交,是我四万万人之大辱也。"③对于"文明之国野蛮乃若此",无不义愤填膺。特公的《美国华工禁约纪事发刊词》写道:"那美国岂不是平日所皆称的文明国么?美国自己亦自夸他的文明了不得。如今却不许我中国人到他美国去,并且立了许多野蛮的法则,待我在美国的同胞,把我同胞看得好像猪犬一般,要骂就骂,要打就打,要赶就赶,要杀就杀。咳!可怜我同胞住在美国,真像住在地狱里一样,……。"④由此也就不难理解:何以人们视此为"国之仇!"了。莫

---

① 黄子材:"美国政治家与宗教家之对待华人",《广东日报》,乙巳年七月二十四日。见广东省中山图书馆编印:《广东1905年反美爱国运动资料汇辑》(一),1958年,第27页。
② 明明:《有心人卖扇》。阿英编:前引书,第684页。
③ "闽筹拒美禁华工公启系之以论",《福建日日新闻》,光绪三十一年四月二十一日。阿英编:前引书,第604页。
④ 阿英编:前引书,第655页。

等闲斋主人的《国之仇》是这样写的:"国之仇! 国之仇! 国仇睒睒在何处? 请君抉眼注视西半球。"西奥多·罗斯福虽说看不起中国人,但他在1905年致美国国会的年度报告中也承认,对华工的极力排逐,"使中国人民遭受了极大的冤屈,最终也使美国蒙受了奇耻大辱。"① 这倒是说了一句良心话。事实上,这还第一次使美国在中国人心目中的传统美好形象蒙上了浓重的阴影。人们感到困惑不解的是,"论美利坚之文明,其国人醉心自由,唱言平等,……政体之公,为全世界第一。"可是,它暴虐、苛禁华工,实"重失道德信义于我华人也"②。此种无理行径,亦"实足为文明政治之玷"③。福州南台英华书院师生联合会在写给美总统的呼吁书中说:美国自许为中国之友,自认为基督教国家,在华讲博爱,但在美则无端排虐华人,此既非交友之义,亦非基督爱邻如己之道。如此说来,岂不哀哉? 又怎能再要求中国人对美国有好感? 此种情形,正如《敬告美人对于禁工条约之利害》一文所言,本来自中国与外国通商以来,唯美最敦睦谊,但它对华人不以人格相待,即行强权主义,遂令我人不得不愤而抗争:"争之而美人强加压制,则中国之人,皆将张目裂须,以切齿于美人,不曰美人前者之过示和好,特欲收拾我人心,以和平为侵略耳,则曰美人独深结好于宫廷,特欲欺我政府,以攫其所大欲耳,于我国民固非肉食之不甘心也。不曰保全之论,美人不过托名公正,以自饰其野心耳,则曰美人实有吞噬我国之心,特以为时尚早,己之势力未固,以此为箝制各国计者也,一发将更非他人比耳,……举国上下,举以美为强暴之尤、祸我之魁。"④ 由

---

① 陈依范著:《美国华人史》,世界知识出版社,1987年,第241页。

② "华人行为与美人之比较",《岭东日报》,光绪三十一年六月二十日。《广东1905年反美爱国运动资料汇辑》(一),第137页。

③ "美人禁工新约平议",《时敏报》,光绪三十一年四月十三日。阿英编:前引书,第611页。

④ 《岭东日报》,光绪三十一年四月十九日。《广东1905年反美爱国运动资料汇辑》(一),第97页。

这里完全可以看出人们对美国的看法的大转变。

轰轰烈烈的1905年反美爱国运动已成为近代中国御侮史上的灿烂篇章。以抵制美货为主要特色的这次全国性风潮，"人心之一，民气之伸"，前所未有。其声势，一唱百合，"如飙起，如潮涌。"凡有血性者，无不一腔热血，办货者停办美货，购货者不用美货。据当时人记载，"甚而至下流社会，及赌场妓馆，人格最卑、执业最贱之徒，亦感于国民全体之热诚，无不举美货而投掷之，谈论之间，以购买美货，为莫大之耻辱。"① 在抵制运动中，连赌徒们亦丢下手中的美制香烟而改吸土产货。凡破坏抵制美货者，时人即以"媚美"、"败类"、"冷血动物"、"奸贼"、"公敌"相称。在广州，人们盟誓不用美货，"如有阳奉阴违、贪图小利者，子孙永远不昌。"在南京，亦曾决议立"遗臭万年碑"，上刻违约不认罚者的名字，并记其劣迹。有一首儿歌唱道②：

> 我父日日言，禁美货。我母夜夜讲，恨美货。诸人皆说废美货，我也时时恨美货，……告姊妹，劝弟哥，大家不用美国货，全国儿童学了我，不怕美国枪炮多。使他货色无销路，工商无了行业做，不怕美人不讲和。

有一位女士呼吁女同胞们不买美货，不用美货，凡是在美国人开的工厂里作工的亦"快快一起同盟罢工。"为什么要用这些法子呢？道理很简单："美国人虐待我国人，我国人理应照他的苛例，转待在中国的美国人，这叫'以毒攻毒'，是最正当的办法，就算不这样，也应该出一海陆军，和他开一回仗，出一回气。"③ 可惜我国衰兵弱，无甚办法，故有此抵制运动。《时报》所发表的一篇《演说抵制禁例》也突出反映了这一情绪，"彼来一拳，我还一脚，冤冤相仇，使

---

① 大醒："敬告我同业之资本家"，《广东日报》，乙巳年七月初四日。《广东1905年反美爱国运动资料汇辑》（一），第17页。

② 褚娥："争约歌谣"。阿英编：前引书，第677页。

③ 志群："争约之警告"。阿英编：前引书，第651页。

之货物不销,工厂倒闭,庶几泄此愤恨也";否则,"含此一口闷气,享寿享至 99 岁,死至阎王前,亦是冤屈鬼也。"[1] 抵制美货运动的主要领袖曾铸在一份通电中说得斩钉截铁:抵制美货,乃公益事,并无风险。"即有,亦不过得罪美人耳;为天下公益死,死得其所,由我领衔可也。"[2] 一身浩然正气,可谓与日月同辉。

从美国对华人的欺侮、中国的抵制美货运动,人们终于意识到,应"以自己的力量争取自己的权利",这代表了"中国民族的觉醒和信心,这是中国的新希望,民族的新转机"[3]。当时人理直气壮地提出,"今损我利彼之约,美人可悍然为之,我何不可毅然拒之?彼丈夫也,我丈夫也,吾何畏彼?"对于"欺善怕恶"的洋人,唯有以其人之道还治其人之身[4]:

> 诸君试看美国之所以处中国,又看美国之所以处他国,则两副心肠,两副面目者也。今日受人欺亦欺够矣,受人虐亦虐饱矣。自此以后,当为挣眉突眼之金刚,莫为和颜悦色之菩萨。竖起脊骨,剟硬马步,禁我亦可,不禁我亦可,来也亦得,不来亦得,主权在我,何必低首下心,以求于花旗哉?

历史是最好的老师。经了风雨、见了世面之后,中国人对美国有了新的认识,并对自己重新有了信心。正是有了这种新的认识与信心,人们才敢把憋在肚子里的话公之于众:"彼美人何足畏!清政府何足畏!么魔小鬼之袁世凯又何足畏!"这是预言,也是誓言。它的力量是沉甸甸的。

1905 年的抵约潮昭示:正是美国自己损害了它在中国人心目

① 阿英编:前引书,第 622 页。
② 张存武著:《光绪卅一年中美工约风潮》,台北,1965 年,第 43 页。
③ 张存武著:前引书,第 35 页。
④ "演说抵制禁例",《时报》,甲辰七月。阿英编:前引书,第 622 页。

中的形象。历史的经验一再表明：中国人把屈辱埋在心底，但并不等于永远忍气吞声、逆来顺受。沉重的记忆伤透了中国人的心。伍廷芳说得很对，"中国人不慊于美国之真实原因，则美之禁止华工政策为之也。故美国一日不除其禁止华人之法律，则美之全名终有一污点之存在。其对于吾国人，虽诚彬彬有礼，而两国之情感，终不能呈圆满之观。"①

---

① 伍廷芳著：《美国视察记》，第29—30页。

第四章 救亡图强之鉴
——清末民初中国人美国观的深化

中国进入19世纪70、80年代后,内忧外患,日甚一日。至甲午战后,愈益危机。为了挽救祖国于危亡之中,中国的志士仁人孜孜求索。自晚清末叶迄民初,中国人对美国的认识与理解均进入了一个新境界。从戊戌到辛亥,中国历经改革与革命,尽管不同的派别的美国观有异,甚或针锋相对,但就一般情形论,以美国为借镜,救亡图强,这是其共同抉择;在一个世纪之前,恐亦系先进的中国人唯一的正确抉择。

一、从戊戌到辛亥

与岌岌至危、积贫积弱的中国迥然有异,大洋彼岸的美国在19世纪末期正如日中天,欣欣向荣。中国人闻之睹之,自然不胜感慨之至。如驻美公使崔国因触景生情,遂在光绪十七年(1891)六月初六日叹道:"美国之富甲于地球","美之外,未闻再有如美之富国也。"① 湖南时务学堂分教习韩文举批曰:"天下无敌,美国有焉,欧州[洲]不及也。……将来大一统者,必由美国以成之也。"② 汪康年视美国"上下醑熙,举国大富,财力无所用,智勇无所施,几如世外

---

① 崔国因:《出使美日秘日记》,第811页。
② 宾凤阳:"上王益吾院长书"(光绪二十四年),《翼教丛编》,卷5;《近代中国对西方及列强认识资料汇编》,第4辑,第2分册,第782页。

桃源,悠然自得矣。"① 如此天壤之别,根由何在?痛定思痛,变法革新,向西方学习,这就是出路。

"吾国今日之师资,非美英莫属。"② 这不是个别人的个别结论。1898 年,维新派人士樊锥倡言:"革从前,搜索无剩,惟泰西是效";同年,另一位维新志士易鼎也说:"一切制度,悉从泰西。"③ 人们认识到,美国之所以"强兵富国,纵横四海",就在于其议院之法,"合君民为一体,通上下为一心",国基巩固,人思进取,故能成就大事业。何启、胡礼垣在《正权篇辨》中指出:人人有权,其国必兴;人人无权,其国必废。"试举今天下环球各国而观,惟问民之无权者,其国能昌盛否?又问民之有权者,其国能衰败否?"④ 这已经是对封建专制的直接针砭了。在"人人谈西学"、"家家议维新"之时,其意义不言而喻。

更重要的是,中国亦应实行民主共和制。人们"爱共和、慕共和"。美国"政治之美、制度之良",适为论共和者"示以嚆矢。"故此《民心》特于 1911 年 6 月译载《美国宪法》,"以备采择"。正如蔡锷所说的那样,在共和政体之下,人民乃主人翁,"凡制定宪法,推举总统,票选议员,皆出自一班人民之公意",故能上下一体、万众一心,"乃能共济艰难,匡扶时局",此亦即美国所以"擅雄世界"之由⑤。所以,中国也应实行共和政治、联邦政体,有如"法国之共和、美国之联邦。"或者如同宋教仁、于右任等所倡议的,"美利坚合众之制度,当为吾国他日之模范。"⑥

① 汪康年:"中日之战六国皆失算论",《皇朝经世文新增续编》,卷 4。
② 百诲:"美国共和政治之基本谈",《进步》,4 期(1912 年 2 月)。
③ 参见孙广德著:《晚清传统与西化的争论》,台湾商务印书馆,1982 年,第 192 页。
④ 《新政真诠》,5 编,《劝学篇书后》。《近代中国对西方及列强认识资料汇编》,第 4 辑,第 2 分册,第 888 页。
⑤ 曾业英编:《蔡松坡集》,上海人民出版社,1984 年,第 577 页。
⑥ 陈旭麓主编:《宋教仁集》,中华书局,1981 年,上册,第 365 页。傅德华编:《于右任辛亥文集》,复旦大学出版社,1986 年,第 218 页。

华盛顿及其领导的美国革命更是中国先进人士心目中追求的理想与榜样。华盛顿"功若女娲、燧人"，①他之率美利坚脱英羁绊，"植天赋人权之因，结革命自由之果"，正我中国人"可师也。"② 美国现在在世界上"最平等、最自由"，可"称为极乐世界者"，那里的人民"好像在天堂一般"，但须知道，这不是轻易可得的，"美利坚若不是8年苦战，怎么有了今日呢？"陈天华疾呼："要学那，美利坚，离英自立"，③救国救民。宣樊子(林獬)所作通俗白话说书体《美利坚自立记》，是迄今所知近代中国最早的专门介绍美国独立史之作，其宗旨很简单：即希望我同胞"一心一意学这美国人，后来好替我们中国争争气"④。多难兴邦，事在人为。美国人能够不顾生死而抗英，终成后世共和国之圭臬，我中国又何不可以美为师、"种吾革命之种子、养吾民独立之精神"呢？唯有"建自由之阁"、"竖独立之旗"、"撞自由之钟"，中国才有希望。

不能不特别提到邹容(1885—1905)，这位英年早逝的革命宣传家，以其雷霆万钧之笔，推华盛顿为"表木"、"模拟美国革命独立之义"，在全中国播撒了革命的星星之火。在脍炙人口的《革命军》中，邹氏呼天吁地：中国断不可不革命！革命乃天演之公例、世界之公理、求生存之要义。"革命者，顺乎天而应乎人者也；革命者，去腐败而存良善者也；革命者，由野蛮而进文明者也；革命者，除奴隶而为主人者也。"⑤ 这位"三百年来第一流"(柳亚子语)的革命志士祈

① 章太炎在《变法箴言》中写道：华盛顿"于不毛之地，剪除榛薄，始奠天地，其功若女娲、燧人，杀黑龙而积芦灰也。当是时，民非斯人，固无所戴也。斯人者出令而创民主，民固所竟矣。"《经世报》，第1册(1897年8月2日)。见汤志钧编：《章太炎政论选集》，中华书局，1977年，上册，第21页。

② 侯生："哀江南"，《江苏》，第1期(1903年4月)。

③ 陈天华："猛回头"(1903年夏)。见刘晴波等编：《陈天华集》，湖南人民出版社，1982年，第51、52页。

④ 《杭州白话报》，第4—10期(1901年)。参见俞旦初：前引文。

⑤ 周永林编：《邹容文集》，重庆出版社，1983年，第41页。

盼:在中国,独立旗高标于云霄,自由钟哄哄于禹域,独立厅雄镇于中央,纪念碑高耸于高岗,自由神指天指地!邹容所设计的"中华共和国"蓝图,即系"模拟"美利坚合众国而成:

> 中华共和国为自由独立之国。
>
> 立宪法,悉照美国宪法,参照中国性质立定。
>
> 自治之法律,悉照美国自治法律。
>
> 凡关全体个人之事,及交涉之事,及设官分职,国家上之事,悉准美国办理。[①]

在这里,邹容破天荒第一次规划了中国资产阶级民主共和国的蓝图,这是他最可宝贵的历史贡献之一。在中国人美国观的演进史上,矗立了一座小小的里程碑。

当然,美国的政治体制并非尽善尽美[②]。对此,无论过去抑或如今,恐皆无疑义。问题在于,能说哪种政体是十全十美的呢?更何况是一个世纪之前?这就是说,还是得回到尊重历史的基点上

---

① 周永林编:前引书,第73页。

② 如王仁俊批评道:美国总统,"由民自举,似乎公而无私,乃选举时贿赂公行,更一监国,则更一番人物,凡所官者,皆其党羽,……"见《翼教丛编》,卷3;《近代中国对西方及列强认识资料汇编》,第4辑,第2分册,第642页。《新世纪》第6期(1907年7月27日)发表的一篇署名"民"的文章指出:欧美民权,有名无实,即如民权最发达之美、法,亦无非是"一般最少数之富者"左右全国政权机关。"所谓民权者,实富权也。初以为民主最平等,共和最自由,殊不知自由者,富者之自由也,平等者,富者之平等也。而贫民之困苦如故,自由平等,于贫民乎何有?盖政治专制之害,而代以经济垄断之毒,谚所谓'雌狗换只母狗'也"。见张枬、王忍之编:《辛亥革命前十年间时论选集》,三联书店,1963年,第2卷,下册,第1007页。何震、刘师培认为,欧美仅有伪文明,西人政治,较中国为尤恶,"一无可采"。见张枬、王忍之编:前引书,第956页。雷铁厓则对美国立宪不无怀疑:"国民果可以得实权乎?果可以免于专制乎?""吾又不敢谓彼邦宪法之果足以师矣。"见唐文权编:《雷铁厓集》,华中师范大学出版社,1986年,第114页、91页。章太炎认为,美之风教"最劣",其官僚"臧秽甚","其社会趋于拜金";"美之联邦制,尤与中国格不相入",中国"绝不能破坏统一而效美之分离",行政部门亦"不宜如美之极端分权";故应"因地制宜,不尚虚美,非欲尽效法兰西、美利坚之治也。"见汤志钧编:《章太炎政论选集》,上册,第474页;下册,第532页、537页。

来。倘如此，我们就会发现，先进的中国人，其所以经过千辛万苦，努力学习外国，向西方国家寻找真理，无非是因为："那时的外国只有西方资本主义国家是进步的，它们成功地建设了资产阶级的现代国家。"①而美国恰恰就是此种"进步的"、"现代国家"之一。自从美国革命成功后，经过一个世纪的艰苦拓殖②，美国已从偏居大西洋沿岸的小小的十三州而跃居为横跨北美大陆的世界大国，从后进变先进又超先进，到19世纪末即已执世界经济之牛耳。对于美国而言，并不是不存在腐败现象、经济危机和社会问题，但这是支流、而非主流。它正处在一个向上发展的过程中，革故鼎新，朝气蓬勃。那是一个大转折的年代③。美国作为当时资产阶级文明的榜样和理想④，无疑对世人有极大的吸引力，这是十分正常的⑤。关于如

---

① 《毛泽东选集》，人民出版社，1991年，第4卷，第1470页。

② 何顺果著：《美国边疆史——西部开发模式研究》，北京大学出版社，1992年；丁则民主编：《美国内战与镀金时代》，人民出版社，1990年；王春法："论美国西部开发模式"，《美国研究》，1990年4期。

③ 李剑鸣著：《大转折的年代——美国进步主义运动研究》，天津教育出版社，1992年。

④ 列宁指出："无论就19世纪末和20世纪初资本主义发展的速度来说，或者就已经达到的资本主义发展的高度来说，无论就根据十分多样化的自然历史条件而使用最新科学技术的土地面积的广大来说，或者就人民群众的政治自由和文化水平来说，美国都是举世无匹的。这个国家在很多方面都是我们资产阶级的文明的榜样和理想。"见《列宁全集》，人民出版社，1958年，第22卷，第1页。

⑤ 美籍华裔学者薛君度在谈到辛亥革命时期效法西方资产阶级民主问题时说："当时的革命党人，大都认为要建立共和政体，效法欧美政党政治。很多人因为受后来政治变化影响，对民初热心实行欧美政制者，大加非议，似乎也是不公平的。美国名政论家李普曼在其所著《公众哲学》一书中说得好：'在1917年以前，全世界人士，连俄国在内，所有新建政府，全以英国、法国或美国自由民主政制为理想模范。'照我个人留美多年的观察，美国的民主政治和社会文化是大有问题的。但是1912年前后，如果不以欧美政党政治为榜样，试问革命党人那时还有什么较佳的政体可以效法？"见《黄兴与中国革命》，湖南人民出版社，1980年，第207页。1912年2月，南京临时政府正式公布的中华民国国歌的歌词为："亚东开发中华早，揖美追欧，旧邦新造。飘扬五色旗，民国荣光，锦绣河山普照。我同胞，鼓舞文明，世界和平永保。"

何看待美国民主选举的弊端，当时何启、胡礼垣的分析①，倒不乏中肯之处。而更重要的是，人们正是从美国共和制这面镜子中发现，"旧政府不去，而望新学术与新制度之有效力，诚南辕而北辙也。"② 故欲救中国，唯有"以华盛顿之心，行华盛顿之事。"这也就不难理解，何以辛亥共和之后，举国狂狂，以美为师，"如影之随形，如弟之从师矣。"甚至连骨子里一心想圆皇帝梦的袁世凯也公开表示愿作中国的华盛顿③，以蒙时论。这表明，在以美为师④、共和初兴的时代氛围下，即便是像袁氏这样的大独裁者，在人心所向、历史大趋势之前，亦不得不犹抱琵琶半遮面，很可玩味。

在这里，我们还有必要谈及当时中国人对美外交（主要是其对华政策）的若干看法⑤。从有关材料看，这些看法显然是有歧意的。

有的主张，在对外关系与政策中，应联合美国。关于"联美"论，

① 何启、胡礼垣《正权篇辨》（光绪二十五年正月）分析道："至谓美国公举之弊，下挟私，上偏徇，深以为患云云，是又未知天下无无弊之法，更视乎行法之何如也。机事偶坏，则轮船或困沈沦；铁路偶乖，则火车则为之颠覆，然而，人必不以偶坏、偶乖之故，而废轮船、火车之治者，则以其所失者少，而所得者多也。美国公举之法虽有弊，而其兴盛之机，大局实由于民主，此则天下共见，不能或诬者也。"见《新政真诠》，5 编，《劝学篇书后》；《近代中国对西方及列强认识资料汇编》，第 4 辑，第 2 分册，第 889—890 页。

② 彭国兴等编：《秦力山集》，中华书局，1987 年，第 116 页。

③ 据《时报》1913 年 5 月 19 日报道：袁世凯 1913 年 5 月答上海《大陆报》记者弥勒问"有人谓总统欲仿效拿破仑，信乎？"他说："余欲为华盛顿，非拿破仑也。华盛顿为历史中最有名人物，建造自由国，余何故欲为拿破仑而不为华盛顿乎！"参见李宗一著：《袁世凯传》，中华书局，1980 年，第 250 页。

④ 黄兴 1915 年底曾著文回顾说，中国革命本"固欲效法美国之主义、目的，以图造成一大民主国者也。"参见湖南省社会科学院历史研究所编：《黄兴集》，中华书局，1981 年，第 417 页。康有为是反对在政治体制上师法美国的，但他也不能不承认，在辛亥前后的中国，凡慕共和者，"必称美国。"参见汤志钧编：《康有为政论集》，中华书局，1977 年，下册，第 708 页。辛亥之后，有不少新潮之士"模拟"西洋生活方式，据时人记载，"洋衣洋帽洋式鞋，小胡一撇两边开，平生第一伤心事，碧眼生成学不来。"参见段连城著：《美国人与中国人——中美文化的融合与撞击》，新世界出版社，1993 年，第 124 页。

⑤ 关于中国人对美国排华的反应，参见本书第 3 章。

薛福成、郑观应此前已提出过,伍廷芳的看法颇有代表性。在伍氏看来,清廷借材异地,应以美国为宜。伍廷芳指出,"美国合众邦以为国,其保邦治国以兼并他洲土地为戒。"况且,自从与中国通商以来,美国亦向素"最为恭顺","守约惟谨","与我交谊素笃",从未与他国合谋于我。伍氏认为,"若能与之交驩,彼必乐为尽力,无事则联络邦交,深相结纳;有事则主持公论,有所折衷,似与大局不无裨益。"① 另有人认为,美"富甲地球诸国",且能"恪守约章,从不多事","用心公平,迥在诸国之上",所以"美之于我,固可资排难解纷者也"②。景耀月 1909 年 10 月 4 日在《民吁日报》发表《中国外交回顾之慨叹》,谓:联美制日,于中国言,乃"有关国运隆夷","至重至巨"。《南报》第 1 号(1910 年 9 月)也发表文章认为,"美非我敌也。"联美以强中国之论,在戊戌时期的一篇《中国富强策》中表达得最充分:

> 西方诸国,论其大者,"法国横,英国狡,美国驯,德国新胜而锐。""美以农立国,尚慎,故驯。""惟美国驯,未尝与中国开兵端,是宜结好而与外援。"而且,合美可富强。"合美而富策,在借美巨金以策富。""借其金可以开诸矿,借利薄而矿利厚也,国可富。借其金可以铸洋钱,借利薄而铸利厚也,国可富。借其金可以设银行,借利薄而行利厚也,国可富。借其金可以造铁路,驰火车,则各省之产通行而至速焉,商之获利厚,即国之税利薄,借利薄而铁路火车之利厚也,国愈可富也。此借美国金使中国富之策也。又合美而强策,即在借美金以造铁路,行火车,盖铁路、火车不但可使国富也,而且可使国强。既有铁路、火

---

① 伍廷芳:"朝廷借材异地当以美国为宜片"(光绪二十四年正月二十日),《清季外交史料》,卷 129。

② 许珏:"请慎外交饬内治折"(光绪二十四年十月二十四日),《复庵先生集》,卷 1。《近代中国对西方及列强认识资料汇编》,第 4 辑,第 1 分册,第 266 页。

车，则此省用兵，可传电报瞬调他省之兵，日驰数千里速援，如此则天下之兵额可十减六七，即国家之兵饷可十减六七，饷减则国富，兵速则国强，一举而善备焉。"①

也有人持有与联美论相反的见解。最典型的是著名政治家、学者章太炎。他认为，美国"阳与中国交欢"，实则"阴谋黯黦"。中美同盟有害，"交欢美人无益"；"毋以美人之助朝鲜而视为亚洲人继父也"，还特地对美"助中国兴学"事作了剖析②。《扬子江白话报》第 2 期（1905 年 1 月）在时事纪要中，针对某美国人策动庚子赔款由 4 亿 5 千万两银子改赔 4 亿 5 千万金镑之事，大发感慨曰：美国人"一嘴的好话，一肚子没良心，可怕可怕！"③《湖北学生界》第 2 期发表题为《学生之竞争》的文章，称美国为"美狼"，与俄虎、英豺、德熊、法貔、日豺一起，"眈眈逐逐，露爪张牙，环伺于四千余年病狮之旁。割要地，租军港，以扼其咽喉；开矿山，筑铁路，以断其筋骨；借债索款，推广工商，以朘其膏血；开放门户，划势力圈，搏肥而食，无所顾忌。"④ 此处所谓"开放门户"等，显然是针对"美狼"的。

"门户开放"政策，即美国 1899、1900 年两次对列强照会中所提出的基本外交原则。这是美国独立奉行其对华外交的大国政策的开始。无论是中国的维新立宪派还是革命派，对门户开放政策大都是持批评态度的。当时人认为，美国此举乃是为了扩张其经济利益，对中国并无好处。这样一来，无非是在"我卧榻旁，又增一虎矣。"所谓保全政策，其实是"灭国新法。""狼子野心"岂能一变而为

---

① 佚名："中国富强策"，《皇朝经世文四编》，卷 2；《近代中国对西方及列强认识资料汇编》，第 4 辑，第 2 分册，第 990 页。《知新报》亦曾发表文章《论中国今日联欧亚各国不如联美国之为善》，称应"以联美为第一"。参见方汉奇著：《中国近代报刊史》，上册，第 126—127 页。
② "清美同盟之利病"，《民报》，24 号（1908 年 10 月 10 日）。见《章太炎政论选集》，上册，第 471、475、476 页。
③ 参见丁守和主编：《辛亥革命时期期刊介绍》（二），第 212 页。
④ 《湖北学生界》，第 2 期（1903 年 2 月）。

"慈悲佛法"呢?"保全云者,开放云者,皆经济上之侵略",与政治上的侵略相比,"其为祸乃更烈也。"此种"无形之瓜分更惨于有形之瓜分,而外人遂亡我4万万同胞于此保全领土、门户开放政策之下。"1903年以后,随着维新派与革命派的大争论,革命派间或亦强调,革命不会导致中国的被瓜分,也"似乎不再强调门户开放政策的坏处,反而认为各国继续采行此一政策,会有助于中国在革命期间的稳定。"① 但总的说来,人们更多地认识到:所谓保全者,实不足恃,"夫天下岂有恃人保全而能自存、被人开放而能自守者?"故此,"勿谓门户开放、领土保全可以苟全也。"关键是靠奋起自立,力图自救,这才是中国的指望。

二、康、梁师徒说美国

康有为、梁启超是晚清维新改革运动的一代风云人物②,在民族存亡之秋,他们呼风唤雨,将中国推向大规模地向西方学习、变法图强之路。这条路并未走通,但这并不影响其爱国者的胸怀。戊戌政变后,康、梁流寓海外,反对革命,但对民族命运的关心并未懈

---

① 参见张忠栋:"门户开放政策在中国的反应(1899—1906)",〔台〕《美国研究》,3卷3—4期。亦见《中国近代现代史论集》,台湾商务印书馆,1985年,第13编。

② 陈独秀1916年著文评价说,"南海康有为先生,为吾国近代先觉之士,天下所同认。"吾辈少时"读康先生及其徒梁任公之文章,始恍然于域外之政教学术,粲然可观,茅塞顿开","吾辈今日得稍有世界知识,其源泉乃康、梁二先生之赐。是二先生维新觉世之功,吾国近代文明史所应大书特书者矣。见陈独秀:"驳康有为致总统总理书",《新青年》,2卷2号(1916年10月1日)《陈独秀文章选编》(上),三联书店,1984年,第137页。胡适在1912年11月10日日记中说:"梁任公为吾国革命第一大功臣,其功在革新吾国之思想界。15年来,吾国人士所以稍知民族思想主义及世界大势者,皆梁氏之赐,此百喙所不能诬也。见《胡适留学日记》(一),亚东图书馆,1932年,第122页。郭沫若回忆说:平心而论,梁任公"负载着时代使命,标榜自由思想而与封建的残垒作战。……20年前的少年……无论赞成或反对,可以说没有一个没受过他的思想和文字的洗礼的。"见郭沫若:《少年时代》,《沫若文集》,人民文学出版社,1958年,第6册,第112页。

息。与孙中山不同，康有为力主中国不能以美国为师，这特别是表现在对美国政治体制的借鉴与否上；在探索美国经济成功的经验方面，孙、康其实有不少相通之处。以往人们过于强调其差异处，而对其某些相似处却重视不够（至少体现在对美国的认识方面），这是有必要附带澄清的。至于梁启超，与孙、康相比，其美国观带有更多的学术价值，迄今某些结论仍富有启发性，这是与其学问家的身份相称的。康、梁、孙皆是清末民初的政治大家，亦均属饱学之士，又都曾亲自考察过新大陆，既有感性认识，又有理性认识，殊为不易。无论他们对美国的看法有多大的分歧，从中国人美国观的角度看，都不失为一份应予珍视的精神遗产。

就一般情况而言，戊戌变法之前，康有为对美国的政治体制是持肯定态度的①。他还特地以华盛顿立国史事说明多难兴邦之理，以劝光绪皇帝推行新法②。对美国宪法的权利法案尤称颂有加："今共和为治，以民为主，始舍保国之众，而先求保民之法乎。考美国宪法，最重之权利法典，为保人民身体之自由及财产之安固。"而路易斯安那州宪法"尤深切著明曰，凡政府自人民而起，本人民之意思，因人民之幸福而设立，其唯一之正的，在保护人民，使享有生命、自由、财产。"康氏叹道："此数语乎，真共和国之天经地

① 康有为的《大同书》即是以美国为例证的。如说到"去国而世界合一之体"时，他写道："削除邦国号域，各建自立州郡而统一于公政府者，若美国、瑞士之制是也。公政府既立，国界日除，君名日去。渐而大地合一，诸国改为州郡；而州郡统于全地公政府，由公民选举议员及行政官以统一；各地设小政府，略如美、瑞。于是时，无邦国，无帝王，人人相亲，人人平等，天下为公，是为大同，此联合之太平世之制也。"在《法国大革命记》中，康有为以为，美国之政"实天下公理之至也。"其要旨即人权平等、主权在民、普遍选举。分别见汤志钧编：《康有为政论集》，上册，第519、593页。
② 康有为在《上清帝第5书》（1898年1月）中劝曰：外患所以兴邦。"美国制造铁炮，而英人禁之，华盛顿托荒岛而后成"；"华盛顿无一民尺土而保全故国。况以中国二万里之地，四万万之民哉！……若皇上赫然发愤，虽未能遽转弱而为强，而仓猝可图存于亡，虽未能因败以成功，而俄顷可转乱为治。"见《康有为政论集》，上册，第208页。

义矣"①。

辛亥革命后，康有为对美国政治多有诟病，尤其是反对把美国的共和制、总统制、联邦制搬到中国来。康有为承认，民主之制，出自公举，"可谓公之至矣"，也看到，"美国之治效，可谓盛矣"②。但是，他认为，美国行共和政体，能"光而大之"，而其他国家则不然。"妄立共和政体者，未有不大乱无己者也。"如美洲各国，皆师法合众国而成共和政体，但除智利外，无一不乱。同样的道理，共和政体亦不能行于中国。因为美国乃"新造之邦"，它与欧洲隔绝，风气皆新，"无一切旧制旧俗之拘牵"，故能大更大变，创行新体制。中国则不然，以万里地方之大、四万万人民之众、五千年国俗之旧，与美国"迥绝不同"，不适于民主政体。如果妄师美制，不是为治有序、进化有级，"以中国之政俗人心，一旦乃欲超越而直入民主之世界，如台高三丈，不假梯级而欲登之；河广十浔，不假舟筏而欲跳渡之，其必不成而坠溺，乃必然也。"③ 他还从道德、国之大小的角度作了论证。在康有为看来，美国能行共和制，与其开国时皆清教徒有关。这些有道之士唯"以立国为救民水火之心，无争位以专擅权势之意"。而且，这些清教徒有学问、有知识、有财力。"赖有三百万中人以上之家，信教而厉行，入专门学而有才，多财而善物质，此美之所由治也。"④反观中国，其道德何如？华盛顿初创之时，美国地小人少，故行共和。"今若中国少人民三万万七千七百万，削地为铁路一日程，则能为美开国时之共和也，否则强邻交侵，而内乱四起，未能立国也。"到1913年，他干脆说：中美"本原不类，精神皆非"，故既不能以一时之感情而狂放言之，"更不能以欧美所行，而冒昧媚之。"⑤

① 《康有为政论集》，下册，第703页。
② 《康有为政论集》，上册，第486页。
③ 《康有为政论集》，上册，第475页。
④ 同上，下册，第819页。
⑤ 同上，下册，第912页。

康有为对中国应效法美国总统制之说甚不以为然①。他认为，即便是在美国本身，其总统制也已有"大险大害。"比如，每遇总统选举，即"举国欢选，费金钱，靡酒食，以数千万，全国之民，月日罢业，金融为之大困，商业牵及停滞，其害中于民，亦已大矣。"② 中国不能妄思摹之。因为人们连家产田宅之争，尚倾力而为，何况一国之总统呢？而四万万人之中，英杰枭雄辈出，谁能为之？若行美式总统制，只能全国弥乱，爪牙遍布，求共和而适得其反，"势必由专制而仍复于帝制。"可见，国民公举总统之制，"美倡之，亦只有美能行之。"③

至于联邦制，美国行之，"百政易举，民气昂扬，工商大兴"，但中国不然。康有为有感于有人想在中国搞联省大治，"尤为惊心骇目，首疾岑岑。"④ 他认为，中国数千年统一立国，乃长治久安之至理，难以变易。美国界于两大洋，邻无强国，长期消兵弥战，无争乱、割据，故致富强，人民得享自治。而中国武人当道、军阀未除，因此，"美国分州自治之例，不能误引。"

总之，在对待美式政治的问题上，康有为对中国辛亥前后以美为师是极反对的。他有一次甚至以很不屑一顾的口气说："彼美立国甚短，法鉴无多，今乃不择而尽师焉，何其愚也。"⑤ 在他眼中，"泰西之政，比于三代，犹不及也"；⑥ 三代时，天下无贫民，有礼乐

① 康有为在1911年11月写道："或者谓天下已定，当效美国之投筹公举总统，以昭大公，此尤可笑也。"见《康有为政论集》，下册，第672页。
② 《康有为政论集》，下册，第682页。
③ 据康氏分析，其原因有四：美开国诸贤，皆清教徒，无争权位之志，只有救民之心，此其一；因其属地13州，已有议院自立，本无君主，此其二；美国人本系英国人，移殖往美时已有宪法，仅有两大政党，故少争，此其三；美初立国时，人口仅3百万，仍是小国，此其四。参见《康有为政论集》，下册，第681页。
④ 上海市文物保管委员会编：《戊戌变法前后——康有为遗稿》，上海人民出版社，1986年，第549页。
⑤ 《康有为政论集》，下册，第907页。
⑥ 姜义华等编：《康有为全集》，上海古籍出版社，1987年，第1集，第537页。

之教,西方尚做不到这一点。欧美的长处在物质精奇,即"形而下之物质",中国之国粹乃德教,不可弃废。中国之颠危误在尽法欧美而尽弃国粹,犹如盲人骑瞎马、夜半临深池,不堪设想。康氏看到美国人"惟尚工商"、"惟富是崇",[①] 这是对的;他之认为美国人"嗜利无耻","不好文学,不尚行义",这在镀金时代亦非无稽之谈;他之发现美国人凡"事涉金钱,若不至律师存案,不见欺者寡矣",甚至"杀人行贿,可以无事也"。而奸诈盗伪,尤其不可胜数,其风"极炽"。这种观察自有其深刻之处。问题在于,康氏主要是从中国只能改良、不能革命;只能行立宪、不能行共和的角度,反对向西方和美国学习。他以中国地广人众为由,力主中国不能行美式民主政体,其论据亦单薄得很。所谓"美之俗"尚利无义、唯中国孔教道德为最,亦不无文化上的偏狭主义之嫌。不过,康有为主张对美不能"不择而尽师之",也有可取、清醒之处;顾忌到中国国情,看到中西势理性俗有异,不一味照搬,未尝没有合理的理性因素。

美国之富盛,"非为其共和为之,亦非为其政治为之",乃是由于美国人一心一意致力于科技、发明。这是康有为对美国的另一个基本看法。关于这一点,他在《上清帝第二书》(1895 年 5 月 2 日)、《请厉工艺奖创新折》(1898 年 6 月 26 日)、《物质救国论》(1905 年 3 月)、《乱后罪言》(1913 年 11 月)等中曾反复述及。他认为,美国推行的专利制,是一种再好不过的"劝工之法"。美国人心思志想,昼夜研精,均以"欲创新器"为旨,正如我们中国人过去苦攻八股、以得科第一样。创造发明,系日新日智之业,这在工业社会尤其重要。康氏曾参观过美国的专利博物院,见其尽收地球新器,网罗无遗,愈发感慨:"美之富强非有他,在此院矣,吾游而惊之!"《乱后罪言》中有一段文字专论此事[②]:

① 《戊戌变法前后——康有为遗稿》,第 446 页。
② 《康有为政论集》,下册,第 917 页。

美国之富盛也，非为其共和为之，亦非为其政治为之，其人士骤精会神，皆求制一新器，则可以得大名而享厚实，故趋之若骛。其嗜制器也，若昔者八股之士之专心致志也。美国民主平等，本不尚贵，故其人民知求富与名，但创得新器，则名实俱收，故其人不求美官，而专求良工，是以美之富甲大地。

康有为也很赞赏美国广筑铁路、大兴教育之举，认为这也是它富甲大地的原因。关于铁路对美国经济发展的作用，这在近代中国人看美国时是一个共识[①]。康有为也很重视这个问题。他指出：美国在 19 世纪中叶未有铁路之前，与我国无异，但其后修造铁路，如织网丝，纵横午贯，遂机器盛行，工商致富。"夫铁路缩万里为咫尺，循山川如图画，收远边为比邻，以开民智，富民生，辟地利，通商业，起工艺，省兵驿，固国防，莫不由之。""凡铁路所到之地，即为文明繁盛，铁路未开之所，即为闭塞榛荒。"而广土大国，需之尤迫，以美国为例，即以铁路为前导，"辟太平洋边万里之区，仅 50 年间耳，而繁富文美，甲于万国矣。"[②] 教育也是关系国家兴盛与否的大事[③]。美国有各类学校百万所，学生 2 千万人，小学即重视职业教育，中学为义务教育，故人才至盛，民智而国富且强，他国无不畏之。

康有为深叹"美国最富"，世界各国"富乐莫如美"，"美之富冠

① 崔国因在日记中不止一次谈到美国的铁路。如他说："尝考美国之所以致富者，其开辟不过二百年耳，而日益加富，如是之速者，则铁路之力也。统计地球铁路，以美最多；统计地球各邦，亦以美为富。""铁路之富国足民，实无疑义。……美国富强之骤，实本铁路。"见《出使美日秘日记》，第 394 页、559 页。
② 《康有为政论集》，上册，第 362 页。
③ 郑观应在《盛世危言·教养》中即已指出："横览环球各邦，其国运之隆替，莫不系乎人材，而人材之盛衰，莫不关乎教化""观英、德、法、美诸邦崛起近世，深得三代之遗风；庠序学校遍布国中。""读书则智，不读书则愚；智则强，愚则弱。德国之民读书者百分之九十五，美国之民无不读书，宜其富强如是之速。"见《郑观应集》，上册，第 480 页。

绝五洲",① 由此得出结论要修路、兴学,"应采欧、美之物质,讲求科学,以补吾国之短。"尽管其政治立场囿于立宪、而不肯越雷池一步,但他对美国经济进步的观察却有其深刻之处。从国基在于人材、人材在于教育以及要致富、先修路的角度看,他主张中国以美为鉴,办教育,养人材,筑铁路,致富强,也是符合救亡图存这一宗旨的。

梁启超是与康有为并称的维新改革大师,同时又是一位学贯中西的大学问家。梁氏的《新大陆游记》尤其是令人捧读不释的传世之作,在同类作品中,恐罕有其匹者。

康有为对美国的看法,均见诸其有关政论之作,且彼此间多有重复,并没有写过专论美国的论著。相比之下,梁启超除在有关政论中对美国有所论述外,还有像《新大陆游记》这样的专著。康有为的论据往往是简单罗列,梁启超则一般都有相对充分的论证。另外,康氏之论多沾政治色彩,梁氏之说多不失其学术价值。

与康有为一样,梁启超也认为,"中国不能学美国共和制",②亦不能搞联邦制。梁认为,美国民主政治之所长者甚多,固不待问。"以赫赫之美国,岂其于政治上无特别善良之处,而能致有今日者?"③从美国的富庶,他也看到了民权当复的必要性。美国是一个内治修、工商盛、学校昌、才智繁的强国。但是,中国不能实行美国的政治体制。"呜呼!夫美国非我中国所能学也";"请毋望新大陆之梅以消我渴也。"④ 梁氏何以得此结论呢?

首先,梁氏认为,美国的共和宪制有其独特条件,中国则无。其《答某报第4号对于新民丛报之驳论》认为,英国人从移殖美洲始,

---

① 《康有为政论集》,上册,第 218 页、228 页、127 页。
② 梁启超著:《饮冰室合集·文集》,第 6 册,《饮冰室文集之十八》,第 99 页。
③ 梁启超著:《新大陆游记》,湖南人民出版社,1981 年,第 173 页。梁氏还曾视美国为"自由祖国之祖"、"世界共和政体之祖国"。
④ 张枬、王忍之编:前引书,第 2 卷,上册,第 211 页。

即实取卢梭的民约建国说(契约论)而实行之,其共和宪制导源甚远,这是因为"盎格鲁撒克逊人种固有自治之特性";"清教徒高尚纯洁之宗教观念";"仅有极少数之团体员";"利害关系同一而无冲突。"这4个条件,缺一未可。"夫以极少数之素能自治而有纯洁之宗教观念且利害关系同一之人,共居一地,而为政治生活。夫是以能益发达其美性,而自治之习惯,愈纯粹而坚牢。美国共和宪制之源泉,皆自兹出。"① 在《中国立国大方针》中,梁氏具体强调道,美国建国前后,其国情与中国"大异"。据他分析,此种"大异"有五:

(一)其时放任政策之学说正盛行,美人深入心中,而因以著为成法。在彼时固适与时代思潮相应,行之自宜有效。今日时移事易,美犹病诸,而况于我?(二)美之建国,以清教徒为中坚。当其在英,而自治习惯,固所夙具;移殖以后,养之又数百年,譬诸成年壮夫,不假提抱,政府恭己而治足矣。我国久困专制之下,政治本能,屈而不申,自治习惯,养之无素;强思效颦,安见其可?(三)美之13州,自独立以前,早已成为具体而微之13国。其与毋国英伦之政府,关系本甚浅薄;质而言之,美国当属英时代,直可谓数百年间未尝有中央政府也。及既独立,则此13州之民,亦仍旧贯以安其堵而已。故独立后6年间,不举总统,不置政府,而能晏然行所无事。其人民仰赖政府之事至简,即此可见。故政府虽脆薄,无害于国家之存立。我国则二千年一统专制,虽曰前此政府放弃责任,未尝亲民,然恃一政府以维持一国,自昔已然。与美相衡,适得其反。(四)美始建国,人数仅3百余万,适足比我一二府州,不待庞大之政府,已足为治。我国合5大族四万万人以成国,政务之简要繁重,相去悬绝。(五)美国斗处新大陆,超

① 《饮冰室合集·文集》,第6册,《饮冰室文集之十八》,第66页。

然于欧洲国际团体之外。其建国伊始，与人无争，固无论矣。即后此世界大势日就变迁，而彼犹为门罗主义所保障，不自投于国竞之旋[漩]涡，专务休养生息，蓄力待时。夫目的既不在外竞矣，若乃内治之事，则其民习于自治，毋劳政府代谋。故政府职权，不妨减杀，固其所也。我国今方为列强竞争之目的物，终已不克闭关自守，而又安能人自为战？故所望于强有力之政府者，对内所关犹小，而对外所关乃巨也。明夫此五义，则美国立法之本意，非我所能效颦，章章明甚。夫美人之务减杀中央政权，不过袭过去之理想耳。至今日机兆已一变。庐斯福氏[按：即西奥多·罗斯福]所倡新国家主义，即其代表也。我国在今日，而犹思踵彼百年前之陈迹，抑可谓不识时务矣。[①]

撇开"中国不能学美国共和制"这个大结论暂且不谈，亦不管"识时务"与否，纵观梁氏所言，从学术角度看，他所作的以上5个方面的比较大致都能经得起史实与逻辑的推敲。这也是梁启超的高明之处。我们在这里不是摘录，而是照录原文，主要是想让读者得到一个较全面的印象。

梁氏在讨论美国联邦制是否适宜于中国时，还对美、中国情不同作过进一步的论述。他说：不能行联邦分权制，乃历史根柢使然。"吾愿贤士夫之心仪美制者，且勿问吾民程度视美何如，尤当问吾国国势视美何如耳。"为此，他提出了中国欲采美制，须首先解决的

① 《饮冰室合集·文集》，第10册，《饮冰室文集之二十八》，第52—53页。

5个问题①,的确这方面并非没有问题。

其次,梁启超认为,美国政治体制本身尚待改善。比如,按照美国宪法规定,总统之权是限定的,凡宪法无明文授予者,即不得专擅。其结果,势必使总统成为立法部(议会)的奴隶,"苟非伺两院之眼波,虽有贤才,不能行其志。"美国虽是老资格的共和国,但也"不得不变成议会专制"了。因此,即便模仿美国宪法,亦仍不能"举民权之实也。"故"纯粹之美国制,若为国家永远计,固万不可采……若为中国革命后新造计,则尤不可采。"② 一直到19世纪末,除个别情形(如林肯总统任内)外,美国国会在其政治体制中确具有较行政、司法更大的影响,其地位更形重要③,故称"议会专制"亦未尝不可。但能否因此就得出中国不能采美制的结论,恐亦未必尽是。

最后,梁启超从新大陆之行中耳闻目睹了美国现实政治生活的缺点,更坚信了其中国只能搞立宪之预备、开明专制而不能行共和的结论。如美国政治家之贪黩、官场"殆如一市场"、第一流人物不入政界、官职屡易、市政腐败,等等,梁氏都深有感触。如1883年文官法推行前,美国上上下下,每次大选后,若非本党,"则真如风吹落叶,无一留者"。纲纪泯梦,无所复加。"盖数十年间,美国之官吏,成一拍卖场耳","此实千古未闻之现象也。"官职屡屡更迭,是

① 这5个问题是:"第一,美国之中央共和政府,实建设于联邦共和政府之上,而彼之联邦,乃积数百年习惯而成。我国能以此至短之日,产出彼巩固之联邦乎?第二,美国政权之大部分,皆在联邦各州,其所割出以赋与中央者,不过一小部分。我国效之,能适于今日之时势乎?第三,美国行绝对的三权分立主义,中央立法之权,行政部不能过问。此制果可称为善良之制乎?我国用之,能致国家于盛强乎?第四,美国由英之清教徒移殖,养成两大政党之风,故政争之秩序井然。我国人能视彼无逊色乎?第五,美国初建国时,地仅13州,民仅3百万,其选举机关,夙已完备。我国今日情形,与彼同乎、异乎?"见《饮冰室合集·文集》,第10册,《饮冰室文集之二十七》,第41页。
② 《饮冰室合集·文集》,第6册,《饮冰室文集之十七》,第63页。
③ 伍德罗·威尔逊著:《国会政体》,商务印书馆,1986年。

共和政治的最大缺点。《彭德尔顿法》实行后，"其弊稍减，然犹未能免。"各大城市往往成为"黑暗政治之渊薮。"这都使梁启超大失所望。1903年11月他自美返日后，思想为之一变，遂公开著文涕泪滂沱道："呜呼！共和共和，吾爱汝也，然不如其爱祖国；吾爱汝也，然不如其爱自由。……呜呼！共和共和，……吾与汝长别矣！""吾自美国来，而梦俄罗斯者也。"①

另外，梁启超从美国华人身上更多地看到了中国人的国民性弱点，即：有族民资格，而无市民资格；有村落思想，而无国家思想；只能受专制，不能享自由；无高尚之目的。自由、立宪、共和，均系多数政体的总称。中国若采之，无异于"自杀其国"。"自由云，立宪云，共和云，如冬之葛，如夏之裘，美非不美，其如于我不适何[合]。"以如此丑陋之中国人，必须先经强治力锤冶，始有才能与之谈共和的基础，所以不能空圆好梦。"一言以蔽之，则今日中国国民，只可以受专制，不可以享自由。吾祝吾祷，吾讴吾思，吾惟祝祷讴思我国得如管子、商君、来喀瓦士、克林威尔其人者生于今日，雷厉风行，以铁以火，陶冶锻炼吾国20年30年乃至50年，夫然后与之读卢梭之书，夫然后与之谈华盛顿之事。"② 其实这还是回到了其中国只能行开明专制、不能立行共和制的主旨。不过，他也没有拒绝最终仍可读卢梭之书、谈华盛顿之事的余地，这与长着花岗岩脑袋的死硬顽固派还是有很大区别的。梁氏之痛陈中国人的弱点，除了"恨铁不成钢"、"怒其不争"外，主要是出于深刻的自省意识，主观上仍是想把中国人改良为"新民"。从梁启超到鲁迅，都不乏对中国国民性改造的文字，也体现了其救民救国的追求。梁氏的新民论不失为

---

① 《饮冰室合集·文集》，第5册，《饮冰室文集之十三》，第86页。
② 《新大陆游记》，第148页。

其思想的精华处①。当然，我们不完全同意其中国人有弱点即不能行共和之说。

梁启超对美国的认识并不仅限于如上数端。单其《新大陆游记》即括及美国的各个方面，如历史、政党、移民、托拉斯、黑人、妇女、华侨等，不管其政治主张如何，梁氏以其带感情的笔触，"打开了中国人对美国、对世界新事物的眼界"，②其功难泯。他对美国立国特点、托拉斯的研究，尤其难得。

梁氏是中国首先全面考察、介绍和研究美国托拉斯的第一人。他认为，"欲知美国之国情，必于托辣斯；欲知世界之大势，必于托辣斯。"③ 它产于纽约，其势力及于全美国，"且骎骎乎及于全世界。"他在《新大陆游记》中考其滥觞、盛况、利弊及美国政府的因应措施等，又作《二十世纪之巨灵托辣斯》的长篇大作，申而论之④。在他看来，19世纪末美国托拉斯所以能发达滔滔、未可遏制，乃"天演自然之力"，人事逆之，政府禁之，均无效力。作为"20世纪之骄儿"，托拉斯既非怪物，亦非妖魔，故人力不能摧沮，美政府也从禁遏而改行补救之策。美国是世界第一资本大国，而其资本绝大多数归诸托拉斯支配。也就是说，全世界资本总额的近一半归于少数美国托拉斯。"嘻！岂不异哉，岂不伟哉！"梁氏认为，托拉斯利、弊皆有⑤，以前者居多。曾列表以示⑥：

① 罗荣渠教授指出，梁启超的新民论思想中"已包含现代世界意识，中国处在过渡时代的意识、自由意识、现代竞争意识等现代化思想的闪光。"它启迪了一代青年的思想，影响甚巨，"应视为新文化启蒙运动的前驱。"见罗荣渠著：《现代化新论》，北京大学出版社，1993年，第345页、346页。
② 罗荣渠：《漫谈中美两国人民的早期交往》，《人民日报》，1979年1月15日。
③ 《新大陆游记》，第28页。
④ 详见《新大陆游记》，第20—29页；《饮冰室合集·文集》，第5册，《饮冰室文集之十四》，第33—61页。
⑤ 梁启超认为，托拉斯之利有12个方面，其弊有10个方面。详见《新大陆游记》，第26—27页；《饮冰室合集·文集》，第5册，《饮冰室文集之十四》，第45—54页。
⑥ 《饮冰室合集·文集》，第5册，《饮冰室文集之十四》，第50—51页。

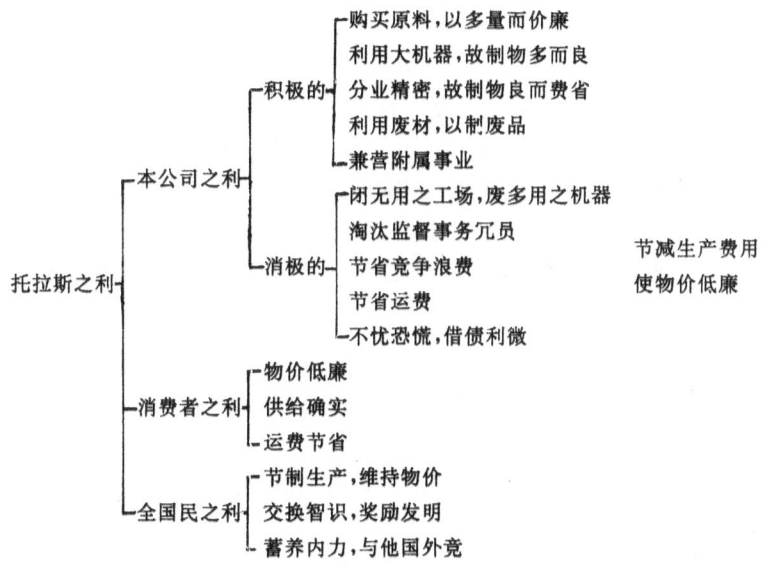

托拉斯之兴盛发达,确系美国资本主义的一个主要特色。列宁称美国是托拉斯帝国主义,即基于此点。从当时的历史发展环境看,从自由竞争到垄断,是世界资本主义发展的大趋势。这是生产关系适应生产力的飞跃发展而作出的必然调整,并反过来进一步促进生产力的更大发展。这是主流。梁氏把托拉斯介绍到中国后,有人受其影响甚深,甚至说"吾爱中国吾尤爱托辣斯。"①《时报》在一篇题为《商业与救国》(1914年12月10日)的社论中,也旗帜鲜明地主张中国大小各业都搞托拉斯(同行联合公司),果如此,"犹患资本不雄厚乎?犹患工业不发达乎?资本雄厚,则外债不期而拒;工业发达,则外货不期而寒,此救国之无上政治也欤!"

对美国立国特点及其政治体制特色,梁启超亦有其独到之论:

---

① 张枬、王忍之编:前引书,第2卷,上册,第421页。

彼美国者，非徒44个之小共和国而已；而此各小共和国之中，又有其更小焉者存。……[北美]自16世纪殖民以来，即已星星点点，为许多之有机体，立法、行政、司法之制度具备焉，纯然为一政府之形。故美国之共和政体，非成于其国，而成于组织一国之诸省；又非成于其省，而成于组织一省之诸市。必知此现象者，乃可以论美国之政治；必具此现象者，乃可以效美国之政治。……

美国之政治，实世界中不可思议之政治也。何也？彼美国者，有两重之政府；而其人民，有两重之爱国心者也。质而言之，则美国者，以44之共和国而为一共和国也。故非洞察联邦政府与各省政府之关系，则美国所以发达之迹，终不可得明。①

梁氏所论，仍服务于其中国不能仿美制这一前提，但他从美国初期历史考察其立国特点、政治特色以及共和政体能在美行之持久的原因，不无启迪。他所揭示的美国从自治体到共和国到联邦、合众多之国为一国的特点，即便在当代历史学家看来，也颇多可圈可点之处②。至于美国共和政体可否行之中国，则属另当别论之列。

如果说，孙中山是倡导中国以美为师、行共和革命的集大成者的话，那么，康有为、梁启超就是力主中国不能师法美式政制的主要代言人。梁氏的论证，相对而言，又比康氏更具理论色彩和史实根据。改良派、革命派之间的大争论，构成了19世纪末20世纪初中国乃至东方政治思潮史上百家争鸣的灿烂篇章。辛亥革命把皇帝拉下了马，民国取大清而代之，但根深蒂固的专制遗毒、阴魂不

---

① 《新大陆游记》，第160页、158页。
② 参见罗荣渠："略论美国联邦制度的形成和宪政体制的特点"，《北京大学学报》，1987年2期。何顺果："略论美国的'立国精神'"，《历史研究》，1993年2期。

散,遂有袁世凯和大大小小的袁世凯们把中国搅得乌烟瘴气。民主仅是一个旗号,共和只是一块招牌。新陈代谢,确非一蹴而就。[①]中国不得不继续为此流血牺牲。晚清以降,中国已经成为世界的中国了。从包括美国在内的世界各国吸取营养,这是中国在其革命和建设事业中应予正视的问题。向西方学习,以改造中国,这是近代爱国者的追求之一。然而,如何学?学什么?怎样改造?改造什么?这一直都是棘手的难题。中国就是中国。美国就是美国。在中国人究竟应怎样看美国的问题上,上述难题一再纠缠、难为着人们。康、梁不是预言家,但的确不乏不幸而言中者;孙中山一生革命,从效法美国到最后转向以俄为师。如此等等,皆给后人留下了无尽的思考。

三、孙中山的美国观

作为近代中国革命的先行者和导师,孙中山是"站在正面指导时代潮流的伟大历史人物。"[②] 他以大半生的光阴从西方先进国家(主要是美国)寻求救国真理,探索中国富强之路,其政治理想、建设宏图无不以美为鉴,特别是他的三民主义、五权宪法更是直接从美国的经历中获取了精神营养。孙中山对美国的了解与理解,在近代中国,恐怕无能出其右者。

在孙中山看来,作为"世界最文明、最富强之国"[③] 的美国,正

---

① 关于近代中国 新陈代谢的研究,以已故陈旭麓教授卓有成效的探索最为引人注目。见陈旭麓著:《近代中国社会的新陈代谢》,上海人民出版社,1992年。

② 《毛泽东选集》,第5卷,第312页。

③ 陈旭麓等主编:《孙中山集外集》,上海人民出版社,1990年,第58页。这是孙中山1912年7月22日在上海中华民国铁路协会欢迎会上的演说所言。此后他还曾在不同场合称赞美国是"世界第一富强之国"、"世界最富最强之国"、"今日世界实业最发达之国"、"世界上第一个富强的国家"、"现在世界上顶富顶强的国家"、"世界共和的祖国"、"自由之邦"、"共和之先进国"、"世界第一共和国"等。

是灾难深重的中国应该师法的绝好榜样。要救中国，就应选择世界上最先进的共和政体，特别是美国式共和政体。1894年兴中会纲领中的"创立合众政府"，即是以美利坚合众国为原型①。1903年12月3日，孙中山在檀香山正埠荷梯厘街戏院的演说中郑重提出："革命为唯一法门"，"我们必要倾覆满洲政府，建设民国。革命成功之日，效法美国选举总统，废除专制，实行共和。"②此后，他一再公开重申要以美国为师③。孙中山毕生追求、为之奋斗的中华民国，实际上就是美国式资产阶级共和国。正如孙中山本人在一次演说中所回忆的：

---

① 吴玉章指出："1894年兴中会的纲领中有建立'合众政府'一条，但什么叫合众政府呢？这个名词很可能是从美利坚合众国脱胎出来的。"见《辛亥革命》，人民出版社，1961年，第15页。美国学者史扶邻分析说："'合众'这个词实际上就是'联邦'或'联合'的意思，它出现在对'United States of America'的中文表达'美利坚合众国'中。这就使人想到，孙中山的'合众政府'是以美国的共和形式的政府为蓝本的，因此有理由认为孙中山是在夏威夷最先受到美国的影响。"见《孙中山与中国革命的起源》，中国社会科学出版社，1981年，第38页。
② 广东省社会科学院历史研究室等编：《孙中山全集》，中华书局，1981年，第1卷，第226页。
③ 孙中山在"中国问题的真解决——向美国人民的呼吁"(1904年8月31日)中说："我们要仿照你们的政府而缔造我们的新政府。"见《孙中山全集》，第1卷，第255页。按：此文亦名《支那问题真解》，系同一文章的另一译文，前引上句在后者中作：美"为他日我新政府之师范。"俞旦初先生在考察《独立宣言》在20世纪初对中国的影响时，曾将孙氏之文与《独立宣言》相比较，他发现：孙中山的"呼吁""简直好像是中国版的《独立宣言》"，见俞旦初：前引文。1911年11月，孙在巴黎讲："中国革命之目的，系欲建立共和政体，效法美国，……美国共和政体甚合中国之用。"见《孙中山全集》，第1卷，第563页。1913年3月13日在日本神户的一次演说中称：中国至今始成共和，"采美利坚、法兰西之美政，以定政治之方针。"见中国社会科学院近代史研究所中华民国史研究室等编：《孙中山全集》，中华书局，第3卷，1984年，第43页。1918年3月16日，孙中山在宴请美领事的宴会上说："美国是新世界之老共和国，吾为旧世界之新共和国，……但美国为先进文明国，事事皆足为吾国模范。"见中国社会科学院近代史研究所中华民国史研究室等编：《孙中山全集》，中华书局，1985年，第4卷，第400页。1923年12月17日，又在《致美国国民书》中写道："当我们开始发动革命，以推翻专制腐败政府并在中国建立共和国之时，就以美国为鼓舞者和榜样。"见中山大学历史系孙中山研究室等编：《孙中山全集》，中华书局，1986年，第8卷，第521页。

中华民国这个名词,是兄弟从前创称的。这个名词到底是什么东西呢?……我们要想是真正以人民为主,造成一个驾乎万国之上的国家,必须要国家的政治,做成一个"全民政治"。世界上把"全民政治"说得最完全最简单的,莫过于美国大总统林肯所说的"Of the People, by the People and for the People."① 这个意思译成中文,便是"民有"、"民治"、"民享"。②

在此前后,其实孙中山每谈及其三民主义,总愿意把它和林肯的"民有、民治、民享"联系起来,有时亦干脆视两者为一码事③。

孙中山一再强调,美国之所以最富强,就首先在于其反英革命。这是其"革命之良好结果"。"美国所以兴,是由于革命而来。"④ 此一轰轰烈烈的革命过后,除南北战争外,美国余无大变乱,其国体一成不变逾百年之多,遂"长治久安,文明进步,经济发达,为世界之冠。"⑤ 所以,中国不可不革命。1923 年 12 月 21 日,孙氏在广

---

① 此语出自林肯总统 1863 年 11 月 19 日在葛底斯堡国家烈士公墓落成典礼上的演说结束语:"……我们要从这些光荣的死者身上汲取更多的献身精神,来完成他们已经完全彻底为之献身的事业;我们要在这里下定最大的决心,不让这些死者白白牺牲;我们要使国家在上帝福佑下得到自由的新生,要使这个民有、民治、民享的政府永世长存。"见《林肯选集》,朱曾汶译,商务印书馆,1983 年,第 240 页。按:晚清以来,"民有、民治、民享"这一名言被广为引用,据笔者所见,还有如下不同译法:民之所有、民之所治、民之所享;为民而设、由民而设、由民而治;为民而有、为民而治、为民而享;民所自有、所自操、所自为;为民所有、为民所治、为民所享;国为民有、国为民治、国为民享;主于民、出于民、而又为民;人民之政治、为人民之政治、由人民之政治;政府为人民所共有、为人民所共治、一切措施都是为人民所共享;出于人民、属于人民、为了人民。林肯(Abraham Lincoln),亦译作临肯、凌昆。
② 《孙中山全集》,第 8 卷,第 323 页。
③ 参见中山大学历史系孙中山研究室等编《孙中山全集》,中华书局,1985 年,第 5 卷,第 475 页;中山大学历史系孙中山研究室等编《孙中山全集》,中华书局,1985 年,第 6 卷,第 412 页;《孙中山全集》,第 5 卷,第 494 页;《孙中山全集》,第 6 卷,第 3 页。
④ 《孙中山全集》,第 8 卷,第 541 页。
⑤ 《孙中山全集》,第 6 卷,第 207 页。

州岭南学生欢迎会上致辞时说,要立大志,"学美国从前革命时候的人一样",同心协力去奋斗,步美国革命的后尘,利用美国的学问,"把中国化成美国。"① 从美利坚民族"混合数十种民族以成国"、由欧洲各种族而熔冶为一炉,终成为"世界上最有光荣的民族","乃有今日光华灿烂底美国",孙中山找到了积极的民族主义,所以,他在 1921 年 3 月 6 日的演说中提出:"本党应以美国为榜样。……仿美利坚民族底规模,将汉族改为中华民族,组成一个完全底国家,与美国同为东西半球的大民族主义的国家。"②

孙中山的民生主义亦与他对美国的考察分不开。他认为,美国的民权是极发达的,"人民很可以说是极平等、自由",但这只能说是民有、民治,还远说不上民享。美国的大多数人民"并无幸福可享,彼享幸福的乃资本家。"这种发财愈发财、贫穷愈贫穷的趋势,造成贫富悬殊、竞争日剧的后果,社会问题迭生,人民不能享受文明的成果。美国的平民"受资本家的压制,穷人受富人的压制,甚么煤油大王、钢铁大王、铁路大王,一人之富可以敌国,那般平民和劳动者连面包都找不到手,这是何等不平等的景象呢?"③ 劳资竞争的方法,既辣且毒。美国资本家买空卖空,以 10 万元股票吸收人民数百万元现金,"致人民不能聊生。"像美国,全国财政几乎操于几个大资本家之手,"任其专利,以致其国虽强,其民仍复苦楚。"由此孙中山对民生问题更有切肤之痛,欲巩固国利民福,不可不注重社会问题。他叹道:"夫美洲之不自由,更甚于专制国。……资本家者,以压制平民为本份者也,对于人民之痛苦,全然不负责任也。一言以蔽之,资本家者无良心者也。"④ 所以,为了防患于未然,中国应节制资本,以预防资本家对平民的压制。民生主义,就是为了打破

① 《孙中山全集》,第 8 卷,第 542 页。
② 《孙中山全集》,第 5 卷,第 474 页。
③ 《孙中山全集》,第 6 卷,第 4 页。
④ 《孙中山全集》,第 2 卷,第 333 页。

社会上的不平等,举政治、社会革命毕其功于一役。为此,孙中山以美国经济学家亨利·乔治的学说为理论依据①,结合中国实际,创其"平均地权"思想,从而使其三民主义更趋完善。

孙中山1923年12月30日在广州对国民党人的一次演说中强调:"三民主义和五权宪法,都是建国的方略。"②事实上,五权宪法也是孙中山在对美国宪法③及其实际政治运作的利弊作了认真研究后提出的。这是自魏源介绍美国宪法以来④,美国宪法对中国政治理论和体制变革所起作用的总结性成果,也是孙中山民主思

① 关于亨利·乔治的学说及其在中国的传播,参见陶大镛著:《亨利·乔治经济思想述评》,中国社会科学出版社,1982年;夏良才:《亨利·乔治的单税论在中国》,《近代史研究》,1980年1期。

② 《孙中山全集》,第8卷,第573页。

③ 美国宪法创制于1787年,是世界近代史上第一部资产阶级成文宪法,也是迄今寿命最长的一部资产阶级成文宪法。它首先以国家根本大法的形式确立共和政体、三权分立及制衡原则,首创总统制、联邦制,对世界其他国家的成文制宪运动产生过极大影响。这部当初写在4页羊皮纸、统共4543个词的新宪法,被誉为美国最经得起考验的出口品——据说,世界上约有160部国家宪法是以它为蓝本而制订的。毛泽东曾在1954年专门讲过,"讲到宪法,资产阶级是先行的,英国也好,法国也好,美国也好,资产阶级都有过革命时期,宪法就是他们在那个时候开始搞起的。我们对资产阶级民主不能一笔抹杀,说他们的宪法在历史上没有地位。"见《毛泽东选集》,第5卷,第127页。有关美国宪法的制订等历史过程,可参见法仑德著:《美国宪法的制订》,中国人民大学出版社,1987年;比尔德著:《美国宪法的经济观》,商务印书馆,1984年。

④ 《海国图志》卷39(50卷本)、卷59(100卷本)中所谈美国的"国例",即美国宪法。魏源还曾在《海国图志·后叙》中赞其"可垂奕世而无弊。"这大概是中国人对美国宪法历史地位的最早评价。光绪二十八年(1902年),上海文明书局出版章宗元翻译的《美国宪法》,这是我们目前所知道的第一部美国宪法中文全译本。我国学者关于美国宪法的最新译文,是李道揆译《美利坚合众国宪法(重译本)》(见《美国研究参考资料》1988年4期)。我国台湾学者曾撰有较多的专著,如陆润康著《美国联邦宪法论》(1964年)、荆知仁著《美国宪法与宪政》(1984年)等。李昌道编著的《美国宪法史稿》(1986年)是我国大陆学者撰写的第一本专著。

想的一个重大发展①。有趣的是,现有史料表明,与孙中山对垒的梁启超,尽管主张中国不能学美国政制,但他对美国宪法却是持肯定态度的②。这表明,维新派、革命派的美国宪法观有相通之处,应予以重视。

孙中山认为,美国之成为世界上发达的现代化国家,是与其宪法分不开的。"美国达到今日这样的富强,是由于联邦宪法。"③至于美国民主政治与宪法的关系,他说,美国宪法是"完全为保护民权"的,其法治乃"赖宪法之力",它"几为19世纪以来第一之完全宪法。"④所以,中国要从专制国变为民国,须以宪法为基础,宪法良,则国强;宪法不良,则国弱。"强弱之点,尽在宪法。"故"中华民国必有好宪法,始能使国家前途发展。"当然,美国宪法毕竟是18世纪美国历史与文化的产物,不可能完美无缺。据孙中山说,他"曾将美国宪法仔细研究,又从宪法史乘及政治各方面比较观察",他"以最高尚的眼光、最崇拜的心理"研究的结果,发现美国宪法"那

---

① 关于美国宪法对孙中山的影响,可参见李庆余:《孙逸仙博士与美国宪法》"Dr. Sun Yat Sen and the U. S. Constitution",载 J. 巴顿·斯塔尔(J. Barton Starr)编:《美国宪法:其诞生、成长及其在亚洲的影响》(*The United States Constitution: Its Birth, Growth, and Influence in Asia*),香港大学出版社,1988年;亦见李庆余:前引文。

② 梁启超在《新大陆游记》(1904年)中即对1787年费城制宪会议、宪法作过夹叙夹议的介绍,并把"开宪法会议于费城"视作各州"联合之第三者","自兹以往,而美国始得谓之一国矣。"见《新大陆游记》,第162页。1905年,载泽等5大臣出洋考察宪政,是年秋冬间,梁氏撰《代五大臣考察宪政报告》,在建议设上议院时,他说,"考美国之制,其下议院代表人数,其上议院代表省份〔按:即州〕……不同省之大小,人之多寡,而每省总以两议员为额。夫苟有代表省份者,而无代表人数者,则大省之权利必为小省所压,而势不均;苟有代表人数者而无代表省份者,则小省之权利又为大省所压,而势亦不均。故美国两院各代表其一,诚斟酌调停之妙用,法至良,意至美也。中国政体虽与美国殊,幅员则与美国等,以大国而行立宪政治,欲达厪举国之望,舍此末由。"论司法权以独立为宜时,梁亦以美国宪法第1条第3节为论据。论及地方自治时,他也主张除日本外,"势不可不兼采美国。"见李华兴等编:《梁启超选集》,上海人民出版社,1984年,第442页、443页、447页。

③ 《孙中山全集》,第9卷,第303页。

④ 《孙中山全集》,第4卷,第331页。

不完备底地方狠〔很〕多，而且枝弊亦不少"，它"实有不充分之处"，① 甚至是一部"呆板的宪法。"② 为了把中国改造成一个"驾乎欧美之上"的新国家，孙中山遂在借鉴美国宪法三权分立经验的基础上，又吸取了美国宪法及其实际运作中尚存在的弊端这一方面的教训③，独创了"五权宪法。"④

孙中山对于铁路在美国经济发展中的作用也非常重视，在这一方面，与康有为不无相似之处。孙认为，美国未造铁路之前，其贫穷与我国相同，其西部本亦满目荒凉，但"铁路一通，地势即变。"可以说，"民欲兴其国，必先修其路。何以见之？见之于美国。"⑤ 铁路

---

① 《孙中山全集》，第5卷，第487页。

② 《孙中山全集》，第5卷，第493页。

③ 孙中山发现，单凭选举而不用考试的办法来任命国家官吏，其实并不总是公平的。比如有的人并无学问、思想，但往往有口才，能巴结选民，反倒能在选举中获胜，所以"美国国会内有不少蠹货。"他有一次举例说："美国选举的时候，常常要闹笑话。曾记有两个人争选举，一个是大学毕业的博士，一个是拉车子的苦力。到将要选举的时候，两人去演说。那个博士学问高深，讲的无非是些天文地理，但他所讲的话，人家听了都不大懂。他这个拉车子的苦力随后亦上去演说，拉车的说：'你们不要以为他是博士，他是个书呆子。他靠父兄的力能进学校里读书，我没有父兄的帮助，不能进学〔校〕读书。他靠父兄，我是靠自己的，你们看那〔哪〕一个有本领呢？'这一番话说得那班选举人个个拍掌，说那个博士演说得不好，一言不懂；这个拉车子的演说很好，入情入理。后来果然拉车子的当选，……这个就是只有选举而没有考试的缘故。"参见《孙中山全集》，第1卷，第320页；第5卷，第496页。此外，孙中山对于"美国纠察权归议院掌握"，亦有微词。参见《孙中山全集》，第1卷，第331页。

④ 据孙中山自述，他从1906年起即主张五权分立制，以救治三权分立之弊。是年11月15日，他首次提出：考试、纠察均为中国固有的两大优良制度。"我期望在我们的共和政治中复活这些优良制度，分立五权，创立各国至今所未有的政治学说，创建破天荒的政体，以使各机关能充分发挥它们的效能。"在这之后不久的一次演说（1906年12月2日）中又说：历观各国的宪法，"有文宪法是美国最好"，但它现在已不适用了，所以"是不必学的"。1923年初，孙回忆道："余游欧美，深究其政治、法律之得失，知选举之弊，决不可无以救之。而中国相传考试之制，纠察之制，实有其精义，足以济欧美法律、政治之穷，故主张以考试、纠察二权，与立法、司法、行政之权并立，合为五权宪法。"参见《孙中山全集》，第1卷，第319、330页；第7卷，第61页。

⑤ 《孙中山全集》，第2卷，第567页。

已成为近代文明富强的利器，"实为一切实业之母。"铁路愈多，国必愈强，这是关系国家存亡的大问题。因此，"当效法美国"，实行开放主义，吸收外资，引用外才，上下同心，扩充铁路，以谋富强。这在孙中山的国家建设计划中占有特别重要的地位。

我们在考察孙中山的美国观时不难看出，他的确十分注重美国的成功经验，同时也把美国的反面教训引以为鉴。孙中山主要是想从这两个方面探索中国的救亡图强之路，从美国的独立建国史，他得出中国不能不革命的结论；从美国的民主共和政体的成功，他得出中国亦须行共和制；从美国的社会问题方面的教训，他主张中国尤须注重民生；从美国的富盛，他感到中国必须"取法乎上"、驾乎欧美。三民主义、五权宪法，无一不是与孙中山对美国的认识、理解密切相关的。不过，作为一个顺应时代潮流、积极影响历史进程的伟人，孙中山的美国观并未仅仅于此而驻足，他在晚年的苦闷、绝望中之转向"以俄为师"[①]，即不能不发人深思。这也是孙中山与其同时代人的美国观的不同之处。

不管怎样，救亡图强终究是时代的最强音。

---

① 孙中山一生革命，用他自己的话说，就是为了"救国救民"，以"建设一个驾乎欧美之上的真民国"，然而，屡奋屡挫，终未成功。到晚年，他发现，中国最大的祸根之一是帝国主义，"中国内乱实受外力支配"；"唯因军阀与帝国主义者狼狈为奸，致吾党终难达此素志"。积几十年经验，他认识到，"对于我们现时的大混乱和大崩溃，美国必须特别地承担责任"；"我向英国和美国求援，他们站在河岸上嘲笑我。""对于来自美国、英国、法国或者其他强国的援助，我们已经绝望了。"最痛心的是，"难道华盛顿和林肯的祖国竟断然抛弃对自由的崇高信仰，从一解放者而蜕化成一为自由而斗争的人民的压迫者吗？"正是在这种极度苦闷、失望和绝望之中，孙中山苦苦思索，遂大彻大悟："法、美共和国皆旧式的，今日惟俄国为新式的"；惟俄"殊可为我党师法。"参见《孙中山全集》，第10卷，第300页；第8卷，第284页；第11卷，第338、118页；《孙中山集外集》，第288、289、299页；《孙中山全集》，第8卷，第522、505页。

第五章　从巴黎和会到华盛顿会议

——中国人对美国外交的反应

通过美西战争，美国从美洲走向世界，开始角逐于国际强权政治的大舞台。通过第一次世界大战，它成为世界经济中独一无二的最大赢家，遂愈益以积极的外交攻势，谋求全面扩张其势力。无论是巴黎和会还是华盛顿会议，美国均系其主要角色之一；而这两次国际会议，又均与当时的中国问题有密切关系。因此，它们引起中国政论界、知识界的广泛关心，是毫不为怪的。这从一个侧面反映了20世纪初期中国人的美国观。

一、希望与失望

中国人对于美国和巴黎和会是抱着极大的希望的。当第一次世界大战结束的消息传来后，举国上下，欢欣鼓舞。人们认为，美、英、法等协约国战德、奥等同盟国而胜之，是公理战胜了强权、正义战胜了邪恶，是"武力主义的收场、人道主义的开幕。"陈独秀为新问世的《每周评论》所拟发刊词，开宗明义即说："自从德国打了败仗，'公理战胜强权'，这句话几乎成了人们的口头禅。"无论对内还是对外，强权是靠不住的，公理是万万不能不讲的。"我们发行这《每周评论》的宗旨，也就是'主张公理，反对强权'八个大字，只希望以后强权不战胜公理，便是人类万岁！"①当时北京各校 11 月 14 日、15 日、16 日放假三天，以庆祝协约国胜利。据时人记载：东交民巷及天安门附近，游人如潮，拥挤不堪；大街小巷，鼓乐喧天。有一首庆祝胜利游行的歌，内有这样两段②：

> 沉沉大千，
> 弹雨硝烟，
> 而今一旦豁然。

> 伸我公理，
> 屈彼强权，
> 协约齐视凯旋……

北京大学校长蔡元培 1918 年 11 月 15 日在天安门举行庆祝协约国胜利的集会上，喜气洋洋地宣称③：现在协约国战胜德国的消息传来，"北京的人都高兴得了不得。"世界大战的结果，"定要把国际间一切不平等的黑暗主义都消灭了，别用光明主义来代它"：第一是黑暗的强权论消灭，光明的互助论发展；第二是阴谋派消灭，正义派发展；第三是武断主义消灭，平民主义发展；第四是黑暗的种族偏见消灭，大同主义发展。与此同时，人们对美国总统威尔逊及其倡导的"十四点"、"国际联盟"，推崇备至，如醉如痴。正在美国留学的胡适，还在这之前，即已视威尔逊为"大政治家"、"大文豪"、"大理想家"，谓其"事事持正，尊重人道"，他的外交政策"实于世界外交史上开一新纪元"。胡适有感于威尔逊 1917 年 1 月 22 日发表"没有胜利的和平"的演说，特地在日记中写道："威尔逊破百

---

① 只眼："《每周评论》发刊词"，《每周评论》，1 号（1918 年 12 月 22 日）。《陈独秀文章选编》，上册，第 304 页。
② 曹靖华："五四琐忆"，中国社会科学院近代史研究所编：《五四运动回忆录·续》，中国社会科学出版社，1979 年，第 420 页。
③ 《北京大学日刊》，260 号（1918 年 11 月 27 日）。蔡平叔编：《蔡元培全集》，第 3 卷，第 215—218 页。

余年之成例,至参议院宣言,以此为将来外交政策之根本,则世界国际史真开一新纪元矣。"① 李大钊亦在 1917 年初即有感于美德断交说:"威尔逊君固夙以酷爱平和著闻者也。……吾人终信平和之曙光,必发于太平洋之东岸,和解之役,必担于威尔逊君之双肩也。"这说明,还在大战结束之前,人们就已对威尔逊厚望有加了。战争结束之后,此种厚望更加殷切。孙中山 1918 年 11 月 18 日致电威尔逊,称其主持扑灭武力主义、大获全胜之功,"有史以来,未之前闻",还特地请他主持正义,"务所以拯救欧人者转以拯救中国"。梁启超则在《东方杂志》发表《国际联盟与中国》一文,把威尔逊倡建的国联说成"是实现'将来理想之世界大同'的最良之手段"②。蔡元培把"十四点"视作"武断主义的末日、平民主义的新纪元",特别赞赏限制军备、公开外交等原则。民族自决主义也有诱人的魅力。"现今不是平等主义胜利了么? 这岂不是大同主义发展的机会么?"人们用这两个疑问句实际上对此作了肯定答复。关于当时一般知识界人士的心情,《每周评论》的"发刊词"是有代表性的③:

> 美国大总统威尔逊屡次的演说,都是光明正大,可算得现在世界上第一个好人。他说的话很多,其中顶要紧的是两主义:第一不许各国拿强权来侵害他国的平等自由。第二不许各国政府拿强权来侵害百姓的平等自由。这两个主义,不正是讲公理不讲强权吗? 我所以说他是世界上第一个好人。

在这里,思想激进、被毛泽东誉为"五四运动的总司令"的陈独秀把威尔逊奉为当时世界上的"第一个好人",是可以理解的。因为

---

① 参见《胡适留学日记》(二),第 301 页;《胡适留学日记》(四),第 1085 页。
② 徐国琦:"巴黎和会前后中国知识界与美国外交政策",《历史教学》,1989 年 10 月。
③ 《陈独秀文章选编》,上册,第 304 页。

中国的知识分子正是从这位大学校长出身的美国总统身上，找到了既朦胧、又真切的希望。面对着内有军阀当道、外有列强欺凌的多难局势，"公理"、"平等"、"民族自决"等等，如同久旱之甘霖，实令人鼓舞。蒋梦麟在为他翻译的《美国总统威尔逊参战演说》① 一书所作的"序言"（1918 年 11 月 11 日）中称：这些演说"代表大共和国光明正大之民意，为世界求永久之和平、为人类保公共之利权者也。今战事已告终止。武力既摧，强权乃折。民意既彰，正义自伸。威总统之言，实为世界大同之先导。凡爱平民主义者，莫不敬而重之。"此书 1918 年底出版后，风行一时，数度重印。后来成为著名学者的傅斯年，当时是北大学生，据说他能把威尔逊的"十四点"一字不差地背出来。由此也就不难理解，1918 年 11 月 30 日夜，北京学生提灯游行时，何以有不少人到美驻华使馆前情不自禁地高呼："威尔逊大总统万岁！"在当时人的心目中，"美国是中国真正的朋友"，② 此乃相当流行的一种观念。人们在兴奋之余，遂愈益寄希望于美国，寄希望于威尔逊，寄希望于巴黎和会。③

　　然而，当善良的人们举首扬眉、喁喁望治之时，列强们却在巴

---

① 商务印书馆，1918 年。
② 参见《顾维钧回忆录》，中华书局，1983 年，第 1 分册，第 152 页。
③ 许德珩回忆当初的情况道：1918 年 11 月，"协约国胜利了，德国失败了，中国因为参加了协约国，有些人做梦把自己看成是什么'胜利国'，一时'公理战胜强权'的口号高唱入云，……美帝总统威尔逊骗人的'和平十四条'被宣传成了'民主'的象征"。"'公理战胜强权'、'劳工神圣'、'民族自决'等名词，呼喊得很响亮，激动了每一个青年的心弦，以为中国就这样便宜的翻身了。1918 年 11 月到 1919 年 4 月，这一期间学生们真是兴奋得要疯狂了。"见许德珩："五四前的北大"，《五四运动回忆录》，上册，第 230—231 页；许德珩："五四运动六十周年"，《五四运动回忆录·续》，第 50 页。胡适在《纪念五四》一文中亦谈到："那年 11 月的世界狂热，我们认作一个世界大变局的起点，……同时我们也不免都受了威尔逊大总统的'十四原则'的麻醉，也都期望这个新世界可以使民主政治过平安日子。""独秀〔按：即陈独秀〕和蔡先生〔按：即蔡元培〕在那时候都是威尔逊主义麻醉之下的乐观者。他们天天渴望那'公理战胜强权'的奇迹的实现，一般天真浪漫的青年学生也跟着他们渴望那奇迹的来临"。见《独立评论》，第 149 号（1935 年 5 月 5 日）。

黎大分其赃,并把同样是"战胜国"的中国供作牺牲品;漠视中国主权,把德国在山东的侵略权益悉归日本。人享其利,我受其害。"大家眼巴巴地企望着巴黎和会能够给我们一个'公理战胜',哪晓得奢望的结果是失望。"① 当时报纸报道说:中国在巴黎外交失败的消息传来后,举国同悲,"工商辍业于市廛,弦歌失声于学校,贩夫走卒俱有哀声"。这正如一位当代学者所分析的,"人们从极大的希望一下子跌入了极度失望的深渊,幻想破灭了,被欺骗、被羞辱与被损害的感想,顿时化为愤怒的烈火。人们被激怒了。"②

几个月前还奉威尔逊为"世界上第一个好人"的陈独秀,终于明白过来:"什么公理,什么永久和平,什么威尔逊总统十四点宣言,都成了一文不值的空话。"③ 在一则题为《威大炮》的随感录中,陈氏大发感慨道,"有一班人因为孙中山好发理想的大议论,送他一个浑名,叫做孙大炮。威尔逊总统的和平意见十四条,现在也多半是不可实行的理想,我们也可以叫他做威大炮。"人们醒悟了,现在的世界依旧是强盗的世界,依旧是只讲强权、不讲公理。"谁想这个凡尔赛会议决议的东西,依然是保险'大国的强权',依然是扶植'军国主义'。我们这'极大的小国国民'更失望到了极点了。"④ 当时人深感糊涂的是,过去总相信"强力就是公理",第一次世界大战后,反之则曰"公理就是强力"。但在号称"公理"的巴黎和会上,"至于我山东问题结的果呢?唉!把公理一笔抹杀,不消说了!⋯⋯强力和公理本来是你死我活、势不两立的仇敌,今在巴黎和平会里头,竟握手言欢、左拥右抱起来,连威尔逊也赞成起来。"⑤ 毛泽东挖苦道:在巴黎,列强竞相分赃,威尔逊"不能伸出己见",无所适

① 许德珩:"五四运动六十周年"。
② 萧超然著:《北京大学与五四运动》,北京大学出版社,1986年,第176页。
③ 《陈独秀文章选编》,上册,第397页。
④ 本社同人:"关于民国建设方针的主张",《星期评论》,2号(1919年6月)。
⑤ 程天放:"新国民的觉悟",《新中国》,1卷4期(1919年8月)。

从，"好像热锅上的蚂蚁"，他虽声称"正义"、"公理"，但其实不然，"我看了'卒已赞成'4字，为他气闷了大半天，可怜的威尔逊！"①"十四点"鼓噪了半天，一无所有，所以，"有人说，威尔逊发明了一个数学公式：十四等于零。"② 瞿秋白吁请大家揉揉眼看清楚自己站的现在的世界是什么情形时也提示："威尔逊所新发明的方程式：14＝0，早已证明了。"③ 哀莫过于悲。李大钊愤然而作《秘密外交与强盗世界》，这位著名政论家大悲大痛，大彻大悟④：

> 这回欧战完了，我们可曾作梦，说什么人道、平和得了胜利，以后的世界或者不是强盗世界了，或者有点人的世界的彩色了。谁知道这些名辞，都只是强盗政府的假招牌。我们且看巴黎和会所议决的事，哪一件有一丝一毫人道、正义、平和、光明的影子！哪一件不是拿着弱小民族的自由、权利，作几大强盗国家的牺牲！

> 威尔逊这位书生，天天在那里对那些强盗说"正义"、"人道"的话，组织"国际联盟"哪，希望"永久平和"哪，这真是对牛弹琴。只落得那些强盗们对他瞪眼，他自己也是对他们呕气，希望他的人灰心。

> 威尔逊君！你不是反对秘密外交吗？……你自己的主张计划如今全是大炮空声，全是昙花幻梦了。我实在为你惭愧！我实在为你悲伤！

希望终归是希望，其结果是大失望。中国知识分子的天真、寄托开始发生大动摇。轰轰烈烈的五四运动把一个"气息奄奄的静的

---

① 泽东："可怜的威尔逊"，《湘江评论》，创刊号（1919年7月）。
② 杨晦："五四运动与北京大学"，《五四运动回忆录》，上册，第222页。
③ "新社会"，1号（1919年11月）。见《瞿秋白文集·政治理论编》，人民出版社，1990年，第1卷，第8页。
④ 见"秘密外交与强盗世界"，《每周评论》，22号（1919年5月18日）。《李大钊文集》，下册，第1、2页。

中国"开始转变成"天机活泼的动的中国。"①

　　胡适曾从当时中国人对美国的希望与失望这个角度谈到五四运动："'五四'的事件,固然是因为4月底巴黎和会的恶消息传来,威尔逊总统的理想主义,全被现实政治的妥协主义打消了,大家都深刻地感觉那6个月乐观的幻灭;然而正因为了那6个月的乐观与奢望,所以四五月间的大失望,能引起热力的反动。""我们看那几千学生5月4日在美国使馆门口高喊着'大美国万岁!威尔逊大总统万岁!大中华民国万岁!世界永久和平万岁!'我们不能不承认那引起全世界人类乐观的威尔逊主义确是五四运动的一种原动力。"②过去批判胡适时,人们认为这是他对五四运动的歪曲,特别是指责他臆造了"大美国万岁!"等口号。实际上,从当时人留下的记载看,③这些口号并非臆造。对威尔逊主义的幻灭,也不能说与中国民族主义的复苏完全没有关系。五四运动是一次爱国运动,其实更是一次深刻的思想解放运动。要想生存在这并无公理的世界上,"那就不能不赶快觉悟——真正的觉悟",④ 以改造社会、重建国家。巴黎和会给中国人留下了巨大的创痛,"打破了中国知识分子温良的救国梦",⑤ 对强权政治有了更切实的认识。在此民族竞争时代,没有哪个国家会把利己主义丢开。口里虽常讲"正义"、"人

---

① 罗家伦:"一年来我国学生运动底成功失败和将来应取的方针",《新潮》,2卷4号(1920年5月)。

② 胡适:"纪念'五四'",《独立评论》,149号(1935年5月5日)。

③ 据当时人记载:1919年5月4日下午,北京十几个学校的学生游行。"到了东交民巷西口,使馆界巡警不放行。先是打电话给美、英、法3国使署,他们都说很欢迎的。到西口的时节,美国兵营的军官也放行了,并且还要让我们从美兵营和美使馆的里面经过,只有巡捕房坚不让走。大家只好在美使署前连呼'大美国万岁!威大总统万岁!大中华民国万岁!世界永久和平万岁!'4声,递上说帖,……。"见亿万:"一周中北京的公民大活动",《每周评论》,21号(1919年5月11日)。

④ 瞿秋白:"欧洲大战与国民自决",《新社会》,1号(1919年11月1日)。《瞿秋白文集·政治理论编》,第1卷,第7页。

⑤ 徐国琦:前引文。

道"，但一旦遇到与自己的利益相冲突的时候，"正义"不讲了，什么"人道"也不说了。"中国常依赖的，最表好意于中国的美国，去年巴黎和会时，为使其提倡的联盟成立的一种'自利'起见，竟把山东问题做牺牲。美国尚且如此，他国更不可知了。"① 因此，所谓我国与某国感情颇洽、某国与某国利害相反云云，都是不足凭借的。巴黎和会之前，"威尔逊所发布之十四条宣言，何等光明正大，其结果非强权战胜乎？"② 这就是教训。指望别人，到头来，并没有好果子吃。天助自助者。"中国倘若不自己想法图强，单靠别人公道，那是哪里会有希望的！"③ 当华盛顿会议旋将召开之时，刚刚吃过哑巴亏的中国人并没有忘记巴黎和会这一前车之鉴。

　　威尔逊的外交政策与思想，难免有口是心非、言行不一之处；他在国际强权政治舞台上，以"救世主"自居，张扬"博爱"、"人道"的理想主义旗帜，亦不免于"堂吉诃德"之讥④。中国人曾广泛地寄厚望于威尔逊及其理想主义，并未成功，大失所望⑤。但这并不否认，威尔逊仍是美国和世界历史上有作为的政治家⑥，其理想主义

① 济民："太平洋会议之性质及其与中国之关系"，《东方杂志》，18卷18—19号（1921年10月20日）。
② 王家襄："我对于太平洋会议颇抱悲观"，《学林》，1卷2期（1921年10月10日）。
③ 刘梦翟："太平洋会议与中国"，《学林》，1卷2期。
④ 参见邓蜀生著：《伍德罗·威尔逊》，上海人民出版社，1982年，第225页。
⑤ 在威尔逊逝世之际，邵力子作过一篇"盖棺论定的威尔逊"，称威尔逊"不失为世界一个名人"，也"确是有主义有理想的"，其"十四点"在外交史上亦"确是十分难得的"，但他不能始终坚持其主义与理想，仍归于"屈服的失败"，算不上是"第一等光明磊落的奇男子"，故对他"不能全作誉词"。邵力子说："有主义和理想的人们，我祝你们为列宁，勿为威尔逊！"见《民国日报》（沪），1924年2月12日。博学文编：《邵力子文集》，下册，第894页。
⑥ 俞定著《威尔逊》（商务印书馆1928年初版）是解放前我国出版的一本较有代表性的威尔逊传记著作。该书把威尔逊与林肯相提并论，"近代世界史中有美国之二伟人焉。曰林肯，曰威尔逊。此二人者，皆以人类之救世主自任者也；其志愿同，其慈爱同，其毅力亦同"（第1页）。

在近代国际关系史上仍占有其一席之地①。还应看到的是,"尽管第一次世界大战结束时威尔逊主义在中国人民中引起的幻想很快就破灭,中国知识界仍长期对美国寄予不切实际的幻想,对美国的好感还是较普遍的。"② 关于这一点,我们从人们对华盛顿会议的反应中也不难看得出来。

二、梦 幻 与 觉 醒

华盛顿会议,亦称太平洋会议,即"华盛顿限制军备及太平洋问题远东问题会议"。这是继巴黎和会之后召开的又一次重要的国际会议③。美国既是此次会议的发起者,又是此次会议的东道主,中国问题恰恰同样是其中心议题之一。因此,华盛顿会议之引起中国政论界的极大重视,自在情理之中。

总的说来,中国人对美国和华盛顿会议的反应是,既有期望,也有忧伤。与巴黎和会时人们几乎尽抱厚望相比,华盛顿会议时,并不存在舆论"一律"的现象,相当多的人对美国的认识有了变化。

这次会议是 1921 年11月12 日至 1922 年 2 月 6 日在华盛顿召开的。此前此后,我国报刊发表了相当多的评议文字。除了有人

---

① 中国学者对威尔逊外交理论与实践研究的最新成果,可参见王晓德著《梦想与现实——威尔逊理想主义外交研究》,中国社会科学出版社,1995 年。
② 罗荣渠:"论美国与西方资产阶级新文化输入中国",《近代史研究》,1986 年 2 期。
③ 有关中国学者的新近研究成果,可参见项立岭著:《中美关系史上的一次曲折——从巴黎和会到华盛顿会议》,复旦大学出版社,1993 年。梁碧莹:"华盛顿会议与'门户开放'",《美国研究》,1995 年 3 期。

撰文著书外,还出现了大量的团体组织①。在近代以来国人对外交的关切程度上,堪称空前。据当时人称,华盛顿会议犹如"霹雳","震荡于吾人耳鼓。美总统倡议未经月,而赞和之与批评之者,几至纸不绝书";② 有人注意到,当时国内有识之士"靡不大声疾呼,冀引起人民对于太平洋会议之注意。以研究太平洋问题为标帜之团体,亦风起云涌。"③ 于是,俨然有"傥言名论,纷然勃兴"之势。人们意识到,此次会议于我国关系密切,影响至大,"为中国生死存亡之关键",④ 实系"我国恢复国际自由唯一机会",⑤ 未可等闲视之。

关于美国何以首倡华盛顿会议的原因,看法并不一致。有的认为是解决美日在远东的利害冲突,以缓解岌岌可危的两国关系,从而"为美国在远东谋其优先之地位,借此以束缚日本之侵略也"。⑥因为日本趁欧战之机,尽力经营,"封锁"远东,"一跃而居领袖国之地位",不让美国染指。美于心不甘,遂倡此会议,"其主要目的,实不外欲解决美日两国在远东经济问题,而远东问题之中,尤以吾国问题为最重要。"⑦ 对所谓美欲以此压制日本在太平洋尤其在中国的侵略势力之说,北京大学教授陈启修持有异议,"美国真要压抑

① 华盛顿会议倡议召开的消息传到我国后,两个月之内,"各界团体之专为研究太平洋会议问题而设者,殆更仆难数。"单在北京,就有铁路协会太平洋会议铁路问题研究会、华盛顿会议中国后援会、第 2 届国会议员太平洋问题讨论会、第一届国会议员太平洋问题商榷会、国民外交协会、国际研究社、国际联盟同志会、太平洋会议后援同志会、太平洋问题讨论会、太平洋问题研究会、京兆同乡联合会太平洋会议研究委员会、第 3 届国会议员太平洋问题协进会。参见黄惟志:《华盛顿会议提倡之经过》,《东方杂志》,18 卷 18—19 号(1921 年 10 月 20 日);黄惟志编著:《华盛顿会议》,商务印书馆,1923 年,第 29—30 页。
② 李培天:"太平洋会议与太平洋战争",《东方杂志》,18 卷 18—19 号(1921 年 10 月 20 日)。
③ 罗罗:"国民外交",《东方杂志》,18 卷 15 号(1921 年 8 月 15 日)。
④ 端六:"为太平洋会议警告全国上下",《东方杂志》,18 卷 15 号(1921 年 8 月 15 日)。
⑤ 许藻镕:"太平洋会议与山东问题",《学林》,1 卷 2 期(1921 年 10 月 10 日)。
⑥ 李培天:前引文。
⑦ 卢鸿墀:"太平洋会议与新银行团",《学林》,1 卷 2 期(1921 年 10 月 10 日)。

日本在中国的势力底发展么?"其实不然。他认为,资本主义发达、成熟后,即非向外发展、谋得广大市场不可。美国"平民政治发达",倘无绝好的口实和机会,很难以武力对外扩展经济,但它在资本主义成熟之时,又"势不能不向外——向太平洋方向——发展",遂有太平洋会议这样的好名目,"想要不战而能扩张销场"。所以,美国的目的"在扩张他自己底势力,不在压抑日本底势力。"① 有人把华盛顿会议看作是"经济会议",说此次太平洋会议之精神"全在经济问题"②。就是说,美国想以门户开放、机会均等主义打破列强在华势力范围,以"遂其远东贸易振兴策也"。郑洪年等指出,太平洋会议是资本主义盛极而衰的表现,无非是资本主义日渐不容于西土而东迁,"欲以我国为资本主义之避难所",以延其生命③。在美国,劳动者"一天觉醒一天",他们要求什么,资本家都得应承,否则即是同盟罢工。美国资本家的地位已"渐渐被劳动者一步一步的占上来",因此要找劳动者自觉程度较低的中国作避难所。也有的强调,美国"素讲正义人道,深爱平和",④ 且"向无侵略野心,而对中国特示亲善。"⑤ 故哈定总统"本于正义公道之精神",以倡华会,欲解决足以扰乱和平之纷争,"其志不外欲其功名加威尔逊上耳。"⑥ 孙中山先后数次谈到华盛顿会议⑦,称此乃"友邦"美国"为我国鸣不

① 陈启修:"给学林杂志记者的信,讨论太平洋会议与中国问题",《学林》,1卷2期(1921年10月10日)。

② 史久光:"太平洋会议是经济会议",《学林》,1卷2期(1921年10月10日);叶恭绍:"对于太平洋会议我希望于诸友邦之一事",《学林》,1卷2期。

③ 郑洪年:"论太平洋会议为资本主义盛极而衰之一表现并纵谈铁路问题";何基鸿:"打破军阀绝望之一痴想",均见《学林》,1卷2期。

④ 济民:前引文。

⑤ 张荣楣:《太平洋会议汇志》,1921年,第1册,第34页。参见孙庆山:《华盛顿会议与美国对华政策》,《中美关系史论文集》,第2辑。

⑥ 许藻镕:前引文。

⑦ 参见《孙中山全集》,第7卷,第33页,8页;第11卷,第337页。《孙中山集外集》,第491页。

平","实在外国人对中国不起的地方,外国人原来明白,他的良心上十分过不去,所以有华盛顿会议的发起,原想把中国提平一点。"这可以概括为"良心发现"论。说美国首倡华会乃"主持公道"者,尚不鲜见。不少人认为,美国作为太平洋东岸的一个共和大国,"对于中国尚鲜染侵略的政治欲之色彩",[①] 我国几十年来与美国的交情,"实在是很好",美国的外交手段比别国光明正大些,"美国对华并无政治的野心","是很尊重我国主权的。"[②] 它对中国,既无土地侵略的野心,又无特殊势力范围,"实有竭诚扶救之高谊。"[③] 有的人甚而至于视美国为"我最爱最亲之友邦"。美国既然是"最讲和平最重真理的国家",那么,"不切实的亲美",[④] 即是违背世界潮流。故应"联美制日",[⑤] 美为吾之与国,日为吾之敌国,故"美胜则吾之志气伸,日胜则吾之前途危"[⑥]。相比较而言,美对华政策确不如日本"阴狠",但美是否足以凭恃?强盗与纵火者难道就不会合伙吗?诚如当时人所已觉察到的[⑦]:

> 或许人有要说美国是德谟克拉西的国家,是向来主张正义人道的国家;这回提议太平洋会议,完全是维持公道,惩戒日本年来对中国的横暴行动。果真如是吗?美国是真真德谟克拉西的国家么?德谟克拉西是"全体支配全体"的意思,美国是不是全体人民支配全体人民?不是少数资本家压迫大多数劳动者么?劳动者作出的物品不是

---

① 赵管侯:"太平洋会议问题之研究",《学林》,1卷2期(1921年10月10日)。

② 瞿世英:"太平洋问题与太平洋会议",《东方杂志》,18卷18—19号(1921年10月20日)。

③ 黄元彬:"美日两国政府往复文书中太平洋会议范围之解剖与山东问题",《学林》,1卷2期。

④ "对于太平洋主义之讨论",《黑潮》,3号。参见《五四时期期刊介绍》,第3集,上册,第368页。

⑤ 林可彝:"太平洋会议与中国之关系",《学林》,1卷2期。

⑥ 杨端六:"太平洋会议问题",《太平洋》,3卷2号(1921年9月)。

⑦ 汗:"太平洋会议及我们应取的态度",《共产党》,6期(1921年7月7日)。

统统都要为一事不作〔的〕资本家拿去么？劳动者出于饥寒而罢工的时候，国家不是派军警去压服么？真真的德谟克拉西是这样的么？……在国内同胞间都不能有正义人道的国家，对外能有正义人道么？……美国是世界有名的资本主义的国家，资本主义与正义人道能够并立么？……无论如何，太平洋会议之为分赃会议，……有什么地方是为正义人道？是为中国？

持此认识者亦不乏其人。正在美国留学的周守一在其1921年7月11日日记中谈到，"在现有政治组织及经济组织下之国家，凡有国际会议之倡议，非特不能蠲除民族之自私心，且常不脱分赃之窠臼。华盛顿会议虽兢兢以世界和平相号召，实不过一二强国企图达到其自私之目的耳。……巴黎会议之前车未远，爱和平之中国国民慎勿再为虚声所惑，以政治上虽称民主经济上实系专制之国家为可恃也。"① 如果以为华盛顿会议是中国免除外患的机会、美国必为中国主张正义人道，这只"可以说是'与虎谋皮'"了。道理显而易见，"在资本主义帝国主义的大海中，没有一滴血是带着正义人道色彩的呵！"所以，我们中国人"赶快不要做梦罢！"②

虽然也有人对美国"感荷无既"，③ 但人们开始更多地注意到，对美国和华盛顿会议所望过奢是不现实的；而依赖美国之心太深，亦有害无益。事实上，弱国无外交，中国首先应自立自强，打破侥幸、依赖的劣根性，对于包括美国在内的各国主张和援助，"毋生倚

① 周守一著：《华盛顿会议小史》"弁言"，中华书局，1922年。
② 陈独秀："太平洋会议与太平洋弱小民族"，《新青年》，9卷5号（1921年9月1日）。见《陈独秀文章选编》，中册，第159页、162页。
③ 1922年2月9日，中国出席华盛顿会议的代表施肇基、顾维钧、王宠惠拜谒美国总统时表示："贵国素来遇事主持公道，此次会议凡关中国问题，辄承据理援助，不遗余力。敝国政府及人民企念高谊，感荷无既。"参见《秘笈录存》，中国社会科学出版社，1984年，第507页。

赖之心。"① 康有为说得很对："己不自立而恃外，无是理也。"② 何况，"现在的世界上还不能真说什么正义，只有利害的问题。"③ 如果利害相同，即便是仇敌也可以合在一块；否则，即便有什么亲密的关系，也只好各行其是，或者竟立于反对的地位。此次会议上，英、美、日都是分赃的一方，中国是被处分的一方，利害相反，背道而驰，若"要得谁的真正帮助，恐怕是不可能的。"正因为华会是"宰割中国"的，所以，陈独秀才呼吁"不要上美国帝国主义者的当呵！""不要于不知不觉中引导一部分人民或青年学子去亲美帝国主义才好呵！"④ 也正因为华会上各国对华"极力卖弄阴谋外交以遂其野心"，⑤ 所以，非基督教学生同盟才在通电中声明，"华府会议，辱我至矣！"⑥《共产党》杂志第 6 号"短言"指出：华盛顿会议是英美日处分中国的会议，"甚么正义人道就是掠夺和分赃；甚么门户开放就是自由到中国夺取富源；甚么机会均等就是均分中国财富；甚么领土保全就是把空壳留下来利用那班中国的政客军阀做他们的帐房和监工者来搜括压榨中国无产阶级供给他们的利益。"该刊另一篇关于华会的长文也反问道："美国为参与赃品的分配而发起的这会议，哪一点是为中国？哪一点是为正义人道？"⑦ 中国共产党第二次全国代表大会宣言（1922 年 7 月）指出："华盛顿会议中之主要问题——中国问题，是在美国胁制之下解决的"，这不过是把中国"搁在各国集于华盛顿的外交家银行家的晚餐席上，平均各个的贪欲，从新宰割一次罢了。"它"给中国造成一种新局面，就是历来

---

① 柳敏："太平洋会议与各国关系"，《太平洋》，3 卷 2 号（1921 年 9 月）。

② 《戊戌变法前后——康有为遗稿》，第 547 页。

③ 刘梦翟：前引文。

④ 只眼："议员学者跑到美帝国主义家里讨论宪法问题吗？"，《向导》，44 期（1922 年 10 月 4 日）。《陈独秀文章选编》，中册，第 214 页。

⑤ 周守一著：前引书，第 322 页。

⑥ 《先驱》，4 号（1922 年 3 月 15 日）。

⑦ 汗：前引文。

各帝国主义者的互竟侵略，变为协同的侵略"。美国则完全是借着"门户开放"政策以打破日、英在华的优势，凭"经济优胜势力"来企图"操纵中国的经济生命"，"做完全管理中国经济的主人翁"。① 因此，不要再作梦了。华府会议之类其实是"强盗晚餐会"，② 是"骗局"。③ 美国靠经济和文化侵略，想把中国"整个儿的吞下去"，终成"美国之'雇佣的奴隶'"，弄得我"无一工厂无美国资本，无一银行不受美国支配"，可怕矣！如果"妄信美国的'人道主义'"，恐只能"做傻子"；因侵略形式不同、竟为其所迷惑，真"可以醒了！"④ 中国何尝因华会而得"些微利益"？反倒因列强盗取中国的"联合预约券"而更失去尊严与自由。⑤ 就美国而言，它侵略中国的计划"远得很"，只是其政策较他国更为取巧。在分割中国这块猎物时，日本拿的是刀枪，英国拿的是外交家的名刺，而美国拿的是银行家的钱袋。三者相比较，这钱袋的作用"要算最大，又体面又响亮"⑥。对此，蔡和森的看法是：在华盛顿会议上，美国帝国主义的对华政策有"惊人的大成功"，其效力好像"万斛麻醉药"，令中国人民"神智皆昏"，且"一跃而为领袖列强中国之主人。"⑦ 蔡氏因此感而叹之，写下了这样一句名言⑧：

---

① 参见《中共党史教学参考资料》（一），第8、9页；《中共中央文件选集》，中共中央党校出版社，1982年，第1册，第69页。

② 李达："为收回旅大运动敬告国人"，《新时代》，1卷1号（1923年4月15日）。《李达文集》，人民出版社，1980年，第1卷，第200页。

③ 屈维它："帝国主义侵略中国之各种方式"，《前锋》，1期（1923年7月1日）。见《瞿秋白文集·政治理论编》，第2卷，第76页；太雷："华府条约的效力"，《向导》，33期（1923年7月28日）。见《张太雷文集》，人民出版社，1983年，第35页。

④ 屈维它：前引文。

⑤ 陈翰笙："11国钳制中国的协约"，《现代评论》，3卷57期（1926年1月9日）。见汪熙、杨小佛主编：《陈翰笙文集》，复旦大学出版社，1985年，第378页。

⑥ 瞿秋白："太平洋问题与美国钱袋里的中国"，《前锋》，2期（1923年12月1日）。《瞿秋白文集·政治理论编》，第2卷，第186、191页。

⑦ 《蔡和森文集》，上册，第199页。

⑧ 《统一，借债，与国民党》（1922年9月）。同上书，第68页。

"美国是中国最好的朋友"，换过说，就是最会使掩眼
法，最会用宣传术以宰割中国的"好朋友"。

　　这表明，中国政论界对美国的认识已由表面而进入深层次。在
华盛顿会议之后，人们对美国以"改制中国人的心肺"、"威临中国
之人心"为目的的文化渗透进行抨击和揭露，美国被形容为"无耻
的帝国主义者"、"狼子野心"、"口蜜腹剑"和"假惺惺的"。美虽标谤
正义、人道、博爱，但这都是假面具。"西方美人，本来就是西方夜
叉！"

　　"梦想的结果终于是梦想。"① 但一旦从幻梦中觉醒，人们的认
识就会大大地上一个台阶。以下两个史例是值得一提的：

　　其一是少年中国学会纲领。该会是五四前后有影响的社团之
一。其苏州大会宣言(1923年10月14日)指出：民国成立后，内政
日益紊乱，外交日益险恶，"英、美、法、日挟其帝国主义的淫威"，干
涉中国内政，欺蔽人民，致使政治、经济大权为外人所掌握，连国民
思想、言论"亦不自觉的渐奴服于国际势力之下"。为此，该学会制
订的纲领的第一条就是②：

　　　　反对国际帝国主义的侵略。特别注意英、美帝国主
　　义，以矫正一般人因对内而忽略对外，因对日本而忽略对
　　英、美的恶弊。更应矫正一般无识者亲善英美的心理。

　　在1924年7月的少年中国学会南京大会宣言中，又重申了此
一内容。

　　其二是北京大学的一次民意测验。1923年12月17日，是北
大建校第25周年纪念日。16至17日，"日夜人山人海，颇极一时
之盛"。朱务善、谢汝镇等趁此良机，就有关国内外重大问题搞了一

---

① 瞿秋白："无耻的美国帝国主义者"，《热血日报》，15期(1925年6月18日)。《瞿秋
　　白文集·政治理论编》，第3卷，第255页。
② 见《恽代英文集》，人民出版社，1982年，上册，第359页。

次"民意测量"。问卷大抵由答者自取,被问者计 1007 人。其中第 5 个问题是:"俄国与美国,谁是中国之友? 为甚么?"结果,认为俄 为友者占大多数,计 497 票(59%),美为 107 票(13%);表示俄、美 均非中国之友者 226 票(此二国均抱有侵略主义,况且中国弱小, 不配与国际言友);认为俄、美均为中国之友者为 12 票。据统计,以 美国为友者,内有学界 72 票(女,1 票);商界 1 票;军界 2 票;政界 2 票;工界、记者、警界为零票;未注明职业、性别者 30 票。在学界 人士中,认为俄国而非美国为中国之友者,其理由是:美对待中国 政策恶劣,如"美国伪善";"美为今日中国之良友,他日之祸根"; "美国抱资本侵略主义,助某方盗取大柄,助长我国内乱";"美国政 策之毒远胜日本"等。学界人士以美为中国之友者,其理由包括:借 其力以抵制日本;美提倡和平主义;其教育发达,可以救治中国之 黑暗;因其能时常帮助中国[1]。这一段资料弥足珍贵,就在于我国 因传播媒介之不发达,遂致使我们很难找到能反映一般民意的数 字、文字材料,这样就只能笼而统之地加以概括,而且主要是政论 界的精英舆论,而很少看出普通民意的取向。此段资料的另一重要 性在于,它从一个侧面表明,在相当一部分人的心目中,排美联俄 开始成为主流。这是反映中国人美国观动向的重要方面,很值得深 思。

---

[1]　详见朱务善:"本校 25 周年纪念日之'民意测量'",《北京大学日刊》,1924 年 3 月 4 日至 7 日。

对美国的看法，已经越来越不是一种声音了①。

---

① 这里应补充说明的是，在 20 年代初，一部分中国政论界人士对美国的政治、社会现实颇多批评。还在 1919 年 7 月的《湘江评论》创刊号上，毛泽东即发表"不许实业专制"一文，视美国为"地球上第一实业专制国"，在那里，"几个人享福，千万人要苦。"何基鸿在"打破军阀绝望中之一痴想"中说：在欧美，资本家跋扈至极。"我们拿美国来做例罢，要做北美合众国的大总统，先要资本家肯出钱帮忙他才行。大总统因为受过他们抬举的恩典，就要做他们的奴隶了。其他，官吏啦，议员啦，都要资本家看中他，抬举他，才行，所以都要做资本家的奴隶。"见《学林》，1 卷 2 期（1921 年 10 月 10 日）。郑洪年在"世界政治之新趋势"中说得更明了："美国政治，非民主政治也。一变相之专制政治而已。其专制者为谁？即薄斯是也。"见《学林》，1 卷 1 期（1921 年 9 月 5 日）。瞿秋白 1926 年 2 月撰文分析说，"美国的'民主主义'，真可算天下闻名的了，可是实际上的政权，只在几个银行家手里。"美国本无所谓民主党、共和党，"实际上只是实业党和银行党罢了。"美国国内资本膨胀，不能不引起内部的种种冲突，资产阶级各派都想操纵政权，以求私利。"结果，当然是财神的全胜，所以美国不但说不上'民权'，连资产阶级的阶级统治都说不上，只是寡头的财神政治罢了。"见《瞿秋白文集·政治理论编》，第 3 卷，第 531 页。关于美国的社会问题，亦有论及。王光祈在一封信中提到，"美国式政治的民本主义，究竟与大多数人的幸福有无关系？……美国人因拜金主义，造成一种世界无敌的财阀，一般平民生活于这种财阀之下，与我们生活于军阀之下同是一样苦痛。"见《少年中国学会会务报告》，4 期（1919 年 6 月 1 日）；转引自张允侯等编：《五四时期的社团》（一），三联书店，1979 年，第 293 页。邵力子先后在上海《民国日报》1921 年 1 月 21 日、7 月 12 日著文，大发其慨："美国不富吗？这句话没人敢说。富了便怎样？这个问题便大可研究。你看昨天报上载的路透电，不是说美国共有失业者 2 百万人吗？这不是'不安'的现象吗？'不安'从哪里来，还不是有个'不均'在前面？"有感于纽约的一则电讯，谓"各大城市受暑死者颇多，尤以纽约为最。现因屋少人多，贫民多卧户外海滩或公园，……且有若干人卧于屋面，坠地硕命。"邵氏评曰："美国是何等的殷富，何以亦有屋少人多的现象呢？请一般盛倡资本主义的人仔细想想，美国真是屋少人多吗？我想那些实业大王的崇楼杰阁、名园别墅里，正不知有多少空屋咧！"见《邵力子文集》，上册，第 500 页；下册，第 588 页。

第六章 特殊的载体和视角

——中国留美学生及其美国文化观

20世纪初是近现代中国社会的急剧转型时期。中国留美学生的美国文化观在这一历史转型时期留下了深深的痕迹。"德先生"、"赛先生"堂而皇之地步入泱泱中国。杜威的理论与学说蔚为风行。离开了中国留美学生对美国文化的介绍与传播,那就很可能是人为地隔裂了当时历史进程的链条。

一、"边际人"与德、赛先生

留美学生是融新旧、中西文化背景于一身的具有过渡性双重人格的中国知识分子,即所谓"边际人"(Marginal Man)。[①] 历史表明,在现代中国的曙光艰难地冲破层层云雾、喷薄欲出之时,这些"边际人"的角色与作用是未可替代的。曾有人对20世纪初留美学

---

① "边际人"之说,主要源自西方社会学者对此一人物类型的本质及其特性的假定与创说,亦称"过渡人"、"中间人物"、"桥梁人物"或"媒介人物"。其特征,简言之,一是"冲突性",二是"整合性"。参见郭正昭:《"中国科学社"与中国近代科学化运动(1914—1935)——民国学会个案探讨之一》,中华民国史料研究中心编印:《中国现代史专题研究报告》,台北,1982年,第1辑,第249页。我国大陆学者对"边际人"概念的探讨,可参见傅铿:"跨文化研究中的一些方法论问题",《社会》,1988年4期。

生作过全盘否定性的估价①，这显然是有些过于偏激了。罗荣渠教授在考察美国与西方资产阶级新文化输入中国这一重大历史现象时已经发现②：

> 毫无疑问，新文化运动最初是接受了西方新思潮的中国知识分子发动的思想启蒙运动，它提倡民主主义的新思想、新道德、新文化，用以反对封建主义的旧思想、旧道德、旧文化。后来这个运动高举起民主（德先生）与科学（赛先生）两面大旗。……在当时，拥护民主，即"德先生"，在很大程度上（特别是在留美学生中）是以美国为样板的。所谓民主就是指共和制与代议制，这在晚清一些人的文章中就是以美国为效法的榜样。……至于提倡科学，即"赛先生"，虽然不能说是以美国为样板，但它是首先在美国留学生中提出来的。

我们随后提供的材料将进一步证明，罗氏的说法是经得起历史事实的检验的。

至少自容闳开始，中国留美学子中的有志有识者，即以救国建国为己任。用容氏的话说就是，"以西方之学术，灌输于中国，使中国日趋于文明富强之境"③。按章宗元的说法则是，"此诚不能不望吾国中西兼到之才，接轸而来，相与潜心研究，以期溯西学之真源，

---

① 如本身即为留美学生的马素批评说，"留美学生，因患虚浮之病，当然缺乏深沉的思虑与独立的精神，模拟而不创造，依人而不自主。故治国则亲美，经商则买办，服务社会则投降教会机关，办理教育则传播拜金主义，息惰苟且，甚少建白。……辛亥革命，无留美学生之流血，五四运动，无留美学生之牺牲。人家吃尽辛苦，而留美学生安享其成"。《世界周报》（沪），1922年5月11日。
② 罗荣渠："论美国与西方资产阶级新文化输入中国"，《近代史研究》，1986年2期。亦见周一良主编：《中外文化交流史》，河南人民出版社，1986年；中美关系史丛书编委会等主编《中美关系史论文集》，重庆出版社，1988年，第2辑。
③ 容闳著：《西学东渐记》，湖南人民出版社，1981年，第23页。

而收西学之实用,挽回国势,宏济艰难"。① 一片拳拳赤子爱国、报国之心,跃然纸上②。

先从"赛先生"说起。中国之有严格意义上的近代科学,自留美学生始。这些远涉重洋、负笈新大陆的中国学子,以主修自然科学居多。他们在已经工业化与科学化的美国,耳闻目染,苦思冥索,"亲睹异邦文物之盛,……引领东顾,眷然若有怀也。"③ 他们认识到,近代欧美"声明文物之盛,震铄前古,翔厥来原,受科学之赐为多。"反顾祖国,所缺乏者,莫过于科学。故为了有所贡献于国人,遂有中国科学社④ 及其主办的《科学》⑤ 问世。关于这一点,赵元任、任鸿隽等1916年的《科学社致留美同学书》说得很明白:"吾侪负笈异域,将欲取彼有用之学术,救我垂危之国命,舍图科学之发达,

---

① 章宗元:《美洲留学小史》,见美国留学生编:《美洲留学报告》,上海作新社印刷局,光绪三十年,第30页。

② 穆湘玥在其"中国实业失败之原因及补救方法"一文中说:当自己留学美国时,即注意"细探新大陆致富之源,并默察吾国社会之状况"。见《中华实业界》,2卷1期(1915年1月)。冯友兰晚年在其《三松堂自序》中回忆说,他1919年抵美后,"觉得样样新奇,跟中国不同。"他当时经常考虑的问题是:西方为什么富强?中国为什么贫弱?《美国工商发达史》作于1916年,1918年出版,这是中国人撰写的第一部探讨美国经济的有价值的著作。该书作者叶建柏当时是留美学生,据叶氏在该书"序言"中述其缘起说,"作者来美,3载有奇。课余之暇,欲知美国发达之真象,每作各种之调查。上自书史,下及报章杂志,更至各制造公司各学校各团体,以及友朋聚谈,无不乘机谘问,有所得,辄笔存之",后加以整理、修补,遂成是书,"以贡于我国民之前"。见叶建柏著:《美国工商发达史》"序言",商务印书馆,1918年。

③ "发刊词",《科学》,1卷1期(1915年1月)。

④ 胡适在其1914年6月29日日记中记叙科学社之发起道:"此间同学赵元任、周仁、胡达、秉志、章元善。……一日聚谈于一室,有倡议发刊一月报,名之曰'科学',以'提倡科学,鼓吹实业,审定名词,传播知识'为宗旨,其用心至可嘉许。……美留学界之大病在于无有国文杂志,不能出所学以饷国人,得此可救其失也,不可不记之。"见《胡适留学日记》(一),亚东图书馆,1932年,第263页。

⑤ 《科学》创刊于1915年1月。1918年,中国科学社总社自美国迁至南京。迄1935年,《科学》计刊行20卷,共登载专门科学论文2230余篇,另有"科学新闻"、"书报介绍"、"论文提要"、"拾零"、"杂俎"、"通信"、"来件"等,达32048页。"这不仅是中国第一份科学性的杂志,而且堪称国人介绍科学文字之大成。"见郭正昭:前引文。

其道未由。"① 正是留美学生从科学对美国的兴盛的启迪中谋求把"赛先生"请到东方的古国来，其意义如同开天辟地，似不宜低估。樊洪业先生新近的研究成果表明，《科学》的创办者们已表明了把民主与科学作为强国之策的主张。这在时间上早于陈独秀，并有可能影响到陈独秀。"② 不管怎么说，留美学生受美国文化的感染，呼风唤雨，企求让积贫积弱的中国沐浴于科学及科学精神的阳光雨露之下，这是崭新的起点。爱迪生 1915 年 9 月 10 日在信中颂曰："以数千年沉睡之支那大国，瞿然而觉，知开明教育为国家势力与进步之基础，得非一极可惊叹之事？"③ 人们愈来愈认识到"赛先生"之重要。陈独秀在《敬告青年》中疾呼："无常识之思维，无理想之信仰，欲根治之，厥惟科学"；"国人而欲脱蒙昧时代，羞为浅化之民也，则急起直追，当以科学与人权并重。"④ 这里的"科学"与"人权"，实际上就是此后所说的"赛先生"与"德先生。"《新青年》9 卷 2 号登载的读者皆平的信说，"我觉得科学最靠得住，将来救世界人类从物质方面的或精神方面的，除了科学莫属。"鲁迅指出，"科学者，神圣之光，明世界者也，可以遏末流而生感动。"⑤ 五四时期的新社团如少年中国学会、曙光社等都以科学相号召，如前者的宗旨是，"本科学的精神，为社会的活动，以创造'少年的中国'"；后者的宗旨是，"本科学的研究，以促进社会改革之动机。"关于科学在中国的"威权"，不妨听听新文化运动的大师之一胡适在 20 年代初的说法⑥：

　　这 30 年来，有一个名词在国内几乎做到了无上尊严

① 《科学》，2 卷 10 期（1916 年 10 月）。
② 樊洪业："'赛先生'与新文化运动——科学社会史的考察"，见《五四运动与中国文化建设》，中国社会科学出版社，1989 年，上册，第 453 页。
③ "美国大发明家爱迪生君来书"，《科学》，2 卷 1 期（1916 年 1 月）。
④ 《陈独秀文章选编》，上册，第 78 页。
⑤ 《鲁迅全集》，第 1 卷，第 35 页。
⑥ 胡适："《科学与人生观》序"。见《科学与人生观》，亚东图书馆，1923 年，第 2—3 页。

的地位；无论懂与不懂的人，无论守旧和维新的人，都不敢公然对他表示轻视或戏侮的态度。那名词就是"科学"。这种几乎全国一致的崇信，究竟有无价值，那是另一个问题。我们至少可以说，自从中国变法维新以来，没有一个自命为新人物的人敢公开毁谤"科学"的，……

科学的声浪之"响彻云霄"，在五四时期其更主要的意义表现在对科学精神、求实态度和理性思维的张扬，正是"赛"、"德"两先生共同发起了对封建蒙昧主义、专制主义的狂轰滥炸，奠定了中国现代化的第一基石：民主与科学①。因此，中国留美学生的美国文化观应予重视。

陈独秀 1916 年 8 月 13 日致函当时留学美国的胡适，内云："中国万病，根在社会太坏，足下能有暇就所见闻论述美国各种社会现象，登之《青年》，以告国人耶？"②无独有偶，1918 年 4 月 3 日，周恩来写信给他在南开学校时的同学、当时正留美的冯文潜，其中说，"左右居美，所得宏深，甚盼有以示我，新思潮尤所切望。"③ 一个留学生记其感受曰④：

> 乘舟来美者，入纽约湾，遥见自由神像，昂首立海中，……则自由独立之念，不觉油然而生。及观摩天之楼，白若玉阙，上接云汉，恍非人世，夜间电光灿烂，极人间之观。回忆我国暮烟沉沉，奄然垂毙之象。其相去又安可以

① 新文化运动的旗手陈独秀慷慨陈词道："西洋人因为拥护德、赛两先生，闹了多少事，流了多少血，德、赛两先生才渐渐从黑暗中把他们救出，引到光明世界。我们现在认定只有这两位先生，可以救治中国政治上、道德上、学术上、思想上一切的黑暗。若因为拥护这两位先生，一切政府的压迫，社会的攻击笑骂，就是断头流血，都不推辞。"陈独秀："《新青年》罪案之答辩书"，《新青年》，6 卷 1 号（1919 年 1 月 15 日）。见《陈独秀文章选编》，上册，第 318 页。

② 中国社会科学院近代史研究所中华民国史组编：《胡适来往书信选》，中华书局，1979 年，上册，第 4 页。

③ 中共中央文献研究室编：《周恩来书信选集》，中央文献出版社，1988 年，第 1 页。

④ 叶建柏著：前引书，第 39—40 页。

道里计乎？

因此，要把"赛先生"请来，也要把"德先生"请来。如同留美学生出身的驻美公使伍廷芳所说，"人民主权之在美国，正如群卉当春，奇花怒放，发育已至全盛之期"，故"考察美国之政治，详研美国之要务，以为他山之石，实吾政治家当今之急务乎"。① 当时的知识分子意识到，中国所缺乏的是民主②。"设如袁世凯生在美国，中国的人民有美国的人民那种觉悟，他也敢发生做皇帝的梦吗"？③ 罗家伦 1919 年 11 月 8 日在致他人信中所提的这一问题，不是偶然的。④

总之，"德先生"也好，"赛先生"也罢，都不是土生土长的。五四新文化运动所倚靠的这两位先生，都是从西方（首先是从美国）请来的。这与过去的"中学为体"之类的心态相比，"已有一百八十度之转弯。"⑤ 此一大转弯，留美学生无疑是起了推波助澜的作用的。

我们还可以从五四时期的"杜威现象"中找到这种作用的证明。

杜威是美国哲学家、教育家，经留美学生出身、当时已在中国学术界享有盛名的胡适、陶行知等敦请，1919 年 5 月来华讲学，历

---

① 伍廷芳著：前引书，第 17 页。
② 五四时期，民主（Democracy）有诸多叫法，如"德先生"、德谟克拉西、得莫可拉西、民主主义、平民主义、民本主义、民治主义、庶民主义、唯民主义、平民政治、民主政治等。参见王桧林："五四时期民主思想的演变"，《历史研究》，1989 年 3 期。
③ 《新潮》，2 卷 2 期（1919 年 12 月）。
④ 半个世纪之后，顾准在 1973 年 4 月换了一个角度，旧话重提："当然，唯有美国（这个由新教徒移民组成的国家）才会有华盛顿。华盛顿其人，如果生在俄国（这个专制沙皇，又兼东正教教会首脑的野蛮落后的俄国），即使不成为斯大林，也不可能是华盛顿。"见顾准著：《顾准文集》，贵州人民出版社，1994 年，第 362 页。
⑤ 金耀基："现代化与中国历史"，见张玉法主编：《中国现代史论集》，联经出版事业公司，台北，1980 年，第 1 辑，第 131 页。

时两年零两个月,足迹所至 11 省①,轰动全国 。其实验主义②哲学"风靡一时,尤其是各地青年学子趋之若鹜。……不仅有罗家伦这样的求学赤子,还有一批立志改造社会的激进青年。"③ 如 1920 年9 月至 1921 年 3 月,毛泽东创办的长沙文化书社即曾卖掉杜威的有关著作 390 种(包括《实验主义》100 本、《杜威五大讲演》220 本、《美国民治之发展》70 本)。恽代英 1920 年 4 月 22 日写信给少年中国学会谈到他"盼望看见的书",就包括《杜威及其学说》、《实验主义》。周恩来编辑的《天津学生联合会日刊·发刊旨趣》也说得一明二白:"现代世界的最新思潮是讲'实验主义'"。陶行知致力于倡导、推广平民教育、实验教育,"至于方法,最好是把杜威的思想分析拿来运用。"④ 他在回顾中国新教育的历程时说:中国"有好多教育的运动,都带了美国教育的色彩。"这直接或间接都是杜威的影响所致。胡适说,"杜威先生虽去,他的影响仍旧永远存在,将来还要开更灿烂的花,结更丰盛的果。"⑤ "永远存在"之说虽未免夸大,但杜威至少在中国一代人的时间内有着极广泛的影响,尤以在文化教育及学术界为显著,这也与留美学生相关,胡适更是与此息息

---

① 这 11 省是:奉天、直隶、山西、山东、江苏、江西、湖北、湖南、浙江、福建、广东。胡适在《杜威先生与中国》(1921 年 7 月 11 日)一文中说,杜威"在北京的 5 种长期讲演录已经过第 10 版了,其余各种小讲演录——如山西的,南京的,北京学术讲演会的,——几乎数也数不清楚了! 我们可以说,自从中国与西洋文化接触以来,没有一个外国学者在中国思想界的影响有杜威先生这样大的。"见《胡适文存》(二),亚东图书馆,1936 年,第 199 页。关于杜威在中国讲学的具体情况,可参见黎洁华:《杜威在华活动年表(1919 年 4 月 30 日——1921 年 7 月 11 日),《华东师范大学学报》(教育科学版),1985 年 1—3 期。

② 实验主义(Pragmatism),亦译"实用主义"。台湾学者吴森先生认为,这都是"误译"。吴指出,Pragmatism 的词源来自希腊文,有"实践"和"行动"的意思,应译作"实践主义"。参见吴森:"杜威思想与中国文化",汪荣祖编:《五四研究论文集》,联经出版事业公司,台北,1979 年,第 131 页。

③ 习五一:"罗家伦与五四运动",《五四运动与中国文化建设》(下),第 1028 页。

④ 陶行知:"实验教育的实施"。《陶行知全集》,四川教育出版社,1991 年,第 1 卷,第310 页。

⑤ 胡适:"杜威先生与中国",《胡适文存》(二),第 202 页。

相关。

二、胡适的美国观

在晚清迄民国时期的中国留美学生中，声名最大、在历史进程中深深刻下印迹的恐怕非胡适莫属了。

从暮气沉沉的"大清国"来到朝气蓬勃的新大陆，胡适同样是既惊又奇。从人生观到政治信仰、思想主张，胡适都有极大的变化，其美国观在当时的留美学生中不无典型性。"美国人出自天真的乐观与朝气给了我很好的印象。在这个地方，似乎无一事一物不能由人类智力做得成的。我因不能避免这种对于人生持有喜气的眼光的传染，数年之间，就渐渐治疗了我少年老成的态度。"① 这是胡适后来在《我的信仰》中所回忆的。

从胡适的日记和回忆录来看，他对美国民主政治是"神往之至"的。当他1910年初到美国时，对美国的政治组织、政党、总统选举团、选举制度及美国宪法和政府机构，他不是"一无所知"，就是"全属茫然。"然而，由于"对美国政治的兴趣"、"对美国政治的研究"以及留美期间耳闻目睹过1912年、1916年的两次大选，胡适感到，美国人的民主精神"实在令我神往之至"②。据他1911年3月9日日记载，"昨日读美国独立檄文，细细读之，觉一字一句皆扪之有稜，且处处为民请命，义正词严，真千古至文。……续林肯

---

① 《胡适来往书信选》，下册，第561页。
② 《胡适口述自传》，唐德刚译注，传记文学出版社，台北，1981年，第33页。

Gettysburg 演说,此亦至文也。"① 对于美国人"独立思想之高,不轻易为位高爵尊者所耸动也",② 胡适是相当赞赏的。对于美国的政党制度,他也是肯定的,并希望中国亦能引美为鉴③:"美国大革命,本是激烈的民党闹起来的。后来革命虽成功,政府可闹得太不成样子。那时的美国,比今日的中国正不相上下,怕还更坏呢。后来国中一班稳健的政客,如汉弥尔登、华盛顿之类,起了一次无血的革命,推翻了临时约法(The Articles of Confederation),重造新宪法,重组新政府,遂成今日的宪法。从前的激烈党如节非生之徒,那时都变成少数的在野党(即所谓反对党——Opposition),待到十几年后才掌国权。"在这里,胡适谈到了他对美国从邦联制到联邦制这一大转折时期的历史认识,其中把 1787 年宪法取《邦联条例》而代之的称为"一次无血的革命",说得恰到好处。有意思的是,他接下来笔锋一转,从美国谈到了中国"将来的希望":这就是,"要有一个开明强硬的在野党做这稳健党的监督,要使今日的稳健不致变成明日的顽固,——如此,然后可望有一个统一共和的中国。"这很可能是留美学生中较早主张中国仿美而采行两党制者。

在美国留学期间,胡适发现,美国也有不少怪事。如美国某大学教师"倡言'天演论'致被辞退者,可谓怪事!"1911 年 3 月 13 日日记说,美某一妇再嫁至 12 次之多,计重婚者 3 次,凡嫁 9 夫,亦"可谓怪物矣"!对当时美国的清教,他亦颇有微词,认为它"在今日

---

① 《胡适留学日记》(一),第 13 页。按:此处所谓"美国独立檄文",即《独立宣言》。晚清以来,我国政论界、知识界对《独立宣言》的译名还有《美利坚民主独立文》、《美利坚宣告独立文》、《北美合众国独立文》、《北美合众国宣告独立檄文》、《美国十三州独立宣言书》、《北美十三国联合一致的共同宣言》、《美洲十三个联合邦的一致宣言》、《美利坚十三个联合州的一致宣言》、《美利坚合众国十三个州一致通过的独立宣言》、《美利坚十三联合邦的一致宣言》。Gettysburg 演说,即葛提斯堡演说。

② 1915 年 10 月 30 日日记。《胡适留学日记》(三),第 809 页。

③ 1916 年 7 月 17 日日记。见《胡适留学日记》(四),第 959 页、960 页。文中所说"汉弥尔登",现译作汉密尔顿;"临时约法",即《邦联条例》;"节非生",即杰斐逊。

己失其宗教的性质,但呈一种极陋隘的道德观念。其极端流于守旧俗,排异说,与新兴之潮流为仇"①。

还在留美时,胡适即提倡白话文,终成为新文化运动中的健将。他"竭力输入西方资本主义文化的新鲜空气,本身是对中国古老的封建主义的一种批判。他首举义旗,倡导白话文,更是功不可没。他提倡个性解放,主张解放妇女,鼓吹社会自由平等,也在客观上起了反封建的作用"②。对此,胡适是当之无愧的。

1918年9月,胡适在北京女子师范学校作过一次有名的讲演——《美国的妇人》,③ 这大概是中国人最早专门介绍美国妇女的有价值的文章,也从一个重要侧面反映了胡适对美国社会与文化的看法。在他看来,美国的女子均有"超于贤妻良母的人生观",即"自立的观念"。她们"无论在何等境遇,无论做何等事业,无论已嫁未嫁,大都存一个'自立'的心"。"自立"的含义是什么呢?它包括发展个人的才性、不依赖别人、自己能独立生活、自己能替社会作事。同男子一样,妇女也"有在社会上谋自由独立的生活的天职",胡适认为,这就是美国妇女的"特别精神"。这种精神的养成,主要是从小学即开始实行"男女共同教育"的结果。由于少年男女能同在一个教室读书,同在一个操场打球,或者同来同去,久而久之,大家相互间"只觉得都是同学,都是朋友,都是'人':所以渐渐的把男女的界限都消灭了,把男女的形迹也都忘记了.这种'忘形'的男女交际,是增进青年男女自治能力的惟一方法。"大学里男女共校的学习与生活,同样有许多好处。胡适还对美国何以有那么多不婚不嫁的男女、又何以那么多人离婚作了细致的解释。举个例子说,妇女不嫁,她在社会、家庭中"并没有什么不便,也不致损失什么权

① 1916年11月18日日记。见《胡适留学日记》(四),第1060页。
② 蔡尚思:"反封建是'五四'精神的精髓",《五四运动与中国文化建设》(上),第59页。
③ 详见《胡适文存》(四),第40—61页。

利"，照样享受财产权、同样在社会上往来、替社会尽力，既不怕人家笑话她是"老处女"，也不用顾虑死后无人祭祀。至于美国人的离婚，"虽然也有些该骂的，但大多数都有可以原谅的理由"，不能因为离婚案多就推想到美国的风俗怎样不好。谈到这里，胡适提出了一个如何看待美国文化的原则问题[①]：

> 离婚案之多，未必全由于风俗的败坏，也未必不由于个人人格的尊贵。我们观风问俗的人，不可把我们的眼光，胡乱批评别国礼俗。

胡适又说[②]：

> 我平日的主张，以为我们观风问俗的人，第一个大目的，在于懂得了人家的好处。我们所该学的，也只是人家的长处。我们今日还不配批评人家的短处。

那么，就美国妇女这个问题而言，我们该如何看待呢？胡适认为，美国妇女的特别精神——自立心，正是中国妇女所最缺乏的。所以，这位当时即已大名鼎鼎的北大教授明确主张[③]：

> 我们中国的姊妹们若能把这种"自立"的精神来补助我们的"倚赖"性质，若能把那种"超于良妻贤母的人生观"来补助我们的"良妻贤母"观念，定可使中国女界有一点"新鲜空气"，定可使中国产出一些真能"自立"的女子。这种"自立"的精神，带有一种传染的性质，……越传越远，渐渐的造成无数"自立"的男女，人人都觉得自己是堂堂地一个"人"，有该尽的义务，有可做的事业。有了这些"自立"的男女，自然产生良善的社会。

不管胡适后来对美国的看法如何，也不管我们后来对胡适的

---

① 《胡适文存》(四)，第 55 页。
② 《胡适文存》(四)，第 60 页。
③ 同上，第 60—61 页。

评价如何变化,在考察五四时期胡适的美国观时,还是应从当时的具体时空条件出发,以作出具体的历史评价。胡适后来作了国民党的"过河卒子",政治上亲美反共①,这是没有疑问的。我们在建国后曾搞过对胡适的大规模批判,从政治上讲,当然是必要的,但在对学术问题的处理上显然有些简单化。那时候,给胡适戴上了很多帽子,如"美国的文化买办"、"美帝国主义的走狗"、"美帝国主义所豢养的亲女儿"、"美帝国主义宠爱的文化走狗"、"美帝国主义在中国最忠实的鹰犬"等等。胡适的确是旧中国学术界最有影响的文化巨擘之一②,但能否把解放前的崇美、亲美都一股脑儿算在胡适一个人的账上③?恐怕不无斟酌之处。

　　胡适的另一个罪名,即"全盘西化",这也是莫须有的。中国社会科学院近代史研究所研究员耿云志是新时期悉心研究胡适的专家,他公正地指出,"其实,在五四新文化运动时期,胡适绝未说过'全盘西化'一语,更未尝有全盘西化的思想。"④ 看来,冰冻的消融,并不是完全不可能的。

---

① 据说,胡适曾对他的朋友讲,"在苏联,只有面包,没有自由;在美国,既有面包,又有自由;中国共产党来了,没有面包,也没有自由。"参见李达:"胡适反动思想在政治上的表现",《长江文艺》,1955年2期。

② 贺麟在"两点批判,一点反思"一文中指出,关于胡适,"旧中国旧学术界的知识分子,在这一或那一形式下,直接间接都多少受过他的影响。甚至在解放前,自命与胡适的思想不一致,曾反对过他、或不理睬胡适思想的人,也都不免受过他的影响。"见《人民日报》,1955年1月19日。

③ 彭柏山在"论胡适政治思想的反动本质"中说,"胡适在宣传'世界文化'的阴谋下,处处否定中国民族的文化,以此来宣扬民族自卑心,以致造成在解放前有一部分青年盲目崇拜美国,甚至有的恨自己的鼻子长得太低,不能像一个美国人。"见《解放日报》,1955年2月7日。郑鹤声在"胡适40年来反动政治思想的批判"中说,"从某些人的'月亮是美国的好'到'中国不亡,是无天理'的观点中,发生了崇美亲美而鄙视祖国的丑态,是同胡适对祖国的污蔑和对美国的崇拜分不开的。"见《文史哲》,1955年5期。

④ 参见耿云志:"胡适的文化观及其现代意义",载《论传统与反传统》,山东人民出版社,1989年;耿云志:"中西结合,创造新文化——五四新文化运动再认识",《五四运动与中国文化建设》(上)。

"连外国人放个屁都是香的。"① 这种病态性的不健康心理,至少晚清即已有之,也很难说我们今天就绝对没有此种怪现象了。这并非是也不可能是某一个人所造的孽。作为一种社会文化现象,它有相当复杂的成因,任何简单化的作法都未必是有济于事的。

从对胡适的美国观的评价中,我们可以总结出一些教训。

---

① 这是晚清最享盛名的现实主义小说之一的《二十年目睹之怪现状》(吴研人著)中的一句名言。

第七章　面对大危机的震撼

——中国知识界对美国的思考

20 世纪 30、40 年代是极度动荡不安的非常岁月。世界如此，中国如此，美国也不例外。这一时期也是中国人认真探索美国的一个重要阶段，举凡其政治、经济、外交、社会，几乎莫不论及。其中，罗斯福新政① 是当时舆论关注的热点与重心，自然也是体现中国人如何看美国的一个重要窗口。就美国本身而言，在这一时期，它历经大危机的震撼，经过罗斯福新政的洗礼，虽不乏曲折与苦痛，但终归实现了从乱到治的彻底转换。中国政论界对太平洋彼岸这一空前巨变所给予的广泛关注，是十分引人注目的。关于对新政的研究，问题集中，时间长久，涉足者众多，由中国学者如此探讨美国某一个侧面的现象，在当时是绝无仅有的，在这之后也是不多见的。这为我们考察 30、40 年代中国人的美国观提供了丰富的素材。

一、"黄金国"的悲喜剧

继镀金时代的跃进式发展之后，美国借欧洲发生自相残杀的第一次世界大战之机，终成世界首富，国力雄厚，雄视四方。关于这一过程，时人述曰②：

① "新政"，已是当时中国知识界对 New Deal 的通译名词。不过，间或亦有其他译称，如"新法"、"新政策"、"新措施"、"新奋斗"等。
② 蒋恭晟编著:《美国复兴运动》，中华书局，1937 年，第 1 页。

美国自南北战争以来，国家基础，逐渐稳固，而实力亦与时俱增。及1914年欧战发生后，其国力一跃而为世界第一。……战后遂成为唯一的债权国，各国黄金，源源流入美国，因有"黄金国"之称。

那时候，人们普遍认识到，美国已取大英帝国而代之，"开放出黄金时代的鲜花。"[1]作为"世界的财翁"，[2]其财政资本已发达至于"沸点"，[3]全世界都是其债务国，它本身无可争辩地成为世界唯一的霸主。学者们研究美国经济发展情形的感想之一就是"艳羡。"[4]"现在世界最富庶的国家，莫过美国"。美国的钱，一元一元的砌起来，足足可以绕地球一周。其农工商发展，"这十几年来，真有一日千里之势；而以欧战后为尤甚[5]。莫震旦深深地为此而震动，特地撰文从自然资源、政治体制、心理、生产组织、劳资关系、环境等6个方面，分析美国为何如此富庶。而且，其所得结论亦饶有趣味[6]。

问题是，人有旦夕祸福，天有不测风云。这"黄金国"从1929年10月24日"黑色的星期四"起，大倒其霉。工业萧条，农业破产，银行倒闭，全国的经济和社会生活跌入严重的混沌与窒息状态。这就

---

① 张耀华："太平洋现势的分析（一）"，《东方杂志》，30卷6号（1933年3月16日）。
② 冯玉祥："中国与二次大战"，见《冯玉祥选集》，人民出版社，1982年，上册，第167页。
③ 《瞿秋白文集·政治理论编》，第2卷，第77页。
④ 雷声洪编著：《美国经济之解剖》"序"，华风书店，1932年。
⑤ 莫震旦："美国为何这样富庶"，《东方杂志》，24卷20号（1927年10月25日）。
⑥ 莫震旦总结说，"据我看来，美国富庶的最大原因，还是政治平稳。不然，其他种种，亦无从着手。由此我觉得中国今日的情况，虽未能学美国那样面面发展；但必先要把政治安上稳固的轨道，其他方面才可着手。"他还在文末强调，这是"我平心静意的报告，并非受了美国化。"见莫震旦：前引文。汤浩为其所译《美国经济成功之秘密》(Ellis Parker著)一书所作"译者小记"说，"美国是资本主义的国家，她一向所走的是资本主义制度的途径。我们并不主张中国追随资本主义的发展途径而使中国社会继续感受种种资本主义的痛苦。然而中国要是想继续存在，则发展经济是刻不容缓的事情。为此我们便有研究他国发展经济的经过之必要。"（该书由民智书局1930年2月初版）。

是对美国存在构成真正威胁的大危机。

富兰克林·D·罗斯福第一次当选美国总统,时值1932年。那时,大危机——这一"经济的黑潮"仍在肆虐。"资本主义随着恐慌的狂潮,已一天一天走入没落的途中,美国如此,欧洲列强和日本都如此。'资本主义的末日!'这一凄惨的呼声,已响彻全球了。"① 在本来是"富裕冠绝世界"的美国,穷困之神亦"一步一步的升室入堂"②,结果,这"金元的王国也遍体是创伤了。"③ 有个比喻说,美国在第一次世界大战后的"黄金充血症""竟因恐慌的侵袭变成贫血症了"④。《美国经济复兴与政策》(1937年3月初版)是我国出版最早的一本关于罗斯福新政的专著。该书作者孙慕迦对不景气阴影下的美国人的心理作过这样的描绘⑤:

当罗氏〔按:即罗斯福〕大选获胜预备就职的时候,正是全国金融界陷入绝境之际。空前的恐慌笼罩在一切人的心头,尽管是百万的富翁,一下子说不定也会成为贫无立锥的穷小子。真正的穷小子和中产阶级更不必说。虽然没有飞机的威胁,没有大炮的恐惧,可是这生活问题的严重,当真比在前线上还要恐怖些。过惯了穷日子,今天不管明天,自然还能照样生活,这在繁荣尖端翻觔斗下来的美国人,的确是感到从未有的灾难了!

对美国在当时所面临的困境及其出路,经济学家郑林庄作出了当时不无代表性的论断:"雄视一时的美〔国〕资本主义,深深陷进今日的不幸局面,四处受掣,窒息垂死"。因此,对美国资本主义的前途,实在乐观不得,至少难以指望它能在短期内恢复元气。"我

---

① 叶作舟:"资本主义'计划经济'的检讨",《东方杂志》,30卷9号(1933年5月)。
② 潘楚基:"罗斯福之购金贬元政策",《东方杂志》,31卷2号(1934年1月)。
③ 叶作舟:前引文。
④ 张一凡:"世界财政恐慌的现势",《申报月刊》,3卷1号(1934年1月)。
⑤ 孙慕迦编著:《美国经济复兴与政策》,正中书局,1937年,第9页。

对美国资本主义的展望是：如果它不能在最近恢复昔日繁荣，它不是受一番巨大的修改（如计划经济，技术统治等），就是要根本坍台，把地盘让位给一个新兴社会！"① 这是时代所提出的新问题，也是现实的严峻挑战。

挟着大危机的风暴而入主白宫的罗斯福，不能不首先面对这一挑战，并作出其答复。

二、New Deal 的东方效应

罗斯福不愧是大政治家，其大刀阔斧的新政改革造就了一个新时代。新政（New Deal）在 30、40 年代的中国引起了广泛的反应。

在 30 年代（主要是 1933 至 1938 年间），中国人对新政的介绍、评议，蔚为风行，既有综合性述评，也有专题探讨，有关新政的重要法案亦往往被译成中文刊载，并及时追踪其发展大势。概括说来，对新政的评估，人言言殊。不过，也可以大致归纳出两种代表性的判断：占主导地位的是贬多褒少，甚或干脆全盘否定；也有的持乐观的肯定性评价，或者持谨慎的批评态度。

1933 年 3 月 4 日，罗斯福在弥漫全国的愁云惨雾中就总统职。有心人注意到，"此一行政元首之更易，实含有无穷意义，其重要性须待异日之史学家始能充分估计也。"② 从平息金融风潮开始，这位身残志坚的新总统把新政导演成了声色卓著的历史活剧。它"非特使美国人士耳目为之一新，即举世各国亦为之属〔瞩〕目"，因为"此项试验如能成功，则非特美国之经济组织将有极重要之转变，即世界各国之经济政策亦必受其影响。"所以，尽管"现时此种政策尚未完成，评断其得失之时机尚未成熟，但其重要性则不容忽

---

① 郑林庄："美国资本主义的展望"，《东方杂志》，30 卷 16 号（1933 年 8 月）。

② 李迪俊："罗斯福就任总统后之美国政局"，《时事月报》，8 卷 4 期（1933 年 4 月）。

视"①。这说明,罗斯福的施政与改革从一开始就极大地吸引了中国知识界人士的注意力,并由此引起了不尽的思考。

还在罗斯福1932年刚刚竞选总统成功之时,即已有报道称,罗氏为恢复国内衰落之经济,"必当尽全力以赴之,但恐因产业合理化和资本主义矛盾而起的全世界尤其是美国的经济不景气,不是罗斯福或是民主党以及任何人所能挽救的呢!"② 胡愈之评论美国总统大选的结果说,美国的政治舞台,从胡佛转移到罗斯福,从共和党转移到民主党,但实际上有何两样呢?罗斯福上台后能干出和胡佛不同的"把戏"吗?这两个人虽处在相互反对的地位,但都是华尔街金融资本和企业主的代言者,其根本政策"不会有什么两样";罗斯福亦无和胡佛根本不同的积极复兴经济的政策。"这一回美国选举,对于美国政治的影响,不过是白宫换了一个主人,议会中的多数,从共和党换〔成〕了民主党,除此以外,再没有别的。"③ 张金鉴在评述1933年6月10日的"国家复兴计划"时认为,它建筑于不健全的基础之上,其根本出发点并不正确,难望获得长久成功,"其将来前途实未能如罗斯福等一般人想象之乐观。"即或因其刺激而使实业界暂呈活跃现象,亦"仅是暂时的虚伪的,永久的真正的成功仍然不能获得。"④ 章乃器也认为,美国的复兴计划"不过是〔起〕强心针的作用,是不会有久远的效果的。"⑤ 许涤新把复兴计划的内容归结为6个方面:一是政府与金融资本的融合,二是促进资本的集中,三是摧毁生产力以保持资本主义生产关系,四是缩短工时以加强资本积累,五是通货膨胀以降低实际工资,六是失业

---

① 乔智千:"美国经济复兴中重要法案之概况与检讨",《中央银行月报》,2卷9号(1933年9月)。

② 蒋星德:"罗斯福——美国之新总统",《时事月报》,7卷6期(1932年12月)。

③ 胡愈之:"美德两国的选举",《东方杂志》,29卷7号(1932年12月)。

④ 张金鉴:"美国之经济复兴计划",《东方杂志》,30卷19号(1933年10月)。

⑤ 章乃器:"国际银协定的检讨",《时事月报》,9卷3期(1933年9月)。

问题毫无解决。这位"朝乾夕惕"的罗斯福，虽欲挽救"摇摇欲坠"的资本主义、"为资本主义挥戈返日"，以恢复美国过去的繁荣，但其复兴计划"除了加强资本之集中与积累，和加强〔对〕工人的剥削以外，是没有别的。"这样一来，它的后果只能是"加强阶级对立的尖锐化，加强帝国主义间的矛盾，革命、战争便是它的必然的产品。"许氏断言，"资本主义的前途将因复兴运动而缩短其存在的时间了"；"华尔街的宝库、白宫的宝座，其末日之来临，大约是不久了吧。"① 刘觉民对复兴计划中有关农、工、商、交通、水利、金融、财政、劳动、民生、投资等方面的法案一一作了介绍，认为罗斯福的唯一目的无非是想把美国恢复到1928年时的繁荣，这些对企业的限制手段"只能认为是一种暂时的干涉，想从这种暂时的干涉的'恫吓'之下，刺激一般利令智昏的资本家，作觉悟的，自动的，合理的经济控制，"这并未离开美国的传统经济政策，其结果是"不会有几分收成的"，恐怕"就是连许多经济的坏习和制度的缺点，政府都无力或是不敢加以改革②。酋钧认为，"所谓'复兴'之梦，正如水一样地逝去"；所谓"恐慌克服了"之论，不过是"一班染着急性病者"的疾呼。实际上，"各产业部门又复走入惨淡的景状之中。"③ 新政之"少有令人满意之成绩"、"日暮途穷"；④ 或说它"必然地而且事实〔上〕已走到牛角尖中去了"；⑤ 或说"复兴计划的骨干"——通货膨胀政策，"加强恐慌的病势与资本主义内在的矛盾"；或把复兴计划中的减耕毁田视作"摧毁生产力以保存资本主义的生产关系的

① 许涤新："美国复兴运动与资本主义之前途"，《东方杂志》，30卷19号（1933年10月）。

② 刘觉民："罗斯福的经济复兴计划与美国的经济控制政策"，《时事月报》，9卷4期（1933年4月）。

③ 酋钧："罗斯福新货币政策的检讨"，《东方杂志》，30卷24号（1933年5月）。

④ 张金鉴："日暮途穷之美国经济复兴计划"，《东方杂志》，31卷20号（1934年1月）。

⑤ 学稼："1934年世界形势的总推测"，《申报月刊》，3卷1号（1934年1月）。

好例"，①皆是常常见诸报刊之论。章乃器一言以蔽之曰："资本主义的英雄罗斯福"所推行的复兴计划，是资本主义经济、社会矛盾日趋尖锐而呈崩溃的惨象中出现的"步步为营"的挣扎之一。其救济政策"必然是'剜肉补疮'"，"釜底抽薪的办法，恐怕只有制度根本的改造。"这是因为，资本主义一日存在，剩余价值一日存在，矛盾必然是日趋尖锐。"一切头痛医头，脚疼医脚的方法，都表现出来是枉然。"②

马星野在1933年12月从美国寄回的一篇通讯中说，美国民众数月以来对新政"渐渐有厌恶之感"，罗斯福的地位"日加困难"，其原因"颇值得新建设及新改革正在进行中的中国之注意。"新政的最大原则，"是以国家之权力，来整理已趋崩溃的经济秩序与社会秩序。"也就是说，"由经济之改造，而达于社会制度的刷新。"然而，美国是"资本主义的老巢"、"个人主义的大本营"，因此，一旦政府伸其大权来干涉、支配私人活动，那些先前因自由竞争而在社会上占有崇高地位、因旧制度而富贵者，自然不满意，要反抗，此即美国"国家干预主义与个人自由主义的冲突点。"更重要的是，美国人"所要的是工作与面包，对于什么货币问题，物价问题，关税问题，不但是不懂，而且根本不管"；他们"并不希望什么革命，什么阶级斗争，什么法西斯蒂主义，什么共产主义，他们希望的只是肚子饱，身上暖。他们饱尝了4年的经济恐慌的苦况，他们希望再不要有第5年的无衣无褐"③。郑林庄剖析道，"美国人现在憧憬的不是什么社会主义，而是金银财宝，他们拜的不是代表公道正义的上帝，而是财神。"可是，山姆大叔能经"大医士"罗斯福妙手回春、日渐强壮吗？这又不尽然。半年前，"罗医生"刚挂牌行医时，谁不对他抱了

---

① 许达生："1933年资本主义世界的回顾"，《东方杂志》，31卷2号（1934年1月）。
② 章乃器："世界经济的前瞻"，《申报月刊》，3卷1号（1934年1月）。
③ 马星野："美国民众对罗斯福新政之反感"，《申报月刊》，3卷2号（1934年2月）。

蛮大的希望？就是这位医生本人,不也自以为满有把握、药到病除的吗？但"病人的性命摆在他手里已整整 6 个月了,他已向病躯不知打了多少强心针,可是病人仍是不见好也不见坏。"究竟原因何在呢？郑氏分析说,山姆大叔的病不是一天了,是多少年缺少调理的老病,其病根就在于,"美国在国境四界筑的围墙愈高,就等于往自己的头上套的绳索勒得愈紧。"但罗斯福无视病根,舍本求末,对国际协调无根本诚意,对国内的枝末小节却不惜下九牛二虎之力。结果,"左冲右突,到处碰壁,真是'张天师捉鬼,反着了鬼迷'"。不过,山姆大叔尚未到绝望的顶点①。正是从这种意义上,有人说,"共产主义者的宣传资本主义的立将崩溃,未免过甚其辞,而资本主义国家施行的消极的控制政策以图苟延残喘的迷梦也未见其有效。"② 马星野大概是当时中国人所写有关新政文章最多的作者,其观点亦很有代表性。他用不无风趣的语言说,蓝鹰运动不是全无成绩,但很难乐观。从 1933 年的情况看,就全体社会福利而言,美国人的生活并未"因蓝鹰而改善"。它"只算是把现在已有的饭碗拉得大些,把有限的饭化成了糊,使少数无饭吃的人,也有了喝粥的机会。然而先前吃饭的人,现在也只好喝粥了。对于无饭吃而现在喝粥的人,当然是福利,但对于全体,无异是把吃饭程度降到喝粥程度"。长此以往,美国人的生活标准"有降低之虞。"③ 马氏在另一篇文章中重申,现在,产业复兴运动"已正式被认为〔是〕一种'试验与错误'了"。新政实施两年以来,美国的贫富不均"只有加重,而无减轻。"复兴运动,"救工救农,既无成效,救穷救苦,也没有什么事实上可称许之处。"马氏借用 Mechen 之口说,新政的利益到底是到哪里去了呢？"很明显不是落在那诚实的勤劳的因全世界不景气

---

① 郑林庄:"美国往那〔哪〕里去?",《申报月刊》,3 卷 1 号(1934 年 1 月)。

② 刘觉民:前引文。

③ 马星野:"替蓝鹰运动算一笔总帐",《申报月刊》,3 卷 4 号(1934 年 4 月)。

而受到灾厄的人身上，而主要部分，是落在流氓恶棍，偷懒的怕工作的人身上。……新政要削减自由竞争制度，……新政造成了更多更坏的无赖。"① 马星野特别指出，复兴运动中的农业政策较之工业复兴政策，"更可以表现罗斯福新政之精神"，即"计划经济与统制经济之全部应用，及自由竞争及个人主义经济之一笔抹杀。"在1933年这一年中，美国的棉田、麦田、玉蜀黍田、菸草田等放荒者，达3300万英亩；这些弃而不耕的农田相当于日本全国所有的耕地。这种缩小耕地面积、使农田放荒式的"生育节制"，"真是资本主义条件下农业经济的畸形现象之畸形补救了。"② 有篇评论写得也很有趣：罗斯福是骑在两匹不肯往同一方向走的马上，一是"产业家"，它处心积虑，利用一切机会抬高物价，一是"消费者"，它希望物价更低一点下来。"在目前，产业家方面的势力分明占着绝对优势。总统是唱着'产业自治'的调儿，而专心致志地朝着这个马的方向突进。"消费者和劳动者是没有丝毫权力的。罗斯福口口声声说对消费者的愿望非常关心，但他"行不顾言"，只是以甘言巧语，令其忍耐复忍耐。无论如何鞭策，要想让这两匹马同向而驰，是断不可能的。就是说，"罗斯福对于产业的统制，不遗余力，可是他偏袒着一方面。仅仅迎合大产业的利益而毫不顾虑消费者利益的'统制'，怎能够统制国民经济的全体？"其结果，必是生产者、消费者两败俱伤。"不首先改革现存的经济制度，不消去这一些的冲突与矛盾的根源，价格统制就根本谈不上，价格统制尚谈不到，而要期待健全的复兴，那只能是痴人说梦，夏虫乎难的。"③

刘安常认为，罗斯福救济美国恐慌的方针、政策，以治标论，"尽善尽美"，但对于根本的救治，"恐尚无若何功效可言。"④ 罗斯

① 马星野："美国复兴运动成败之检讨"，《世界知识》，1卷7号（1934年12月）。
② 马星野："罗斯福总统之救农政策"，《东方杂志》，31卷18号（1934年9月）。
③ 麦园："美国复兴政策往何处去？"，《东方杂志》，31卷15号（1934年8月）。
④ 刘安常："美国对经济恐慌之挣扎"，《东方杂志》，32卷20号（1935年10月）。

福虽努力以赴，但国计民生日趋恶劣。"美国资本主义之能否恢复繁荣，现在几成为不可期望的事了。"[1] 胡愈之说得更直接了当：复兴计划"是根本失败了。"[2] 马星野在1935年也发表了相当尖锐的看法。他从第一次世界大战后的欧美局势谈起，说苏俄"为了避免高度资本主义的苦痛"，已一脚跳到社会主义之路；希特勒德国"为了使高度资本主义得以苟延残喘"，采取了法西斯的方法来弥补资本主义，日本、意大利及英、法也都各有其不同的路子和走法，说起来这里面"走得最滑稽，似乎最愚蠢的，要算高度资本主义国家的北美合众国了。"在作者的笔下，这种"半死不活的资本制度"正在急速地崩溃着[3]：

> 两年来美国的产业复兴运动，乃是一幕很矛盾，很迷乱的把戏。如果我们拿社会主义做经济演进必趋的阶段，则美国的蓝鹰运动，是向前半步，倒退两步。如果我们假定认为维持资本主义的安定，是目前最急迫的要求，则美国两年来的努力以赴，只是团团转，枉费了几万万元金钱，而像孙悟空翻了多少筋斗，依旧留在不安定，恐慌，饥饿，失望的手掌上面。

> 美国经济，经过两年没有成绩的统制，无结果的试验，无办法的管理以后，现在又重走死路，替资本主义掘坟墓了。

一年以后，马星野在另一篇专论中仍大致重申了上述基本观点。他虽然也看到，美国迄今"最恶劣的经济风潮，是过去了，繁荣渐渐到来"，产业界已"欣欣向荣"，整个经济呈"曲线的上升"，但其病源仍然没有根除。"失业依旧是失业"，构成美国经济的痼疾；而

---

① 姚绍华编著：《美国史》，中华书局，1936年，第145页。
② 胡愈之："民主独裁和美法内政"，《世界知识》，1卷5号（1934年11月）。
③ 马星野："罗斯福产业复兴政策的末路"，《世界知识》，2卷7号（1935年6月）。

农民之"寄生虫化"，更是绝大的隐忧。目前的繁荣"只算是回光返照，或者是海市蜃楼"。我们不能忘记资本主义制度内在的毁灭因素。1500万人为什么没有工作？大量的棉花、麦子、牛乳、猪肉为什么没有人能享受？银行中的票子为什么无法流通？政府的债为什么清还不了？这完全是因为美国国内维持资本主义的结果，不是政府不想解决、而是无法解决。目前困难的不是分配问题，而是生产问题，应从怎样增加农工购买力上找办法。论根本的出路，"美国需要一个无血革命。"① 钱亦石表达了同样的见解：各资本主义国家有势力的人物，如麦克唐纳、墨索里尼、希特勒以至罗斯福，都用过一切办法，想把资本主义经济的僵局打开，"尤其是第一黄金国的白宫主人罗斯福，他所干的一切，是其他资本主义国家的政治领袖望尘莫及的"，但很可悲的是，"新政失败了！"这不是罗斯福个人的失败，而是整个资本主义国家的失败。"尽管罗斯福还想继续挣扎，我敢说，资本主义决不会从他的手里挽救出来。"因为资本主义已经失去原有的健康了，已经衰老了。除非"全知全能的上帝，掷下一瓶'圣水'，使资本主义'返老为童'。否则老态龙钟的资本主义恐怕要在特种萧条的樊笼中多翻几次筋斗吧！"②

区别于上述否定性判断，也有个别文章对罗斯福新政持相对肯定、乐观的评价。

当1933年罗斯福就任总统之初，即有人说，此公"实抱有打开美国不景气之雄心"，且"不能不承认罗氏之前途乐观矣。"③ 向理润表示，自工业复兴法积极实施以来，"成绩大著"，其"前途大放光明"。说美国可重入繁荣之途，"亦非毫无根据之谈也！"④ 在回顾

---

① 马星野："回光返照中之美国经济"，《新中华》，4卷13期（1936年7月）。
② 钱亦石："世界经济发展的总趋势"，《申报月刊》，4卷7号（1935年7月）。
③ 李迪俊：前引文。
④ 向理润："美国恢复繁荣声中的经济复兴计划"，《时事月报》，9卷5期（1933年11月）。

· 114 ·

1934年的美国概况时,他说:"1934年在美国历史上当然是极有意义的一年。"自新政推行以来,百废皆兴,再接再厉,"美国经济复兴已露一线曙光",它"因罗斯福的医治,已脱离危险时期;今后经济复兴已到另一阶段了。"[①] 两年以后,沈惟泰写道,美国财政渐入佳境,"罗斯福政府所唱'欢乐复临此间'之歌调,现渐实现。目前美国之商业,渐见旺盛,其盛况为前所罕见。"[②] 值得重视的是,张仲实1936年中在估计世界经济现状时曾有过一段不无独到之处的精彩议论,虽非专指美国,但亦颇含意味。他写道,虽说仍有一朵黑云笼罩在世界资本主义之前,但就一般形势而论,1929年爆发的周期性的经济恐慌"行将慢慢地局部地克服";在特种萧条的范围内,资本主义世界的经济"部分地仍有走向起色以至繁荣的可能。"他强调说[③]:

> 要特别指出的,就是有许多自命"左倾"的人,他们常以为在资本主义的没落时期,资本主义经济便没有丝毫发展的可能,以为既是特种萧条,当然资本主义世界的经济绝没有再走向起色的希望了。这话听起来似乎是很革命的,其实是机械论的观点。

不言而喻,在30年代中国人的罗斯福新政观中,这些相对乐观的评估,仅是一种微弱之音。当时占主导地位的是"末运"、"末路"、"失败"、"死胡同"等否定性评说。从今天的观点来看,这自然难免有所偏颇。但是,总的说来,半个多世纪之前,各家之独持己见,论说纷纭,主要是其独立思考的反映。较之大同小异、众口一辞,或许更有其积极的思想蕴含,亦未尝不含有其历史的合理性。

当时之所以出现对新政持否定性认识占主流的思潮,恐怕是

---

① 《时事月报》,12卷1期(1935年1月)。
② 《时事月报》,16卷1期(1937年1月)。
③ 张仲实:"世界经济恐慌与景气之新阶段",《新中华》,4卷13期(1936年7月)。

与以下几个因素不无关系的：首先，那时人们多以为资本主义已处于垂死的境地，这是对时代的定性。其次，对资本主义计划经济或统制经济多持否定态度，是当时经济学界所首肯的。再次，苏联当时的经济建设成就和兴盛局面，构成了与美国等西方资本主义面临大危机而挣扎、不能自拔的强烈反差，这是一个外在的强刺激。最后，罗斯福新政在推行过程中所出现的一些当时尚难以理解的矛盾现象，也给人们的思考带来了困惑。从方法论的角度看，当时新政正在进行之中，是一个新的空前的社会历史运动；与这一运动进程同时展现的认识，难免没有局限性。只有当它本身成为历史的内容，随着时间的流逝，其本来面目才会逐渐显露出其真实；人们的认识亦随之廓除掉某些情感因素很浓的色彩，主体与客体的融汇才能更加成功。这是没有什么奇怪的。我以为，对 30 年代中国人对新政的评说，亦应作如是观。

如何分析罗斯福新政的性质？或者说，新政是资本主义的、社会主义的、法西斯主义的？还是这三者或其中两者的结合？抑或哪一样也不是？从 30 年代的有关文献资料看，中国知识界人士的回答是很不一致的。

一种观点认为，新政既非社会主义，又非资本主义，其实质仍是挽救资本主义。以马星野等为代表。

马星野早在 1934 年初即提出，罗斯福新政"又不是资本主义，又不是社会主义，又要以国家援助产业，又反对由国家来经营产业。"① 在胡佛时代，政府坐视失业增多，人民啼饥号寒，罗斯福当政后，又不安本份，妄干人民自由。新政的消极方面，是使没有饭吃的有饭吃；其积极方面，是改造现已陷于困境的经济组织和秩序。复兴运动是美国经济改革的空前大举，其困难亦前所未有。它"又

---

① 马星野："美国民众对罗斯福新政之反感"。

不是资本主义之反动,又不是社会主义之革命"①,故资本家不予合作,失业问题不能解决,负债问题、农民问题亦不能解决。"罗斯福乃至每个美国人面前,横着一个十字路,回到资本主义去呢?跑向社会主义去呢?"马氏在1934年2月9日写道:罗斯福嘴里说要把全国的收入重新分配,但实际上受他重新分配的"只是那拿工资的阶级",至于大银行、大公司的老板们,照旧逍遥法外,这是必然结果。因为,产业复兴运动"根本上是为保全资本主义啊!"② 针对罗斯福向全美银行公会发表的一次演说,马氏叹曰:"其实罗斯福政策,新政的方向,根本说不到什么转变或左倾右倾"。罗斯福原本没有一定的信仰、主张,其办法没有和谐,缺乏一致性。"他根本谈不到什么社会主义或资本主义,他只配称作机会主义者。"③ 潘楚基概括说,罗斯福的一切经济政策本来是为着修改资本主义的若干缺陷,挽救资本主义的垂危命运,"最后的利益还是归于资本家。"④ 姜君辰的看法是,罗斯福"其实并未'右倾'或'左倾'",他所考虑的始终是如何保全其政权,以最巧妙的方式缓和劳资冲突,以保证金融资本和垄断企业的高额利润,从根本上"维护整个布尔乔亚政权的安全"⑤。后来,马星野相当完整地归纳了这一观点⑥:

> 尽管大家批评罗斯福怎样无主张,善转变,无中心思想与基本原则,然而他的大致的意向,是一定的。有些很基本的主张,他会坚持不懈,是不轻易更改的。批评家往往说他是个独裁者,是个革命家,是会彻底推翻美国现行制度的。有的人把罗斯福比作希脱勒〔按:即希特勒〕、

① 马星野:"美国经济之病态",《东方杂志》,31卷5号(1934年3月)。
② 马星野:"替蓝鹰运动算一笔总帐"。
③ 星野:"罗斯福新政又一转变",《申报月刊》,3卷11号(1934年11月)。
④ 潘楚基:前引文。
⑤ 姜君辰:"各国的挽救恐慌策和苏联底计划经济",《申报月刊》,4卷7号(1935年7月)。
⑥ 马星野:"美国新政成绩之总检讨",《新中华》,4卷17期(1936年9月)。

蒙索里尼〔按：即墨索里尼〕、斯太林〔按：即斯大林〕，右派的人说他是个社会主义者，是个共产党，而左派的说他是投机家，是伪君子。……这些批评，都不很客观。罗斯福总统配不上做个社会主义者，他不愿做个独裁家。

罗斯福至多是一个改良主义者，新政不是一种社会主义，只是资本主义的续命剂。罗斯福没有存心推翻现行的美国社会经济制度。他的新政的主要目的，是恢复及挽救美国传统的私有制度及竞争制度。……他承认现行社会制度中的病点，然而他只是希望把病的部分割去。而没有希望把它全部扑灭后再来建造。

新政并不是为某一个特殊阶级谋利益，也不是要把资本制度，连根掘起，新政只要把资本主义已锈了的车轮，磨得光些，使其再能转动，这是资本主义的还魂剂，不是资本主义的致死药。

第二种观点认为，新政是"经济的法西斯化"或带有法西斯主义的色彩。章乃器等主此说。

在章乃器看来，"大量生产"和"剥削劳动"是资本主义条件下无论如何都不能放弃的两个原则。美国的复兴运动"在理论方面唱得顶顶动听"，其实是"经济的法西斯化的一种形式"。它同样削弱中小资本的势力，榨取一般剥削者，剥削劳动者。"改良主义者对于罗斯福之期望，本来是利润之合法的消灭，借此很和平的走上社会主义领域。而结果呢，是'适得其反'吧？"① 钱泽夫指出：大危机爆发以来，美国的失业人数不断增加，罢工事件层出不穷，"群众情绪的不安，已经摇撼了资本主义社会的基础"。在金融资本家看来，一个足以镇压群众骚扰的独裁者的出现是万分必要的，"说得更精确些，罗斯福和美国所有的资产阶级正在替法西斯主义廓清一条康

---

① 章乃器："世界政治经济概况"，《申报月刊》，3卷7号（1934年7月）。

庄大道。"罗氏用了各种改良主义言辞,厉行其新政,巩固其独裁及"准法西斯政权"。① 有一篇文章说,对罗斯福的复兴政策,"我们早就看透了的。它是使用着民主主义的社会的漂亮的术语,由国家强制'阶级协调'的形式,取得社会法西〔斯〕们的热心的协力,使劳动者阶级完全服从金融资本的独裁的一种尝试。"② 潘楚基 1935 年初曾撰文称罗斯福是一个"老奸巨滑"的"大滑头",③ "绝对配不上讲什么'左'",只是在自由主义与保守主义之间徘徊而已。后来,他在 1938 年的一篇文章中回顾说:在实施初期,新政"实倾向于法西斯主义",但到 1935 年时,即转变为"进步的性质",也就是"变为民主主义的倾向",而且,其前途是"进一步走向民主主义。"④

第三种观点认为,新政不同于共产主义,亦有异于法西斯主义,是"富于民主精神之经济改革政策。"刘安常等持此观点。

据刘安常分析⑤,罗斯福救济恐慌的第一要着乃"重新分配财富,以免不均之患。"其具体办法,就是对贫民有救济,对富人则增加应纳之税,以移作救济贫民之用。这虽"不免偏袒贫民,而压抑富人",但并非神经过敏者所说的"赤化"。罗斯福的均富政策仍完全遵守私有制度,"不过使私有财富分配较平均耳"。均富与共产并不相同。"不独新政非社会主义化,对于美国政治制度毫无摇动之影响,且其所主张的均富仍有等差,而并不欲绝对平均。"新政实为一种"新的试验","实为特异而富于民主精神之经济改革政策。"它对经济虽有较大的干涉,但"其实质不独异于共产主义,即对于法西斯主义亦不相同",承认私有制,这与共产主义不相容;发扬劳工权利,亦与法西斯主义相异。张一凡认为,罗斯福历来所采取的政策,

① 钱泽夫:"美国的法西斯组织",《世界知识》,1 卷 7 号(1934 年 12 月)。
② 麦园:前引文。
③ 潘楚基:"动荡中之美国政党",《世界知识》,1 卷 20 号(1935 年 3 月)。
④ 潘楚基:"罗斯福新政之回顾与前瞻",《东方杂志》,35 卷 19 号(1938 年 10 月)。
⑤ 刘安常:前引文。

虽拥护托拉斯、卡特尔经济制度,并逐渐加以政治化,以"造成国家社会主义之政治"。但是,罗斯福新政与希特勒主义不同,后者以大地主、封建势力为骨干,前者以大工业及成熟的资本主义作主体[1]。

第四种观点认为,新政是介于社会主义与法西斯主义之间的统制经济。

有一篇文章提到,目前世界上流行着两种不同的统制经济,一种是社会主义的,一种是法西斯主义的。美国复兴运动,介乎这两者之间,"讲到它的经济方面,它是取法于俄国的'大实验';讲到它的政治方面,它是摩仿意大利的独裁制。不过在实质上它完全是资本主义的。"[2] 有意思的是,程锡庚在预测1934年的世界发展趋势时甚至说,资本主义与社会主义将"渐次融合","在资本主义之国家,均已盛行社会主义";美国虽以资本主义立国,但其经济复兴计划中所采用的方法,如统制生产、强迫工作等,"实与社会主义之苏俄相似。"[3] 这很可能是"趋同论"在中国的最初胚胎。

第五种观点认为,新政是中产阶级协调论的实践。张金鉴首倡此说。

张氏论证道,根据罗斯福的历来言论及主张,其根本的经济哲学是中产阶级(Middle Class)的经济协调论。也就是说,反对阶级斗争,主张各社会阶级以合作、互助的精神,作共同一致的努力,使各阶级的经济利益达到均衡与调和状态,以期国家繁荣的再现。罗斯福不赞成资本家或劳动者任何一方面的极端主张,"其根本精神乃在就两派之意见而折衷者也。"即一半为资本家谋利益,一半为劳动者谋幸福,折其两端,取其中道,"实完全中产阶级之一种经济

---

[1] 张一凡:"一年来之罗斯福经济政策",《申报月刊》,3卷3号(1934年3月)。
[2] 学:"美国复兴运动中的矛盾",《申报月刊》,2卷10号(1933年10月)。
[3] 《时事月报》,10卷1期(1934年1月)。

• 120 •

调和论也。"工业复兴计划的根本原则，是减少有产阶级的进款，使之转而流入劳动阶级，以期建树、维持社会的均衡。新政非左非右，是为了协调和保护资本家、劳动者、消费者的经济利益①。此外，邓照藜也说过，新政的缺陷是免不了的，也免不了受人的批评与攻击，不过，"就利益均沾的意义上来说，受了利益的究竟还是多数的国民。"② 此说多少与张氏之论有相通之处。何义均则把罗斯福经济复兴政策的精髓归纳为以下三种不可忽视的倾向，即国家经济主义、极端个人主义的放弃、社会利益的重视③。

第六种观点认为，新政有社会主义色彩。

持此观点者指出，罗斯福新政实是"济时之良法"，是用国家力量"达到平均人民富力的目的"，虽然不是一般所谓的"激烈的或空洞的社会主义"，但"确有社会主义之色彩"④。

可以看出，以上诸家之言，皆不无或多或少的道理，尽管有的论证尚属薄弱，有的稍嫌片面，但亦不乏立论深刻者。无论从客观历史实际、还是从当代学者的研究成果来看，新政不是社会主义，"连最广泛意义上的社会主义也不是。罗斯福自己也一再声明'新政'不是社会主义。"⑤ 同样，新政亦迥异于法西斯主义。它的确是资本主义的，但肯定不是大危机前的资本主义了。罗斯福新政已经使资本主义生产关系发生部分质变，美国已由一般垄断资本主义

---

① 张金鉴："罗斯福之经济理论与工业复兴"，《申报月刊》，4卷3号(1935年3月)。
② 邓照藜："蓝鹰运动之实绩"，《时事月报》，15卷6期(1936年12月)。
③ 何义均："美国法院之宪法解释权与罗斯福之复兴政策"，《中山文化教育馆季刊》，2卷2期(1935年6月)。
④ 蒋恭晟编著：前引书，第86、80页。
⑤ 邓蜀生："罗斯福新政述评"，见中国美国史研究会编：《美国史论文集》，三联书店，1980年。亦见邓蜀生著：《美国历史与美国人》，人民出版社，1993年。

进化为国家垄断资本主义①或现代经济制度。

这里还应谈及两个具体问题，其一是我国舆论界对美国联邦最高法院废除工业复兴法、农业调整法的反应；其二是对罗斯福改革联邦最高法院计划及双方斗争的反应。

当美国联邦最高法院宣布工业复兴法违宪的消息传到中国后，人们以为这实予罗斯福政府及其新政以"莫大打击"，无异处新政以"死刑"，遂愈益担心美国的复兴运动前途荆棘尚多，"罗斯福新政或将功亏一篑也。"② 经此判决，"两年来努力所织成的经济控制网，像经过了一度狂风暴雨，完全在法律上消失其作用"，这对复兴运动的试验是一个大打击。产业复兴法虽算不上是怎样进步的社会立法，但它能在原则上以联邦政府之力控制国家的经济活动、调剂劳资关系，"是不可否认的真理"，而且世界经济的趋势亦都是如此，可是，这一结局却实则要求政府放弃干涉产业之权、重返自由竞争的状态，这是"开倒车"，无疑为"很反动很危险之事"③。有人指出，联邦最高法院的法官们"依照私人的成见和信仰"，对新政立法作了"莫可思议的"判决，究其实质，"不但敌意破坏精细远大的复兴计划，而且抹杀现代复杂社会中立法程序之必然的趋势"，以至惹起整个社会的不安宁，"变成扰乱社会秩序的主动机关了。"④ 对联邦最高法院之口诛笔伐，是当时中国知识界的主要反应。

---

① 武汉大学刘绪贻教授自 80 年代初以来倾心于罗斯福新政研究，他发现，正是新政使美国垄断资本主义"迅速地、大规模地向国家垄断资本主义过渡"，它构成了现当代美国社会制度的特色与根基，并在福利国家中具有先导性和典型性。基于此，刘氏提出了"罗斯福'新政'式的国家垄断资本主义"这一新概念。参见刘绪贻："罗斯福'新政'的历史地位"，《世界历史》，1983 年 4 期；刘绪贻主编：《富兰克林·D·罗斯福时代》，人民出版社，1994 年。

② 《时事月报》，13 卷 1 期（1935 年 7 月）。

③ 星野："美国大理院之判复兴法规为非法"，《申报月刊》，4 卷 6 号（1935 年 6 月）。

④ 王赣愚："美国联邦大法院与新政前途"，《时事月报》，14 卷 6 期（1936 年 9 月）。

关于罗斯福改组联邦最高法院的计划，马星野发表过不少评论。他以为，这不是简单的法院制度问题，而是有关美国全部政治制度的问题；这不仅是政治问题，而且是"有关于美国社会制度、经济制度以至于文化全部的问题，也可以说是美国或前进或落后，或迎合时代潮流或开倒车的问题"①。美国最高法院自产生以来，其"反动气焰"从未如今日这般"嚣张"，它像水闸一样，使"浩浩漫漫的"社会进步洪流不能顺畅。这说明，"旧式的政治制度不能应付新的社会经济的环境，已经木质化的老法官的头脑，不能判断激变时代的新纠纷新问题。"现在的最高法院已成为"反动的集团"，已达到"反动之最高峰"。它作为"反动势力的代言人"，借其宪法解释权和违宪判决权，行司法专制之实，亦即"替资本家完成财阀专制。"罗斯福的大胆的改革方案，使美国的进步势力与保守势力终于短兵相接，这显然是尖锐的政治斗争，是进步派与保守派之间的"肉搏"。关键是，美国联邦最高法院能否改组关系到美国能不能现代化。"这个难关不打过，革新无从谈起。"马氏还在另外一篇文章中强调，最高法院已成为有产阶级、特权阶级的"护卫者"，是美国反动势力所寄托的"最有利之武器。"所以，为了避免美国步入更危险的境地，最高法院实有改组的必要。"这是进步的潮流所使然，不能加以阻遏的。"② 美国最高法院的宪法解释权，其范围太广，"发生流弊的机会特多。"在一个法治国家，竟蹈人治的覆辙，使法官个人的思想偏见、一二人态度的转变能左右国家的大政方针，"这是很危险的现象。"③ 司法改革是新旧两个势力的对垒。由此还涉及到如何看待美国宪法的问题。有人断言，从美国的社会实情来看，1787 年制订的这部宪法"决不能适应现代的需要，而且部分的修

① 马星野："美国最高法院之改组问题"，《新中华》，5 卷 5 期（1937 年 3 月）。
② 马星野："美国司法改革案之面面观"，《世界知识》，5 卷 12 号（1937 年 3 月）。
③ 何义均："罗斯福之司法改革案"，《时事月报》，16 卷 5 期（1936 年 5 月）。

正，也不能解救美国现时的急难"，要想渡过此关，"非把美国宪法全盘改造一下不可。"①

杨宪昭持有与上述观点较大差异的看法②。他认为，罗斯福1937年2月5日在国会所提出的改革最高法院案是其"对司法独立宣战之动员令。"论此风波的性质，可谓"是司法独立与行政独立之正面冲突。"现在美国政府的情形，概而言之，即"罗斯福总统因为环境的造成，个人之奋斗，人民之拥戴，已成了行政、立法两部分之独裁者了。他更进一步来征服司法机构，使最高法院也得受行政部分的指挥，换句话说，就是造成行政独裁！"罗斯福不用修改宪法的正当途径、而用别的手段达其目的，即使他的计划能有良好结果，新政实施后能替美国人民谋幸福，但其所得收获，亦不足以补偿危害司法独立、破坏宪法精神的损失。所以，"从美国宪法精神立场来立论，罗斯福的改革最高法院案，实无立足之地！"

说罗斯福推行新政是搞独裁的，尚不在少数。早在1933年夏，即有报道称，罗氏为应付严重时局而取得非常权力，全国工、农、商及货币、关税等，悉受总统节制，"开美国政治史上未有之先例"。如此一来，遂于无形之中"不啻造成一逖克推多。"又有人报道，在1934年，美国政治的最大特色"莫过于总统权力的膨胀。"罗斯福大权在握，"美国政治走向独裁趋势，遂日益明显。"有不少文章对此作了绘声绘色的介绍。比如，有的说③，罗斯福上台后，不顾一切障碍与反对，"本其斩钉截铁之精神，大刀阔斧之手段"，以推行新政，"大张'经济统制'之新旗帜。"其措施与民主党的主张，"实南辕而北辙。"他不仅在经济上采行"中央集权主义"，而且索性"更进一步效法墨索里尼、希特勒涉武，而为独裁主义者"，从而"使民主党

---

① 储玉坤："美国宪法的修改问题"，《时事月报》，14卷4期（1936年4月）。
② 杨宪昭："美国政府往那〔哪〕里去？"，《东方杂志》，34卷11号（1937年6月）。
③ 张金鉴："罗斯福之新政党"，《申报月刊》，3卷11号（1934年11月）。

寄托在罗氏身上的灵魂飞上西天。"另据胡愈之在1934年底的分析，一切资本主义国家都正处于其非常时期，政治上是非独裁化不可的。包括美国在内的所谓"民主国"，虽然还有宪法、议会，但与德、意、日一样，正"一天天走上独裁这条路上去。"而美国作为一个"标本的独占资本主义的国家"，虽有民主、共和两党之分，但都代表有钱人的利益，都代表美国资本家，其政纲虽有某些差别，但"好像黄狗和黑狗，表面的色彩虽然不同，却是同一个主人所豢养的。"以1934年民主党在议会选举中获胜为例，胡氏指出，这"与其说是美国人民拥护现政府，还不如说是罗斯福的政策，得到后台老板的赞成，更来得适当"①。因此，人们视罗斯福是"实际上的独裁者"②，说他至少"是要打开一条美国政权强力化的出路"③。罗斯福1936年第二次当选总统后，美国政治独裁的趋势，"愈形浓厚"，"更形彰著"④。

当然，对以上说法亦有持异议者。有人说⑤，罗斯福之实行"暂时的独裁统治"，是为了救治危机中的美国经济；"若计不出此，则反逼迫美国走上法西斯主义的途径。"罗氏委任立法权的膨胀与法西斯国家行政权的强大相比，两者相异其趣，不能混为一谈。第一，罗氏运用"独裁权"，专求经济繁荣，而非故意伸张权力、以致违反民主政治的精神；法西斯独裁则无非是想推翻或变更现行政治组织而建树其制度。第二，罗氏之"独裁权"，为国会所赋予，终不能违背国会授权的本旨；而法西斯政权的产生却是基于非法的篡夺和政变。所以，有的文章在总结蓝鹰运动时进而说，"罗氏之统治精神

---

① 胡愈之："民主独裁和美法内政"，《世界知识》，1卷5号（1934年11月）。
② 昆元："欧美议会政治之没落"，《申报月刊》，4卷1号（1935年1月）。
③ 钱泽夫："美国政权的动向"，《世界知识》，2卷20号（1935年9月）。
④ 葛受元："罗斯福总统当选之回顾与前瞻"，《时事月报》，15卷6期（1936年12月）。
　冯仲足："罗斯福的胜利"，《东方杂志》，33卷23号（1936年12月）。
⑤ 王赣愚：前引文。

已经博得大众的绝大的支持,而且这种精神陶醉在美国国民的胸怀中成为一种革新主义的思想了。这种背后获得了大众支持的强力政治,既非共产主义,也不是法西斯主义,而乃是美国人所自夸的真的德谟克拉西!"①

简单地说,美国历史进程表明,罗斯福与联邦最高法院的斗争,是输了一次战役,赢了一场战争②。罗斯福的确是大大扩充了行政权,开"帝王般的总统"之先河。然而,美国根本的政治制度依然是典型的资产阶级民主制度,而不是法西斯独裁,或者其他。30年代中国思想界的前述见解,如今看来,自然难免其不尽全面之处。不过,作为当时人思想真迹的流露,至今仍有可玩味之处。

1940年,罗斯福第三次当选总统,这在美国是没有先例的。在当时,自然成为众所瞩目的大事。我国学人由此引起了对新政的进一步思考。在这一方面,罗仲言的看法是有代表性的③。一般地说,"8年来罗斯福之奋斗,新政之成就,实为构成罗氏三度连任之基础。吾人欲明了罗氏个人在政治上之成就与美国今后对内对外政策之倾向,均宜对于新政有所辨识。"从新政的内容看,它有为劳动者谋利益的(如产业法规、失业救济);也有为企业家谋利益的(如援助保险法案、工业贷款法、紧急银行法等);有专为农民而设的(如农业调整法);还有的是暂时补苴的(如公共工程法、救济法等);亦有属于改革意义的(如证券法、交易所法、公平竞争法等)。与胡佛的"简陋政策"相比,这确有"上下床之别"。新政本身并非建设在一个有全盘计划的前提之上,更非单纯为了某一部分的利益,而是"为全体国民间的相互利益"。罗斯福的经济政策"已非纯粹美

---

① 邓照蒙:前引文。
② 关于中国学者对罗斯福改革最高法院斗争性质的最新认识,可参见刘绪贻:"富兰克林·罗斯福与联邦最高法院斗争的性质",《历史研究》,1990年4期。
③ 罗仲言:"罗斯福经济政策之胜利——8年来美国新政 New Deal 之回顾与前瞻",《时事月报》,24卷2期(1941年2月)。

国传统的作风了，"其处理问题颇称周密，"含有较为复杂之原理及对于施行经济制度修改之勇气。"新政本身虽有若干错综复杂的矛盾，其成就不如预想之高，但也不像反对派所批评得一无是处。在罗斯福第一届总统任期内，新政成就较大，1936 年后，仍"继续审慎地推行"，但"旅进旅退，始终未达到理想的繁荣。"今后罗氏殆将现行经济程序而以战争经济程序代之。

在世界反法西斯战争顷近尾声的 1944 年，罗斯福四度蝉联总统之职。这在美国，不仅是空前的，而且也是绝后的。在当时中国人心目中，罗斯福是"反法西斯的民主斗士"；他之四度当选，"是美国人民的胜利，是全世界反法西斯人民的胜利，也是中国人民的胜利。中国人民欢迎罗斯福总统四度当选。"[①] 有一篇文章开门见山第一句话就说，"罗斯福的第四度当选，向全世界证明了一个真理：'谁要能得到人民力量的支持，谁就能得到胜利'。"该文回顾说，新政是"带着调和性质的"、"温和而审慎的改良方法"。罗氏第一次在资本主义社会里试图寻求一条在资产者与人民大众之间相对合理的妥协之路，虽然他是以资产阶级的"救世主"、"骑士"的姿态出现的，但对于那些食利者的不义行为，终归是采取了一些抑制之策。从美国内政措施看，罗斯福已把民主政治大大向前推进了一步，"逐渐把政治民主发展到经济民主与社会民主的各方面。"[②] 还有的人注意到，新政靠取缔大银行的投机操纵、限制工业托拉斯的垄断、向富人征收重税、给中小企业以自由发展的条件等，相当程度地解决了严重的失业问题，使人民生活得到相当改善，使生产逐渐恢复过来。罗斯福政府虽然并非与大企业集团完全无关，但其新政"大体上是比较站在轻工业和不受垄断组织所指挥的企业方面

[①] 香汀："中国人民欢迎罗斯福总统四度当选"，《群众》，9 卷 22 期（1944 年 11 月 31日）。

[②] 芦荻："民主政治的轨迹"，同上。

的,也是比较的对工农采取友善公正的态度和政策的。"罗斯福所代表的是"开明的资本主义"①。《新华日报》在1944年11月9日发表的社论中谈到,罗氏的胜利,"表示出美国的民主主义是更充分和扩大了;表示出民主主义有了新的内容;也充分证明了民主主义是世界政治主流的真实意义。"亦有的人在深受鼓舞之余慨叹②:罗斯福的政策"基本上是人民的政策",他的胜利,"是'人民世纪'的光辉体现。"

1945年4月12日,罗斯福总统猝然辞世,中国进步舆论界在震惊之余,痛悼不已。与此同时,人们对新政也有了新的认识。

《解放日报》社论、《群众》时评高度评价说③:罗斯福总统的伟大建树,不仅表现在国际外交政策上,而且也运用在处理国内问题上。自新政实施以来,有关社会改革如社会安全法、全国劳工关系法、工资与工时法等,在美国现存制度下,对于广大人民和工人是有一定的利益的。罗氏在美国是"一面民主的旗子"。该社论、时评还借用当时的美共协会副主席丹尼斯的话说:"美国历史上从没有像罗斯福政府那样给工人、黑人和一切民众力量以这样大的组织自由和政治权利。"《新华日报》的社论评价更高④:罗斯福是世界反法西斯战争中"最杰出最坚定的领导者和统帅",他忠实地继承了华盛顿、杰斐逊、林肯以来的最优秀的民主传统,一直本着"为人民服务,为人民争自由的精神",在空前的大恐慌之际,以大无畏的精神推行新政,用提高人民生活、扩大人民购买力的政策,代替了帝国主义式的对外经济掠夺,使美国度过了危机,安定了人民生活。罗斯福是美国"民主的巨星"。

① 舒翰:"美国大选前后",同上。
② 闻芝:"'人民世纪'的光辉体现——谈美国的大选和罗斯福的胜利",同上。
③ "哀悼罗斯福总统",《解放日报》,1945年4月14日;《群众》,10卷7-8期(1945年4月)。按:该文既是《解放日报》社论,又是《群众》杂志时评。
④ 社论:"民主巨星的陨落——悼罗斯福总统之丧",《新华日报》,1945年4月14日。

金兆梓视罗斯福为"人类福星",是"全世界古往今来最成功的一位伟大的政治家。"面对执政伊始的大危机,他不是手忙脚乱,一筹莫展,而是从容镇定,措置裕如,将复兴美国经济的新政一步步付诸实施,"毕竟将占全美国人口三分之一的人民从水深火热中救拔出来。"罗氏本人有伟大的胸襟和理想,体现了"人我一体"的伟大精神①。乔冠华亦在纪念罗斯福的文章——《民主的巨星坠了》中肯定,"诚然,新政不是社会主义性质的政策;但是,不要忘记,12年来美国的工人阶级和黑人从罗斯福总统手中所得到的经济保障和政治权利比从美国历史上任何其他总统手中所得到的都多,这还不够说明罗斯福总统的对内政策是一种高度民主进步的政策吗?"② 的确,罗斯福受命于危难之时,领导美国从危机走向稳定,如同华民所说的,"新政救了美国。"它限制垄断金融资本和企业资本的非法利益,缩小其投机范围,使之不至成为社会的大害;同时,亦扶助中小企业和工农大众,使其不受资本家和地主的过重盘剥。美国是一个资本主义国家,没有经济上的民主,但新政却"灭杀了经济专制主义者的气焰","把美国引上了立宪经济的道路"。罗斯福的安抚穷人、联络富人、打击富人中的顽固分子的政策,"和垄断资本家的应声虫胡佛,柯立芝和哈丁政府的政策,是截然不同的。"③ 新政在当初虽受到多方面的抨击,甚或称罗斯福是法西斯独裁或共产党,但实际上,它成功地"把美国人在精神上与物质上重建起来"④;其贡献及罗氏功绩在今日"已成为不可抹杀的史实了。"社会学家费孝通,同时也不失为一位美国问题专家,他从20

① 金兆梓:"人类福星陨落了",《新中华》(复刊),3卷4期(1945年4月)。

② 原发表于1945年4月20日的《新华日报》,署名"于怀"。后收入乔木著《从战争到和平——1945年的世界政治》(知识出版社1946年版)和乔冠华著《国际述评集》(重庆出版社1983年版)。按:"于怀"、"乔木",都是乔冠华在40年代末所用的笔名。

③ 华民:"民主巨人罗斯福",《群众》,10卷7—8期(1945年4月30日)。

④ 曹未风:"罗斯福的世界观与中国",《新中华》(复刊),3卷7期(1945年7月)。

世纪人类的危机与出路这一视角透视了罗斯福及其新政。费氏认为，罗斯福是站在美国和世界新旧交替的转角上的伟人，他"不但在美国是代表着一个新的社会秩序，甚至在全人类的历史中也代表着一个新世纪诞生的消息。"罗斯福对美国及时代的主要贡献是提出了一个"居中而略偏于左的新路线。"在美国的传统精神和制度中加强个人企业的社会责任，即造成自由、社会责任和政治民主的三位一体化。罗斯福的新政，克服了美国空前的不景气，维持了美国资本主义，防止了一个激烈的社会革命，至少是暂时解决了近代以来民主和科学所造成的矛盾，拯救了美国，也拯救了世界：[1]

> 我们得感激罗斯福，因为他找着一个最温和而且代价最小的来解决现代社会秩序中矛盾的方案。当然每个国家都有他特殊的传统、特殊的问题，在答复共同的时代课题时，也必然有他特殊的方式。可是若是人类有一个共同的理想：不虞威胁，不虞匮乏，信仰和言论有充分的自由，则我们不能不承认，不论各国解决这共同的课题的方式怎样不同，最终的目标是一样的。

陈光泽把罗斯福新政12年的路线总结为"人道主义"和"居中偏左一点"[2]。新政的最初目的，无非是消灭国内的严重不景气，改革国内的经济，"不过是要改革那个最旧的问题：人生幸福的重新分配，而不把社会推翻。"新政"完全不是社会主义；不过是要把民主主义的基本原则，应用到寡头政治的工业界而已。"罗斯福从未动摇过对民主前途的信念：

> 新政所表现的是联邦集权趋势的加速进展，但我们不能说联邦集权已经减灭了各州或地方政府的地位，甚至说美国脱离民主政治而倾向独裁。有人抨击罗斯福是

---

① 费孝通："20世纪的危机与罗斯福"，《新中华》（复刊），3卷7期（1945年7月）。
② 陈光泽："居中偏左一点——罗斯福新政12年"，同上。

个独裁者,这正如过去有人说杰斐逊、林肯和威尔逊都是独裁者一样,简直不值一笑。罗斯福运用的权力远较宪法制定者所计划的权力为大,较世界上任何民主国家元首的权力也无逊色。但我们不能说这些权力已被他一意孤行地运用,或者说美国人民的自由不像别人执政时那样有保障。罗斯福是运用他争取来的权力去确保他的"居中偏左一点"的政治立场,去实行他的自由主义的"新政"。给予美国的改变和扩充,较以前150年间的改变和扩充更多更大,可是这种扩充和改变都是向民主自由的路上迈进的。

陈光泽之把新政推行的时间贯串于罗斯福执政的全部12年,这在30、40年代中国人的论著中很可能是第一次;陈氏也是首次从居中偏左看新政的代表性学者;此文作为罗斯福逝世后中国人发表的专论新政的长篇之作,以它盖棺而论新政,不知理由充分否?

另外,还有不少论著对新政中的 T. V. A. 颇为重视,并希望中国亦能以此为鉴,开发包括长江在内的中国水利资源,以图建设与发展①。

　　还值得提及的是,刘祚昌教授在回顾其学术生涯时,曾特别谈到过新政对他从事美国史研究的影响②。从这一非常有趣、弥足珍

①　如张其昀强调,T.V.A.是罗斯福新政之第一杰作,它以科学技术与人事管理的新综合"于政治经济上指出人类前进之方向。"T.V.A.的中心事业是河功与水电,故水旱无忧,救国济民,强兵富国。"T.V.A.制之性质,如一车轮之毂,凡土地之利用,农产之改进,肥料之制造,土壤侵蚀之防止,山地之造林,草地之放牧,矿产之开发,公园之设置,禽兽之保护,疾病之控制,合作社之组织,社会安全与福利事业之倡导,以及农业与工业如何互相配合,保持平衡,种种事业之规画设施,莫不自此中心,磅礴四达。"T.V.A.的目的是协助人民使其自食其力,它的精义就是民生主义政府与人民协力共谋的精神。"资本主义与社会主义各有短长,如欲避免资本主义少数财阀垄断居奇之局面,与社会主义统制一切官僚万能之结果,则T.V.A.制确可一新耳目,为民主政治指示光明之前途。"T.V.A."堪为我国借镜之功。""扬子江三峡之水力,果因美国资本技术之援助,与T.V.A.制度之启发,经之营之,使其成为新中国之明灯,则罗氏虽逝,遗爱长存于东方,吾中华人七莫不馨香而祷祀之。"见张其昀:"罗斯福总统之遗爱——介绍T.V.A.制度",《大公报》(重庆),1945年5月25日。万文宣也特别重视T.V.A,认为它是除害兴利、综合利用水资源的典范制度,把田纳西河流域从地狱变成了乐园。"河流是文明的摇篮,水是文明的保姆","我们不欲立国于世界则已,倘欲立国于世界,必须对我国几条大河,作最有利的综合利用,对各种自然资源,作统一的开发。"这是关系国家强弱、民生荣枯的大事。我们从T.V.A.能得到不少的启示:一、河流的用途是多方面的、应该从各方面作综合的利用;自然是统一的整体,土地、森林、矿产、河流等各种自然资源,应作统一的开发。二、河流为一切自然资源的中心,自然资源的开发应以河流为单位。三、水利发电为一切经济事业的动力,应先于其他工业建设完成。四、T.V.A.本身是政府机关,但无政府机关的官僚习气,而有私人企业机动性的长处。它是掌理工程建设的技术机关,同时又为人民谋福利的行政机关。五、T.V.A.是一种世界性的机构,不受国别限制,可以适用于任何河流,尤其是适宜于有河流的落后区域的开发。见万文宣:"水的利用与我国经济建设"(下),《新中华》(复刊),4卷14期(1946年7月16日)。

②　据刘祚昌教授回忆,他1945年从四川大学毕业时,"正是第二次世界大战的最后阶段,当时美国总统富兰克林·罗斯福成为举世闻名的风云人物。在我的心目中,他成为反法西斯、争取人类自由的象征,因而他赢得了我的崇敬。同时,他的对内政策,特别是他所实行的'新政',也引起了我对他的好感。那时,我对共产主义还没有正确的认识,天真地相信'新政',是解决各国政治经济问题的灵丹妙药,是歧路徬徨中的人类的最好的出路。在这种想法的支配下,在着手毕业论文时,我决定选择了'罗斯福的新政'这个题目。这是我研究美国史的开始。"见刘祚昌:"我是怎样研究美国史的",《文史哲》,1986年2期。

贵的口碑资料,我们不仅可以看到罗斯福新政对一个中国大学生的人生走向的影响,而且,更重要的是,这一坦诚的心路历程实际上亦可以看作是当时甚多青年知识分子心态的一个真切的缩影。

概而言之,与 30 年代对新政以否定性评价为主的思潮相比,我国知识界 40 年代的罗斯福新政观已发生了相当显著的变化:即相对更为全面、客观和冷静得多。有的看法富有启发性,有的已接近科学认识,至今不无参考价值。至于个别提法稍嫌矫枉过正,亦不能免。

中国人 30、40 年代的新政观,其所以发生如此转变,可以从以下 4 个方面略作解释:第一,在"战争大夫"取代"新政大夫"之后,新政大致完成了其具体的历史运动的过程,从而使人们得以相对更全面地回顾与总结其得失、成败与经验、教训。第二,美国毕竟实现了经济繁荣与社会稳定,而这无论如何又是与新政密切相关联的,这一客观事实本身不能不制约人们的主观认识。第三,在与法西斯的殊死搏斗中,美国成为"民主国家的兵工厂",罗斯福成为公认的世界反法西斯同盟的主要领袖之一。罗斯福与美国所独具的世界形象,也是中国学者对新政再认识的一个重要原因。第四,中美两国在反法西斯的炮火声中第一次结盟而成为友邦,这一国家关系相对根本性的转变,亦不能不影响人们对新政的评断。

三、美国·白银·中国

白银政策虽不如工业复兴法、农业调整法在罗斯福新政中所占的地位那么突出,但就对中国经济生活的深刻影响以及当时在中国所引起的广泛关注、反应而言,它却更为重要,也更加引人注目。如同当时即已有人指出的,新政对中国影响最大者,"殆莫过于白银政策。"① 另外,它对当时本已失衡的东亚国际关系亦有重大影响。

还在 1933 年伦敦国际经济会议召开前后,世界银价问题即已深受重视,但对其利弊估计不同。有的说,银价提高,对中国是"利多而害少",② 甚至于"有百利而无一弊"。③ 持反对意见者则认为,银价果若提高,这对中国"盖害多而利少"。④ 美、英等假如单独提高银价,对于经济发展落后国家的人民不啻是"既夺其衣,复剥其皮而剐其骨"⑤。1933 年罗斯福批准白银协定、宣布提高银价计划以后,中国舆论界"群相惊骇",议论纷纭。白银问题成为人们关心的中心话题。翌年 6 月,美国通过购银法案,8 月,宣布白银国有政策,举世轰动,中国尤其如此。

当时,中国实行银本位货币体制,白银系"国脉"之所在。问题在于,中国虽是世界上最大的用银国,但却不是产银国,况且又是虎视眈眈的列强的逐鹿场。这本已处于"操于人手"、"宰割由人"⑥的危局。一旦美国的白银政策出台,世界银价经此刺激,"扶摇直上,一日千里。"⑦ 这就诱使中国白银大规模的外流潮,铺天盖地,席卷而来。中国成为美国白银政策的最大受害者。

1933 年,中国的白银出口尚仅为 14154259 元,但一年之后,

① 萨师炯:"白银问题与中国经济前途",《东方杂志》,32 卷 13 号(1935 年 7 月)。
② 马寅初:"世界经济会议前美国经济政策与吾国经济之关系",《时事月报》,8 卷 6 期(1933 年 6 月)。
③ 刘振东:"世界经济会议与中国",同上。
④ 朱偰:"银价变动之趋势与中国之对策",《东方杂志》,31 卷 10 号(1934 年 5 月)。
⑤ 胡善恒:"世界经济会议开幕之前列国经济状况",《时事月报》,8 卷 6 期(1933 年 6 月)。
⑥ 马寅初:"美国之吸引黄金白银政策与我国之关系",《东方杂志》,31 卷 8 号(1934 年 4 月)。
⑦ 杨荫溥:"银潮中吾国纸币现状及其应变政策?",《申报月刊》,3 卷 11 号(1934 年 11 月)。

即骤增至259941414元①，达十数倍之多，其中单1934年7月至10月中旬短短的3个半月之内，即有2亿元以上的白银外流②。中国政府虽采取了几种紧急应对措施③，但依然损失惨重。据估计，1934—1936年，中国白银经过海关的净出口额及各种渠道的走私总额，共计达64531万盎斯④，约合12.9亿元，相当于那时中国白银流通总量的一半。这就造成了中国白银"将有被吸收殆尽的危机"⑤，成为触发全国性恐慌的导火线。"白银的逃亡"，首先使现银奇缺，信用危殆，金融危机。银行、钱庄纷纷倒闭，连中国的金融中心上海亦"一时顿成悲惨的世界"⑥，大有"栋折榱崩"之势。其次是物价惨跌，外汇猛涨。再次是外贸急剧入超。终其结果，全国经济陷于不景气的深渊而不能自拔，"工商事业之衰颓，国民经济之萎缩，其痛苦不可以言语形容。"上海银行业同业公会、钱业公会、上海市商会联名上书中国财政部，内云：自海外银价上涨以来，我国内地生银纷纷集中上海，复由此流往国外，其数目之巨，与日俱增，以致内地金融枯寂，百业凋敝，……长此以往，诚恐富源日竭，影响金融，国计民生，交受其害。⑦ 中国驻美公使施肇基在其向美国递交的强硬外交照会中亦称：银价上涨使中国货币减缩，此决非中国政府所能容忍者。⑧ 孔祥熙在其回忆录中说："在我就任财政部长

---

① 参见沈麟玉："我国币制改革之经过"，《中央银行月报》，4卷11号（1935年11月）。

② "民国24年币制法案参考文献·财政部实施新货币政策通告"，《中央银行月报》，4卷11号（1935年11月）。

③ 1934年9月，中国财政部取缔标金外汇投机；从1934年10月15日起，正式征收白银出口税，兼课平衡税。1935年11月3日，全面实行脱离银本位的新货币政策。

④ 汪熙："门户开放政策的一次考验——美国白银政策及其对东亚的影响（1934—1937年）"，入江昭等编：《巨大的转变：美国与东亚（1931—1949）》，复旦大学出版社，1991年，第37页。

⑤ 李权时："我国最近的币制改革"，《时事月报》，13卷6期（1935年12月）。

⑥ 刘凤文："5年来我国金融货币的政策"，《时事月报》，16卷3期（1937年3月）。

⑦ 参见刘振东："白银出口税开征及中美白银换文之内容"，《时事月报》，11卷5期（1934年11月）。

⑧ 《申报》，1934年9月30日。

（1933 年 10 月）后不久，一连串的经济危机就开始爆发了。这都归结于美国的白银政策。"蒋介石 1934 年 12 月对一个记者讲，关于美国白银购买法案助长了中国白银外流的说法，是"不幸而又言中的"。蒋还对美驻华大使威廉·布利特谈到，美国的白银政策使中国"陷入极为可怕的困境之中"①。

"银潮"引致了中国的舆论潮，也从一个侧面反映了中国人的美国观。

人们意识到，美国白银政策的受害者，"莫过于中国"②。当"那一批批的银被外国商船载了离开中国的时候"，一种不可思议的恐怖阵阵袭来。"'现金瘫滞'的上海，忽然发生了'银根枯竭'的恐慌"③，工商业家接二连三地破产。"我们今日金融市场信用的萎缩，流动资金的缺乏，生产事业的没落，国民经济的动摇，大半的原因可说是受到美国白银政策的影响。"④ "黄金国的皇帝"罗斯福，挥动"财神的金鞭"，大举收购白银，这是一场"不流血的战争"。现在我们中国已经是这种金鞭之下的牺牲者了。可是，"为了要保持黄金国的黄金，财神又怎能顾及他人的死活？"⑤ 马寅初不止一次地指出，美国提高银价，"纯为本国银矿商谋发大财"，亦有"垄断世界金融之大权，借此执世界盟主之企图"⑥。不过，"首先受其恶影响者厥惟我中国"，工厂倒闭，农村破产，"社会尚有安宁之一日耶？""其危险恐不可以言语形容也。"这位经济学大家叹曰："我为

① 参见迈克尔·罗素著：《院外集团与美国东亚政策》，复旦大学出版社，1992 年，第 49、97、61 页。
② 曾衍明："新货币政策面面观"，《时事月报》，13 卷 6 期（1935 年 12 月）。
③ 乃器："经济恐慌中的危机与觉悟"，《申报月刊》，4 卷 3 号（1935 年 3 月）。
④ 曾衍明：前引文。
⑤ 孙慕迦："美国金融统制之理论与实际"，《申报月刊》，4 卷 5 号（1935 年 5 月）。
⑥ 马寅初："美国白银政策与我国之利害"，《时事月报》，10 卷 4 期（1934 年 4 月）。
马寅初："对于白银协定之意见"，《银行周报》，18 卷 9 期（1934 年 3 月）。

鱼肉,人为刀俎,可怜亦复可恨。"① 杨荫溥具体说明了白银政策对中国金融、产业、国际贸易的不良影响,他说,最可怕的是,"已濒破产之农业,既无复兴之望;日就衰落之工业,更有崩溃之虞。"② 或者说,"在银价压迫之下,农业崩溃,工业没落,整个国民经济,且濒于破产。"

中国学者还由此看到了美国对华经济关系的不正常性。董之学强调说,美国提高银价,其主要目的并非仅是为了吸引我们的现银,而是为了扩展中国市场。这是"美帝国主义向中国半殖民地进攻的新式武器","是向中国经济进攻的一个新步骤。"③ 美国购银,其实是"假提高中国人民的购买力为名,而行操纵中国货币是实",进而使中国"沦为美国的附庸"④。因为罗斯福不是不知道,"掠夺殖民地与半殖民地的市场是复兴本国的一个好方法"⑤,所以,用提高银价来对华进行'经济的侵略'。马寅初在 1935 年 5 月 20 日公开号召中国人联合抵制美货⑥,认为唯有反美排货,才是反对美国白银政策最有成效之策。1935 年 2 月,美国经济考察团来华,报刊舆论即不乏冷嘲热讽⑦:

> 我们对于任何的外国考察团,虽然不一定把它当成景气繁荣的天使看待,但我们对它们总是抱着希望的。我

① 马寅初:"美国白银政策与我国之利害"。
② 杨荫溥:"美国白银政策对中国之影响",《申报月刊》,3 卷 9 号(1934 年 9 月)。
③ 之学:"美国提高银价问题",《申报月刊》,3 卷 3 号(1934 年 3 月)。章乃器在"英美在华的货币战争"中也说:不能认为美国白银政策只是为了取悦"银议员",其终极目标是"取得中国的货币权。"见《世界知识》,1 卷 11 号(1935 年 2 月)。钱亦石表示,美国"最大的阴谋,在借白银政策的压力来控制中国新货币权",即逼迫中国投到美元集团之内。见"美国白银政策",《世界知识》,2 卷 4 号(1935 年 5 月)
④ 李应兆:"最近世界银价的跌落与中国新币制之将来",《东方杂志》,33 卷 12 号(1936 年 6 月)。
⑤ 郑酉钧:"罗杰士之来华与白银问题",《东方杂志》,31 卷 11 号(1934 年 6 月)。
⑥ 参见迈克尔·罗素著:前引书,第 100 页。
⑦ 静生:"所望于美国经济考察团者",《申报月刊》,4 卷 5 期(1935 年 5 月)。

们的希望很单纯,我们不奢望人家能牺牲了自己来救助
中国,只希望彼此间能有一个准确的新的认识。这次我们
对于美国经济考察团的希望,当然也不过如此而已。

还有比这更尖锐的评论。简言之,美国经济考察团之来华,"不
是替我们挽救危机,而是为其本国扩大生意罢了。"因为美国自
1929年以来"被经济危机的铁鞭打得焦头烂额",想把它的损失转
嫁到海外尤其是中国,"中国市场在美国资本家的眼中,似乎是一
块肥肉吧?"所以,即使美国对我国有什么援助,"那也不是有爱于
中国,无非使中国在绝境中略略松一口气,以供美国今后对华贸易
的推广而已,无非使中国国民经济的纽带与美国的钱袋益分不开
而已。"①

美国白银政策加害于中国,还有其他严重后果。上海《新闻
报》的社论说:美国实施白银政策以来,中国重蒙不利。若中国金融
极度混乱的局面展开,"将使我国农工商各业完全崩溃,社会购买
力之消失,即无异美国自毁其远东市场。"②《申报》社论更进一步
指出,假使白银流尽,中国币制上势必有一大波澜,"此不仅于中美
贸易之发展为无益,或竟因此而将于数年来中美亲善之前途,投一
暗影亦未可知。"③ 就是说,美国嫁祸于人的白银政策,损人但最终
亦未必利己,它不仅造成中国的经济危机,而且还给中美关系投下
了阴影,使中国人对美国的失望越来越大。关于这一点,《大公报》
的社论说:④

> 美国收买白银之手段,使中国遭逢一种空前之困难,
> 其严重性殆不下于失土辱盟。且美国以此种手段,将中国
> 之整个购买力摧毁,遑论商务之发展,经济政治互相关

---

① 亦石:"美国经济调查团来华",《申报月刊》,4卷2号(1935年2月)。
② 《新闻报》,1935年4月22日。
③ 《申报》,1935年4月22日。
④ 《大公报》(津),1935年4月24日。

联,有如一环。美国经济政策贻害中国者,严重至此,寖使中国几有被压迫而在政治上别求蹊径之势。此种危机,吾人更望炯眼之美国人士不予忽视也。

这是从经济危机谈到了政治危机,也涉及到了外交。汪熙教授曾对 30 年代中期美国白银政策对东亚国际关系的影响作过深入探讨,其结论是:"从外交政策的效果来看,美国的白银政策是与门户开放政策背道而驰的",它使中国经济陷于崩溃的边缘,"在一个很重要的方面削弱了同日本抗争的力量"[1]。这位中美关系史专家还在另外一个场合痛陈道:当日本帝国主义加紧侵华、东亚国际形势已非常恶劣之时,"美国的白银政策是助纣为虐,落井下石。在中国民族危机极端深重的年代,把这个多难的国家置于腹背受敌的境地。这就加速了东亚均势向不利于美国方面的倾斜,是与美国的国家根本利益背道而驰的。当时,在美国政治结构的矛盾与统一的复杂运作过程中,由于院外集团的操纵,地区集团的利益占上风,白银就是一切,什么宪法的原则,公理与正义,甚至美国国家的根本利益都抛在一边了。"[2] 在过了半个多世纪之后,历史学家的思考仍在继续。

此外,当时中国知识界还为应付"银潮"残局设计了种种办

---

① 汪熙:"门户开放政策的一次考验——美国白银政策及其对东亚的影响(1934—1937)"。关于这一点,美国当时的财政部长摩根索也意识到了,1934 年 11 月 26 日,他对罗斯福总统说,由于紧缩中国的经济,"美国正在做可能帮助日本的一切。"见迈克尔·罗素著:前引书,第 55 页。
② 见汪熙为迈克尔·罗素著《院外集团与美国东亚政策》中文版写的"丛书主编前言"。

法①,并由此对国家的出路有了一些新的认识②。

美国推行白银政策,将其危机转嫁于孱弱的中国,催化了中国潜在的内外危机,留下了一笔沉重的历史遗产。不过,祸福相依。有危机,就未必不含有转机的因子。以白银问题而论,为挽救危局,除政府方面不得不谋自卫之策外,知识界亦大鸣大放。这声势浩荡的舆论潮,又何尝不有积极的精神追求呢?

总的说来,从1933年到1945年,中国人对罗斯福新政的评议,沸沸扬扬。前后不同时期的价值判断,固然差异良多;即便是同一时期,见诸报刊之论,其实亦不尽一致。这一方面反映了人们的新政观随时而迁,另一方面也说明人们的认识主要地还是在不断深化之中。因白银问题而激起的舆论潮,蔚然而为30年代中国最引人注目的经济学论战,实足可代表当时"吾国经济思想之一般"③。凡此等等,都可以说是大洋彼岸新政改革潮在古老中华大地上的广泛反应。

因为问题讨论的先后有异,评介者的政治立场、学术素养和视角不同,30、40年代中国人对美国罗斯福新政的论说,自有深浅之

---

① 如征收银出口税;禁止现银出口;收买市面余银;统制国内货币;管理外汇;改行金本位制;实行保护关税;推行国货运动;提倡节约运动;努力发展产业等。

② 如有的文章说:"我们为中国的命运计,我们还是要设法避免他人之偶然的一时的袭击的,但要设法避免,决不能单靠纸上的抗议,口上的大叫,而必须于根本问题上努力。否则,中国的命运将永远跟着银子翻筋斗"。见静生:"评中国抗议美国白银政策",《申报月刊》,3卷10号(1934年10月)。有人强调:"倘使政治不可避免的趋向殖民地化,经济的独立是不可能的。覆巢之下无完卵,那[哪]里谈得到经济独立呢?这是我们应该觉悟的"。见章乃器:前引文。萨师炯得出的结论说:"白银问题之解决,不在白银问题之本身,而系乎整个中国经济的出路,究将若何而定。""中国的经济前途,是在乎我们有没有力量来打破帝国主义政治经济的压迫。""排在我们面前的是:投怀于资本主义怀抱之中,以一温殖民地的好梦呢?抑或东拉西扯,以苟延垂亡之残喘呢?或者还是扩大我们的民族运动以先求中国民族的独立呢?"萨氏说:"我的最后答案是:资本主义的怀抱不可投……苟延残喘,当然也不是一个办法。中国经济前途,除了争取民族独立以外,殆无他法!"见萨师炯:前引文。

③ 赵兰坪:"最近吾国经济论战之回忆",《时事月报》,14卷2期(1936年2月)。

分、正误之别,这是在对任何重大问题的探索中都无可避免的。不过,我们应充分认识到,有那么多报刊发表了那么多人的研究成果(还有专著),这一事实除说明当时中国知识界对新政的重视外,也突出反映了他们对现实的世界(包括美国)的关切,同时也包含着他们对现实的中国的忧思。世界怎么发展?中国如何进步?这些严肃的问题无不深深地凝聚在论者的心灵深处,或者见诸其作品的字里行间①。不能说所有的观点都毫无问题,也很难用今天的政治立场来规范半个世纪之前的各家之见。应该说,他们对当时世界与中国的思考,大致体现了那一代中国知识分子的忧虑、希冀与追求,至少是折射了其中的一个侧面。

这也是 30、40 年代中国人美国观的一个重要方面。

---

① 比如,孙慕迦赴美考察新政"究竟到底是怎样"的目的,就是为了"以备作中国复兴的参考。"见孙慕迦编著:前引书,第 2 页。

第八章 一面历史的镜子

——中国抗战时期政论界对美国的评议

中国抗日战争时期(1931—1945年)[①]是现代中国历史上最重要的转折性时期之一。正是在这一时期,日本帝国主义悍然挑起从局部到全面的大规模侵华战争,中华民族第一次真正面临彻底的亡国灭种之灾;中国共产党以民族大义为重,再度与中国国民党携手合作,领导了艰苦卓绝的神圣抗战;为了抗击共同的敌人,中美两国首次结成反法西斯同盟。与此同时,中国社会内部孕育着新的历史运动,美国开始卷入中国事务。这4个方面的背景在相当大程度上制约和影响了这一时期中国人对美国的认识。

一、抗战救亡与中国人的美国观

反对日本帝国主义的野蛮入侵,驱逐日本帝国主义出中国,争取中华民族的独立与自由,这是30年代初至40年代中期摆在全体中国人面前的首要任务。中国人民在流血牺牲、可歌可泣的奋斗历程中,曾广泛寄期望于美国的道义声援和物质支持,当然亦不无失望和抱怨。美国废除其对华不平等条约,并重缔新约,给抗战中的中国朝野以极大的鼓舞。18世纪中叶北美人民的反英建国斗争

在我国,人们一般以1937年"七·七事变"作为中国抗日战争的开始,故有所谓"八年抗战"之说,似已约定俗成。其实,从中国抗战及整个世界反法西斯战争的全过程来看,其始端应为1931年的"九·一八事变"。故本书把中国抗日战争的起迄时间界定为1931—1945年。

成为中国人民抗日救国的珍贵史鉴。中国人民是以美好的感情看美国的。美国从"美帝国主义"变成了有口皆碑的"友邦"。特别是1943年、1944年，美国就是友邦，友邦就是美国，已成为中国人的常识。

1931年9月18日，日本军国主义者悍然挑起侵华战争，并迅速侵占了中国东北。美国的外交反应是"不承认主义"。蛮横的日本继续扩大对中国的野蛮侵略。美国仍是在"不承认主义"上转圈。这当然是对中国的一种道义上的支持，但也不过口惠而实不至，说说而已。"静候美国主持公道"、"静待国联制裁暴日"，亦无非是一厢情愿的呓语。尽管当时有人认为，美、英对日本侵华态度"截然不同"：英是"袖手"、"冷静"，美则"积极"、"热烈"，后者"热心国际道义及条约义务之拥护"的政治道德"值得敬佩"，[①] 但正如《大公报》编辑对一位美国外交官所说的，"中国人民感谢史汀生先生多次发表声明，但那只不过是一些辞令、辞令、辞令！如果没有武力作后盾，只能是一堆空话"。[②] 晕了头的日本人是顾不上这些"辞令"的，疯狂地把屠杀、掠夺、灾难强加给中国和中国人民。战火从中国的东北烧到华北，然后烧到全中国。

当时在大危机中挣扎的美国，没有也不可能在中日战争中有什么作为。"在萧条期前后，任何国际事务很难在美国人心中占什么地位。对于美国来说，东亚显得格外遥远，又不那么重要。它仅能引起少数美国人的兴趣，至多不过那么百来个人"。[③] 指望美国

———————————

① 张金鉴："英美之远东政策"，《东方杂志》，30卷6号（1933年3月）。

② 参见孔华润（Warren I. Cohen）著：《美国对中国的反应》（America's Response to China: An Interpretative History of Sino-American Relations），复旦大学出版社，1989年，第119页。

③ 孔华润："美国领导人与东亚（1931—1938）"，见入江昭等编：前引书，第1—2页。据1942年的一次美国民意调查结果，至少60%的人搞不明白中国在世界地图上的确切位置。

主持"公道"，无异于画饼充饥。据冯玉祥观察[①]：中国是块肥肉，谁都想争着啃，日本人近水楼台"首先一刀"，可中国的统治者却"投到美国帝国主义和国际联盟的怀抱里撒娇去了"。殊不知，美国只是"以'主持公道'的招牌来欺骗人的"。它对于日本的动作，是以自己的利益作为行动准则的：如果对它没有损害，它就不管了；如果有损害，它就要计算计算了。"如能说几句空话就可以解决，它便弄一个讲坛外交吹一吹。吹了之后，只不过空气振动罢了。对于实际一点效果也没有呢，那就忍待着吧！"于是，美国就弄些汽车、飞机当现款借给中国，或者弄些麦子、玉米借给中国，把自己没处卖、要烧掉的东西当现款借给中国。"它是为着中国吗？不是的呵！"从这里，我们可以体会到，人们对于跑到美国怀抱里去"撒娇"是不抱什么奢望的。1932 年 1 月 22 日下午，正"出洋考察"的吉鸿昌将军拜会国民政府驻日内瓦办事处代表颜惠庆等，颜氏正为"九·一八"事变游说英、美归来，据说当他与这两国当局谈及中日事件时，"皆摇首蹙眉"；"其怯懦可怜，较之从前骄气可掬状，直判若天渊也。"吉鸿昌闻之慨叹不已，他以为，求英、美以救助中国，是不切实际的幻想，犹如请妓女劝贞、盗匪教廉："彼等本身原属侵略国家，竟哀请其主张公理，是请妓女向淫妇劝贞也，是请盗匪向痞棍教廉也，有何用耶？"[②] 在失望之余，还有人更进一步从美国人的社会观念、性格这一角度对此作了剖析[③]：

> 美国是拜金主义的国家，是视钱若命的实利主义者。
> 彼等之一切实际行动完全是唯利是视。美国人决不是"路见不平，拔刀相助"的豪侠之士，而是只知利害，唯利是从

---

① 冯玉祥："谈谈中苏外交"(1932 年 12 月 24 日)，中国第二历史档案馆藏件。见《冯玉祥选集》，人民出版社，1985 年，上册，第 119—120 页。

② 吉鸿昌著：《环球视察记》，湖南人民出版社，1985 年，第 251 页、252 页。按：本书初版于 1932 年底，由北平东方学社印行。

③ 张金鉴："美国之内政问题与远东外交"，《申报月刊》，4 卷 6 号(1935 年 6 月)。

的自私自利者。对于远东问题要说几句不关痛痒的同情话，或作点惠而不费的可怜表示，还可以办得到，若是希望美国为中国人的利益，起而出力或牺牲，那完全不可能。

这相当充分地反映了一种希望落空后的失落情绪。尽管在此之前已有论著对美国外交有所批评①，但与 30 年代中期前后的失望相比，后者更为明显和突出。除了当时中国共产党公开对美国进行抨击外②，一般政论界人士亦不掩饰对美国的不满和抱怨，这在 1936 至 1937 年前后尤为明显。针对美国政府的袖手旁观政策，人们指责美国的对华外交是在"歧途上"。它既想取得在远东的经济利益，又怕付出任何代价。这种自相矛盾的政策"已到穷途，你口里要求尊重门户开放原则，日本人已在满洲设煤油专卖，你口里喊领土完整，不但中国东四省已成为日本口袋中物，连美国国旗下的菲律宾，迟早也是日本铁蹄下的肥肉。"③ 这是一幕讽刺剧。所以，我们中国人必须自省，唯有彻底的民族解放运动，才能挽救民族的厄难。有人对美国在远东的经济利益作了专门研究后发现，美在华利益未因日本侵略而减少，它在菲律宾的贸易亦不因日本的竞争而减退。因而，极力鼓吹美日在远东的冲突的理由是不充分的，中国也不能寄希望于其冲突而得救。所谓"仗义执言"、"拔刀相救"之类，"不过是憧憬'英美路线'者的幻梦"。唯有死里求生的勇气、艰

---

① 如一本问世于 30 年代初的中美关系史著作，其主调就是揭露和批评美国对华政策的侵略性。据该书分析，美国虽常表示助我，但这"非诚有爱于我国也"。它对中国的侵略情势，不仅不亚于英、日，而且其态度愈形恶化、侵迫亦愈甚。美国对华侵略，除用"圆滑"手段外，还以教会、教育等手段，"麻醉"我国青年。它"不用武力，而以文化，不明白抢夺，而暗用收买人心之法，其计划之毒诈，实非普通一般人所能想象也。"故作者提醒道："美人口头仁义，而阴行侵略，其政策之阴诈，实较英日诸国为甚也"；"国人苟不起反抗，是诚危亡无日矣。"见蒋恭晟著：《中美关系纪要》，中华书局，1930 年，第 60、124 页。
② 参见本章第 2 节"从延安看美国"。
③ 马星野："歧途上的美国外交"，《世界知识》，2 卷 1 号(1935 年 3 月)。

苦卓绝的精神,方能为中国寻到一条生路.光想利用美、日矛盾,坐收渔人之利,这是枉然的.其结果,无非是坐以待毙,"等人家来敲中华民族的丧钟而已!"① 知名作家林语堂在1934年即已暗示说"美国对中国缺乏友好和同情",铁的事实表明,"任何国家关于'国际友谊'的谈论只不过是一种外交辞令,一切国际外交都不是基于同情,而是出于各种利益上的争斗或联合."② 美国的冷漠态度确是令人伤感的.

罗斯福1936年蝉联美国总统后,其新政已大见成效.美国此时虽已走出大危机的阴影,但对东亚局势仍是持不冷不热、无所谓的姿态.这正像T·拉蒙特1936年5月19日的一封信中所概括的,"当然美国不想找麻烦,以堂·吉诃德式的妄想在亚洲将日本人的军".③ 美国人虽然落得一身轻松,但日本铁蹄下的中国却遭尽其殃.美国驻华大使詹森(Johnson)为此也感到良心上不安.他在1937年11月的一封信中谈到:自己枯坐南京,眼看日本人大举进军而无能为力,中国却可能因此永久失去其独立,真令人难受."最使我无法忍受的是中国朋友们谈论美国应负起保全中国独立与完整的责任,因为美国是华盛顿会议的参加者".詹森还谈到,中国军队"应当在与不知怜悯为何物的疯人作战时得到援助".④ 蒋介石始终寄厚望于美国,认为它"向来主张和平与人道主义",远东危机亦唯赖美、英合作,才能挽救.可是,有感于美国对"八·一三"淞沪抗战的消极态度,蒋也牢骚满腹.1937年11月23日,他在致美国总统罗斯福和财政部长摩根索的信中坦率直言⑤:

---

① 余长河:"美国在远东经济势力之解剖",《东方杂志》,34卷10号(1937年5月).
② 林语堂著:《中国人》,浙江人民出版社,1988年,第356页.
③ 孔华润著:前引书,第121—122页.
④ 参见鲍家麟:"列强对中国抗战的态度(1937—1939)",见《中国近代现代史论集》,台湾商务印书馆,1985年,第29辑,第469页.
⑤ 转引自鲍家麟:前引文.

我确实非常失望,美国竟不与英国合作来挽救目前的危机,……美国不应失去在这世界上国际正义主持者的声望,如果美国继续推行史汀生政策,可免使目前的冲突延伸至其他各国,包括美国在内。我不想把美国拖入战争,但我确实希望他来维持他在太平洋的地位与和平。

蒋氏所陈利害,是毫不虚饰、非常诚恳的。可悲的是,罗斯福此时既缺乏实力作后盾,亦无民情支持,他尽管雄才大略,但无奈"手中可打的牌太少,更谈不上对日本摊牌。"在紧要关头,亦宁愿由英国与日本周旋,而让美国"在边上当个不太起劲的啦啦队"①。

随着日本全面扩大侵华战争,东亚局势进一步恶化。当时国民政府"当局及国内一般人士盼望美国之行动甚切",为免亡国之灾,"实不能不让美国方面即有负责态度"。因为在中国朝野人士看来,既然美国是"执世界牛耳"的大国,自应"左右大局",故"尤望其能主张公道,维护吾国之生存。"②1938年徐州大会战期间,李宗仁将军曾对史迪威预言,日本南进,很可能是对美国不宣而战。因此,美国应赶紧贷款援华,以增强中国军队的作战力量,从而防止和牵制日本南进。这位在台儿庄血战中声名大震的将军说,"借刀杀人",是美国对付日本最高明的策略。美若犹豫不决,他日必后悔莫及。美国虽有雄厚实力,但地处西半球,对国际纠纷不愿介入,"此乃养痈遗患。"李强调说,美提早贷款援华,"确系美国将来在远东战场上减少子弟牺牲的不二法门。"③ 蒋介石1938年1月30日自汉口致函罗斯福,对美国门户开放政策、华盛顿会议等援助表示感佩,

① 邓蜀生著:《罗斯福》,浙江人民出版社,1985年,第330页。
② 以上引语,分别见张忠绂1939年1月25日、翁文灏1938年10月24日、褚民谊1938年10月23日致中国驻美大使胡适的信。见中国社会科学院近代史研究所中华民国史组编:《胡适来往书信选》,中华书局,1979年,中册,第400、386、385页。
③ 参见李宗仁口述、唐德刚撰写:《李宗仁回忆录》,广西人民出版社,1988年,第528页。

并期望继续予以援助："贵国于世界各国之和平与秩序，更于远东国际之公平及和睦，向居领导之地位。就往事言，远东如有不稳定之情形时，美国无不及时予以有效之援助，至今思之，仍感于怀"；"贵国为伟大之国，对于远东之和平与融洽，曾有重大之贡献，且对于中国政府及国民亦曾屡次予以显著之援助。"故此次远东大难之应付，仍"盼望美国之合作。"蒋表示，"中国鉴于中美间之非常友谊，在此并力奋斗国家存亡一发千钧之际，其希望美国之援助，尤属势所必然。"① 在中国驻美大使胡适、驻美代表陈光甫的艰苦努力下，美国终于开始向中国伸出实实在在的援助之手。1938 年 10 月 25 日，即日军攻占武汉之际，摩根索通知胡、陈：美愿对华提供一笔进出口贷款。是年 12 月 5 日，正式提供 2500 万美元贷款，即"桐油贷款"。这是继 1933 年"棉麦借款"后美国对中国的第一笔援助性贷款。其重要性在于，它标志着美国对东亚的外交政策"有了微妙的转变。"② 中国朝野呼吁美国援助的努力，总算没有完全付诸东流。这是一个鼓舞人心的好兆头。如果考虑到中国抗战面临的险恶的国内国外环境，美国这根稻草决非是可有可无的。"广州陷后，国外感想甚恶，惟美政府态度尚好。经济援助仍积极进行。"③ 蒋介石是非常看重这一点的。1939 年 7 月 20 日，他特地写信给罗斯福总统，除对美国已有的"道义与精神上之支持"表示感谢外，尤其表示"仍热望贵国政府与金融界能继续在物质上予以及时之接济与积极之协助"，说美若及时假以大量款项，其效用及影响"将不可计量"。蒋还恭维说④：

> 以美国威望之隆，实力之厚，其所采之态度与行动，

---

① 秦孝仪主编：《中华民国重要史料初编——对日战争时期·第三编·战时外交》，台北，1981 年，第 1 分册，第 79 页。
② 杨生茂主编：《美国外交政策史》，人民出版社，1991 年，第 378 页。
③ 胡适 1938 年 10 月 27 日致王宠惠电。见秦孝仪主编：前引书，第 80 页。
④ 秦孝仪主编：前引书，第 86 页。

无论日本如何顽强愚妄,时至今日,决不能不加以重视。

盖贵国在现时,实为日本所惟一畏服之国家,而阁下实握有解决远东问题及其他世界问题之枢纽。

在此前后,美国政府逐步加紧其制日援华的举措。1939年7月26日,美决定自翌年1月26日起终止美日商约。1940年3月,美予中国2000万美元贷款;9月25日、11月30日,又分别对华提供2500万美元、1亿美元贷款;从7月开始,对日实行有关军用物资的禁运。1940年12月29日,罗斯福向全体美国人表示,"在亚洲,中华民族进行的另一场伟大防御战争则在拖住日本人"。"我们有些人乐意相信欧洲和亚洲的战争同我们无关。然而,不使欧洲和亚洲战争制造者得以控制通向本半球的海洋,乃是对我们最为生死攸关的问题。"经验证明,任何人都不能靠抚摸把老虎驯服成小猫。不能姑息残忍行为。"我们必须成为民主制度的伟大兵工厂。"[1] 对中国人而言,这都是无比欣慰之事。蒋介石得悉美行将废除美日商约后,特致电胡适、陈光甫,谓此表明:"正义力量顿见增多,我全国军民闻之极感振奋。"[2] 人们纷纷写信给胡适,称美废止对日商约"于我国不无裨益","国人稍感安慰。"[3] 翁文灏在1939年11月11日致胡适函大发感慨说:我国抗战,固赖振作人心,亦赖友邦协助。"美国始终为我最可靠之友邦",其近时取消美日商约、加强太平洋军备等,"皆足使日本寒心,国人壮气,英法方针亦受其良好影响。"若使我国之牺牲能得代价、国家命运能得复兴,其"重要关键仍在美国。"[4] 蒋介石1940年5月15日在重庆会见詹森时说,美国向为中国之好友。"时至今日,能援助中国继续抗战以维

---

① 关在汉编译:《罗斯福选集》,商务印书馆,1982年,第261—262、265、269页。
② 秦孝仪主编:前引书,第253页。
③ 黄朝琴1939年8月22日、冯致光1939年7月29日致胡适函,见《胡适来往书信选》,中册,第425、421页。
④ 《胡适来往书信选》,中册,第440页

护国际公法及国际秩序之尊严于远东者，只美国而已。"① 胡适本人亦甚受鼓舞，他在致陈布雷转蒋介石的电报中说，美"政府领袖有心助我撑持。虽其政制拘牵，有时缓不济急；但今日惟此一国具有镇定远东力量，每到我最倒霉时，总伸手助我。"故我国"对美国应有信心，不必因其迟缓即生失望"②。后来，胡适在致陈布雷的另一封电报中谈到，"每当我最吃紧之危机，或暴敌最横行之时，美政府辄予我相当之援助，对我有打强心针之效能"。由此也就不难理解，国民政府何以在外交、军事、经济等方面"莫不集目标于华盛顿"。③蒋介石也在1940年10月18日亲自对詹森表示，"不论将来之发展如何，敌国必与英、美合作到底"，而且在中、英、美三国的合作过程中，"我人当随美国之领导"。还有的人在激动之余，不无动情地说，"谁都眼睛望着美国"④；"现在唯一救星为美。"⑤在抗战的艰难环境中，人们之从美援中感受到物质与精神的鼓励，虽属人之常情，但感戴到如此地步，恐怕也有失分寸。《解放日报》为此曾专文指出：国民党最缺乏的是民族的信心。"你们如今对于美国的捧场和依赖已到了什么田地？我们不要求你们放弃对美国的幻想，这是思想自由和言论自由，但是孔子曰：辞达而已矣，过犹不及。你们硬要说中国和英国乃是美国的左右翼，说汉水和英伦海峡同是美

---

① 秦孝仪主编：前引书，第272页。此后蒋不止一次地称颂美国。1941年2月10日，蒋接见居里时说：各友邦之中，惟美国为九国公约的盟主国，且"中国百年以来之外交史中，对我常持友好态度，绝无特殊企图之国家，亦惟美国耳，此实为中国唯一诚挚之友邦。"1941年5月10日，蒋在为美国驻华大使詹森的饯别宴会上发表演讲，称美"始终为人道公理之保障、和平之柱石"。"我敢断言，世界任何国家与美国民主主义为敌者，其必至于溃灭无疑，何况区区之日本乎！"见秦孝仪主编：前引书，第549页、140页。
② 中国社会科学院近代史研究所中华民国史组编：《胡适任驻美大使期间往来电稿》，中华书局，1978年，第54页。
③ 孔祥熙1940年11月8日致胡适电。见《胡适任驻美大使期间往来电稿》，第82页。
④ 《胡适来往书信选》，中册，第510页。
⑤ 《胡适来往书信选》，中册，第533页。

国的边界，这又何苦来呢？你们又说美国和中国已超过了盟邦的关系。请问有史以来，美国对中国曾负过什么盟约的义务呢？而且还要超过，那该是种什么甜蜜的关系呢？……你们把人家高捧入云，但是人家和日本的军用品贸易发展的曲线却在高耸入云；你们把赫尔的一纸空文当做观世音菩萨的灵符，人家却在和野村谈判如何命令中国停战。""不能依赖美国吗？至少也不要依赖火星上的美国呀！"文章说①：

> 请问万一不幸，美日妥协竟成事实，你们这一幕喜剧将如何收场？人民责怪你们今天所进行的乃是有计划的欺骗，你们如何能够否认？退一步说，即令美日妥协不成，美国对我又有何皇恩浩荡之处，使我堂堂奋斗中的伟大民族必须肉麻当有趣，自丧国格，自毁人格，至于斯极？

说起美国对日本战争物资的交易以及美日在太平洋战争前的眉来眼去、勾勾搭搭，的确是令中国人伤心的。早在1938年10月，著名评论家张季鸾即在《大公报》著文宣泄了某种被抛弃、孤立无援的失望情绪②：

> 中国的亲美思想太根深蒂固了，差不多可以说中国人传统的害着亲美病。……我们当然期待美国道义的及实际的援助，但亦无意相强。不过有一点必须请求注意者，就是这一年多实际上美国是帮助了日本，至少在经济上及物质上便利了日本。美国公众各界必须记着：日本今天正在进行着并吞中国大陆的侵略战争！而这个战争，就美国而论，从条约上，从传统政策上，从在华利益上，最后从太平洋全局政略及战略的观点上，我们相信美国应当

---

① 社论："国民党缺少什么？"，《解放日报》，1941年6月17日。
② 《季鸾文存》，大公报馆，1945年，第2册，第85页。参见罗荣渠：《美国在东亚的全球战略和东亚政策(1931—1949)》，入江昭等编：前引书，第254—255页。

都助中国,而不应当都助日本。然而这一年多的大势,美国在中立的姿势下,实在便利了日本。

这是一个残酷的现实:一方面,日本疯狂地扩大和进行侵华战争,野蛮屠戮中国人民,并且也从根本上损害了美国的战略利益;另一方面,美国人又趁机与日本大肆进行血腥的军用品交易。据统计,1937—1938年,日本从美国进口的军需品占其军需品总进口额的55%。1937年,美对日废钢铁的出口量是1931年的40倍之多,占日本废钢铁总进口额的90%以上。1940年,日本从美国进口的石油占其石油总进口额的50%以上。在美国对日出口货物中,62%是日本发动侵华战争所需的军用物资。一直到1940年10月,日本人还利用美国的新式战斗机在中国肆虐①。对"日本进口之必要物品几全靠美国"②的局面,中国人无不痛心疾首。林语堂对美国A·惠特尼·格里斯沃德竟把中国视为美帝国主义者棋局下一个无足轻重的小卒、充其量也不过把中国视为一个商场的论调极为反感,谴责美与日商业关系的继续维持"是日本在华作战的重大关键",奉劝美国在中日战争中必须择一而从③。郁达夫也一再呼吁美国人"能一秉正义之心,毅然决然,将军火、飞机材料,及汽油等直接可以屠杀我妇孺的各种输出品加以制止",希望美国人"能够主持一点公道,将正义一方面的铜码加得重些,将金钱一方面看得轻些",倘如此,"那就算是美国对正义、人道,已尽了它的职责。"④ 翁文灏曾致电胡适,痛陈美国输出军火给日本人对中国造成的极大危害性,内云⑤:

---

① 参见杨生茂主编:前引书,第376、377页。
② 翁文灏1939年11月11日致胡适。见《胡适来往书信选》,中册,第441页。
③ 林语堂:"斥美日妥协论",《时与潮》,6卷1期(1940年5月16日)。
④ 郁达夫:"美倭商约废止期届以后"(1940年1月20日);"美倭之间"(1940年1月18日)。见《郁达夫文集》,花城出版社,1983年,第8卷,第408页、405页。
⑤ 《胡适任驻美大使期间往来电稿》,第75页。

上月元日，我空军40架认真作战，而敌人〔按：即日军〕用美国驱逐机，速度、火力远胜于我，我军人虽不惜牺牲，而结果仍为空前大败。深感美国虽具充分之决心，而实助日人以相当之实力。矛盾悲痛莫过是。……此种情形，似宜提起美人注意。

连蒋介石本人对此也颇为不快。他在1939年7月20日致函罗斯福时，专门提到美当前制日的"有效武器"：一、绝对禁止对日输出军用材料与军需品，尤以钢铁、煤油为最；二、禁止日本重要物品的输入，增加日本物品进口税率；三、不准日船使用特种商港等。这实际上也就是代表中国政府要求美国禁绝供给日本军需品。宋子文在一次对美国人的广播讲演中亦说：吾全国人民现均奋起为生命自由而背城一战，以阻"全世界第一公敌暴日"之摧残，"或问爱好和平之美国，职责何在？"① 宋庆龄也著文请求美国政府，"终止在物质上或政治上对日本侵略的一切支持。"② 宋美龄有一次对美驻华大使詹森"十分怨恨"地说，"美国在中国正从事生死存亡奋斗的道路上，竟过份地放下许多绊脚石。"③ 在这个问题上，林语堂的看法相当有代表性：1941年底珍珠港事变后，美对日宣战，并承认其对华援助"太少、太晚"。林氏写道：美国人知道，我也知道，美国运送汽油和废铁去东京，使日本人轰炸中国妇孺。我们的态度是宽容。但是，假如中国现在宣布中立，而当美国和日本作战的时候运送废铁去日本，同时又和美国保持友好关系、称赞美国人的"英勇斗争"，美国报界、外交界恐怕不会和中国在珍珠港事变发生以

---

① 参见吴景平著《宋子文评传》，福建人民出版社，1992年，第294页。

② 宋庆龄："中国需要更多的民主——为纽约《亚细亚》杂志作"（1941年10月）。《宋庆龄选集》，人民出版社，1966年，第151页。陈独秀亦在1937年10月发表文章，说"美国的算盘打得很精，……不妨流点他人的血，自己向中日两方面卖卖军火，这便是美国孤立派和和平主义者的真实宗旨。"见《陈独秀文章选编》，下册，第547页。

③ 参见鲍家麟：前引文。

前持宽容的态度的。1941 年夏天，罗斯福总统得意地宣称此一废除运送废铁、汽油给日本的政策的成功，"那是我受的第一记大耳光。"罗斯福所说"即使现在，我们空运中国的租借物资和从滇缅公路输入的分〔份〕量一样多"的笑话，等于对中国或者我个人又"揎了耳光，使我眩晕目花。"林语堂忿忿不平道，"在我的国家在和日本作生死斗争时，这么多记耳光打来，我觉得犹如自己被人掌揎了一样。"① 谁无祖国？谁不爱国？对林氏所言，凡有赤子之心者，知之闻之，能不共鸣？

中国人更为伤感的是，美国人还一度背了中国与日本人勾勾搭搭，以至在 1941 年大有以中国作牺牲、美日妥协之势。因为已有捷克被出卖的臭名昭著的"慕尼黑阴谋"在先，所以，中国朝野也担心美国不仁不义，让中国重蹈捷克的悲剧，故对此有极强的警惕意识。除报刊媒介纷纷诉诸全国舆论外，中国共产党在内部或公开地斥美日谈判是欲造成牺牲中国的"远东慕尼黑阴谋。"国民政府亦对此大为不满。1941 年 11 月 25 日，蒋介石针对美日谈判写信给驻美代表宋子文转呈美国陆军部长史汀生、海军部长诺克斯，谓：任何放 松对日压迫的措施，都严重打击中国士气，"中国人民有理由认为，中国完全成了美国的牺牲品。"② 在这之前，蒋亦曾对此大动肝火。拉铁摩尔 1941 年 11 月 24 日自重庆致电居里，转达了蒋介石对美日谈判有妥协趋势所表现的反感，电文称："委员长对此有极强烈之反应，其激动之状，实前所未有。……除非日本撤退所

---

① 林语堂：《啼笑皆非》(*Between Tears and Laughter*, 1943)。参见林太乙著：《林语堂传》，联经出版事业公司，1989 年，第 200 页。

② 章百家："抗日战争前期国民政府对美政策初探"，《中美关系史论文集》，重庆出版社，1988 年，第 2 辑，第 317 页；弗·鲍·沃龙佐夫著：《蒋介石》，新华出版社，1992 年，第 161 页。在这之前一天，即 1941 年 11 月 24 日，蒋致电胡适，嘱其转告美国国务卿赫尔：美对日经封锁政策，"无论有任何一点之放松与改变，则中国抗战必立见崩溃，以后美国即使对华有任何之援助，皆属虚妄，中国亦决不能再望友邦之帮助，从此国际信义与人类道德亦不可复问也。"见秦孝仪主编：前引书，第 149 页。

有在华部队,美国压力之松弛,不论其为实质的或表面的,皆使中国趋于崩溃;即使有关于妥协之最微弱之传闻,亦将动摇中国对美之信心,其程度且过于滇缅公路之封闭"。①26 日,拉铁摩尔再次致电居里,转告蒋对美日谈判的意见,据称,蒋的看法是,"美日谈话之延宕不决,业已普遍引起严重之惊骇",中国国民之意向,"则愿在目前和将来与美国相联结,但惧美弃遗之危险继续增长"②。这说明,蒋对美日谈判并未掉以轻心,亦未放松其警惕性。在这个问题上,他作为中国政府首脑很清楚地表明了态度,即坚决反对美国牺牲中国。此外,翁文灏也在致胡适的电报中表示了对美日"洽商"的忧虑和不安③。另据美驻华大使高思 1941 年 8 月 28 日从重庆拍给美国国务院的电报称,宋美龄对一位美籍客人说,中国打了4 年的苦仗,但英美却还要对日本采取姑息政策,很令中国人感到愤慨。宋说,这也不能不使人感到,原来美英援华,目的是使中国继续抵抗,而使自己不卷入远东战事的漩涡。牺牲他人,成全自己,把自己的利益建筑在中国人的鲜血与白骨之上④。这也相当明确地反映了当时人们对美国对日政策的批评态度。诚然,历史的进程表明,"远东慕尼黑"并未成交,但也很难说当时美日完全不曾企图牺牲中国。珍珠港的血与火将这一企图葬身于太平洋。无论当今中国学者对这半个世纪之前的美日谈判有何不同见解⑤,但当时中国人反对美国牺牲中国的任何企图,是完全正当的、合理的。在这

---

① 秦孝仪主编:前引书,第 734 页。

② 同上,第 735 页。

③ 详见翁文灏 1941 年 9 月 22 日致胡适函。《胡适来往书信选》,中册,第 531 页。

④ 参见郭荣秋:"珍珠港事变前美国援华的真相(1940 年—1941 年 12 月)",见《中国近代现代史论集》,台湾商务印书馆,1985 年,第 29 辑,第 573 页。

⑤ 近年来我国学者研究 1941 年美日谈判的论文甚多,其中丁则勤、丁克迅的合作研究最为精细。见丁则勤等:"美日的私人议和活动与〈日美谅解案〉的形成",《历史研究》,1986 年 5 期;丁则勤等:"太平洋战争前美国在美日谈判第一阶段的远东政策",《历史研究》,1989 年 1 期。

一命运攸关的问题上，中国人是不能够、也不应该沉默的。

在抗日救国的艰难困苦中，美对华援助确是中国求之不得的。蒋介石曾屡次谈到，"我国抗战最大难关为经济"；抗战以来，经过了"不可以言语形容之经济及物质之困难。""中国经济状况俨如一染有第三期肺病之病人，随时可以发生危险，"[①] 等等，都是实话实说。美援在中国危难之秋，其作用非同一般，用蒋的话说，它"增强敌国对侵略者抗战力量，提高我军民自信心理与安定社会经济基础者，裨益实无限量"[②]。这亦非夸张之辞。问题在于，这些美援之来之不易，却不是一般人所能想到的。陈光甫 1938 年 10 月 12 日曾致电孔祥熙转蒋介石时吐露其难说：争取美之贷款，殊非易事。"明知国内需要急若星火，辉德焦虑不能成寐，但钱在他人手中，告求良非易事，只得兢兢业业，以求各种问题之解决。"[③] 陈氏先后参与过 1938 年桐油贷款、1940 年华锡贷款等的谈判，自然深有体味。他曾在日记中记下了其向美乞讨的辛酸之情[④]：

> 余在此间接洽事宜，几如赌徒在赌场中掷注，日日揣度彼方人士心理，恭候其喜怒闲忙之情境，……无日不研究如何投其所好，不敢有所疏忽。盖自知掷之注与国运有关，而彼方系富家阔少，无关痛痒，……

蒋介石所感慨的"对敌国易，对友邦难，受人接济，被人轻侮"，并非无病呻吟。台湾学者郭荣秋先生经过研究后指出：到 1941 年，中国在租借法案下所得到的物资，仅占美国援助外国总额的

---

① 蒋介石 1940 年 8 月 11 日致宋子文电、蒋 1942 年 2 月 14 日致罗斯福电、蒋 1941 年 11 月 8 日接见美财政部代表柯克朗德时的谈话。见秦孝仪主编：前引书，第 277、337、322 页。
② 秦孝仪主编：前引书，第 286 页。
③ 同上，第 240—241 页。
④ 转引自章百家：前引文。宋子文亦有同感，1940 年 10 月 14 日，他自美国致电蒋介石，谓："欲得美国之援助，必须万分努力，万分忍待，……"。见秦孝仪主编：前引书，第 99 页。

1.7%，微乎其微。在太平洋战争爆发以前，中国孤军奋战 4 载，美国所给中国的贷款不过占中国所得外国贷款总额的 1/3。何况，美国的贷款"都是经过苦痛的磋商，加上苛刻的条件之下贷成的。"因此，郭氏得出结论："美国不关心中国"；"从开始就不以平等对待中国"，它"根本不关心中国的存亡"①。周鲠生 1944 年底亦曾回顾说：美国对中国抗战的援助，向来有两个根本错误的观念："（一）'给你多的东西，你也不会发生大作用'。（二）'不给你多的东西，你也不会塌台'。"② 其实，不仅是在美对华援助问题上，美不无施主的优越感，即使是处理涉及中国的政治、战略等问题，也最多把中国作为"二等"盟国相待。宋子文在抗战时期数度赴美，交涉两国外交等重大事务，对此即颇有感触。据顾维钧回忆，1943 年初，宋子文向他谈起中国不为英美所重视的情况时，"愁容满面，忧心忡忡，目光中流露出抑郁的怒火。"宋感到，在远东，英美都想以最小的代价来进行战争；美可以进军，但希望英也全力以赴；英可以同意计划，但须美肯肩负重担，尤其是海军增援。哈佛大学毕业的宋子文，对英美"盟邦"的盟主邱吉尔、罗斯福有了自己的评断：他们"都是政治家，他们说起话来头头是道，搪塞起来八面玲珑。那是他们的看家本领，否则他们不会有今天"③。这倒是画龙点睛之笔。不是跟美国真正打过交道的人，这种一语破的之言是说不出口的。值得一提的是，蒋介石的看法亦有其独到、深刻之处。如蒋 1940 年 10 月会见英驻华大使时，即曾"教训"大使说："英、美素以殖民地视中国，看不起中国之力量。倘不先放弃此项成见界限，不必讨论合作办法。"④云云。1942 年 8 月 6 日，蒋又特地请来访的居里返美国后

① 郭荣秋：前引文。
② 见《胡适来往书信选》，中册，第 580 页。
③ 参见《顾维钧回忆录》，中华书局，1987 年，第 5 分册，第 315—316 页；吴景平著：前引书，第 362 页。
④ 《胡适任驻美大使期间往来电稿》，第 76 页。

转告罗斯福，"见总统时，望告以中、美基本心理之不同，实为引起种种误会之因素。中国方面以弱国之立场，备受外患压迫之经验，造成一种遇事即准备抵抗之自卫态度，在心理学上，可称之为'低能心结'。美国方面，以强国之立场，自不免流露睥睨一切之'优越心结'。倘我两国能设法免除心理上之成见，则亲睦之增进，无可限量矣。"① 其实，从中国人的美国观这一角度看，蒋氏所归结的"低能心结"、"优越心结"，不只是在抗战时期构成中美双方"误会"的一个障碍，它在此前或此后，还一再地表现出来。

珍珠港事变后，中、美最终成为抗击日本法西斯侵略者的同盟国家②。蒋介石表示："决与美、英共存亡，同成败，毫不有所犹移。"在他看来，美国"为中国生死患难惟一之真友"、"最可靠之生死患难之友"，且为"诚意愿使各民族取得平等地位之唯一国家。"相形之下，英、苏虽亦为盟邦，但"熟闻英、苏解放弱小被压迫民族之虚伪声言，备受其言行不符之痛苦，故对此二国之信任，实已丧失无余。"所以，蒋提出，今日反侵略战争要以美国为中心，由美国为之领导，而且美国为唯一之领导。除美国外，中国"不愿受任何人之领导"，"我个人不愿受其他第二国家之领导。"③ 在这种思想指导下，蒋为国民政府内定的外交政策亦就完全"一边倒"了：1942 年 6 月 21 日，蒋介石自成都致电外交部长宋子文，谓：中国的国际政策，

---

① 秦孝仪主编：前引书，第 715 页。

② 陶文钊研究员总结道："太平洋战争的爆发使中美关系发生了大的变化。从此，中国和美国成为反对日本法西斯的盟国，这是两国关系的主导方面。但是，长期处于半殖民地地位的中国并没有、也不可能一夜之间就完全改变它与美国的关系。美国一方面帮助中国抗日，一方面又试图控制中国，……国民政府对美国既有依赖，又有抵制。……正是通过大战期间的结盟美国政府与蒋介石统治集团之间建立了特殊关系"。见陶文钊著：《中美关系史》，重庆出版社，1993 年，第 259 页。

③ 以上引语，见 1941 年 12 月 9 日蒋介石致宋子文转美政府当局电、蒋 1942 年 7 月 30 日致居里转罗斯福电、蒋 1942 年 10 月 4 日在重庆接见来访的威尔基的谈话、蒋 1942 年 8 月 3 日接见居里时的谈话。参见秦孝仪主编：前引书，第 43、676、759、683 页。

无论军事、政治，"皆惟美国马首是瞻，凡美国不参加之事，则中国亦决不愿单独参加，如美国参加之事，则中国亦必须共同参加。"①1942 年 8 月 4 日，蒋对来访的居里解释说，"中国决不参加美国不愿签字之任何国际协定，惟美国参加之协定，中国始愿为签字国。简言之，此即为中国之外交政策。……中国得为四强之一，实经总统〔按：指罗斯福〕所一手促成，英、苏两国并未作何臂助。此为中国所深切了解而铭感者也。"②虽说不无摩擦与插曲，但"一切皆以美国之马首是瞻"③，"无论何时均与美国始终保持一致"④，大致可以说是蒋介石及国民政府对美政策的基调⑤。这也反映了蒋对美国的主要看法和认识。客观地说，蒋向美国靠拢、与美国结盟，是有利于抗战大局的，因为美国毕竟是"民主国家的兵工厂"⑥。不过，如此彻头彻尾地"一边倒"，把中国与美国硬拴在一起，就势不能不产生依附性，从最终的结果看，又势必有副作用。如果把视角推移到40 年代后期，这种副作用就更加明显了。

　　1942 年底 1943 年初，这是抗战时期中国朝野几乎一致称誉美国的特殊时期。其直接原因有两个：第一，1942 年 10 月 9 日，英、美宣布放弃其在华侵略特权；第二，1943 年 1 月 11 日，中美及

① 秦孝仪主编：前引书，第 156 页。
② 同上，第 699 页。
③ 蒋介石 1942 年 7 月 30 日致居里转罗斯福电。秦孝仪主编：前引书，第 676 页。
④ 蒋介石 1944 年 4 月 12 日致罗斯福电。秦孝仪主编：前引书，第 168 页。
⑤ 为了说明中、美之间的特殊关系，蒋有时候甚至自作多情。比如，他把中、美两国喻为"姊妹国"，称美为"先进之姊"，中国为其"后进之妹"。此种"亲伦"关系，实则不伦不类。
⑥ 董必武曾在延安作的一次报告中强调：太平洋战争后，美国用很大的力量支持着中国。"假令只有中国人民支持他〔按：指蒋介石〕，没有英美的帮助，没有空军帮他轰炸，没有军火和借款，蒋在精神上老早也就垮了，他的力量的削弱，也将更不得了，所以英美支持他的作用是很大的。"见董必武："大后方的一般情况"(1945 年 3 月)，《中共党史参考资料》(五)，人民出版社，1979 年，第 351、352 页。

中英新约正式签订①。

不管人们如何评价上述两大事件，当我们反观半个世纪前人们的反应时，举国上下，无不欢欣鼓舞，喜气洋洋。其情其景，恐非后来人所能体味。本着当时人述当时事的原则，我们拟在此把思绪拨回到50年以前。

最兴奋、最激动不已的，首先是蒋介石。1942年10月9日，他在宋子文自华盛顿发回的美正式通知愿与中国商谈废除不平等条约办法的电文上批曰："美国表示自动取消不平等条约，愿与我订立新约，殊为欣慰。"② 其兴奋之情，溢于言表。第二天，即双十节，蒋介石在纪念大会上也表现得兴高采烈，他告诫国人说，"我国百年来所受各国不平等条约的束缚，至此已可根本解除，国父'废除不平等条约'的遗嘱，亦完全实现。我全国同胞从今日起，应格外奋勉，自立自强，人人要做一个真正独立自由的国民，始能建成一个真正独立自由的国家。"在该日日记中，蒋写道，美、英之放弃治外法权，"实为平生唯一之幸事"，"中心快慰。"1942年10月11日，他致电罗斯福总统，盛情感谢美自动放弃其特权："欣悉美国自动放弃在华之'治外法权'，举国无不欢忻。又闻贵国为我国庆特在'独立厅'鸣自由之钟，此项自由钟声，已在我国每一国民之心中，激起对美亲密热诚之回响。此其有裨于敝国继续抗战民气之提高，实胜于其他任何之力量。中正个人亦深为此一优美动人之壮举所

<hr>

① 有关美国废除在华特权、中美签订新约的具体过程，可参见林泉编：《抗战期间废除不平等条约史料》，正中书局，1983年；林泉：《中美、中英新约之研究《1942—1943）》，载中央研究院近代史研究所编：《抗战建国史研讨会论文集（1937—1945）》，台北，1985年，上册；任东来：《美国在华治外法权的放弃（1942—1943）》，《美国研究》，1991年1期；王淇：《1943年中美平等新约签订的历史背景及其意义评析》，载《新的视野——中美关系史论文集》，南京大学出版社，1991年；吴景平著：前引书，第8章。

② 秦孝仪总编纂：《总统蒋公大事长编初稿》，台北，1978年，第5卷，上册，第209页。参见林泉：前引文。

感动,实无适当言词足以表达余欣慰之感情";"中正自幼即对贵国'自由钟'与'独立厅'等名词,寄以热烈之向慕,此心早已深镌不磨之印象。在求取国家自由之奋斗中,无时不在怀想中国终有一日确立为一完全独立民主之国家,而今此一理想业已由吾人共同实现矣。"① 在这里,蒋说中国已"实现"了"完全独立民主之国家"的愿望,未免夸大其辞,但他为此一"优美动人之壮举所感动",却是实情。自1842年中英不平等条约签订以来,在长达一百年之久的岁月中,中国人忍辱负重,低三下四,"屈辱的情感尤使四万万五千万人伤心饮恨",② 留下了难以弥补的精神创伤。西方列强强迫中国倒悬于其"欲壑无底的巨吻中间",③ 中国人民从悲惨的切身经历中感到:"第一件痛苦的事情,就是外国帝国主义的压迫。"④ 诚如萧三所说的,"我们的祖父母和父母数代曾含辱忍垢弯腰低头一辈子,死的死了。我们今天算是获得了伸腰抬头的可能。"⑤谁能不含泪而笑呢?

1943年1月11日,即中美新约签字当天,蒋介石"以极愉快之心情"致电美国总统罗斯福,表达其"深切喜悦之忱",谓此举实系"联合国家间休戚相关之明证,不惟有裨于作战,且亦为达成和平之信号也。"⑥第二天,即1943年1月12日,蒋介石向全国发表广播演说⑦:

我们中华民族,经50年的革命流血,5年半的抗战

① 秦孝仪主编:《中华民国重要史料初编——对日战争时期·第三编·战时外交》,台北,第3分册,1981年,第714页。按:本书以下简称《战时外交》(三)。
② 陈布雷1942年10月5日起草的新闻稿。见《战时外交》(三),第711页。
③ 社论:"中国共产党与废除不平等条约",《解放日报》,1943年2月4日。
④ 胡服:"论抗日民主政权",《江淮》,创刊号(1940年12月)。见《刘少奇选集》,上册,第170页。
⑤ 萧三:"除旧立新赞——病中记一点沉痛的回忆和自豪的感觉",《解放日报》,1943年2月6日。
⑥ 《战时外交》(三),第741页。按:1月11日,后被定为"司法节。"
⑦ "为中美中英新约签订事蒋委员长向全国广播",《解放日报》,1943年1月14日。

牺牲,乃使不平等条约百周年的沉痛历史,已变为不平等条约撤废的光荣记录,这不仅是我们中华民族在历史上为起死回生最重要的一页,而亦是英美各友邦对人类的平等自由,建立了一座最光明的灯塔……这实在是英美的政府和人民最光明最正大的举动,尤其是美国对我政府的希望完全一致,并无一点保留的要求,更为欣慰。

中共中央亦于1943年1月25日作出关于庆祝中美中英间废除不平等条约的决定:"我们应当庆祝不平等条约的废除,各地党部凡在战争环境许可下,均于旧历元旦前后召开军民庆祝大会,庆祝中美中英间新的关系与新的团结,坚定军民抗战信心,号召军民为驱逐日寇,完成中国独立解放而斗争到底。"① 为了庆贺新约,重庆自2月5日起放假3天,像过节一样,家家户户,悬旗结彩,气象一新。兴奋之情,弥漫山城。国民政府还专门为此举行了规模宏大的庆祝活动。其他大城市也搞了各种各样的庆祝活动。2月4日下午,延安热烈举行庆祝废约群众大会,"万人空巷,热闹异常",人人"均兴奋、忙碌"。数十支化装宣传队、秧歌队、高跷队深入居民区、农户、工厂,把这件大事的意义深入宣传到人民之中。有一首《庆祝废除不平等条约》② 的歌,其歌词第一段这样写道:"我们欢腾,我们鼓舞,我们庆祝不平等条约的废除。这是民族的光荣、人民的光荣、革命先烈的光荣、国共两党的光荣!我们解脱了百年的枷锁,我们取消了莫大的耻辱。"1943年2月5日上午8点15分至50分,中央电台音乐组曾特地广播演唱了一首《庆祝平等新约歌》,③ 其中唱道:"挣断了枷锁,换回了国魂。百年耻辱,一笔勾清,抬头挺胸,重新做人。埋葬了沉痛的历史,展开了民族的新生。"

---

① 参见《解放日报》,1943年1月29日。
② 此歌共两段,安波作词,吕骥作曲。见《解放日报》,1943年2月5日。
③ 陈济略作词。参见《新华日报》,1943年2月5日。

"百年枷锁，一旦解除",① 成了当时人们的惯用语。朱德总司令先是在 1943 年 2 月 3 日专门发表谈话，说新约的签订"扫除了中国历史上一大污点"，"是我们全民族的一件喜事"，"是中国在国际间获得独立平等的开始。"② 第二天，又在《解放日报》发表祝贺文章，认为新约"确定了中国与英、美友邦的平等地位"，"这是我们艰苦奋斗的伟大成绩，也是英美同情与援助中国抗战的一大成就。"③ 各大报刊纷纷辟出专栏、号外，热闹非凡。人们指出，中美、中英新约"有世界历史意义。"④ 它"合乎公理正义，树国际平等之先声"，⑤ 是一"划时代之举也"。⑥ 新约是"中国人民牺牲奋斗的光辉代价"，⑦ 它结束了我国百年来的耻辱，又开辟了中英美关系史上的新纪元，是"自由独立新中国的起点。"⑧ 它"具体的表现了国际间互相尊重、互相信任的民主的平等精神"，奠定了"战后民族自由平等的新世界的基础"，我们中国人民"真是十分愉快，十分拥护!"⑨ 中美、中英新约"好似破晓前云层中透露一缕红光"，⑩ 给中国人民以极大的兴奋:"我们的民族现在开始翻身了";⑪ "确实的，中国倒霉的时候应该过去了。"⑫ 我们现在总"可以舒展一下筋骨，

① 邹鲁:"从废除不平等条约说到世界永久和平",《东方杂志》,39 卷 1 号(1943 年 3 月)。
② 《解放日报》,1943 年 2 月 4 日。
③ 朱德:"庆祝中美中英新平等条约",《解放日报》,1943 年 2 月 5 日。
④ 徐特立:"中英美新约的前因后果",《解放日报》,1943 年 2 月 4 日。
⑤ 夏炎德:"中国建设独立自主国民经济之机运",《东方杂志》,39 卷 4 号(1943 年 4 月)。
⑥ 张道藩:"中英美新约与远东和平",《东方杂志》,39 卷 1 号(1943 年 3 月)。
⑦ 时评:《中美中英新约》,《解放日报》,1943 年 1 月 14 日。
⑧ 高扬:"自由独立新中国的起点——中英中美新约的历史意义",《群众》,8 卷 3 期(1943 年 2 月 1 日)。
⑨ 社论:"中英美关系的新纪元",《新华日报》,1943 年 1 月 20 日。
⑩ 范文澜:"紧张黑暗的一百年和伟大光明的一百年",《解放日报》,1943 年 2 月 5 日。
⑪ 艾思奇:"人民的成功",《解放日报》,1943 年 2 月 7 日。
⑫ 林伯渠:"开始新的历史",《解放日报》,1943 年 2 月 4 日。

泄吐一下闷气",① 更应该挺起胸、昂起头,"以更充沛的精神,抗战到底。"诗人艾青说出了千千万万中国人的心声②:

> 我们不是生来给嘲笑的
> 也不是生来该被奴役的
> …………
>
> 我们被屈辱已一个世纪了
> 中国人民欢迎这个光荣的日子!
> 和美国人、英国人团结在一起
> 让人民和人民交融在友爱里……

在救亡图存的神圣抗战中,中国人民还十分注意从美国反英独立史上寻求借鉴。因为,"语曰,前事不忘,后事之师也,又曰,他山之石,可以攻错,美国抗战建国的历史与经验,实足以供吾人之参考矣。"③ 对于北美独立战争,人们不仅给予了高度评价,而且还从中引伸出了许多可资中国抗战的历史经验。

当时的文章指出,18世纪中叶的北美独立战争是一幕"雄伟的历史剧。"在独立、民主的大纛下,"人人奋起,个个争先"④,以其"伟大奋斗精神",在8年的苦战中,几经挫折,饱尝艰辛,但"凭满腔热血,男女老幼都像发狂一样,仇恨着桎梏,热爱于自由,为一种理想,一种事业,大家揭竿而起,前仆后继,英勇奋战"⑤。终其结果,"旧世界被颠倒了,人民的力量战胜了暴君的力量,正义的力量战胜了强权的力量。"⑥ 北美人民终于从英国的奴役下获得解放,奠定了自由、独立、强盛的新国家的基础,"建造了新的天地,开创

---

① 社论:"春节庆新约",《新华日报》,1943年2月5日。
② 艾青:"中国人民的歌——为庆祝中美、中英新约而作",《解放日报》,1943年2月6日。
③ 刘振东编著:《美国抗战建国史》"序言",正中书局,1939年。
④ 短评:"祝盟邦美国国庆",《新华日报》,1943年7月4日。
⑤ 社评:"祝美国国庆",《大公报》,1944年7月4日。
⑥ 端木衣虹:"美国独立战争始末",《学习生活》,3卷4期(1942年9月)。

了新的历史。"① 它不仅缔造了第一个新型的共和国,而且开创了人类历史的新纪元。它"代表着人类独立自由的胜利,代表着'人生而平等'的胜利,代表着主权在民的民主制度的胜利。""那是多么珍贵的一页历史!"② 它"在人类历史上留下了千古不灭的光辉"③。

在浴血抗战的中国人民的心目中,北美独立战争留下了独立、民主和自由的革命传统。它为美国人民留下的为民族独立和民主自由而战斗、"不惜用自己的生命去换取自由和独立的革命的传统"④,是人类共同的精神财富。美国人民争取自由独立的斗争、美国人民爱好自由的精神,"是值得每一个爱好自由的人记取的"⑤。一切人生来都是平等的;政府的根本权力都是由被统治者的同意而取得的。《独立宣言》中的这两句名言是"民主政治的经典。"美国的独立及其实施共和政体,为近代民主政治创立了"不朽的楷模"。它"使人类渡出了黑暗的中世纪,焕发了璀灿的近代文明"。华盛顿的功业"决不止于使北美人民解放了奴隶的枷锁,而更伟大的,是他同时给全人类创造了幸福的秩序。"⑥ 华盛顿所领导的人民战争,代表的是 18 世纪进步的思想与文化:自由的思想、民主的文化,他是"全人类争民主史中的一个光辉的战士"⑦。杰斐逊⑧ 也是美国革命史上一位功绩不朽的巨人。他有一个根本的信念,即毫不

---

① 罗泊:"真正的民主战士",《新华日报》,1943 年 7 月 4 日。
② 社评:"祝美国国庆",《大公报》,1944 年 7 月 4 日。
③ 温济泽:"为自由和独立而奋斗的传统精神——祝美国独立第 167 周年纪念日",《解放日报》,1943 年 7 月 4 日。
④ 温济泽:同上。
⑤ 楚白:"独立自由的缔造",《新华日报》,1944 年 7 月 4 日。
⑥ 社评:"祝美国独立纪念",《大公报》,1941 年 7 月 4 日。
⑦ 友谷:"自由与民主永生——纪念华盛顿诞辰",《新华日报》,1943 年 2 月 22 日。按:友谷是胡绳 40 年代用的笔名之一。
⑧ 杰斐逊(Thomas Jefferson),在我国,亦译作约非孙、哲尔生、哲非逊、杰弗生、杰弗孙、杰菲逊、遮斐顺、遮非顺、遮化臣、节福生、哲佛逊、甲弗逊、杰弗逊、哲斐逊、杰弗森、杰佛逊。

犹豫地相信美国的人民，"相信他们的才能，相信他们的忠实于正义，他更相信这些就是民主主义的不断的源泉。他不惜一切的去仇恨倒退的思想和专制思想；他痛恨独裁，痛恨对于民主主义的谋叛。"为了建立一个比较完美的民主制度，杰斐逊"在革命的浪潮中，战斗的过了一生"，始终"追求民主的思想"，"为人民的自由而奋斗"①。他的民主理想，"正是打破一切法西斯侵略统治者任何借口的一把利刃，一个钢锤。"②

北美独立战争史的光辉"不仅照耀着新大陆和旧大陆，而且照耀着几个世纪。"它对于"正在以血肉争取民族独立和自由的"中华民族来说，"也同样是值得体验，值得认识而且学习的。因为不管时代是怎样的不同，不管情形是怎样的相异，人类的任何进步事业和改革运动，尤其是人民的解放战争，在它们的发展过程中是有其共通性的，那就是经过艰难困苦的斗争，迂回曲折的发展，以底〔抵〕于成功。其中发展的规律差不多总是一样的。"③ 这是抗战救亡中的中国的一面镜子。冯玉祥将军谈到如何建立我们的自信与互信时说，只要全国一致、万众一心，民族解放的斗争就能胜利。北美人民独立战争的成功就是最好的证明之一。他们靠 8 年出生入死的血战而获胜。只要我们"学着美国人"的榜样，"发动广大的民族革命战争，国难是容易解除的，胜利是一定稳稳当当握在我们手里的。"④ 正是美国人民的英勇奋斗，"指示了我国人民在危机存亡中的一条光荣的出路"⑤。特别引人注目的是，1938 年 12 月 4 日，胡适在纽约哈摩尼俱乐部曾作过一次题为《北美独立战争与中国抗

---

① 本报资料室："哲斐逊总统保卫民主的斗争"，《新华日报》，1943 年 4 月 14 日。

② 短评："民主主义的利刃"，《新华日报》，1945 年 4 月 15 日。

③ 社论："象征自由民主的日子"，《新华日报》，1945 年 7 月 4 日。

④ 冯玉祥 1936 年 5 月 12 日在中央广播无线电台的讲演。见《冯玉祥选集》，上册，第 349 页。

⑤ 冯玉祥在美国来华传教士宴会上的讲演，原载"冯玉祥在南京第一年"(1937)。见《冯玉祥选集》，上册，第 407—408 页。

日战争》的著名演讲①。其主旨是强调国际上的配合，特别是美国的援助是中国抗日战争胜利的重要条件。胡适在演说中巧妙地把中国抗战同当年北美独立战争相提并论。他说，目前中国抗战所遇到的困难，就像华盛顿所领导的革命军在福吉谷所遇到的困难一样。当时华盛顿率领残余的败兵，饥寒交迫，士兵缺衣少药，许多伤兵冻死在雪地里。在这万分困苦的情形下，英国提出议和。如果当时革命军动摇了，华盛顿等被困难吓倒了，同意和平，那就不会有美国的独立了。由于这些开国领袖们坚毅果断、咬牙苦撑，在法国的援助下，随着欧洲局势的演变，终于战胜了侵略者，赢得了独立战争的胜利。中国目前的抗日战争，与当年北美独立战争的遭遇相似，只要苦撑待变，在美国等的援助下，加之国际局势有利于中国的转变，那么，中国能取得抗战的最后胜利，是毫无疑问的。温济泽亦曾对此作过具体阐述，认为我们应发扬美国人民为自由、独立而奋斗的传统精神，争取抗战的胜利②：

> 我国今天正在艰苦地向着独立自由的胜利目标前进着，美国这种优良的传统精神，我们是应该借镜的。我们鉴于当年北美军民团结一致、不怕困难，并努力克服困难以坚持抗战，终于获得了胜利的经验，我们要更加提高作战的积极性，严厉处置那些投降或妥协动摇的分子，彻底肃清任何颓丧不振作的现象，把正面与敌后的作战更好地配合起来；并努力发展生产，以保证前后方各种物资的供给；同时我们应该学习并更加发扬北美民主自由的精神，在全国实行民主政治，彻底消灭一切违反民主的现象，反对某些人的法西斯蒂的思想，加强全国各党派各阶

---

① 译文详见《大公报》(渝)，1939 年 2 月 10—11 日 (题目改作："日本在中国之侵略战")。
② 温济泽：前引文。

层和民族的团结，以更加发挥我国抗战的力量。

有人说，自由女神手里的火炬的光芒，"使一切受难的人感到温暖，觉得这世界还有希望。"美国之所以是个"特别可亲的国家"，就在于其民主气度，它"在民主政治上对落后的中国做了一个示范的先驱"①。美国传统精神的更有力的继续发扬，是反法西斯战争必胜的重要因素之一。我国在抗战建国中，"正艰苦的向着民族独立和民主政治的新中国的伟大目标走去，我们也应该以美国的这些传统精神为借鉴！"② 正因为美国人具有自由精神和民主传统，"活泼生活在新开辟的大地上，样样新鲜，事事无阻"③。所以，它不仅特别富有民主精神，"孕育了自由民主的奇葩"④，而且始终都是"充沛着青春力"、"朝气蓬勃"⑤ 的国家。《新华日报》的社论说，我国有些崇敬美国而并不认识美国的人，在这次战争中，看到了美国的力量，却把它归于武器的精良、生产的惊人。殊不知，人民如果没有民主权利，就没法发展生产，就没法制造出优良的武器。就是有了这些武器，若无享有民主权利的人，也不可能使人民和武器相结合，无法有强大的力量。美国有钱、有武器，是事实，但这只是事情的一个方面；如果不从美国民主传统精神及其伟大力量这一主要的方面看问题，那还不能算是认识了美国。"中国要向美国借鉴的地方很多，而民主团结最为重要！"⑥

关于对美国的认识与理解，有这样一首诗，写得颇具诗情画意⑦：

为了人类！ 为了人类！

---

① 唐徵："民主颂——献给美国的独立纪念日"，《新华日报》，1943 年 7 月 4 日。
② 汉夫："美国的伟大传统"，《新华日报》，1942 年 7 月 5 日。
③ 社评："祝美国国庆"，《大公报》，1944 年 7 月 4 日。
④ 社评："国际新趋势的感召"，《大公报》，1944 年 11 月 15 日。
⑤ 钟颖："美国人的自由理想与民主精神"，《新华日报》，1943 年 9 月 12 日。
⑥ 社论："祝美国国庆"，《新华日报》，1944 年 7 月 4 日。
⑦ 史纲："为了人类！"，《新华日报》，1943 年 7 月 4 日。

于是年轻的美国，升起了旗，
吹起了号角，击响了鼙鼓，
在新的土地上，新的天空下，
结集了世界爱自由的人，
开始实验着新政体，直到今天。

只有一种历史——人类的历史，
人类的结合——不是分离——的历史，
年轻的美国一章又一章的写，
乔治·华盛顿写，杰弗逊写，
林肯写，而惠特曼歌唱，
如今是罗斯福在炉边著述。

我们该如何的羡慕年轻的美国，
像一个圆球的民主国家，
能平滑地滚动，富于弹性的蹦跳，
不像多边多角的法西斯统治。
年轻的美国没有对人类失望，
将来人要知道世界本是个圆球。

为了救亡建国，还有不少人从美国的其他成功经历中寻求借鉴。如郎依山谈其何以翻译《美国宪法通论》（William B. Munro 著）时说：美国宪法开自由主义未有之先例，为各共和政体之模范。"我所以要译这本书的动机，因为这本书不但是一本佳作，且其内容又极为精洁扼要，实例尤多，为研究宪法者所必读。"更重要的是，"在我国这次将要走入宪政时期、行将公布宪法伊始，为完成我国宪法未来之伟大使命，供我国宪法将来之修正参考计，感到这本书有介绍于国人之必要","译者之主要目的即在于此。"① 吴清友研究美国的工业化,也是因为工业化关系民族之生存,"至深至巨",而美国的工业化在某种意义上是最正常、最典型的,"有许多经验值得我们的借鉴",故加以研究,"籍供国人之参考",② 等等。

中国人民对美国人民的正义支持,当然是不会忘记,并且是极为崇敬的。如被鲁迅先生称为"洋烈士"③的肖特就是一例。在1932年"一·二八"事变时,这位美国民航飞行员目睹日机的狂轰滥炸,激于义愤,单枪匹马与侵略者鏖战于苏州上空,竟以身殉,献出了年轻的生命。后来,人民教育家陶行知先生曾特为此赋诗纪念④:

> 一二八,日子好!
>
> 美国人也是好者。
>
> 萧德为我争自由,
>
> 万世流芳不朽了。

历史毕竟不能忘记。不管后来对美国和美国人的看法有了多大的变化,我们首先还应当尊重历史。

二、从延安看美国

本部分以考察抗战时期中国共产党人的美国观为主(侧重于1936—1945年)。不言而喻,在目前的资料条件下,要想对此作出详尽研究,恐怕还不太可能。这里仅仅是也只能是大致勾勒某些轮廓。

---

① 见该书中译本"译者的话"(1937年)。
② 吴清友:"美国工业化过程之分析",《新中华》(复刊),2卷8期(1944年8月)。
③ 鲁迅:《伪自由书》,人民出版社,1973年,第13页;参见汪熙:"略论中美关系史中的几个问题",《世界历史》,1979年3期。
④ 陶行知:"'一·二八'14周年纪念",《新华日报》,1946年1月28日。亦见《陶行知全集》,四川教育出版社,1991年,第7卷,第1095页。按:萧德即肖特。

总的说来，30、40年代，中国共产党对美国的看法经历了一个较大的变化和发展过程。1935年以前，中共认为，美国作为帝国主义国家，和日本是一丘之貉，同样是压迫、掠夺中国的强盗。它虽与日本有矛盾，但并不愿意帮助中国，而是趁火打劫。从1936年开始，对美国的认识有了新变化，进一步看到美日矛盾的不可两立性，把美国看作世界主要民主国家之一，提出美应援助中国，但也担心美国搞"远东慕尼黑"。到1941年6、7月份，中共中央明确承认美国是民主国家，故取积极、灵活的对美态度。1943、1944年，是中国共产党人对美国评价最高的年份。1945年抗战胜利前后，随着美国越来越多地干预中国内部事务，中共对美国的认识开始发生大转变。

"九·一八事变"后，中国共产党即主张武装反抗日本帝国主义的侵略，但坚决反对国民党当局"希望美国来主持'正义'与'公道'"的作法。在中共看来，美、日之间虽有矛盾，但在进攻苏联和中国革命问题上却是完全一致的。"中国共产党曾经一再告诉全中国的民众，……美国也同样是帝国主义的国家，是中国民众的敌人，希望美国来反对日本，等于引狼入室。"[1] 对美国的这一基本看法，在30年代上半期无甚变化。比如，说美国同样是"掠夺和压迫中国的强盗"，[2] 而且是"帝国主义的巨头。"它对日本侵华采取等待与观望的态度，但实际上是日本帝国主义强盗行为的"助手"，帮着日本帝国主义掠夺中国民众，建立反苏基地。美帝国主义的企图"是

---

① "中国共产党为日本帝国主义强占东三省第二次宣言"(1931年9月30日)。见中央档案馆编：《中共中央文件选集》，中共中央党校出版社，1991年，第7册，第426页。

② "中央关于争取革命在一省与数省首先胜利的决议"(1932年1月9日)，《实话》，3期(1932年4月)。见中央档案馆编：《中共中央文件选集》，中共中央党校出版社，1991年，第8册，第37页。

将全中国放置在自己的金元势力之下",① 不让别人染指,"正在企图变整个中国为它的殖民地",② "把中国完全放在美国帝国主义的统治之下。"③ 美国并不想帮助中国,正如它奴役菲律宾等等一样,它"一样想奴役别的国家和人民。"它正在趁火打劫,加紧其侵华步骤。"美国想创立它自己在远东的统治,想夺取整个的中国"④。这是中共中央1933年前后的基本判断。这之后的一二年内,亦变化不大。中国共产党在1934年1月18日通过的决议说⑤:

美国帝国主义正在狂热的准备着与日本帝国主义争取太平洋霸权的强盗战争。同时他在帝国主义强盗反苏联的挑衅与战争准备上成为更加积极的因素。美国帝国主义者尽力的企图维持和加强他对国民党政权的影响,经过这个工具来奴役中国民众,使中国成为美国帝国主义的殖民地,他以棉麦借款都助国民党进攻中国革命和中国民众,摧残中国经济,奴役中国民众。

基于对美国的此种认识⑥,中共提出,"我们的党必须最坚决

---

① "中央关于争取革命在一省与数省首先胜利的决议"(1932年1月9日)。《中共中央文件选集》,第8册,第37页。

② "中央给鄂豫皖苏区党省委的信"(1933年3月15日)。中央档案馆编:《中共中央文件选集》,中共中央党校出版社,1991年,第9册。第143页。

③ "中国共产党中央委员会为帝国主义瓜分中国与国民党的五次"围剿"告全国民众书"(1933年8月5日)。见《中共中央文件选集》,第9册,第283页。

④ "中共中央、共青团中央为日本帝国主义占领山海关和进攻华北告全国民众书"(1933年1月7日),《红旗周报·临时增刊》(1933年1月28日)。见《中共中央文件选集》,第9册,第7页。

⑤ 《目前形势与党的任务的决议》,《斗争》,47期(1934年2月16日)。见中央档案馆编:《中共中央文件选集》,中共中央党校出版社,1991年,第10册,第27页。

⑥ 中国民族武装自卫委员会筹委会1934年4月20日提出的"中国人民对日作战的基本纲领"指出,中国人民从自己痛苦的实际经验中深刻地觉悟到:想从美国谋求帮助来反对日本,"只是一种幼稚的蠢笨的思想";即使美国能拿出一点办法来反对日本,那对中国民众一定也不会有什么好处,"这只是'前门拒虎,后门进狼'的办法罢了。"见中共中央书记处编:《六大以来——党内秘密文件》,人民出版社,1981年,上册,第611页。

的反对对于任何帝国主义(尤其是美帝国主义)的幻想。"① 一切不甘作亡国奴的人,应联合一致对日本和其他帝国主义作战,坚决抛弃对美抱有"任何的幻想",② 尽量揭露它"在中国的帝国主义侵略。"③

中国共产党所以对美国有如上看法,原因是很复杂的,如受共产国际的影响、当时党内领导人的左倾思潮和国共对抗等。其实,从历史上来看,中共自始即未对美国有过好印象,认为它靠自身"经济力特别优裕"的条件,想"达到其以经济力宰割全中国之野心"④。美帝国主义对中国的侵略方式"更复杂而狡猾"⑤,用自由主义的假面具,与蒋介石政府"吊膀子"⑥,其势力"已一步逼进一步地伸入中国"⑦,准备吸吮中国劳苦大众的最后血液。美帝国主义对中国侵略的野心,"何尝不如日本?"⑧ 其面目虽"狡好、和平、可亲",实则正是"制中国民族死命的最后魔王。"⑨ 所以,从 20 年代末起,中共所提出的政治斗争的主要目标、策略之一就是,"在行动

---

① "中央为上海事变给各地支部的信"(1932 年 2 月 15 日)。《中共中央文件选集》,第 8 册,第 113 页。
② "中国共产党中央委员会为日本帝国主义对华北新进攻告民众书"(1934 年 4 月 10 日)。见《中共中央文件选集》,第 10 册,第 197 页。
③ 《六大以来》,上册,第 652 页。
④ "中共中央第 4 次对于时局的主张"(1924 年 11 月)。见中共中央书记处编:《六大以前——党的历史材料》,人民出版社,1980 年,第 209、210 页。
⑤ "中央通告第 3 号——目前革命形势与党的战术和策略"(1928 年 9 月 18 日)。见中央档案馆编:《中共中央文件选集》,中共中央党校出版社,1989 年,第 4 册,第 594 页。
⑥ "中央致朱德、毛泽东并前委信"(1928 年 6 月 4 日)。《中共中央文件选集》,第 4 册,第 240 页。
⑦ "中共中央政治局向〔共产〕国际的报告"(1928 年 11 月 28 日)。同上书,第 715 页。
⑧ "中国共产党反对日兵占据山东告全国民众"(1928 年 5 月 9 日)。参见同上书,第 190 页。
⑨ "中央通告第 20 号——关于帝国主义对华侵略及党的反帝与争取群众策略"(1928 年 11 月)。同上书,第 735 页。

上虽注重反日而在宣传上则要同时反英美";① "反对乘机侵略的美帝国主义,反对制造太平洋战争的日英美帝国主义",② 也"反对国民政府勾结美帝国主义。"有时还提出诸如"打倒日本帝国主义,打倒勾结军阀乘机侵略的英美帝国主义"③之类的口号。这种认识一直延续下来,具有很强的历史惯性。这是应予强调的。另外,当时国共正处于你死我活的内战状态,而美国又恰恰是蒋介石的后台之一。这种美蒋合伙"绞杀中国苏维埃"④的残酷现实,不能不使中共把自己的矛头指向美国。再就是,有感于包括美国在内的西方各国陷于空前的大危机而不能自拔,中共认为,革命条件在许多国家已日渐成熟,世界革命的大风暴不久就要到来,"资本主义制度正向死亡的末日走去",⑤ 而罗斯福新政亦已遭受到"完全的失败"⑥。这样一来,美国当然也就只能是应予排斥、而非联合的对象了。

　　从 1935 年开始,中国共产党对美国的传统看法开始发生转变。共产国际"七大"策略的变化、遵义会议重新确立以毛泽东为核心的中共新领导集体,为这种转变提供了基础。是年 12 月的瓦窑

① "中央通告第 52 号——张作霖退出北京后的形势与党的任务和策略"(1928 年 6 月 12 日)。《中共中央文件选集》,第 4 册,第 262 页。
② "中央通告第 54 号——国民党军阀打下平津后的形势和深入反帝运动复兴城市工作问题"(1928 年 6 月 21 日)。同上书,第 272 页。
③ "中央通告第 62 号——目前党的根本策略与政治宣传鼓动"(1928 年 8 月 11 日)。同上书,第 568 页。
④ "党、团中央为声讨国民党南京政府告全国劳动群众书"(1934 年 5 月 5 日)。见《中共中央文件选集》,第 10 册,第 276 页。
⑤ 《政治决议案——中央苏区第一次党代表大会通过》(1931 年 11 月)。见《中共中央文件选集》,第 7 册,第 457 页。
⑥ "目前的形势与党的任务的决议"(中共五中全会 1934 年 1 月 18 日通过)。见《中共中央文件选集》,第 10 册,第 24 页。

堡会议开始初步实现此种转变。中共中央作出的新估计、新选择是①：

> 日本帝国主义单独吞并中国的行动，使帝国主义内部的矛盾，达到空前紧张的程度。美国帝国主义完全为着他自己帝国主义战争的目的，是同日本帝国主义势不两立的，太平洋战争是必然的结果。
>
> 同一切和日本帝国主义及其走狗相反对的国家、党派、甚至个人，进行必要的谅解、妥协，建立国交，订立同盟条约的关系。

张闻天起草的这一决议，仍沿用了不少过去分析国际问题时的惯用说法，亦难免其时代的局限性，但终归根据变化了的政治形势，第一次提出可能和有必要利用帝国主义国家之间的矛盾，发展与英、美等的某种联盟关系。② 这表明，航向已开始扭转。

第二年，美苏邦交正常化。随着西安事变的和平解决，国共两党在"旷古旷世无与伦比"的民族危难之际，由敌对而言和，再度携手合作。进一步认识美国的障碍愈来愈少。以此为转机，中国共产党人的美国观有了明显的变化。

1936年斯诺访问延安时，他问中共领导人"苏维埃政府目前对美国政府和美国人民的希望是什么？美国政府和人民怎样才能最好地帮助中国人民？"毛泽东作了这样肯定的答复③：

> 我们认为美国人民和美国政府对中国是有远见的，形势注定美国政府要对中国和日本的未来起非常积极的

---

① "中央关于目前形势与党的任务的决议"（中共中央政治局1935年12月25日通过），《斗争》，81期（1936年1月14日）。见《中共中央文件选集》，第10册，第599页。

② 参见牛军著：《从延安走向世界 ——中国共产党对外关系的起源》，福建人民出版社，1992年，第24页。

③ 吴黎平整理：《毛泽东一九三六年同斯诺的谈话》，人民出版社，1979年，第130页。

作用。我们希望并且相信,他们将同中国人民结成统一战线以反对日本帝国主义及日本所代表的法西斯战线。这是他们目前能帮助中国的最好办法。

由中共高级领导人正面肯定和评价美国①及其在东亚国际关系中的积极角色,这是破天荒第一次。而由毛泽东本人作出这一正面肯定和评价,则尤其具有非同一般的意义。这种现实主义态度确立了一个新的基点。至少不再像过去那样把美、日混为一谈了,这是一个看似平淡、实则深刻的认识转变。

1937 年 5 月,洛甫在中共全国代表会议上说:"天下的乌鸦不是一般黑的,理由就是其黑的程度颇不一致。"尽管其本质是一样的,但今天还没有到与资本主义算总帐的时候。"利用统治阶级中的矛盾,纵横捭阖的联合这一派去反对那一派,这一着还是要学的"。就是说,应"在适当时机集中主要力气打击最坏的敌人"。②中共领导人意识到,美国等西方国家是"相当赞助中国抗日"的③。因此,中国的抗日外交应该是"争取英、美、法同情我们抗日,在不丧失领土主权的条件下争取他们的援助"④。中国共产党人注意到,

---

① 据斯诺讲,1936 年他访问延安时,毛泽东相信,罗斯福是个反法西斯主义者,以为中国可以跟这样的人合作。毛泽东还问到许多关于美国新政和罗斯福外交政策的问题,斯诺认为:"他所提问题表明他对于这两个政策的目标都有很明白的了解"。参见埃德加·斯诺著《西行漫记》,三联书店,1979 年,第 67 页。另据有人回忆,毛泽东在当时与斯诺的多次交谈中曾说过:中国人民和美国人民都是伟大的人民。美国人民没有经历过封建统治,而有独立战争和解放黑奴战争的革命传统,又有重视科学和讲求实际的精神。每个民族都有自己的优点,而在求实精神方面,我们要更多地向美国人民学习。参见吴亮平《中国人民同美国人民是"站在一起的"》,《人民日报》,1979 年 1 月 29 日。
② 转引自杨奎松:"论 40 年代中共与美苏关系及其政策的演变",《美国研究参考资料》,1991 年 10 期。
③ 刘少奇:"争取全国民主统一与党在统一战线中的领导权"(1937 年 5 月)。见《刘少奇选集》,人民出版社,1981 年,上卷,第 76 页。
④ 毛泽东:"反对日本进攻的方针、办法和前途"(1937 年 7 月 23 日)。《毛泽东选集》,人民出版社,1991 年,第 2 卷,第 347 页。

英、美、法对中国抗战的援助，虽然还不能满足中国人民的愿望，但它们的同情和援助是在增加着。国民政府致力于和英、美、法的亲近，"是非常正确的外交政策"，应予"热忱的拥护"。"任何侮蔑社会主义的苏联和反对英、法、美民主国家的论调，非为法西斯蒂侵略的辩护说法，即为不顾国家民族利益的有害空谈"。[1] 亦有人认为，美对中国抗战"保持着友谊的态度"[2]。美国等民主国家"在一定程度内和一定条件下，转成了中华民族共同抗日的友人"[3]。毛泽东1938 年 2 月回答"对于美国一般感想如何"的记者问时说，"美国民主党的赞助国际和平，罗斯福总统的谴责法西斯蒂，霍华德系报纸的同情中国抗日，尤其是美国广大人民群众对于中国抗日斗争的声援，这些都是我们所欢迎与感激的。不过希望美国能更进一步，出而联合其他国家给暴日以实际的制裁，现在是中美两国及其一切反对侵略威胁的国家更进一步联合对敌的时候了"。[4] 这说明，毛泽东在 1938 年初即已提出建立包括中、美在内的世界反法西斯统一战线这一思想了，这是重新认识美国之后的一个重大收获。

　　1939 年以后，受国共关系摩擦、西方"慕尼黑阴谋"出笼、苏联与英法美关系僵持等因素的影响，中共领导层对西方国家的看法一度有所逆转。中共中央六届六中全会指出，英、美、法政府不可靠，可靠的只有其人民。中共认为，"目前最大的危险就是国民党投

① 陈绍禹、周恩来、秦博古："我们对于保卫武汉与第三期抗战问题底意见"（1938 年 6 月 15 日）。见《六大以来》，上册，第 959、958 页。
② 王明："三月政治局会议的总结——目前抗战形势与如何继续抗战和争取抗战胜利"（1938 年 3 月 11 日）。见《六大以来》，上册，第 928 页。
③ 王明："目前抗战形势与如何坚持持久战争取最后胜利"（1938 年 10 月 20 日）。见《中共党史教学参考资料》，人民出版社，1981 年，第 2 册，第 191 页。
④ 中国人民解放军军事科学院编：《毛泽东军事文选》（内部本），战士出版社，1981 年，第 110 页。

降的可能,新的慕尼黑的可能"①,而英、美、法投降主义者的压力是造成这种可能的重大因素。"英、美、法策动的远东慕尼黑,现在接近了一个紧要时节"。② 英、美、法虽是"非侵略国",但对侵略国所进行的侵略战争采取"放任政策",这是其"'坐山观虎斗'的阴谋计划",是"鹬蚌相争渔人得利"的政策。毛泽东1939年9月1日对《新华日报》记者谈到当时的国际新形势时说,"美国帝国主义想在中立的名义之下,暂时不参加战争的任何一方,以便在将来出台活动,争取资本主义世界的领导地位。美国资产阶级暂时还不准备在国内取消民主政治和平时的经济生活,这一点对于世界的和平运动是有利益的。"③ 这是毛泽东对欧战爆发后形势所作的最初估计。此后几天,他又在讲演或与别人谈话时谈到对美国的看法,但主要是持批评态度。他认为,美国在中立的假面具下,已在中日战争中发了一笔洋财,现在又想在新的战争中"大发其洋财",④ 它的国内政治与经济生活也"一步一步的走向反动化与战争化了"。1939年9月26日在接受斯诺采访时,毛泽东甚至表示,第二次世界大战是双方都没有正义的帝国主义强盗之间的战争,双方都没有公理。毛还说,罗斯福也想发战争财,想赢得资本主义世界中的领导地位,他要张伯伦做他的秘书,日本做他的后卫,希特勒和墨索里尼做他的前卫。⑤ 这种对国际时局的估计,事实证明是有相当大的偏差的。这一时期,中共领导人对"二战"的性质判断失实,对

---

① "中央关于反对投降危险的指示"(1939年6月7日)。见《六大以来》,上册,第1022页。

② 毛泽东:"反投降提纲(在延安高级干部会议上的报告)"(1939年6月10日)。见《六大以来》,上册,第1028页。

③ 《毛泽东选集》,第2卷,第583页。

④ 毛泽东:"第二次帝国主义战争讲演提纲"(1939年9月14日),《八路军军政杂志》,1卷9期(1939年9月)。参见北京大学法律系编:《毛泽东同志国际问题言论选录》,世界知识出版社,1959年,第78—79、79页。

⑤ 参见斯诺:"1939年同毛泽东的谈话"。裘克安编:《斯诺在中国》,三联书店,1982年,第129、131页。

英美等国家及其在反法西斯战争中的地位缺乏正确估断,特别是在"反对第二次帝国主义战争"这个总题目下,把英、美、法等当作最主要的敌人加以抨击,显然是不正确的。① 到 1940 年,欧洲局势进一步恶化。中共中央逐步调整其对美国及国际形势的看法。

1940 年 3 月,毛泽东指出,美国仍继续采取坐山观虎斗的政策,远东慕尼黑会议暂无召集的可能。中共领导人还注意到,英、法、美的反苏反共及对德意日让步的"自杀政策",已使美国在太平洋、大西洋上的利益"同时受到严重的威胁",② 帝国主义之间的矛盾与冲突进一步加深。美日商约的废除以及美对出口石油、铁及其他废金属采取许可证制等事实表明,"美国与日本之间的矛盾加剧,削弱了日本帝国主义的力量"③。在这种情况下,英、美、法已不再是引诱中国投降的重要因素,党的新政策之一,"主要的不是强调英美法东方慕尼黑政策的危险性",应"利用英美法与德日意两个帝国主义阵线之间的冲突,特别是日美在太平洋上增长着的矛盾"。④ 因此,中共中央在 8 月 2 日指出,美国目前的政策是积极反对德意日阵线的。在英美放弃远东慕尼黑政策后,不要反对国民政府利用英美的外交。亲苏联美政策是对的。在经过 10 月底前后的

① 参见牛军著:前引书,第 70 页。
② "中央为抗战 3 周年纪念对时局宣言"(1940 年 7 月 7 日)。见《六大以来》,上册,第 1114 页。
③ 林彪:"中国人民的三年民族解放战争",《共产国际》(俄文版),1940 年 7 期。参见《中共党史参考资料》(四),第 184 页。
④ "中央关于目前形势与党的政策的决定"(1940 年 7 月 7 日)。见《中共中央文件选集》,中共中央党校出版社,1991 年,第 12 册,第 420 页。

短暂徘徊①之后，中共中央在11月份得出结论：尽管英美仍是"帝国主义战争集团"，但蒋介石加入之，"有利无害"；"我们再不要强调反对加入英美集团了"；"不要骂英美与英美派"。还正式提出："应与英美作外交联络"。②是年12月25日，毛泽东明确提出了中共对外政策的若干原则性观点③：

> 虽然共产党是反对任何帝国主义的，但是既须将侵略中国的日本帝国主义和现时没有举行侵略的其他帝国主义，加以区别；又须将同日本结成同盟承认"满洲国"的德意帝国主义，和同日本处于对立地位的英美帝国主义，加以区别；又须将过去采取远东慕尼黑政策危害中国抗日时的英美，和目前放弃这个政策改为赞助中国抗日时的英美，加以区别。……我们在外交政策上，是和国民党有区别的。在国民党是所谓"敌人只有一个，其他皆是朋友"，表面上把日本以外的国家一律平等看待，实际上是亲英亲美。我们则应加以区别，第一是苏联和资本主义各国的区别，第二是英美和德意的区别，第三是英美的人民

---

① 中共中央宣传部1940年10月20日指出，我们反对加入英美同盟的错误政策。"我们既反对德意日同盟的所谓新秩序，也不赞成英美旧秩序"；"我们既反对中国成为日本的工具，也反对中国成为英美的工具"。参见《中共中央文件选集》，第12册，第522页。《解放》杂志第120期发表的社论说，英美"也是不赞成中国的真正独立抗战来争取民族解放的"，它们要中国为其帝国主义利益，拖住日本的手脚，故以借款等方法诱引中国参加其集团，以"图使中国抗战成为它们帝国主义战争的附属品"。见《中共党史参考资料》（四），第212页。毛泽东1940年10月25日致电周恩来提醒说，"还须假定这种情况，即美国海军集中力量打败日本海军，日本投降美国，日本陆军退出中国，美国把中国英美派从财政上军事上武装起来，中国由日本殖民地变为美国殖民地，国共由合作变为大规模内战，最黑暗莫过如此"。见《毛泽东军事文选》（内部本），第229页。

② 参见"毛泽东关于不反对蒋加入英美集团及制止投降分裂致周恩来电"（1940年11月6日），《中共中央文件选集》，第12册，第551页；"中央关于反对投降挽救时局的指示"（1940年11月7日，《六大以来》，上册，第1134页。

③ 毛泽东："论政策"（1940年12月25日）。见《毛泽东选集》，第2卷，第764—765页。

和英美的帝国主义政府的区别,第四是英美政策在远东慕尼黑时期和目前时期的区别。在这些区别上建立我们的政策。

以上若干原则,为中国共产党人对美国的再认识提供了前提。除1941年4、5月前后对美国有所指责[①]外,随着苏德战争爆发后世界局势的急剧转变,中共中央形成了对美国看法的新思维。1941年6月23日,毛泽东提出,中共在全国的主要任务之一是,在外交上"同英美及其他一切反对德意日法西斯统治者的人们联合起来"。[②]在7月6日给周恩来的电报中,毛说:"不管是否帝国主义国家,凡反法西斯者就是好的,凡助法西斯者就是坏的,以此来分界,不会错的"。其欣喜之情,跃然纸上。[③]7月12日,中共中央向全党发出指示重申,"在目前条件下,不管是否帝国主义国家或是否资产阶级,凡属反对法西斯德意日,援助苏联与中国者,都是好的,有益的,正义的"。美国的援苏、援华、援英行动以及可能的美国反德、反日战争,都不是帝国主义性质的,而是正义的,我们均应表示欢迎,联合一致[④]。对英美的批评可减少。此后,中共在公开发表的

---

① 中共领导人认为,英美的总方针是先对德后对日,它们对援华"是始终不积极的",亦"决不敢对日本取强硬态度"。它们停止援华,甚至牺牲中国,"亦将在所不惜。"参见"中央1941年4月政治情报"(1941年4月18日),《中共中央文件选集》,第13册,第79页。毛泽东,"关于对形势估计等问题的指示"(1941年4月20日),见中央档案馆编,《中共中央文件选集》,中共中央党校出版社,1991年,第13册,第82页。《解放日报》社论说,中国抗战,牵制了日本的南进,帮了英美一个大忙,但英美并不爱惜,它们"是损人利己的帝国主义者",只要日本不发动太平洋战争,它们是愿意给日本很多东西的,橡皮、油、棉花、机器,应有尽有,甚至牺牲中国,也是"放在罗斯福、丘吉尔之锦囊里面的";远东慕尼黑的暗影,正徘徊在太平洋上。美国统治阶级为了避免两洋作战的险恶局面,力求与日妥协,达成牺牲中国的新远东慕尼黑。见社论:"请看今日之域中竟是谁家之天下",《解放日报》,1941年5月18日;社论:"为远东慕尼黑质问国民党",《解放日报》,1941年5月30日。

② 《毛泽东选集》,人民出版社,1991年,第3卷,第828页。

③ 参见牛军著:前引书,第103页。

④ "中央关于凡是反对法西斯德意日者均应联合的指示"(1941年7月12日)。见《中共中央文件选集》,第13册,第164页。

评论、宣言中，对英、美不再使用帝国主义之类有刺激性的措辞，而改称英、美为"友邦"。① 太平洋战争爆发后，中共迅速作出反应，指出英、美及太平洋各国的抗日战争是正义的、解放的战争，"英美对日的胜利就是民主与自由的胜利"；"中国共产党应该在各种场合与英美人士诚恳坦白的通力合作，以增进英美抗战力量，并改进中国抗战状况"。② 这是中国共产党对美国产生新认识的转折点。

视角的转换，自然带来了新的看法。对英、美废除在华不平等条约、另订新约，中国共产党人同样是兴高采烈，备受鼓舞③。对美国生产力的"猛进不已"④、"先欧后亚"战略⑤，也都给予了新的评价。1944 年 7、8 月间，美国在中共领导人心目中的形象更进一步提高，达到 1921 年中国共产党诞生以来对美国评价最高的时期。其中最为引人注目的，一是《解放日报》1944 年 7 月 4 日发表的《祝美国国庆日》的社论，二是毛泽东 1944 年 8 月 23 日与谢伟思的谈话。

---

① 参见牛军著：前引书，第 104 页。

② "中共中央关于太平洋反日统一战线的指示"（1941 年 12 月 9 日）。参见《中共党史教学参考资料》，人民出版社，1981 年，第 3 册，第 11 页。

③ 参见本章第 1 节。

④ 如中共中央为抗战 6 周年发表的宣言说，"美国力量还在猛烈的增长着，日本法西斯企图用其短腿和美国赛跑，但无论如何是要被打倒的"。单美国在一年中能制造飞机 12 万 5 千架、坦克 12 万辆、大小军舰 2 千艘和船舶 2 千万吨的计划，就可以使日本法西斯表现出其"极大的恐慌"。见《解放日报》，1943 年 7 月 7 日。有一篇文章说，"美国生产力猛进不已，……即以造船吨数而论，日寇一年所造，只抵得美国一个月"；日寇虽正在"开足矮步"，与美竞赛，但"仍苦望尘莫及"。见时评："论时局"，《解放日报》，1943 年 7 月 27 日。

⑤ 中共中央最高领导人毛泽东的看法很有代表性。1943 年 7 月，他在庆祝党的 22 周年晚会的讲话中说，打倒了大头子希特勒，则二头子日本法西斯亦一定被打倒。现在全世界结成了整个反法西斯统一战线，任何国家都非孤立作战，在决定战略的时候，不应单独从一个国家的眼前利益来看，而应看先打什么对整个反法西斯阵线最有利。这样一来，就可以看到，打倒了希特勒，解决日本是很顺利的。是年 11 月，他在庆祝十月革命的晚会上诙谐地说，"欧洲问题的解决，就是折断了整个法西斯的脊骨与右手，剩下日本帝国主义这个左手，也就不难打断了"。分别参见《解放日报》，1943 年 7 月 3 日、1943 年 11 月 7 日。

由胡乔木起草的这篇《解放日报》社论,把7月4日——美国的独立日称作"自由民主的伟大斗争节日",赞扬美国是"资本主义世界最典型的民主国",且是与苏联并称为"民主世界的双璧"之一。文章盛赞"美国的战斗民主主义"的光荣传统,从华盛顿、杰斐逊、林肯到罗斯福,都是这种"战斗民主主义"的伟大代表人物。美国已经成了世界的美国。在这次反法西斯战争中,美国作为民主世界的兵工厂、第二战场的主要担负者和太平洋战争的最大担负者,已建立了"不朽的伟绩";确保战后世界和平与民主化,它亦必将发挥举足轻重的作用。文章还特别强调,今天中国为民族独立、政治民主和经济民主的斗争,正和1776年的美国一样。中国的"独立战争"虽然还有许多困难,但我们决不悲观①:

> 民主的美国已经有了它的同伴,孙中山的事业已经有了它的继承者,这就是中国共产党和其他民主的势力。我们共产党人现在所进行的工作乃是华盛顿、杰斐逊、林肯等,早已在美国进行过了的工作,它一定会得到而且已经得到民主的美国的同情。美国正在用大力援助中国的抗日战争与民主运动,这是我们所感激的。……
>
> 7月4日万岁!民主的美国万岁!

这篇社论的重要性②,是不言而喻的。作为中共中央的机关报,《解放日报》自然是党的舆论的晴雨表。有的人对此社论难以理

---

① 社论:"祝美国国庆日——自由民主的伟大斗争节日",《解放日报》,1944年7月4日。亦见《胡乔木文集》,人民出版社,1992年,第1卷,第130—133页。

② 这篇社论的执笔者胡乔木1991年曾回忆说:《解放日报》发表的这篇社论,"里面对美国评价很高,谈到美国的革命、独立,没有一句批评美国的话。这篇社论是毛主席要我写的,写后又要我作了修改"。参见《胡乔木回忆毛泽东》,人民出版社,1992年,第88—89页。

解①,其实,只要联系 1944 年 7、8 月份前后的有关情况②,这是很自然的。正是在这一时期,"美军观察组的战友们"③ 抵达延安,从而确立了美国政府与中国共产党之间事实上的准官方关系,这是中共长期努力以赴、在抗战时期所取得的最重大的外交成就之一④,开辟了"从延安走向世界"(牛军语)的新局面。此外,国共关系、美苏关系亦没有什么麻烦。在这种情况下,当友邦"生日"之际,为文道贺,自在情理之中。至于说调子高,也不足为怪。事实上,包括毛泽东在内,当时中国共产党人没有对美国评价低的。不能孤立地看待这篇社论。

---

① 如有的美国学者说,"1944 年 7 月 4 日《解放日报》的社论,是最令人费解的例子"。见斯图尔特·施拉姆著《毛泽东》,红旗出版社,1987 年,第 194 页。
② 据毛泽东的秘书胡乔木 1990 年回忆,"我们党同美国的关系的高潮在 1944 年。"
③ 社论:"欢迎美军观察组的战友们",《解放日报》,1944 年 8 月 15 日。这篇社论是经毛泽东主席本人亲自修改审定的,并在原稿标题"欢迎美军观察组"之后加了"战友们"字样。文章说:"我们欢迎美军观察组诸位战友,不能不想到美国在世界反法西斯战争中的光辉成绩,和美国人民见义勇为、不怕牺牲的伟大精神。……在我们中国的抗日战场上,美国亦直接和我国人民并肩作战,成为最亲密的战友。"毛泽东对美国军事观察组的到来格外重视。比如,当时的延安机场非常简陋,大飞机起降很不安全。为了确保美军观察组安全抵达,毛亲自草拟了一份电报,详细说明机场规模、走向、各种标记等情况。因适逢美国独立 168 周年,7 月 4 日,延安还举行了热烈的庆祝集会,中共中央主要领导人及在延安的外国人都出席了延安时期中共破例为西方盟国举行的这 国庆庆典。
④ 美军观察组顺利抵达延安,此一事实具有多重意义。它根本冲破了国民党当局对中国共产党的长期封锁,改善了中共的外交处境,使中共领导人十分兴奋。中共中央认为,这是中共外交工作正式开始的标志。参见章百家:"抗日战争时期国共两党的对美政策(1931—1945 年)",袁明、哈里·哈丁主编:《中美关系史上沉重的一页》,北京大学出版社,1989 年,第 26 页。周恩来 1944 年 7 月 28 日对谢伟思说,不管怎样,现在门开了 一条缝,只要遵循渐进的、谨慎的方针走下去,向着有限的合作前进还是有可能的。因此,美军观察组获得允准是 一座里程碑。参见约瑟夫·W·埃谢里克编著:《在中国失掉的机会》,国际文化出版公司,1989 年,第 214 页。胡乔木回顾道,"我们历来说,自力更生为主,争取外援为辅,但为辅的外援究竟在哪里呢?这是个很大的问题。对美国的希望那么殷切,反映出我党和苏联关系虽然经历的时间那么久了,但苏联始终对我党关系冷淡。苏联始终没有什么真刀真枪的援助。……就是在皖南事变时,苏联的反应亦不如美国。这是一个很重要的背景。"参见《胡乔木回忆毛泽东》,第 89 页。

毛泽东曾与谢伟思这位"中国通"有过多次谈话,其中最重要的一次是在 1944 年 8 月 23 日进行的。毛泽东说[①],美国对华政策不仅仅是美国人自己关心的问题,而且也是民主的中国人民最为关心的问题。中国人民特别关心以下三大问题:第一,美国是否有回到孤立主义从而对中国不感兴趣的可能?美国人是否准备对外国问题不闻不问、让中国"自作自受"?第二,美国政府真的关心民主、关心世界上民主的前途吗?第三,美国政府对中共的态度和政策是什么?它承认共产党是一支积极战斗的抗日武装吗?它承认共产党对于中国的民主政治是一支有影响的力量吗?是否存在美国支持中国共产党的任何可能性?如果中国发生内战,美国将对国民党和共产党抱什么态度?美国正在采取何种措施来保证国民党将不用它的美国新式武器打内战?这三大问题、一系列问号,实际上代表了中国共产党对美国的主要忧虑和希望。接下来,毛着重从两个角度正面谈了他对美国的基本看法:其一,美国作为一个民主国家,应运用其影响,促进中国的民主化进程。毛泽东认为,美国人应多谈论美国的理想,每一个在中国或在美国与任何中国官员会晤的美国官员,都可以谈谈民主。每一个在中国的美国士兵都应是民主的活广告。美国军官也应对中国军官谈谈民主。说到底,我们中国人把你们美国人当作民主的典范。其二,美国应援助中国实现工业化。毛泽东说,中国和美国的利益是互相关联和相同的,双方在经济、政治上是互相适应的。中国必须工业化。我们不害怕美国的民主影响,我们将欢迎它。美国无须担心我们不采取合作态度,它会发现我们比国民党容易合作。我们能够并且必须合作。后来,谢伟思回忆说,他在延安 1944 年 8 月最初与毛泽东连续接触时最

① 详见约翰·S·谢伟思著:《美国对华政策》(*The American Papers: Some Problems in the History of U. S.-China Relations*),中国社会科学出版社,1989 年,第 218、220—221、224、228、229 页;亦见约瑟夫·W·埃谢里克编著:前引书,第 251—252、253、256、260 页。

感到惊讶的两件事之一是,毛"真诚地希望美国与中国友好合作"①。联系此前此后中共对美国的态度与政策②,应该说这种感觉是对的。中共领导人确是曾极其关注美国的③,并作了相当有进取性的努力。对美国的认识再度大逆转,是在半年以后的事(特别是在 1945 年 6 月以后)。应该认为,机会不是不曾有过,但被美国当局的花岗岩脑袋撞碎了。有的学者以为,"对于共产党人来说,美国的帝国主义形象在本质上是不可能改变的"④。其实,就"本质上"

① 约翰·S·谢伟思著:前引书,第 233 页。
② 1944 年 8 月 18 日的《中共中央关于外交工作的指示》说:要"放手与美军合作,处处表示诚恳欢迎"。见牛军著:前引书,第 151 页。据八路军总部的不完全统计,到第二次世界大战结束时,中共方面提供给美军经过整理的情报有书面报告 120 多份;营救盟军人员主要是美军人员 102 人,为此牺牲军民 110 余人。参见《胡乔木回忆毛泽东》,第 361 页。1944 年 11 月 8 日罗斯福连续第 4 次当选总统之际,毛泽东以中共中央主席的身份,于 11 月 10 日自延安驰电祝贺。同一天,《解放日报》发表社论,称罗的当选,"不仅是美国内政上一件大事,而且也是世界反法西斯阵线中一件大事",它打破了中国反动派的迷梦,"对于我国及我们坚持 8 年的抗战,同样也将会有良好影响"。中共还在 1945 年 1 月 9 日请美军观察组的克罗姆利少校转给魏德迈一封要求访美的信:"延安政府希望派一个非正式团体去美国,向对中国当前局势感兴趣的美国人民和美国官员进行解释和说明。下面是该政府严格限制不加公布的建议:如果罗斯福总统表示希望将他们作为中国主要政党的领袖予以接待,毛和周即愿立即单独或一同去华盛顿去举行探讨性的会议"。见巴巴拉·W·塔奇曼:"如果毛和周来到华盛顿:如何抉择",《国外中国近代史研究》,19 辑(1992 年)。毛泽东、周恩来 1944 年 12 月 18 日与 D·包瑞德会谈时表示:"如果美国放弃我们,我们将万分的遗憾,……任何时候,无论是现在还是将来,我们都将怀着感激的心情,接受你们的帮助"。见 D·包瑞德著:《美军观察组在延安》,解放军出版社,1984 年,第 95 页;迟至 1945 年 3 月 13 日,毛泽东仍对谢伟思讲,中国战后最大的需要是发展经济。"美国不仅是帮助中国发展经济的唯一最合适的国家,而且也是完全有能力参与中国经济建设的唯一国家"。见约翰·S·谢伟思著:前引书,第 231 页。
③ 美军驻延安观察组的成员发现,中共领导人对美国十分好奇,急于想知道美国的生产手段和技术,特别是军事手段和技术的发展情况。据克罗姆利说,毛泽东"总是用心听取和记录所有人告诉他的有关美国的任何事情"。参见巴巴拉·W·塔奇曼:前引文。很有趣的是,1949 年,据说当时任中共中央东北局书记的高岗曾向斯大林打小报告说,毛泽东和周恩来都是亲美的。参见华庆昭:《从雅尔塔到板门店——美国与中、苏、英:1945 至 1953》,中国社会科学出版社,1992 年,第 189 页。
④ 杨奎松:前引文。

言,虽不好胡乱捉摸,但美国的"帝国主义形象"却并非完全不可能改变的。本书列举的材料虽不完备,但似可以说明,美国的"帝国主义形象"确曾在中国共产党人(包括其主要领导人)的心目中改变过。至于后来美国又表现为十恶不赦的"帝国主义形象",则可以说是一种复原或重塑。

在 1945 年 3 月之前,中共官私文献对美国的诟病寥寥无几。这之后,陆续出现,并逐渐增多、增强。中国共产党人的美国观开始了向相反方向的转化过程。1945 年 6 月是一个重要界标。此后,美国在中共心目中的角色,越来越丑陋。

1945 年 3 月,毛泽东向谢伟思抱怨道:"说什么美国不干涉中国内政,没有那么回事!"[①] 与此同时,中共中央开始在党内指示中指出:"美国目前政策,偏以扶蒋,这更易以助长蒋之独裁气焰和内战危机"。[②] 美国的扶蒋政策,刺激了中共对美国的看法趋于危机。4 月 5 日,《新华日报》转载赫尔利 3 天前发表的扶蒋反共演说。问题开始表面化。5 月 31 日,毛泽东在中国共产党第 7 次全国代表大会上所作的内部报告中明确提出,要警惕新的外来干涉的危险,要警惕斯科比式的人物。抗战胜利后,中国有可能成为以美国为主统治国民党的半殖民地,这将是一个长期的麻烦。党的高级干部要注意研究美国的情况,要准备吃亏[③]。6 月 8 日,《解放日报》发表新华社记者的评论,要求美国政府立即停止对国民党当局租借武器

① 参见迈克尔·沙勒著:《美国十字军在中国》(*The U. S. Crusade in China*),商务印书馆,1982 年,第 213 页。

② 中共中央 1945 年 3 月 15 日关于国内外形势的指示。见中央档案馆编:《中共中央文件选集》,中共中央党校出版社,1991 年,第 15 册,第 62 页。

③ 毛泽东:"在党的第 7 次代表大会上的结论"(1945 年 5 月 31 日)。参见牛军著:前引书,第 165 页;何迪:"1944—1949 年中国共产党对美政策的演变",袁明等主编:前引书,第 83 页。反对美国援蒋是中共在内战爆发前理论宣传的一个重点。为此,毛泽东先后指示他的秘书胡乔木为《解放日报》撰写了两篇社论,即 6 月 5 日的"美国应立即停止助长中国内战"、6 月 25 日的"要求美国改变政策";期间毛还亲自发表了"关于反对美国军事援蒋法案的声明"。

的供应，否则，便是"对中国人民的极不友谊的举动"。① 同月 25 日，该报第一次明确提出："我们坚决反对美国的帝国主义者——赫尔利之流，因为这些老爷的目的，和中国的独夫民贼的目的完全一致，要在中国人民身上喝取鲜血"。② 这是 1941 年底以来中共对美国首次公开的尖锐批评。7 月 4 日——即美国的独立日，毛泽东半开玩笑半认真地对人讲：我这几条烂枪，既然可以同日本人打，那也就可以同美国人打，第一步我要把赫尔利赶走了再说。7 月 7 日——中国抗战纪念日，中共公开指责"美英盟邦统治层中的绥靖主义分子与帝国主义分子"，说这帮"老爷们"企图在远东恢复其战前的殖民地血腥统治，企图把从日本奴役下解放出来的中国人民放在其压榨之下，"把中国变成他们独占的或共占的殖民地"。③ 中共中央军委在同一天的党内指示中解释说，我党对美国的态度是，反对其现行的扶蒋、反共、防苏的错误政策，反对美国政府中诸如赫尔利之流的帝国主义分子，批评并要求美国政府改变其扶蒋反共政策④。3 天以后，毛泽东为新华社写的评论中公开说，美国的赫尔利，中国的蒋介石，已一唱一和，"安放下中国大规模内战的地雷"。⑤ 美国对中国事务的卷入越来越深，本来已够麻烦和危险；而它把宝押在扶不起的蒋介石的身上，就更加麻烦和危险。美国正在中国这根钢丝上玩杂技。终其结果，从"友邦"到"死敌"。美国自己摧残了自己在中国的形象。"1945 年整个美国外交政策，终于使中国共产党深信美国实在是一个敌对性的帝国主义"。事态的发展，

① "新华社记者评论国民党内外政策动向"，《解放日报》，1945 年 6 月 8 日。
② 时评："从 6 人被捕案看美国对华政策的两条路线"，《解放日报》，1945 年 6 月 25 日。
③ 社论："纪念抗战 8 周年"，《解放日报》，1945 年 7 月 7 日。
④ 参见《中共中央文件选集》，第 15 册，第 179 页。
⑤ 《毛泽东选集》，第 3 卷，第 1111 页。

进一步强化了这个结论。[1] 美国要想在中国共产党人的心目中"恢复名誉",尚待几代人的光阴。

抗战时期中国共产党人对美国的评价,约略言之,始自"骂名",终于"臭名"。

三、美国与美国人:旅美考察者如是说

在抗日战争时期,中国人如何看美国的另一个窗口,就是旅美考察者所写下的在美国的观感。这些作品大都在抗战胜利以前在国内发表或出版过,亦是反映中国人美国观的重要素材。

通过实地考察,中国人更有可能和机会去认识现代美国,耳闻目睹了美国经济上的富足、政治民主,也看到了"另一个美国",如种族问题、社会问题等。此外,如同以往一样,人们在考察美国的时候,还念念不忘多难的祖国。如何使之富强,亦是人们在看美国的同时不能不思考的问题。

这些旅美考察的中国人,首先感受最强烈的,莫过于美国的富足。各种生产事业的发达,"在经济方面所表现之功绩,实为有史以来所未有"。[2] 其蒸蒸日上,真有一日千里之慨。"高速度的物质文明,美国可谓独步于世界"。[3] 就以美国人的生活水准来说,其生活必需品,"凡所欲求,应有尽有,不仅有而已也,且丰满富足"。如其

---

① 1946年8月27日的《解放日报》社论——"一年的教训"说:美国政府是中国人民的反面教员、"新教师"。"美国政府过去讲给我们听的,是罗斯福的四大自由,是中美平等,美苏合作,肃清日本侵略势力。"但一年来它的所作所为,说白了,"不过是帮助蒋介石'漂亮'地实现独裁和消灭中华民族的独立和中国人民的民主。"这就是一年的教训,是用血和泪的代价换来的教训。
② 江康黎著:《美国之透视》,商务印书馆,1935年,第20页。
③ 张其昀著:《旅美见闻录》,商务印书馆,1946年。按:张氏于1943年6月赴美考察2载,先后作旅美见闻12篇,发表于《大公报》(渝)等。此书实是加上未发表的数篇,结集而成。

住房,高敞宽宏;其饮食,卫生滋养,用餐时,尚佐以音乐,继以跳舞。美国人的生活之阔绰,可谓臻其极。反观我们中国,到处是饥面鹄立、嗷嗷待哺者,求活尚不可得,何求舒服快乐?两相比较,"同为圆颅方趾,而生活上有天壤之别,实予吾人以莫大之慨叹与兴奋"。① 费孝通1943年时访美,写下了脍炙人口的《初访美国》②,他这样说过③:

> 现在在中国一提起美国,真像是西方极乐世界,"上有天堂,下有美国"。……一个刚从中国的大后方,几天之内被飞机送到像眉亚媚[按:即迈阿密]那种花园般的海滨胜地时,怎能不咽一口气,半天才说得出声:"美国真富!"我在《旅美寄言》的《一张漫画》中曾把我最初的印象记下:

> 我默默地在心上勾出了一张漫画:美国真富!

> 这是一张漫画:一个巧小的花园,肥健的太太手上拿着一个药瓶,瓶上写着维他命ABC,半裸着在晒太阳;一个大肚子的男人弯着腰在种花;门前停着一辆待租的Taxi。我想将这张漫画标题为"美国的苦人家"。

作者运笔匠心,这只是--幅"美国的苦人家"的素描,很自然而然地吊起了读者的胃口。"苦人家"若此,那么,不是"苦人家"的呢?富人家呢?

美国人的拓荒进取精神,积极有为、虚心求智、精益求精的创业精神,热心公益的精神,亦深深地感染了来自东方文明古国的中国人。从美国人身上,人们看到的是不靠祖宗余荫,靠自己,刻苦创

---

① 江康黎著:前引书,第76页。

② 《初访美国》,最早是由美国新闻处(重庆)于1945年出版的,旋即由生活书店重版。40年之后,即1985年,该书与费氏的另外两本关于美国的书合刊,即《美国与美国人》。

③ 费孝通著:《初访美国》。见《美国与美国人》,第16、17页。

造,白手起家。不怕承认贫穷,才能克服贫穷。美国原来也是"苦人的世界",它之变得如此殷富,是靠了奋斗不息才得来的。报告文学作家萧乾1945年曾赴美采访,后来写下了《美国散记》一文,他的感触是①:

> 在夜总会里看到的美国人,拼命玩;在田纳西水利区看到的美国人,连总工程师也挽了袖子,拼命干。上海学的仅是夜总会那套。中国阔人子弟接触的,也仅是夜总会那套。美国土木工人的效率比英国高10倍,挖煤、纺织的效率也强许多。美国西岸亚利桑那州,原是沙漠荒地一片,1917年间才并入联邦,如今也已经高度工业化了。值得我们一学的是美国人那种说干就干的精神。那是国力、幸福、繁荣的真正基础。

"说干就干",这种典型的美国精神,确是我们应当学的。45年前如此,现在亦复如此。值得学的,还有很多方面,如热心公益、讲究公德、重视科学,等等。

江康黎谈其留美杂感之一是,美国人"对于社会之观念,较其对于其子孙之观念为切"。在美国,学校、图书馆、博物馆、公园、公共建筑等设施,有不少是私人捐款而建的。"此种热心公益之热忱,亦实为美国社会事业发达之极大原因"。② 这与我国的豪富专为子孙谋福利、见公益却一毛不拔相比,也有天渊之别。费孝通注意到,"美国社会工作的发达表示了富人们有钱后心理不太舒服的情绪"。社会工作、救济事业,并非解决社会问题的基本办法,这是在千疮百孔的社会中以人道主义的名目去修漏补隙。不过,这至少也初步做到了对现存秩序的"不承认主义"。"我们可以说这是猫哭老

---

① 萧乾:"美国散记"(1947年2月)。见萧乾著:《海外行踪》,湖南人民出版社,1983年,第204页。
② 江康黎著:前引书,第89页。

鼠假慈悲,可是这慈悲,不论是真是假,确会使这个财富不平均的秩序不能凝固,不能僵化".① 这是美国之成其为美国的基本原因之一。有人注意到了美利坚民族的特点,即"理想虽高而能脚踏实地,崇尚中庸,不走极端"。美国人讲求公德的精神,也很受人瞩目。如社会生活的秩序化,即 Line up 精神,无论行路、开车、购物、游戏、旅行等,莫不以先后为序。"常见一拥挤之群众,入场听讲,男女老幼,少长杂聚,并无外力之干涉,常以先后秩序,鱼贯而入,有条不紊,如群雁之飞行于天空,有不期然而然者"。相形之下,我国妇孺、老人"在社会中常处被压迫之地位",有人群之场合,常闻妇孺怨哭之声。有感于此,江康黎写道,"吾实敬之仰之,此种美德,实为社会生活不可缺少之条件也",亦为"最足引起吾人之注意者"。② 江氏所言,确系一针见血,即便在 90 年代,我们又何尝不是如此呢?"爱的世界,同情的人间"③,不仅值得羡慕,而且也值得学习。在美国,新机器与科学方法的运用、人民勤劳淬厉的精神、社会良好风俗、文学艺术上的贡献,无不给旅美考察者以深刻印象,"其足资吾人观感矜式者又岂止实业政治而已哉?"④ 费孝通在《初访美国》中反复强调,美国并非河里流着牛乳、树上结满葡萄的天堂,美国人生活水平的提高不是天赐,也不是别人送的礼物,而是其人民努力劳动的报偿。"我们东方人现在若是觉得美国的富是值得羡慕的,就该知道美国的富并不是从天上掉下来的,而是从贫穷中自己打出来的天下。我们看得到的是吃得着面孔红喷喷的老美,看不到的是他们曾在饥饿里挣扎的洋客"。⑤ 不知道读者怎么看,我自己的感觉是,这些写于半个世纪之前的肺腑之言,不仅比时下的某些文

---

① 见费孝通著:《美国与美国人》,第 114 页。
② 江康黎著:前引书,第 76 页。
③ 费孝通著:前引书,第 117 页
④ 江康黎著:前引书,第 70 页。
⑤ 费孝通著:前引书,第 17 页。

字更真诚，而且也更发人深省，更有一番只可意会不可言传的丰富韵味。

同时，旅美考察者也为我们提供了关于美国的其他景象。这并不是纯玫瑰色的，它更加斑斓驳杂。耳听是虚，眼见为实，这一常识其实是真理。江康黎的切身体会是："余于未赴美前，以为新大陆之美利坚为人种之熔炉(Melting Pot)，为吾理想中最平等自由之国；而今乃知所谓平等者，自由者，碧眼黄发白皮人之特权耳，黄人何与焉？"① 与江氏有同感的并非少数。1931年访美的冯玉祥将军在美国南部旅行时，"最使人感受深刻印象者，厥为白人对黑人之差别待遇是也"。②黑、白界限分明，无论车辆、车站，还是餐室、厕所等其他公共场所，黑人处处受种族隔离制之苦，"仍与奴隶无异也"。江康黎也感到，黑人在政治上的地位，与南北战争前相比，"无甚差异"。今日黑人在美国社会中所受的压迫，"无微不至"；所谓政治上与白人有平等地位，"亦不过徒有其名而已"。况且，欲得平等地位，这在"人种之观念甚深"的美国，"实属梦呓"。③ 邹韬奋先生在美国南部访问、旅行，"萦回于脑际的是被压迫民族的惨况和这不合理的世界的残酷！"美国黑人所受的榨取、压迫，较之其他劳工大众"更厉害得千百倍"。在法律上、经济上、文化上以及其他社会生活方面，都与美国白人处在不平等的地位。"所谓解放黑奴，只是历史教科书上的一句空话罢了"。在塞尔马，韬奋参观了不少住宅区，玲珑精美的住宅，隐约显露于树荫花草之间。但是，这令人心旷

---

① 江康黎著：前引书，第85页。

② 冯玉祥著：前引书，第96页。有一件事很能说明问题：据说，冯玉祥抵美后不久，在华盛顿过圣诞节之前去看戏，朋友借给他一辆小汽车，司机是一位黑人。下车后，冯请他一起去看戏。司机不肯，再三谦让，冯则再三坚持，说他辛苦了一天，在外面空等太冷。这样相持了很久，冯最后说："如果你不去，我也不看"。司机听了，拿出手帕，一边揩眼泪，一边伤心地说："先生，不是我拘泥，是这个戏院不许我们黑人进去啊！"

③ 江康黎著：前引书，第83页。

神怡的所在,勾起的却是痛苦:它"使我想到这是一万多黑人的膏血堆砌成的,使我想到在鸟语花香幽静楼阁的反面,是掩蔽着无数的骷髅,抑制着无数的哀号!"① 现实是如此残酷,"黑人的美国"是如此凄惨,怎不令人心酸?能不令人悲哀?正直的中国人为此而鸣冤、叫屈,自属天经地义,而这也正是中国人美国观的闪光点之一。美国的种族偏见"造下了黑白的悬殊"。这是美国的不幸,也是美国的耻辱。有必要提到的是,当时的中国人不仅揭示了黑人的屈辱地位,而且还能对美国黑人寄予深厚的同情和理解。②

美国虽是世界首富,但它也"免不了贫富悬殊的现象"。③ 一方面是生产过剩,一方面是有大量的"西服乞丐"。邹韬奋亲眼所见,美国南方那些住在小板屋的"穷白"的孩子,因营养不良,"大抵都面有菜色,骨瘦如柴",④ 可怜兮兮。在纽约,韬奋看到了阔人家的豪奢享用,也看到了贫民窟的凄苦惨况,"一是天堂,一是地狱"。更主要的问题是,"贫民窟的人苦了还要苦,阔人舒服了还要舒服"。⑤ 美国存在着一条"劳资的鸿沟"。冯玉祥的感慨是,"噫!美国社会之病象,真所谓不患寡而患不均矣"。⑥ 这种"富裕中的贫困",是美国病的表征之一。即便不是在大危机时期,这亦系顽症,何况其时"经济的黑潮"正肆虐"黄金国"呢?美国还有除贫困之外

---

① 韬奋著:《萍踪忆语》,三联书店,1958年,第167、168页。按:邹韬奋于1935年赴美考察后写下了这一名著。自1935年10月起,《萍踪忆语》开始由《世界知识》连载。1940年,其单行本问世(光华书店出版)。

② 如江康黎曾专门谈到:"黑人经济地位之低落,实自有因,挺[铤]而走险,从事盗窃,亦为意料中事,实非天性使然。至若吾人在电影中所见黑人愚笨之状态,乃为美国制影片者有意讥讽之故,黑人之天智初无下于白人也"。见《美国之透视》,第84页。

③ 张其昀著:前引书,第15页。

④ 韬奋著:前引书,第167页。

⑤ 同上,第40页。韬奋还强调说,美国这个金元帝国,其实外强中干。"我们若从外表看去,摩天高楼仍然巍峨宏丽,好像金元帝国仍在那里顾盼自豪,但稍稍研究其实际,便知道是外强中干,时在飘摇中过日子"。见《萍踪忆语》,第14页。

⑥ 冯玉祥著:前引书,第41页。

的其他社会问题。冯玉祥在《环球视察记》中就曾提到美国的"大腿戏"(Leg Show)，已由过去的只是限于裸腿发展到现在"可以剥至一丝仅挂"，"不仅卖笑，抑且市肉，侮辱女子人格，莫此为甚也"。还有人向国人介绍了美国的流氓问题。当时上海的报纸，光怪陆离，卖淫、掳掠之类，充斥其间。其实，美国更甚，无论拿出哪一个城市、哪一天的日报，如果第一版上没有绑票案的记载，那倒是绝对的珍闻了。所以，说起奸淫、暗杀、绑票以及其他犯罪问题，论其普遍程度，"美国还是师兄，中国倒是师弟"。别看它形式上金碧辉煌，而内在的漆黑一团往往反甚于中国。"呜呼！美国的社会！"[1]

对于美国政治的看法，韬奋的观察是不无代表性的。按他的说法，"美国多少是自许为'民治'的国家，此中诚然有不少伪的成分的存在，但是就一般说，最低限度的民权，当局者有的时候也不得不稍稍照顾到一点面子，不敢完完全全地毫无忌惮。这在连最低限度的民权都说不到的国家的人民看来，当然还是要感慨系之的！"[2] 美国固然有它的问题，而且问题不小、不少，但如同30年代即已赴美留学的杨庆堃所说，美利坚民族"还是一个青年的民族，它的缺憾像是小孩子的红疹病一样"，[3] 尚不致阻碍其继续发展。中国人民对于美国及其前途是抱着善良的愿望的。"美国并不是一个天堂，不是一个理想的世界，可是他们是一个有理想的民族。……他们有勇气承认自己的缺点，肯不惮烦地想在人间创造天堂。这一点，我自信，并不夸大"。"美国是在变，他们要求不断地进步"。费孝通——当时还是青年学者、后来成为社会学大师和社会活动

① 马星野："美国社会的片断写真"，《申报月刊》，2卷10号(1933年10月)。
② 又，杨钟健1944年访美时，正值总统大选，民主党总统候选人是罗斯福，共和党候选人为杜威。双方在竞选演说及种种运动中，不仅进行"麻醉性之宣传"，而且还相互诋毁。"在我们看来，犹如耍马戏，殊不成体统"。不过，第一，美国的言论公开之风，"亦殊可佩"；第二，无论如何，美国"总算民主，比之我们为强"。见杨钟健著：《新眼界》，湖南人民出版社，1986年，第42页、44页。
③ 杨庆堃著：《美国与留美》，美国新闻处，1948年，第57页。

家——的这个判断,经历了近半个世纪的风风雨雨之后,仍是经得起事实的考验的。

以美为鉴,谋祖国富强之路,这是近代以来先进的中国人所苦苦求索的主题之一。但是,如何借鉴?如何自强?这一直又是困扰人们的最大难题之一。在30、40年代中国旅美考察者中,江康黎亦贡献了其答案①:

> 虽然,美国之大,其足资吾人之观摩者固多;但如美国人种问题之复杂,凡观察美国社会者,均抱隐忧;其政治与行政制度均为13州殖民时代之产物,在复杂如今日之美国政治,实有改组之必要,始足适应时代之需求;其经济制度之弱点与危机,业已暴露,若不改弦更张,其危险将益形恶化。吾国人惊于彼邦之文物,有唱[倡]所谓中国美国化者(Americanization of China)。夫今日之美国,其事业上成就之功绩,足资借镜者固多,但抹杀吾国社会之情况,而无所取舍,则吾知其有不然矣。夫所当学步美国者,在取其精神上与其实业上之技术。盖美国文明,有其产生之背景,其特异之点与夫其他问题……美国经济制度之弱点,劳工间生活标准之差异,人民对于政治讥讽之状态,均非吾人所敢学步者也。

30年代中期,中国人如何看美国,又如何反观中国?此段文字,足资参考。江氏所言,显然不无个性。是也?非也?抑或是非掺杂?请读者朋友明察。

---

① 江康黎著:前引书,第71页。

第九章 沉重的一页

——40年代中后期美国形象在中国

　　从1945年9月抗日战争胜利到1949年10月中华人民共和国成立,在这短短的4年之内,中国历史变化之大、影响之深,非一般言语所能尽说。在这一天翻地覆的巨变中,美国从其自身利益和全球战略出发,大规模地卷入中国内部事务,终其结局,亦无可奈何。搬起石头砸自己的脚。美国人自己种下的苦果,唯有赖它自身慢慢消化。

　　在中国抗战胜利之际,作为同盟国家,美国是妇孺皆知、有口皆碑的友邦。中国人民珍重情谊,也真诚地感激美国在战时的帮助。那时候,人人都竖起大姆指:"顶好!"①人们亦寄望于中美之间的团结与合作。② 前景似乎洒满鲜花。但是,在"两个中国的命运"

---

① "顶好!"是从英文"Very Good!"意译过来的。这是抗战胜利前后中国人见了美国人打招呼最常用的用语。有一个美国记者曾记下了抗战胜利的消息传到中国战时首都重庆时的场面:当时已是夜晚,"重庆就立刻爆发为一个欢呼和爆竹的城市",老老少少像潮水般从家里涌向广场,聚集在美国新闻处的门前收听广播。美国兵也加入了庆祝的行列,"人们拉住了他们不放,向他们欢呼,几使他们窒息,高喊着:'美国顶好! 美国顶好!'有的人搜尽了他所能知道的英文喊道:'Thank you,Thank you,……'。见白修德等著:《中国的惊雷》,新华出版社,1988年,第316—317页。

② 《新华日报》有一篇社论即颇有代表性。该社论说,"为了加速中国的现代化与民主化,中美两大民族之间的合作更非加强不可"。这对双方都是互不可少的。"在中国工业化的伟大事业上,没有美国在技术资本各方面的协助,中国的工业化可以迅速而顺利地完成吗? 不可能。另一方面,没有中国彻底的现代化和工业化,美国的市场问题可以比较顺利而合理的应付吗? 不可能"。见社论:"为中美两民族的真正友好合作而斗争",《新华日报》,1945年12月8日。

大决战之际，美国当局看不到中国人民的信心与力量，一味在蒋介石这一棵树上吊死，其后果是灾难性的。这不仅摧残了中美关系健康发展的基础，恶化了东亚国际关系，而且也严重损害了中美人民之间的传统友谊。美国自己糟踏了它在中国人心目中的形象。"友邦"变成了反面角色——"美帝"、"纸老虎"和"死敌"。

一、"友 邦"？

中国人是从残酷的现实中逐步改变对美国的看法的。抗战胜利之初，人们的感觉是，"美国非今世强国之冠冕乎？美国非今世民主国之模范乎？美国国民之思想何等自由乎？……吾国方今相期以实行民主政治，则美国非吾师乎？"① 也正因为如此，当马歇尔将军 1945 年 12 月来华调处国共关系时，是受到广泛关注和普遍欢迎的。当时，"全中国人民都在欢迎杜鲁门总统的对华声明与马歇尔将军的来华调解"，② 寄希望于美国帮助中国建设一个从工农到蒋介石都有代表权的联合政府。《解放日报》亦发表社论，欢迎马歇尔将军；还郑重表示，"中国人民是极其珍贵美国友谊的"。关于这一点，马歇尔初到中国时亦感受到了："大部分中国人民都欢迎美国帮助寻求一种解决中国内部问题的方法，这种蕴藏着的中国人对美国的好感，是这个国家足以使我们增光、能够感触得到的宝贵财富，是一种存在于意识形态和政治党派领域之外的因素"。③ 很

---

① 马叙伦："思想解放"（1945 年 10 月 6 日）。见中国民主促进会中央宣传部编：《马叙伦政论文选》，文史资料出版社，1985 年，第 4 页。
② 《周恩来选集》，人民出版社，1980 年，上卷，第 263 页。
③ 见《马歇尔使华——美国特使马歇尔出使中国报告书》，中国社会科学院近代史研究所翻译室译，中华书局，1981 年，第 31 页。

可惜，美国政府并没有能很好地开发这一"宝贵财富"。一年调处①的结果，"中国人对美国的好感"烟消云散。诚如一位国际问题专家在1947年初所概括的，"美国现在所得到的只是中国大官僚大买办大地主等的少数人集团；真正民主分子及广大人民，却对美恶感日深。百年来中国人对美国传统的好感，已化为乌有。一年之间，从'顶好'到'滚出去'，变化实在太大。这对于美国人民固然有难言之痛，对美国当局也得不偿失"。②

美国在中国人民心目中的地位之所以急转直下，究其根本原因，就在于马歇尔的调处是以"百分之百支持"③蒋介石为既定方针，把美国在华利益同当时业已不可救药的国民党当局拴在一起，在中国历史大转折的关头，盲人骑瞎马，推行一种自相矛盾、"在恶性循环中转圈"④的对华政策。到头来，美国碰了一鼻子灰。

美国调处中国事务，始自赫尔利，但他的奔波，非但没有消弥、反倒最终加剧了国共之间的矛盾与危机。赫尔利在中国留下的是"血迹斑斓"的记录，"没有一个雄辩家能洗清他这一身污秽；虽未'盖棺'，他的历史地位已经'论定'了"⑤。这是著名政论家、外交家乔冠华1945年底的观察。最引人注目的是，毛泽东主席亲自为新华社写了《赫尔利和蒋介石的双簧已经破产》（1945年7月10

---

① 中国学者近年来对美国这一时期在中国调处的研究，已取得了若干令人瞩目的成果。其中代表性的学术著作有：牛军著《从赫尔利到马歇尔——美国调处国共矛盾始末》（福建人民出版社1989年初版、1992年2版）；资中筠著《美国对华政策的缘起和发展（1945—1950）》（重庆出版社1987年版）；袁明、哈里·哈丁等主编：前引书；屠传德著《美国特使在中国》（复旦大学出版社1988年版）。

② 郑禹森："改头不换面"，《世界知识》，15卷3期（1947年1月）。

③ 1945年11月29日，中国驻美大使魏道明自华盛顿致电蒋介石，谓11月28日杜鲁门总统召见马歇尔等谈美对华政策时表示，"须为百分之百支持钧座及我政府"。见秦孝仪主编：《中华民国重要史料初编·第七编·战后中国》（三），第42页。另据当时有的美国人透露：美国政府的既定政策是，"第一个朋友是重庆，第二个朋友是延安，不能因为延安得罪重庆。"参见《胡乔木回忆毛泽东》，第360页。

④ 牛军著：《从赫尔利到马歇尔》，第257页。

⑤ 乔木著：《从战争到和平》，第236页。

日)、《评赫尔利政策的危险》(1945年7月12日)这两篇评论①,对赫尔利自己打自己嘴巴的"变卦",十分气愤。赫尔利的只同蒋介石合作、不同中共合作的声明,是错误的、危险的。毛预言:"假如赫尔利政策继续下去,美国政府便将陷在中国反动派的又臭又深的粪坑里拔不出脚来,把它自己放在已经觉醒和正在继续觉醒的几万万中国人民的敌对方面",这样的话,无疑将给美国政府与人民以"千钧重负和无穷祸害"②。这实际上是当时中国共产党人对美国的不公正调处的愤懑与谴责③。马歇尔走马上任后,最初尚"热心奔走,努力调处",其行为"一般是公正的",对和平民主的原则"是坚持的",对顽固分子"是曾予以斥责的"。在1946年1至3月,"确获得很大成绩,我们感谢他,人民也赞成他";当时"他的声望是很高的"④。不幸的是,马歇尔此后重蹈赫尔利的覆辙,袒蒋压共,由

---

① 《毛泽东选集》,第3卷,第1110—1113页、1114—1115页。

② 《毛泽东选集》,第3卷,第1115页。

③ 华庆昭研究员指出:"毛泽东对于赫尔利的批评在后来的几十年里不断受到中国学者的引用,好像事情都坏在赫尔利身上。其实毛用的是政治语言,是用敲山震虎不点名的办法批评美国政府的决策人,首先便是罗斯福和杜鲁门"。见《从雅尔塔到板门店》,第44页。笔者认为,在这里,确不能排除"敲山震虎"的妙用,不过说是针对罗斯福,似不无牵强。罗是1945年4月逝世的,毛的评论则作于7月,况且《评赫尔利政策的危险》还专门谈到:罗斯福总统在世时,"为了美国的利益,他没有采取帮助国民党以武力进攻中国共产党的政策",这显然是赞赏、而非批评。

④ 参见周恩来1946年8月26日在南京记者招待会上的谈话,《群众》,12卷6期(1946年8月),社论:"7个月总结",《解放日报》,1946年8月13日。1946年7月1日,朱德在致史沫特莱的信中证实:"自今年1月以来,中国在一个短时期内赢得了普遍的和平并看到了民主化的希望。这在很大程度上应归功于在中国的美国朋友的努力。"见《朱德选集》,人民出版社,1983年,第187页。事实表明,1946马歇尔来华最初3个月的斡旋,大致是公正的。毛泽东本人曾对美联社记者说:"马歇尔特使促成中国停止内战,推进团结、和平与民主,其功殊不可没。"当时,外界纷纷传言毛要去苏联养病,美国人十分敏感,为此他特地要周恩来带话给马歇尔说:"我要出国首先去美国。"毛之如此声张,看来并非无的放矢,据事后胡乔木分析说,"毛主席讲这个话是有些原因的,一方面是策略,出于现实政治需要,摆出一个姿态;另一方面,对苏联也有看法。我们当时确实想争取美国的援助。"参见《胡乔木回忆毛泽东》,第429页、88页。

促进中国民主团结而变为单方面支持蒋介石,把美国和蒋介石绑在了一条战车上。内战的枪声把一切幻梦都打得粉碎。"蒋介石穿着美国的军服,驾驶着美国飞机、坦克和军舰,向中国人民放着美国的炸弹、机关枪弹、炮弹、火箭、无声手枪弹,以至准备施放美国的毒气弹,而同时替蒋介石看守军事基地的美国军队和指导蒋介石使用武器的美国军事顾问,却宣布他们的任务是'保卫中国和平'"。这是蒋介石和他的"美国爸爸"干的好事①。毛泽东为《解放日报》社论《美国应立即停止助长中国内战》特别加上这样一段话:"很明白,华北和东北的内战,是由美国代替国民党运送军队和军火之后,才能发生与加剧的,如果没有美国的军事运输,中国反动派要在东北华北进行大规模的内战,就根本没有可能"。关于这一点,很多人都有同感。温文尔雅的陶行知先生在一首自问自答的白话诗中写道②:

> 是谁杀中国人?
> 是中国自己的"好汉"。
> 是哪儿来的枪?
> 是从友邦来的枪。
> 是哪儿来的子弹?
> 是从同盟国来的子弹。

历史学家翦伯赞说:"非常明白,假如没有美国的运输机和军舰,替中国政府把军队运到华北和东北,即使中共要打内战,也是没有对手的。假如没有美国庞大的剩余军火接济中国政府,即便中国内战发生,也不会像今天这样残酷的。假如没有美国一面倒的所

① 社论:"一年的教训",《解放日报》,1946 年 8 月 29 日;《胡乔木文集》,第 1 卷,第 267 页。
② 《陶行知全集》,四川教育出版社,1991 年,第 7 卷,第 1053 页。

谓调停,则中国内战的两方,也会自己找到和平方法的。"① 从历史实际看,国共双方能否真正"找到和平方法",虽是说不定的事,但翦氏的其他两个"假如"则是实在话。有了"调停人"的偏袒,有了美援,再加上威威风风的美国兵,蒋介石就有了狐假虎威的凭借,就有了"剿匪"的靠山,遂忘乎所以,迫不急待地圆他几十年来一直想圆但始终圆不了的吃掉"共党"的梦。② 美国的"调处"、"援华",鼓捣出来的是大规模内战。美虽以救火员自居,但实际上是在用汽油浇着中国内战的火场。这种"一面救火、一面浇油"③ 的调处,只能使内战之火越烧越旺,燃遍全中国。"国共多年的纠纷已经够麻烦

① 翦伯赞:"美国反动派走上了希特勒的道路",见华北新华书店编印的同名文集《美国反动派走上了希特勒的道路》(无出版时间),第 2 页。

② 马叙伦在"中国糟到这种地步谁的责任?"(1946 年 9 月 14 日)一文中说,"中国的好战的没有美国的好战的替他撑腰,中国的内战打不起来,就打一阵子,也支持不下去"。见《马叙伦政论文选》,第 243 页。张仲实在"杀鸡取蛋的美国对华政策"一文中亦指出:"谁都看得清楚,在一方面,担任调解中国内战的是美国,而在另一方面,积极帮助国民党进行大规模内战的,还是这同一个美国。""没有美国的撑腰,国民党内的法西斯分子是没有胆子那末狂妄的"。见《解放日报》,1946 年 6 月 6 日。始终与马歇尔、国民党周旋的周恩来亦在答记者问时强调,不管杜鲁门如何强辩,美国实际上是中国内战的"制造者与鼓舞者"。见周恩来:"关于时局问题答新华社记者问",《解放日报》,1946 年 12 月 28 日。"赫尔利时期,美国装备了蒋介石 20 个师,马歇尔时期,装备了蒋介石 25 个师,比前一时期还多 5 个。赫尔利时期,美国帮助蒋介石运了 5 个军,马歇尔时期又加运了 9 个军,比前一时[期]还多运了 4 个军。赫尔利时期,还没有订立规定军队不许调动的停战协定,蒋介石动员了 110 个师进攻解放区;马歇尔时期,订了不准移动军队的停战协议,有 3 个月的短期休战,然后发生更大的内战,蒋介石以 218 个师(有些现改为旅)进攻解放区,兵力比过去时期多一倍⋯⋯。赫尔利时期,美国政府给蒋介石以小的借款;马歇尔时期,美国陆海军给蒋介石以价值 8 万万美金以上的'剩余物资',美国政府并'赠送'蒋介石一支海军。⋯⋯所以蒋介石敢于发动这样规模空前的大内战,所以几百万中国人民死在美国制造的武器之下,⋯⋯。"陆定一作了以上分析后,还特别郑重申明,"我是中共中央的宣传部长,对于中共的文字宣传完全负责,中共的文字宣传与任何中外反动派的欺骗宣传完全不同,是完全合乎事实的。"见陆定一 1947 年 1 月 16 日在延安纪念政协 1 周年大会上的讲话。《陆定一文集》,人民出版社,1992 年,第 394—395 页、396 页。

③ 梅耷华著:《中美之间》,新知书店,1948(?)年,第 23 页;《柯灵杂文集》,三联书店,1983 年,第 117 页。

了,而今,还添上物资过剩到非到中国来推销不可的美国,军火过剩到非让中国打内战不可的美国",岂不更加麻烦?"谁支持这场内战,也都明白,美械、美船、美装、美钞,还有美国兵"。① 美国前后到中国来了两位"和平"使者,但他们左手拿的是鸽子,右手拿的是大炮,嘴里喊着和平,私下里却大运特运军火,国民党各战区的士兵的配备上"都有 USA 的标记",这"不是抱薪救火吗?不是愈帮愈糟吗"②?这就使中国人不能不痛苦地意识到:"对美帝国主义的伪装调解已经看穿了,也不再存在任何幻想"。③。这自然不能不"大大伤害了希望中美友谊正常发展的中国人民的爱国心"④。美国的狐狸尾巴遮不住了⑤。"中国再不能跟着美国走了"。⑥ 中美关系应该到了澄清的时候了。如同《新华日报》的社论所说⑦,当美国总统特使马歇尔将军使华时:

> 中国人民对美国是表现了自己最大的信任和热忱的合作的。当时中国人民……看到美国不但在口头上说了一大堆好听的话,而且还在白纸上签了黑字,就以为和平可期,民主有望了,没有想到美帝国主义根本不顾甚么信用,目的只在骗人,只在使中国人民失掉对美帝国主义政

---

① 吴晗:"论反内战运动"(1946 年 6 月 18 日)。张守常等主编:《吴晗文集》,北京出版社,1988 年,第 3 卷,第 200 页。

② 《吴晗文集》,第 3 卷,第 315 页。

③ 怀湘:"为和平民主斗争的一年",《华商报》(港),1947 年 1 月 1 日。见《廖沫沙杂文集》,三联书店,1984 年,第 244 页。马叙伦在 1946 年 9 月撰文指出,马歇尔身为"调人",实则"帮凶","我们现在对美国的把戏已经看清楚了,也不重视这位调人了"。见《马叙伦政论文选》,第 255 页。

④ 社论:"要求美国改变政策",《解放日报》,1946 年 6 月 25 日。

⑤ 翦伯赞尖锐地指出,美帝国主义最欢迎的,是别国的内战。没有内战的,它负责制造;有了内战,它一定支持反动的方面。可是,"一只吃人的野兽,即使戴着耶苏[按:即耶稣]的面具,披着耶苏的衣服,说着上帝的语言,人家也会从他的尾巴认出他是一只野兽呵!"见翦伯赞:前引文。

⑥ 梁纯夫:"展望 1947 年",《世界知识》,15 卷 1 期(1947 年 1 月)。

⑦ 社论:"中美关系应该澄清的时候到了",《新华日报》,1946 年 12 月 21 日。

策的警觉性，……中国人民已经注意到，美国当局对中国实施这种巧妙而残酷的手法，决不会没有帝国主义目的。

的确，目睹内忧外患的中国，人们越来越对这个"友邦"起了疑心，越来越不愿再买它的账了。这一点，连美国正直的人士也注意到了。哥伦比亚大学教授纳撒尼尔·佩弗1946年下半年访华，曾与中国知识界各类人士作过广泛接触，其结论是："从失望到公开的反美情绪"正在蔓延①。据合众社报道，1946年5月20日的纽约若干家报纸的社论承认：美国"是今天世界上最富的、吃得最好的、人家最不喜欢的国家"。是年6月26日，联新社记者自北平发出的电讯报道说："美国在华的声誉业已一落千丈，……不单是中国的共产党与自由主义者，即使是一般的银行家和商人，现在也都逐渐感觉到美国对华的两面干涉政策，既助长内战的火焰，又延长经济不安定的时间"。对此，马叙伦先生的见解是很有代表性的。他于1946年9月初指出，抗战以后美国的继续援华，是要把中国用作"惨烈的决斗场"，以达其"美国是主，中国是奴"的目的。这样说，既非挑拨中国人民和美国发生恶感，亦非帮助共产党"危词耸听"。在过去，美国是学着"掩耳盗铃"的故事做的。"这半年来，他从事实上显著地把狐狸尾巴现出来，就是他把公正的假面具自己剥下来，而

---

① 佩弗教授在写给美国驻华大使司徒雷登的备忘录中强调："美国正丧失其在中国道义上的声誉。一种反美情绪正在产生。"据他观察，"国民党党徒及那些所谓反动分子怨恨我们没有积极帮助他们消灭俄国支持下的共产党，而实业界、知识界和文职人员中的较大阶层也不满我们，因为我们给予政府充足的援助使得政府自以为能为所欲为，而没有给政府施加足够的压力使其改变作风和手段。非共产党激进分子认为我们的支持既使内战无法避免，又扶持坏人当政。那些极左分子则愤愤不满，确信我们扶持一个法西斯统治，以作为实现我们帝国主义目的[的]工具"。这位美国教授总结说，"虽然对我们的指责因人而异，但都在指责。我们第一次处在不满和怀疑之下。……美国第一次开始在中国人心目中承担新角色，这一角色意味着声誉的丧失，从失望到公开的反美情绪，对此不应忽视或低估"。参见肯尼思·雷等编：《被遗忘的大使：司徒雷登驻华报告（1946—1949）》，江苏人民出版社，1990年，第26—27页。

片面地帮助政府酿成全面内战。所以中国人民的'美国是中国的好友'的观念，可以说完全打破了"；"我们憎恨美国，……我们对伪君子的行为，终究轻视他，厌恶他"。① 要知道，仅仅一年前，如同我们已介绍过的，马氏还疾呼"美国非吾师乎"！然而，在内战的炮火硝烟和生灵涂炭面前，他对美国的印象完全变了。这是一个缩影。

与此同时，人们还进一步认识到，美国之所以如此慷慨大方、不惜工本、以大量的人力物力支持"老蒋"，就是为了"把中国弄成菲律宾一样，当他的殖民地"②。周恩来严正声明：美国政府露骨的援蒋内战政策，"其目的在想压服中国人民，将中国完全变成美国附庸"。③ 有一篇文章特别提醒那些仍对美国抱着善良愿望的人们，美帝国主义对中国的侵略方法，与日本相比，更阴险、更毒辣④：

> 有个故事，说有一种肉食野兽，它吃别的野兽的方法用是[是]舌舔其背，被它吃的那一只，只觉得痹痹的快感，就服服贴贴地让它舔去，一直舔到全身只剩一付骨骼还是至死不悟。美帝国主义就是用的这样一种方法，使你觉得痹痹有快感的侵略方法。你没有飞机吗？我给你；你缺乏物资吗？我给你；你没有交通器材吗？我有的是；你无力保卫铁路吗？我派兵帮你忙；你黄金不够吗？我这里多得很；你的军队没有机械化的装备吗？我给你装备起

---

① 马叙伦："中国愿意做美国的附庸？ 美国定要拿中国做他的附庸？"，《文萃》，46 期（1946 年 9 月 5 日）。针对美国政府在中国内战正趋激烈时把 8 亿多美元的剩余物资卖给中国当局，马叙伦公开声明："这种国家道德丧尽有忝文明的行为，十足表现了资本帝国主义狰狞的面目，我们还有什么话说。中美过去一段友好的历史，从此结束，而开始了我们对美国的仇恨。"见"中国糟到这种地步谁的责任？"（1946 年 9 月 14 日），《马叙伦政论文选》，第 246 页。

② 涛然编著：《美国对中国玩的啥把戏》，太岳新华书店，1946 年，第 18 页。

③ "周恩来同志关于时局问题答新华社记者问"（1946 年 12 月 28 日），《解放日报》，1946 年 12 月 28 日。

④ 定思："民族危机已十分严重"，《群众》，13 卷 8 期（1946 年 12 月 9 日）。

来；你的农业需要改进，需要振兴吗？我派专家来。甚至你要求民主，我也派个特使来都助你。你看这是多够朋友的"友邦"啊！但是，经此一都二都，你家里的事权就一样一样都落到他们掌握之中去了。落入掌中还不够，还要签订一个一个的条约，来牢牢的钉死，再经过这种那种的顾问团以及什么什么的专家来亲手执行，不劳你费一点力，也不劳你费一点心，包你把你的国家很快就现代化起来，你快乐不快乐？这真要使那班醉生梦死的糊涂虫，只觉痒痒快感，直到国亡了，还要说一声"顶好"！谢一声"爷叔"！

国危矣！祸深矣！大家起来，大呼救国！

这不是寓言，但比寓言更发人深省。这是活生生的事实。美国已经不是中国人原来心目中的美国了。诚如一位中国著名民主人士所说的，连"中国人民的自由主义派，对自由主义的美国，也起了一种倾向恶劣的情感"①。在历史大转折的 1946 年这一年之内，"中国人民对于美国的态度改变了，……由欢迎而冷淡而变为强烈的反对"。一位观察家敏锐地预言："这一基本态度的改变，在远东历史上将有无限巨大的影响的"。② 历史老人作证，这一预言的确不幸而言中了。

如果说，源源不断的美援曾为蒋介石撑了腰、帮了忙的话，那么，以协助收复失地、遣返日军为名而进驻中国的美军，却是一再替蒋捅漏子、惹麻烦，实实在在地帮了他的倒忙，并最终成为万夫

---

① 马叙伦："和平是很有希望的"(1946 年 7 月 28 日)，见《马叙伦政论文选》，第 190 页。国际问题专家宦乡当时曾作过这样的概括："中国内战本来是可以不爆发，或即爆发也可以不致于持久或扩大的，可是由于美国这种两面政策的执行，到现在，中国内战很少有避免的可能，而中国人民的痛苦也在短期内难有减轻或解除的希望。美国本来是中国人民所信赖的好朋友。可是这几个月来，中国人民对于美国的观感，已经大大改变，至少是对美失望的情绪现在已经相当普遍了。"见宦乡："半月时事述评·美国的两面政策"，《新中华》(复刊)，4 卷 14 期(1946 年 7 月 16 日)。

② 金孟如："从马歇尔看美国外交"，《世界知识》，15 卷 4—5 期(1947 年 2 月 8 日)。

所指的"过街老鼠",彻底毁灭了美国在中国的"友邦"形象。

其所以如此,最根本的原因在于,驻华美军以胜利者的姿态"君临"中国,不尊重中国人,愈到后来,愈是如此。不是说全部美军都是这样,但哪怕是一部分,就够欺负中国人的了。有的美国士兵横行无忌,为所欲为,无恶不作,留下了极不光彩的记录。凡是有美军驻扎的城市,如北平、天津、青岛、秦皇岛、上海、南京等等,无不发生愈演愈烈的美军暴行。如用吉普车、军车等撞人、碾死人,侮辱、奸污女子,对无辜百姓拳脚相加等等,骇人听闻。当时人留下的记载说,美驻扎在中国的军队,"挟着民族的优越感,摆出主子的威风,任意奴役、屠杀、奸污中国无辜的同胞,残忍到不可想象的程度。血和泪的悲剧是太多了,太多了"。① 一位本人曾遭受美军侮辱的上海女作家悲愤地写道②:

> 美军在中国的暴行,够多,够惨,够无人道,够伤中国人民的感情了!
>
> 美军无论在乡村,在城市,侮辱妇女,抢走女子,强奸妇女,在中国女子被侮辱与被害的,该多少人?谁算得出来?这是美国的甚么文明?
>
> 美国兵,为着满足他们残酷的开心,常常打伤、杀死我们的人民,举起中国的小孩玩耍一顿就丢在江里,无故割去老百姓的耳朵,及一切数不胜数的残酷暴行,这是美国对中国的帮助吗?

翻开中国40年代后半期的报刊,这种辛酸的记录,不胜计量。在抗战胜利后的中国,"那[哪]一天没有了美军的暴行,太阳就落

---

① "平津学生团体抗暴联合会为敦促美国政府改变对华政策发起签名运动启事"(1947年1月8日)。见北京市档案馆编:《解放战争时期北平学生运动》,光明日报出版社,1991年,第62页。
② 白薇:"我申诉",《文汇报》,1947年1月5日。

不下山"。① 刚刚从日本帝国主义铁蹄下解脱出来的中国人,由此不能不痛愿"我们怀疑美国兵会比日本兵好多少,我们真不敢相信:在流了8年的血,牺牲了千万军民的生命、亿万财产的代价后赶走了一个日本帝国主义,而仅仅是换来了另一个奴役我们的'盟邦'。"② 这实在是令人触目惊心的了。北平的老百姓说得更实在:"打走了一个东洋鬼子,来了一个更凶恶的老美"。还有什么话好说?人们从现实中自然会有新的认识与觉悟。1946年"双十节"出版的一份杂志为此作了总结:"这些高鼻子,蓝眼睛的美国大兵,跟日军又有什么分别呢?每一个有良知的中国人,对于这种口头上说是友好,而事实上却是无恶不作的'友国军队',所加诸我们同胞的凌辱,能够无声地默忍下去吗?"③ 不在沉默中死亡,就在沉默中爆发。大潮正在涌动,号角即将吹响。只要有星星之火,即可成燎原之势。

　　1946年圣诞之夜的耻辱:一名北京大学(预科)女学生被两名

① 社论:"号角响了,奋勇前进!",《解放日报》,1947年1月9日。
② "清华大学学生自治会为罢课抗议美军暴行告全国同胞书"(1946年12月30日)。见北京市档案馆编:前引书,第53页。
③ 李国基:"揭发美军暴行运动",《文萃》,第2年1期(1946年10月10日)。

美国兵强奸①,激怒了全中国人民。早就受够了窝囊气的中国人民,终于站了起来!"界无分工农商学兵,人无分男女老少,凡有血性,莫不振奋"。② 如同当时人所说的,"这是苦难的中国人民久久淤积在心底的憎恨和愤怒的总的爆发,⋯⋯这是一股挟着排山倒海般力量的洪流!"③

这是血与泪铸就的文字:"兽军沾污了我们的国格!";④ "我们不是生来给'友邦'们强奸的!"⑤ "美帝国主义强奸了中国人民的

---

① 一本流行很广、以中美关系为主的学术著作曾这样写道:"这两个美国兵强奸了一位中国姑娘,这便犯了自中国宋代以来一直认为十分严重的弥天大罪。这位姑娘是北京大学的学生。在当时,中国女青年能上大学的不多,北大更是名牌中的名牌。这就更不得了。人们听说姑娘的父亲是位教授,这绝对不能容忍。中国的儒教传统尊师。中国妇女的传统价值观念是'饿死事小,失节事大'。但是这两个美国兵居然污蔑这位姑娘是妓女,更使得中国人民怒不可遏"。见华庆昭著:前引书,第141—142页。按:此处是从"一位中国姑娘"的大学生身份、她的父亲的教授地位及"儒教传统尊师"、中国妇女的传统价值观,来说明两个美国兵如何捅了一个特大的政治马蜂窝。笔者对这段文字是有异议的,以史实而言,此处说受害者的父亲"是位教授",似乎因尊师、而"绝对不能容忍",实际上,受害者沈崇的父亲当时是国民政府交通部某处处长(晚清两江总督沈葆祯的后裔),当时中国人民对此"绝对不能容忍",与其父是否"教授"无关。此处说美国兵污蔑"这位姑娘是妓女",由此联系到中国妇女的传统价值观,"更使得中国人民怒不可遏。"其实,当时"怀疑"沈崇是"妓女"的是当时警察局的警察(该书第141页谓"两名美国兵被扭送到附近的派出所",当时尚未有"派出所"之类。当时一位北大学生投书《文汇报》记其事曰:"⋯⋯被奸时幸被路人瞥见,报警察 局派警制止,于是最令人痛心的事来了,这些警察们⋯⋯竟带来了一连串掌掴和侮辱!'你赚了多少美金,敢在这里胡干!'不分青红皂白地死咬着说人家是妓女。'不!我是北大先修班的学生'。她说上这么一句,就迎面送来一个巴掌。⋯⋯带到警察分局⋯⋯她受到警察们的嘲笑和戏弄。这无耻的人们呀! 他们在洋主子面前驯服,但是在自己的同胞面前却蛮横得像阎王!"(见"抗议可耻的掩护,揭露政客的面目",《文汇报》,1947年1月5日)。中国人民的确"怒不可遏",但与"这两个美国兵竟然污蔑这位姑娘是妓女"与否,无甚关系。究其原因,就在于驻华美军暴行极大地凌辱了中国人民的人格与国格。本书提供的材料可以佐证。
② 于茂林:"爱国运动的新开展",《群众》,14卷2期(1947年1月13日)。
③ 张馨:"正义的洪流——记北平12月30日学生抗议美军示威大游行",《群众》,14卷1期(1947年1月7日)。
④ 北大壁报。见《美国兵,滚出去!》,爱国运动出版社,1947年,第14页。
⑤ 上海国立幼稚专科学校学生宣言。见同上书,第41页。

国格！"①"这不仅是全国学生的耻辱，也是全中国人民的耻辱！"②上海同济大学女同学贴出的巨幅海报声泪俱下："千万个辛辣的字眼表现不出我们心头的悲愤，千万句惨苦的呼喊诉不清我们心中的屈辱！"③武汉大学一个女同学悲愤地说："美国在中国不知给予了我们多少侮辱与暴行，我们有我们的国格，我们有我们的灵魂，我们不能再忍受了"。④知识界奔走呼号，大学生冲锋陷阵，⑤全国人民群起响应。北平、天津、上海、南京、重庆、武汉、成都、杭州等大城市都举行了抗暴示威游行，规模宏大，声势空前。其主要口号和要求是惩办施暴美军、美军撤出中国、当局应改变媚美外交等，如"反对美军暴行！""美军退出中国！""严惩肇事美军！""美国立即改变对华政策！""美军撤出中国！""美军暴行是我们国家的耻辱！""美军驻华妨害中国团结！""美军驻华，普天同悲！""美军一日不退，暴行一日不止！""美国兵助长内战！美国兵奸淫掳掠！美国兵横行霸道！""美国兵，滚出去！"等等。这些抗暴示威，使美军在中国的暴行、丑行广泛曝光，极大地影响了人们对美国的态度与认识。而且斗争形式多样，如漫画、歌曲、小品等都纷纷派上了用场。比如，1947年1月2日南京大学生游行时，前导是一个巨幅的布制标语——"美军，回去！"接着是一块巨匾，红布上缀着"抗议美军暴行！"6个白色大字。跟着是一辆宣传车，车顶上正演着讽刺小品：一个满脸酒气的美国兵，正在侮辱少女；左边的那个美国兵，正嘻皮笑脸地鞭鞑农民；右边的那个正手拿着盒子炮，凶神恶煞一般。

---

① 邓颖超1947年1月10日在延安集会上的演说。见《解放日报》，1947年1月11日。
② 卢明佑："更大的任务"，《群众》，14卷2期（1947年1月13日）。
③ 参见《美国兵，滚出去！》，第39页。
④ 韩凌："是血·是泪·是人性和兽性的抗争——记武大时事座谈会"，《文汇报》，1947年1月10日。
⑤ 大学生们迅速觉醒："关起门骂美国兵有屁用，我们要把我们的呼声传到街头巷尾，告诉大家我们在受到怎样的侮辱与损害，我们不怕任何人加给我们的'帽子'，……为的是我们不愿做奴隶！"见马龄："浙大的怒吼"，《文汇报》，1947年1月4日。

车厢上围着灰布制成的大幅标语："兽性的美军强奸我们的女大学生!""为沈崇女同学报仇!"1947年1月5日武汉大学生的游行,亦别具一格。武大的女同学走在游行队伍的前列,最前面的两位同学擎着一幅大型彩色漫画:一只穿着美军军靴的脚,腿上画着星条旗,踏在一个血淋淋的裸体女子身上,配有鲜红的大字:"请看铁蹄下的中华儿女!"路人看了,无不义愤填膺。一个卖烧饼的小贩脱口而出:"又同日本人一样啦!"跟在女同学后面的是男同学,为首的两个高个子同样抬着一幅彩色漫画:一辆吉普车,车底下压死一个苦力,车子里,一个大鼻子的美军正搂着一个在挣扎的蓬头少女,亦同样写着刺目的红色标题:"如此横行,同胞们,把他们赶走!"路旁的群众,见此情此景,满腔悲愤地指着画说:"压死一个,还搂着一个,狗娘养的把中国人振得好惨啊!"① 在各地游行中唱的歌曲也多种多样,如《示威进行曲》、《抗议美军小调》、《赶走美军》、《反美军暴行歌》等。如《反美军暴行歌》,其中"滚!滚!滚!"3字特多,又是二重大合唱,故听起来但闻一片"滚!滚!滚!"的吼声,此伏彼起,震耳欲聋。1947年元旦上海大学生游行时,交通大学等校女同学的大合唱的歌词就是:"打倒美国!打倒美国! ——滚出去!滚出去!"有一首《美军滚出去!》的歌②,其中唱道:"奸污了我们的姊妹,奸污了我们全中国人。你可憎恨的美国侵略者!比日本帝国主义更卑鄙、更险狠……美军滚出去!美军滚出去!连你们的侵略主义,一起滚出去!滚出去!滚出去!"这是抗暴运动由反对美军暴行到要求美军撤出中国、反对美国干涉中国内政的必然结果。"中国人民怒吼了,纵横数万里的大地上,已迸出了一片'滚!滚!滚!'的吼声!"③

---

① 参见《美国兵,滚出去》,第67、136页。
② 《新华日报》,1947年1月4日。也方作词,艾谣作曲。
③ 社论:"美军应立刻退出中国",《群众》,14卷1期(1947年1月7日)。

历史有情亦无情。当1946年12月30日北平万余名学生大游行之际,观察家们无不注意到这是"一二·九"运动10年后的首次大游行。同样是古城的怒吼,同样是矛头对外,只不过"那次是对日本,这次却是对美国了。历史够多么残酷!"①一个美国记者亦深有感触,对这惊人相似的一幕,其评论是:"1936年的时候,我曾经目睹上万名北平学生,不畏军警的棍棒殴打,上街游行,高呼'坚决抗日!反对日本帝国主义分割华北!'等口号。现在,在1946年底,就在同一的古老城墙下,我又看到新一代的中国学生,显然继承着他们前辈的政治和精神传统,再次举起当年的民族主义旗帜上街游行,这次喊的口号是:'美国兵,滚回去!我们要自由!打倒美帝国主义!'"② 这一变化之大,的确令人感慨无限。美国兵的暴行大大地为美国和美国人脸上抹了黑。一位大学生的一连串疑问很有代表性③:

人乎?兽乎?算人,这些驻军为何如此残暴?

文明乎?自由乎?说文明,这些驻军为何比日本兵还要狠?

友邦乎?敌国乎?是友邦,这些驻军为何到现在还赖着不滚?

民主乎?霸道乎?讲民主,这些驻军为何把我国土当作殖民地,把我同胞当作奴隶?

中国人的心里在渗血。

"我们不是奴隶,我们不能任人蹂躏,在自己的国土上,我们难道没有生存的权利吗?"④ 美国兵"不把中国人当人看",中华民族

① 木耳:"古城的怒吼——记北平学生万人大游行",《文汇报》,1947年1月5日。
② 杰克·贝尔登著:《中国震撼世界》(*China Shakes the World*),北京出版社,1980年,第15—16页。
③ 东吴大学一学生:"大家快来响应,捐款支援运动",《文汇报》,1947年1月7日。
④ "重庆学生的抗暴宣传",《群众》,14卷6期(1947年2月10日)。

的尊严被糟蹋到透顶了。这"沉重地打击着每个身为中国人的民族自尊心!"[①]凡有血性、不愿作奴隶者,莫堪忍受[②]。与此同时,它"非常严重的破坏了中国人民与美国的感情";[③] 甚至是"把美国人百年来对华的一张清白纸张,泼上无数黑点";[④] 中国人民对美国已从过去的感激"变成仇视了"[⑤]。这是一笔沉甸甸的遗产[⑥]。同时,从中国人民争取民族解放的角度看,对美国看法的转换,又是一笔宝贵的精神财富。关于这一点,当时北平学生的抗暴运动总结即已指出:美国在历史上未占中国土地、不凶暴,抗战期间援华有功,战后又来中国调处内战,故一般群众特别是中间阶层,对美是"敬而爱之";"使群众觉悟到反美,是不容易的"。因此,全国性的抗暴运动"是反美爱国运动的开始,使亲美的传统思想转为反美的运动,是

① 社论:"以行动答复美军暴行",《新华日报》,1947年1月2日。
② 一位读者致函《文汇报》"读者的话"专栏表示:我是一个民族主义者,曾经和日本鬼子打过仗、挂过彩,"现在新的侵略者又来了,我不能坐视中国的儿女受大鼻子的欺侮和凌辱,我要和那些野蛮东西拼到底!"见陈文斌:"为了民族的尊严 国人应奋起",《文汇报》,1947年1月6日。
③ 《北平学生为抗议美军强奸北平女大学生暴行告全国同胞书》。见北京市档案馆编:前引书,第85页。
④ 景宋:"请你们赶快走开",《文汇报》,1947年1月11日。
⑤ "国立北京大学全体同学抗议美军暴行大会致美国学生美国人民书"。见中共北京市委党史研究室编:《抗议美军驻华暴行运动资料汇编》,北京大学出版社,1989年,第140页。
⑥ 台湾学者董安定先生说:"我从小就对美国人没有好印象",原因之一是,他小时候在青岛时,美国第7舰队驻防此地,"一天到晚看到美国人打中国人"。参见中华民国史料研究中心编印:《中国现代史专题研究报告》,台北,1985年,第2辑,第65页。直到25年之后,当埃德加·斯诺的前妻埃伦·福斯特·斯诺重访中国时,她发现,"在我的1972—1973年的旅行中,几乎没有人提到日本人的暴行。然而有人愤怒地提到一种暴行——一个美国士兵在1945年抗日战争胜利以后某一年强奸了一个中国女学生。这仍然是一个轰动一时的案件。"同样是中国人民的老朋友的埃伦继续写道,"这种真正的愤怒只能用爱憎交织的关系来解释。中国人指望美国人以文明的方式行事。他们记不记得日本人不仅强奸过千千万万中国妇女和女孩,而且有时候还在强奸以后用刺刀刺她们们?"见海伦·福斯特·斯诺著:《重返中国》,中国发展出版社,1995年第3次印刷,第31页。

有划时代意义的转变"。① 这一划时代意义就在于，它"空前的打破了广大善良人民误认美帝为友的传统观念，也是为整个世纪来为摆脱半殖民地地位而斗争的中国人民确定了一条新的斗争方针——打倒美国帝国主义"②。曙光已经显露。新的历史篇章就要揭开了。

在抗议美军暴行运动前后，围绕着《中美商约》③ 骤起的轩然大波，使中国人进一步透视了"友邦"的真面目。一切都暴露在光天化日之下。

还在《中美商约》出笼之前，有正义感、有远见的经济学界、知识界人士，即已大声疾呼反对之。最有代表性、最有影响的抨击者是马寅初先生，1946 年 3 月在重庆的一次公开讲演中，这位一身正气的经济学家的热血在沸腾④：

> 目前最紧急的是正在商谈的中美商约，我们应当起来监督政府签订商约的事情，要它顾到人民的利益。商约一经签字必须双方同意才能修改，所以如果就这样签了字，那就太严重太危险了！……外国人不应干预我们的内政，更不应干预我们的立法，……可是我们的政府不重视人民的意见，而重视美国的利益，处处拍美国人马屁。……这不是中国的经济！而是美国的经济！绝对不应该这个样子！这样做法是没有良心的！

如果说，马氏这里以抨击当局不顾中国利益、"处处拍美国人马屁"为主的话，那么，《中美商约》签订后，席卷中国的舆论风潮，其矛头所指则包括国民党当局和美国这两个难兄难弟了，其中后

---

① 见北京市档案馆编：前引书，第 69 页。漫画家丁聪当时说，从美军的暴行，我们再次看清楚了"美帝国主义的真面目"，《解放日报》，1946 年 12 月 31 日。
② 林焕成："论反美帝的新爱国运动"，《群众》，14 卷 6 期（1947 年 2 月 10 日）。
③ 《中美商约》，即《中美友好通商和航海条约》（1946 年 11 月 4 日签订）。
④ 马寅初："中国今后之经济建设"，《文萃》，第 1 年 25 期（1946 年 4 月 11 日）。

者往往成为主要攻击对象。各界人士仗义执言，痛陈其害。文学家茅盾一言以蔽之曰："历史上任何一个条约，对于主权之损害，均无此次之露骨与彻底"。①《解放日报》1946年11月13日第1版报道上海知名人士座谈纪要时，特别用黑体大字标题提示各界读者：中美商约造成我国百年来空前大国耻！该约是中国人民的卖身契！是美帝国主义奴役中国的工具！它比"廿一条"还凶！它使中国陷入殖民地的苦海！② 对此不平等条约，"除了官方外，没有一个不感到痛心，加以指责"。③ 一位叫王得群的读者在写给报社的信中说，按照这个条约搞下去，中国人还能指望有抬头之日吗？看看这个卖国条约，我们中国人"那[哪]个不气？那[哪]个不恨？那[哪]个不痛心？打了8年仗，把日本打垮了，却仍然打出了一个'二十一条件'来，你说中国人怎能忍受得了啊！"④ 老百姓说的是朴朴素素的大实话。

针对《中美商约》中所谓"平等"、"互惠"、"友好"等辞藻，人们群起驳斥。不管"商约"表面文字如何漂亮，"终不过是罪恶的一个掩饰而已"，其"骨子里是谈不到什么平等"。⑤ 马寅初一针见血地指出："美国，一富国也。中国，一贫国也。贫富之悬殊若此，安能望其相安无事乎？"道理很简单，"最先进的大工业国与落后的农业国之间，有何平等互惠之言，所谓平等就是不平等，所谓互惠就是单惠"。⑥ 这是一个地地道道的"大骗局"。比如，谈贸易，中国有什么

① 《文汇报》，1946年11月6日。

② 马歇尔在其写给美国当局的使华报告书中说，1946年，"在整个11月和12月的上旬，延安电台集中力量在美帝国主义这个题目上"，对《中美商约》所发表的评论"尤为恶毒，认为这项条约标志着'殖民地化的道路'，可以和臭名昭著的日本二十一条相比拟"。见前引《马歇尔使华》，第477页。1947年1月20日，陕甘宁边区政府发布命令规定：《中美商约》签订之日，即11月4日，为国耻日，各机关、部队、学校、团体均悬挂半旗3天。

③ 任："中美商约的又一面"，《群众》，13卷5期（1946年11月18日）。

④ 《新华日报》，1946年11月11日。

⑤ 吴清友先生语。见《文汇报》，1946年11月6日。

⑥ 马寅初："我何以反对新订的中美商约"，《文汇报》，1946年12月30日。

东西可以对美输出？谈通航，中国可有半只船能经营中美贸易？谈资本，民穷财尽的中国何以有剩余资本对美输出①？这恰如大老板和小职员之间的关系，"说起来是平等的，但是能平等得了吗？"②经济学家千家驹打了一个绝妙的比喻：这种"互惠"，只是一种"狼与羔羊的'互惠'"③。显而易见，"所谓'平等'是假的，所谓'互惠'绝对是片面的。"④ 如果考虑到此后美国货冲垮中国经济的惨况，不能不承认这些结论是对的。

中国的民族工业本已百劫余生，根本经不起折腾，更经不起"金元王国"的毁灭性冲击。然而，靠了不平等条约作保护伞，美国货飞越太平洋滚滚东来，"以排山倒海之势杀到中国"，不仅泛滥于大小城市，而且"连穷乡僻壤也侵袭到了"。据记载，当时从大商店到小铺，几乎是无货不美、有美皆备，这在大城市尤甚。当时即曾有人戏称："今天的上海是真正的'美化'了"。⑤ 中国脆弱的民族工业，自然不是这些价廉物美、五光十色的美国货的对手，遂陷于山穷水尽、四面楚歌的绝境，用当时人的话说，被打击得"落花流水"、"呜呼哀哉！"一位工业家对此痛心疾首曰⑥：美货就像硝强水一样，凡其流入之处，中国工厂便只有毁灭、关门这一条路。有一份史料十分逼真地反映此种情况，"美国的香烟使中国烟草公司停止冒

① 参见宦乡："半月时事述评·中美商约成立"，《新中华》（复刊），4卷23期（1946年12月）。

② 傅良骏先生语。见《文汇报》，1946年11月6日。

③ 千家驹："评中美新商约"，《新华日报》，1946年11月20日。香港版《群众》创刊号（1947年1月30日）刊登了一篇杂文，其题为"狼兔之间"，挖苦《中美商约》。它写道："狼和兔子订条约，据说那是很'平等'的，因为狼所要求于兔子的，兔子也可以要求于狼。这真妙极了，根据中美商约，大概当美国飞机在我们的天空飞翔时，我们的牛车也可以到纽约街头去出风头，当美国轮船在我们的内河航行时，我们的木筏子也可以到密士失必河[按：即密西西比河]上去显身手吧！"

④ 文迪："中美商约的实际内容是什么"，《新中华》（复刊），4卷22期（1946年11月16日）。

⑤ 参见张宪文主编：《中华民国史纲》，河南人民出版社，1985年，第677—678页。

⑥ 参见千家驹："一年来中国经济的总结"，《文汇报》，1947年1月1日。

烟,美国的罐头奶粉,使中国的牛奶公司只好杀掉奶牛来卖肉,而美国的各种数不清的药品,早把中国幼稚的西药业'治'死了。"①呜呼!如若仅是国内经济衰弊,尚不至使工商业倒号关门,"最最可怕的是美国货的倾销",可怜我已民穷财尽之际,美国人又来"抢这剩余的一点点膏血!"② 哀哉!"谁能想到,中国工业在抗战的炮火中没有毁灭,却惨败于胜利[后]高唱工业建设的今天?"③ 无怪当时人说:"美货"等于"美祸"。④

现实使中国人认识到,《中美商约》开美国大规模经济侵略之先声,是美国独占中国经济的开始⑤。它乘人之危,攫夺利权,"要吞并整个中国,从天空、地面以至地底"。⑥ 中国所遭遇的空前国难,如"物价像海浪样的高,生活像地狱样的苦,直接间接间,都受美帝国主义的赏赐。如今我们个个都已感觉到美国对华政策,是给我们戴上一个重大的枷锁,或者竟是站笼"⑦。美国的最终目的,就是造成"工业美国,农业中国"、"生产美国,消费中国"及"资本美国,劳动中国"的局面。对此,"全国人民应该万分警惕,不要再为平

---

① 司徒潮:"当心滑头药",《群众》[港],9 期(1947 年 3 月 27 日)。

② 杨培新:"两个年关之间",《文汇报》,1947 年 1 月 5 日。

③ 黄醒华:"论美国的经济援华",见前引《美国反动派走上了希特勒的道路》,第 24 页。一首叫《不用美国货》的歌(史卓词,艾谣曲)唱道:"美货,美货,它冲垮了我们的土货,它冲垮我们全中国。看工厂关了门,商店歇了业,大批工人无事做,大批穷人饿肚皮。……"参见《新华日报》,1947 年 2 月 3 日。中国民主促进会 1947 年 2 月 14 日发表的一项宣言说,"没法遮掩的,胜利一年多来,美货倾销到中国来,摧残了中国的民族工业,促进了中国经济的崩溃,吸干了中国人民的膏血,加深了中华民族的危机。参见陈竹筠等编:《中国民主党派历史资料选辑》,华东师范大学出版社,1985 年,下册,第 24 页。

④ 张锡昌:"一年来的国内经济",《新中华》(复刊),5 卷 1 期(1947 年 1 月)。

⑤ 杨培新:"美国独占中国经济的开始——中美商约对中国经济的影响",《文萃》,第 2 年 10 期(1946 年 12 月 12 日)。

⑥ 陈其瑗:"以实行'耕者有其田'来纪念孙中山先生",《群众》[港],42 期(1947 年 11 月 13 日。

⑦ "中国民主促进会为'二九惨案'宣言"(1947 年 2 月 14 日)。见陈竹筠等编:前引书,下册,第 25 页。

等互惠的外衣所眩惑,不能再'打肿了脸充胖子'了"①,国民党当局"完全依赖美国帝国主义的支持,一切'唯美是赖'、'唯美是从,'"②,已造成恶劣后果。廖沫沙指出,美国已反宾为主,整个"蒋管区"沦为名付其实的"美管区","一切都属于美帝所有,由美帝所控制,为美帝所支配"③。漫画家汪子美的"十权十美"就非常有趣地表明了这一点。难怪当时人讥讽说:中华"民"国变成中华"美"国了。

陈家康评论说,《中美商约》"是帝国主义殖民地化中国的催命符"。它向中国人民证明的真理之一就是:"美帝国主义并不是如一般洋奴们所描写的那种对中国并无侵略野心的好朋友。美帝国主义的真正企图是取日本帝国主义之地位而代之,……把中国变成菲律宾式的殖民地。"④ 由此即可以更加清楚地认识到"美帝国主义灭亡中国的野心"⑤,它用亲善的面目达到了日本用武力尚未实现的目标,甚至比日本曾得到的还多,"这一来把美国一切好听的话,都打碎了";同时,把中国人对美国的任何幻想"都打破了"⑥。新的民族觉醒开始了。有一篇文章说得干脆利落:中国人民是不可侮的,我们"既然没有屈服于日本帝国主义,自然亦不会屈服于美国帝国主义"⑦。一位经济学家用大家熟知的俗语作了结论:"冤有

---

① 社评:"再论中美商约",《文汇报》,1946年11月7日。
② 施复亮:"何谓中间派",《时与文》,1卷1期(1947年3月14日)。
③ 怀湘:"看看这场新傀儡戏"(1948年7月10日)。《廖沫沙杂文集》,第311页。
④ 陈家康:"决不承认中美商约",《群众》,13卷5期(1946年11月18日)。
⑤ 社论:"评蒋美商约",《解放日报》1946年11月26日。
⑥ 华冈:"对于中美新约的认识",《新华日报》,1946年11月12日。
⑦ 王宗一:"国民党当局出卖中国",《群众》,13卷7期(1946年12月2日)。

头,债有主,难道中国人民曾放掉任何一个凶犯吗"?[①] 在这里,"友邦"的形象已经无影无踪了。

至于战后初期美国扶植日本,亦是对备尝日本帝国主义蹂躏之苦的中国人民的极大伤害。顾执中、潘公昭、许德珩、曹未凤、胡厥文、马寅初等知识界人士 124 人联名发表的《针对美国助日中国应有的对日政策》[②] 郑重指出,我们不能无原则地拿整个民族作牺牲,"盲目地给他人做尾巴。让他在我们旁边养一只恶虎,放一颗定时炸弹,仍以故为宽大,强示镇静的阿 Q 自居"。中国各阶层人士反对美扶植日本这种自私、危险、错误的政策,"完全出于纯洁的爱国心"[③]。汉口的李顺荣等 6 位小朋友于 1948 年 6 月写信给《时与文》杂志的"读者之声"栏,反对美国扶植日本,这些幼小的心灵曾"饱尝了 8 年流亡生活的滋味",好不容易"乞丐似的活过来",怎么能不"大声疾呼'反对美帝扶日?!'"[④] 历史学家蔡尚思义正辞严地写道:"我们正告美国官方:第一,我们中国虽然很弱小,但却不愿做殖民地,不要把中国看做已被你们统治的殖民地。第二,我们中国人虽然是有色的人种,但却不是黑奴,不要把中国人看作已被役使的黑奴。第三,现在你们美国也把日本人看做上等人,把中国人看做下等人,让日本人压迫中国人。……中国人民不论如何,都绝对不愿做亡国奴,亡国奴尚且绝对不愿做;何况做'第二亡国奴'、以至'第三亡国奴',即'亡国奴的亡国奴'"。[⑤] 人们认为,美扶日之

---

① 许涤新:"是谁造成了今天的经济灾难",《群众》[港],20 期(1947 年 6 月 12 日)。马叙伦 1948 年 4 月著文指出:南京当局卖国殃民,"把许多主权送给了美帝国主义者",人民都在死亡线上挣扎。对此种罪大恶极的敌人,是人人应得而讨伐、诛灭的。否则,国家被卖完了,民族被美帝奴役了,"我们怎样对得起祖先,怎样交待给儿孙?"。见《马叙伦政论文选》,第 338 页。
② 《知识与生活》,25 期(1948 年 4 月 16 日)。
③ 孟永之:"反对美国扶日并不就是反美",《时与文》,3 卷 9 期(1948 年 6 月 11 日)。
④ 见《时与文》,3 卷 12 期(1948 年 7 月 2 日)。
⑤ 蔡尚思:"反对扶日的各种理由",《时与文》,3 卷 17 期(1948 年 8 月 13 日)。

目的乃使中国处于"奴隶之奴隶"、"殖民地之殖民地"的地位。但是，形势比人强。按照宦乡的说法，"美国对中国的恩义，究竟值几个铜板一斤，竟要中国人民拿整个中华民族生存权利的重大代价去作酬报！"① 中国人依然是有骨气的，中国人依然是有精神的。

虽然如一位经济学家所说，中国"抗战抗了 8 年，结果抗出了一个美国殖民地来"②。但是，汹涌澎湃的历史大潮是不可能逆转的。"我们打败了日本侵略军，难道还怕美国兵？"③ 当人们1947年初呼吁"用一切力量把美帝国主义踢出去"④ 的时候，中国历史大转变的帷幕就已经决定性地拉开了。

美国并没有"丢掉"中国⑤，但它无疑丧失了中国的人心。最具讽刺性的事实是，美军是被国民党当局"请来"中国的，4 年之后，终于被中国共产党人及其领导的中国人民"踢出"了这片古老的华夏大地。

二、抹不去的伤痕

从 1946 年到 1949 年，美国在中国人心目中的地位一落千丈。美国特使的袒蒋抑共、驻华美军的恣意妄为、火上加油的援蒋内战政策、对中国利权的广泛攫夺、扶日复兴的对日政策，凡此等等，都

---

① 宦乡："从司徒大使声明说起"，《时与文》，3 卷 9 期(1948 年 6 月 11 日)。

② 千家驹："评中美新商约"，《新华日报》，1946 年 11 月 20 日。

③ 周恩来："关于和平谈判问题的报告"(1949 年 4 月 17 日)。《周恩来选集》，上卷，第 323 页。

④ 一位读者写给《群众》杂志"群众中来"栏的信。见《群众》，14 卷 2 期(1947 年 1 月 13 日)。

⑤ 罗荣渠教授在研究了 30 年代初至 40 年代末美国的东亚战略及对华政策后总结说："一个大国应学会尊重自己在世界政治中扮演的角色"。美国在顺应时代潮流时，为反法西斯战争的胜利作出了重大贡献；反之，只能走向其反面。"美国并没有失掉过中国，因为它不能失掉从来就不属于它的东西。美国失掉的是它自己的声誉和良知"。见入江昭等编：前引书，第 272 页。

使中国人民伤透了心。历史在这里刻下了一道深深的伤痕。

当事者迷。那时候的美国人也许稀里糊涂:为什么几年之内自己在中国从"友邦"变成了"美帝"、从"英雄"变成了"流氓"、从被"请"进来到被"踢"出去?有一幅叫"进出口"的漫画,画面极朴素、简单,说的是美国往中国运来的是"援华物资"("出口"),从中国运回的是"反美情绪"("进口"),这幅漫画深含其味,可由此体会其初步答案。再简单不过的道理是,"每一颗送给国民党法西斯派的美国子弹,都在中国人民中间播下了不良的影响"。① 早就有人提出过善意的忠告:如果美国政府继续其援蒋独裁、内战的政策的话,那么,这"除了把罗斯福资本浪费净尽,把美国荣誉毁伤净尽,把中美两大民族的传统友谊断丧净尽以外,决不会有别的其他收获"②。这些忠言,若能听得进去,自然利于行,但该听进去的往往是充耳不闻,闻而不见,见而不果,如此,其结局也就可想而知了。

有一本写于中国解放战争时期的关于美国的小册子,曾作过这样的概括:"中国人民对美帝国主义的认识,随着历史的发展,而更加深刻了。在过去,很多人认为,美国对我们是比较'客气'的,'开明'的,办起交涉来多少还带有些绅士派头,没有日寇那样穷凶极恶。那末,经过了三年时间,我们已经认识它是一付怎样的'心肠'了。"这本小册子断言,"从中国人民的观点来看,今日的美国,等于昨日的日本"。③ 这还算是一种相对客气的归纳。不客气的说法是,美国已"千百倍的蹂躏和损害了中国的独立"④,它在华所造成的危害与灾难,"不仅超过其他帝国主义一百余年侵略中国的总和,就是比起日本8年占领中国的全部罪恶也无不及"。⑤ 它提供

① 文川:"美国政府的错误政策必须改变",《群众》,12卷6期(1946年8月31日)。
② 社论:"正义的呼声",《群众》,14卷7期(1947年2月17日)。
③ 张一中著:《战后美国》,东北书店,1949年,第37页。
④ 社论:"请看今日蒋管区竟是谁家之天下",《解放日报》,1946年11月10日。
⑤ 廖梓:《美帝——中国人民的死敌》,大连新华书店,1948年,第11页。

"贷款"、"援助"、"救济"等等,表面上像是救苦救难、普渡众生的观世音,实则为"黄鼠狼给鸡拜年"——没安好心。有一篇文章写得明明白白①:

> 抗日胜利以来的血的事实,已使我们中国人民认得很清楚:谁一心一意要把中国变做他的殖民地?谁全力卵翼着地主买办军阀官僚反动集团的代表蒋宋孔陈四大家族,屠杀,剥削和压迫中国人民,使我们不能安居乐业?使我们没有民主自由?是美帝国主义!

饱经屈辱与苦难的中国人民当然不愿意看着祖国从一个帝国主义手里刚刚解脱出来、旋即又落到另一个帝国主义之手。问题恰恰在于,"星条旗比之太阳旗在今天的中国人民看来,不但是一丘之貉,而且更恶劣,更毒辣。我们不肯做日本的顺民,也不肯做美利坚合众国的顺民"。②因此,不再幻想,不再上当,就是结论。从此以后,我们"不再对美帝国主义存在任何幻想,根除任何和美帝国主义妥协的思想根源":既不天真、上其当,亦不胆小、被它吓倒③。司徒雷登所说的"中国知识分子正处于一种激进的反美情绪中",④确实并非故甚其辞。新华社社论归纳了这样 3 个"明明白白的事

① 牛耕野:"扩大和深入爱国主义运动",见前引《美国兵,滚出去!》,第 177 页。
② 吴晗:"论纪念五四"(1947 年 4 月)。见《吴晗文集》,第 3 卷,第 366 页。一个美国记者 1947 年在华北偏僻的农村——"离开美国、离开马歇尔及杜鲁门总统那么老远的地方"采访,他发现当地的屋墙上也到处是白灰浆刷写的大标语:"我们不当日本的奴隶,也绝不当美国的奴隶!"参见杰克·贝尔登著:前引书,第 32 页。
③ 介木:"美国救得了命吗?",《群众》[港],45 期(1947 年 12 月 4 日)。
④ 司徒雷登 1948 年 10 月 28 日致美国国务院的报告。见肯尼思·雷等编:前引书,第 257 页。当时独立于国共两党的中国第三大政治势力——中国民主同盟三中全会政治报告(1948 年 1 月 19 日)总结说,"我们民盟一向是以善意来对待美国政府的",但一年来的惨痛教训表明,"我们反对中国的反动独裁政府,必须同时也反对美国的帝国主义者";"今后我们再不能对美帝国主义存一丝一毫的幻想"。见陈竹筠等编:前引书,上册,第 312,316 页。

实"：①

> 中国人民至今只是努力恢复和保护自己的正当利益，从没有派一个兵或一个顾问，远渡重洋，到美国去干涉该国"内部势力"的发展，去支持该国的"统一与领土完整"，这难道不是明明白白的事实吗？然而美帝国主义却要在过去、现在和将来干涉中国，破坏中国人民的伟大爱国运动，强迫中国隶属于美国帝国主义，服役于美国帝国主义的利益，这难道不是明明白白的事实吗？因此美国帝国主义是中国民族与中国人民的不可调和的死敌，这难道不是明明白白的事实吗？

40年代末期，中国人如何看美国，这约略可以看作是定锤之音。② 俗话说：种瓜得瓜，种豆得豆。了解也好，认识也罢，归根到底，都是对活生生的现实的反应。这一般而言是不会有什么问题的。在风云突变的非常时期，美国自觉、不自觉地大规模卷入中国

---

① 新华社社论："无可奈何的供状——评美国关于中国问题的白皮书"，《人民日报》，1949年8月13日。

② 中国共产党早就公开声明过："我们共产党并不'反美'，我们在过去、现在和今后都认为中美两大民族应当亲密合作，……'反美'云云不过是国民党反动派企图挑拨中美两大民族友谊之卑劣的阴谋而已。"见"驳斥所谓中共'反美'谬论"，《群众》，11卷11期（1946年7月14日）。但事实不断地在教育人们，所谓吃一堑、长一智。当时任中共中央宣传部部长的陆定一曾说过："中共有一个最可贵的财富，就是对美国不再存在任何的幻想。"参见余伯钧："美国布置着更大的欺骗"，《群众》[港]，创刊号（1947年1月30日）。周恩来是40年代与美国打交道最多的中共高级领导人，这位风云人物的总印象是："美帝国主义固然还是强大的，但他是外强中干的。我们与美帝也交过手，文仗武仗都打过。文仗和马歇尔打了一年，最后他还是失败而去。帝国主义就是纸老虎，你硬一点，他就软些，你软一些，他就骑在你的头上。……对于美帝国主义，我们一定要采取严肃的态度，使他了解中国是不可欺侮的"。见周恩来："关于和平谈判问题的报告"（1949年4月17日）。《周恩来选集》，上卷，第321、322页。

事务,其所作所为,令人大失所望以至绝望,怨恨情绪①之轰然爆发,也就是无可避免的必然结局了。大文豪郭沫若的一段话,突出地代表了这种相当普遍的情绪:②

> 今天我们要反帝,就是要集中力量来反对那集帝国主义之大成的美帝。美帝是我们当前的死敌,也正是全世界以无产阶级为领导的人民阵线的死敌。我们不仅要在民族主义范围内积极地抗拒美帝所加于我们的殖民地化,我们还要联合全世界的人民(包括美国人民在内)形成广大的反美阵线,来推翻这个结束人类前史的世界垄断资本主义。……我们要使每一个人都成为反帝反封建的战士。

不管怎样,"友邦"的美好形象,已俱往矣! 美国著名中美关系史专家多萝西·博格(Borothy Borg)说过:"从争取中国人民的好感的角度而论,美国的政策是突出的失败",③ 此一语而中的,实为真知灼见。

---

① 据《美国万花筒》的作者王作民先生追忆,"1948年,我和爱人从密苏里大学新闻学院毕业。那时美国政府正在起劲地帮助蒋介石打内战,我们的祖国烽烟遍地,饱经苦难。出于义愤,我们认为今后美国同中国敌对是注定的了,再同美国联系似乎没有什么可能了。我的爱人更为偏激,挥笔在地址栏上填了'花果山水帘洞孙悟空转',拼音成英文字,美国人当然莫明其妙"。见王作民著,《美国万花筒》,中国社会科学出版社,1985年,第451页。还可以举出的有说服力的史实,是人们由于对美国的不满,不要美国的救济粮,宁愿挨饿。一位唐山市的读者于1948年6月7日致函《时与文》杂志的"读者之声"栏,说"即使饿死也不吃美国米麦",因为,"我们吃了人家的'救济'米麦,就得让人家在我们领土上乱撞乱冲,处处得听人家的话,人家一瞪眼,我们就得害怕……"。见《时与文》,3卷11期(1948年6月25日)。1948年6月,贫困交迫、生命垂危的朱自清先生,仍用颤抖的手毅然在"抗议美国扶日政策并拒绝领取美援面粉宣言"上签名。毛泽东曾特别表达过他的钦佩之情:"我们中国人是有骨气的,……朱自清一身重病,宁可饿死,不领美国的救济粮"。这表现了我们民族的英雄气概。"没有美国就不能活命么?"

② 郭沫若:"庆祝'五四'光复"(1948年5月4日)。参见蔡尚思主编:《中国现代思想史资料简编》,浙江人民出版社,1983年,第5卷,第351页。

③ 博格:"美国失去中国好感"(1949年2月)。转引自资中筠著:前引书,第388页。

三、"替美国算命"

　　40 年代后期中国人对美国的认识,还涉及到其他方面的问题。关于如何看美国社会、政治及其外交等等,亦都有一些与以往不尽相同的见解。

　　总的说来,第二次世界大战之后,"美国变了,而且变得很多"①。它是唯一在这次大战中大发其财的国家,"战争使富有的美国更加富有起来"②,但它是否真的自由、自在、像天堂一般呢?作家老舍谈其访美的感受说,"不要以为美国的生活是十分圆满的"③,它也有许多困难和问题。"美国是不是一个理想的天堂呢?不是的。美国是一个高度资本主义的国家,那里是秃头大肚的阔老们的天下,穷人们的生活和我们黄脸皮黑头发的中国人差不多一

---

① 许力村:"战后的美国(美国通讯)",《知识与生活》,35 期(1948 年 11 月 16 日)。
② 张松如著:《美国是个什么样的国家》,哈尔滨东北书店,1948 年,第 1 页。
③ 老舍:"旅美观感",《书报精华》,18 期(1946 年 6 月 20 日)。参见曾广灿等编:《老舍研究资料》,北京十月文艺出版社,1985 年,上册,第 214 页。

样痛苦"。① 此外，亦有的人持有显然与此不完全一样的其他看法②。一般的说法是注意到了"两个美国"的不同境遇③。以政治而论，"美国是有民主自由进步的传统的，谁亦不能否认。可是今天这座金碧辉煌的民主庙堂内究竟坐的是真佛还是假佛，倒得弄弄清楚。假使真佛已经遭了劫，那么拜佛进香的就得小心一点，切莫上当"。④ 举例而言，战后"非美活动调查委员会"的猖獗即不是一个好苗头。可以说美国已非单纯的一种颜色了。政治自由已受到了严重摧残。美国虽仍称作民主国家，但实际上并非人民作主。统治美国的，是极少数金融资本家、垄断资本家或其代理人，都是只知道剥削和压迫国内人民、只知道侵略和压迫其他民族的"吸血人物"。"难道久已闻名的民主的美国，就这样丑恶，这样凶暴吗？是

---

① 胡宣之："论中国人口问题"，《时与文》，3 卷 15 期（1948 年 7 月 30 日）。张一中在《战后美国》中指出，"美国是个充满矛盾的国家，少数人肥的发肿，多数人饿得干瘪"；"一部分人富得发昏，一部分人穷得要命，这就是美国社会的真相"（第 9 页）。类似的说法，在我国 50、60 年代的有关读物中广为流传。

② 曾昭抡先生认为，从各方面看，美国都像一个暴发户。"美国人现在确实已不受饥饿的威胁"，虽不能说已将贫穷逐走，但像在东方所常见的那种真正赤贫的人，已少到很难碰见的程度。当然，美国人的生活究竟是不是很舒服，还有争辨的余地。"物质上无疑是相当舒服，精神上则未必完全这样，他们也有他们的苦恼，……他们的生活仍然是相当刻板的。但是世界上又有哪个国家，生活不是刻板的呢？那恐怕只好求之于乌托邦了"。见曾昭抡："美国的开发与产业的发达"，《时与文》，3 卷 19 期（1948 年 8 月 27 日）。曾氏还曾强调说，"美国之被称为'黄金国'，是相当有道理的"，"美国国家之富甲于世界，人民个人的物质享受远高于任何国家，那却是毫无问题的"。见曾昭抡："美国人的生活"，《时与文》，3 卷 22 期（1948 年 9 月 17 日）。刘绪贻在讨论工业化的利弊问题时曾以美国为例说，1947 年以来，其许多工厂每周只工作 5 天或 40 小时，从而使闲暇增加、人力解放。虽说"从分配的不合理看，美国的经济制度还大有改革的必要"；在美国，"贫困的悬殊固是事实，然而大多数人都多多少少享受了工业化的好处，则是很显然的。这只要把美国一般人民的生活水准和中国农民的生活比较一下便可知道。"见刘绪贻："工业化的利弊"（1948 年 10 月）。罗荣渠主编：《从"西化"到现代化》，北京大学出版社，1990 年，第 994 页。

③ 有一本书这样写道，诚然，美国是资本主义世界最富有的国家，但并非所有的美国人都是最富有的呀！"美国是天堂，对那些 9 天抽吸售价 200 元的雪茄的阔老们；美国是地狱，对那些一年只挣 200 元的 8 口之家"。见张松如著；前引书，第 2 页。

④ 木子："两个美国"，《时与文》，2 卷 11 期（1947 年 11 月 21 日）。

的，就是这样的"。① 以美国的选举为例。"那个铜臭的选举，没有金钱或做有钱人的走狗，你能自由走上政治舞台吗？美国人民，选择来，选择去，还不是那两个一丘之貉的民主党或共和党？"② 还有的认为，在杜鲁门逐步背弃了罗斯福的政策之后，"美国政府的性质是和以前完全不同了"，已经很少甚至完全没有民主的气息了。美国政治已由民主政治蜕化为法西斯政治③。况且，较之"希特勒与墨索里尼险恶狠毒了千万倍，事实俱在，只须人人把眼睛放亮些"④。

战后初期，美国"急如星火的寻求扩张，要想一口独吞世界"⑤的事实，又强化了人们对这个"巨擘"的恐惧和恶感。美国的世界政策就是"赤裸裸的巨棒政策"。⑥ 其对外扩张，"如水银泻地，无孔不入。"⑦ 它的根本目的是企图"把星条旗插遍全世界"⑦，建立以美国为中心的"世界帝国"。⑧ 当时有一篇文章形容说⑨：

> 华尔街的大亨们指使着杜鲁门和马歇尔左手拿着原子弹，右手拿着美元，向各弱小国家恫吓着说："你们知不知道你们很快被共产主义的洪水淹没了？来！到我这儿来，我给你美元，又可以用原子弹保护你的安全。如果你不听话，我就用原子弹炸碎你的脑袋"。

谈和平嚷嚷得最起劲，其实最不要和平的恰恰就是美国，用中

---

① 卓芸："谁统治着美国"，《群众》[港]，4 期（1947 年 2 月 20 日）。
② 杜薇："论一种自由主义"，《中国建设》，5 卷 5 期（1948 年 3 月）。
③ 定思："对美帝国主义的看法"，《群众》，13 卷 11—12 期（1946 年 12 月 30 日）。
④ 孙恩定："论美国法西斯运动"，见《美国政治剖视》，世界知识社，1948 年，第 27 页。
⑤ 新华社社论："全力准备总反攻——纪念五一节"，《群众》[港]，15 期（1947 年 5 月 8 日）。
⑥ 孟宪章："美国世界政策的经济背景"，《时与文》，3 卷 1 期（1948 年 4 月 16 日）。
⑦ 梅碧华："美国大选与外交政策"，见《美国政治剖视》，第 31 页。
⑧ 陈翰伯："建立'世界帝国'的美国外交"，《世界知识》，15 卷 2 期（1947 年 3 月 29 日）。
⑨ 林焕平："论美国外交政策"，《时与文》，2 卷 6 期（1947 年 10 月 17 日）。

国的俗语说,亦即"挂羊头,卖狗肉"。美国的什么"救济"、"援助"等货色,"戳穿看,是狼身上披着的羊皮"①。杜鲁门主义就是扩张和战争。"试看美国资本主义成长与繁荣的历史,不就是一部美国扩张的历史吗?"②

　　战后的世界和平之梦破灭了。杜鲁门主义注定了这一点。"杜鲁门总统是战后第一个公开说明和平是幻觉的人。即使美国不是破坏和平的主角,也不能不说是葬送和平的鼓手。"③ 与此同时,人们也相信,"40 万万建立不起一个国民党的中国,270 万万建立不起一个杜鲁门的世界。这还不够证明美国统治世界的狂想已经彻底破产了吗!"④

　　美国以"天下第一"自居,骄气迫人,到处插足,到处伸手,里里外外,惹事生非。这只能越来越讨人嫌。很难指望人们对这样一个横冲直撞的"阔少"会有好的印象⑤。40 年代后期中国人看美国,大致如此。很难说都很符合其真实情况,但一般而言,又都是合乎人之常情的。对于"错综复杂和万花筒般的美国"⑥,究竟如何认识,仍是一个大难题。

① 刘布谷:"漫谈美国经济恐慌及马歇尔计划",《知识与生活》,20 期(1948 年 2 月 1 日)。
② 方白非:"论'杜鲁门主义'",《世界知识》,15 卷 20 期(1947 年 5 月 24 日)。
③ 费孝通:"一年来的世界大势——历史翻过一页",《知识与生活》,17—18 期(1948 年 1 月 1 日)。金仲华 1947 年 5 月指出,杜鲁门主义是一种"战争主义"、"世界扩张主义","已成为今天世界逆流的中心。见金仲华著:《第二次世界大战前后——金仲华国际问题文选》,世界知识出版社,1987 年,第 354、第 356、358 页。
④ 乔木:"大美帝国登场得太迟了",《群众》[港],12 期(1947 年 4 月 17 日)。
⑤ 曾昭伦说过:"为美国本身福利计,与其到处扩张碰钉子,惹麻烦,远不如对内均贫富,对外学习以和平平等的态度与他国相处"。见曾昭抡:"美国发展前途的限度",《时与文》,3 卷 20 期(1948 年 9 月 3 日)。那时感觉良好的美国人,自然既不这么想,也不会这么做。
⑥ 刘尊棋著:《美国侧面像》"小引",新中国书局,1949 年。

四、毛泽东的美国观

正如我们在第8章第2节"从延安看美国"中已初步考察的那样，毛泽东在抗日战争时期对美国的看法，是有变化和发展的，并一度对美国有相当好的印象和评价。只是到1945年抗战胜利前后，随着美国对华政策由中立而彻底滑向蒋介石一边，毛泽东的美国观才有了大幅度的调整。虽不排除间或亦有对美国首肯的意向[①]，但总的说来，这不是主流。这一时期毛泽东对美国的看法，以抨击美国对华侵略政策及其虚弱本质为主。

还在抗战胜利前夕，毛泽东即已提醒中国共产党人准备吃美国的亏，关于这一点，前已述及。1945年8月13日，他在延安干部会议上又说，蒋介石"把美国帝国主义作为靠山"，后者则想"把中国变成美国的附庸"[②]，这个方针是老早就定了的。针对美对蒋的大规模军援，毛泽东在声明中严肃指出，这是美国"继续陷中国于内战、分裂、混乱、恐怖和贫困"的祸根。"中国人民痛感美国运来中国的军火已经太多，美国在中国的军队已经驻得太多，它们已经构成中国的和平与安定与中国人民的生存和自由之严重巨大威胁"。[③] 由中共中央主席毛泽东亲自发表对美国政策的强硬声明，这在当时尚不多见，故深受当时有关方面的重视。这主要是由于对美国干涉中国内政的极端不满。1946年6月1日，毛在给郑位三

---

① 1945年10月9日，当回答英国记者甘贝尔问"中共对'自由民主的中国'的概念及解说如何?"时，毛泽东说："它将实现孙中山先生的三民主义，林肯的民有民治民享的原则与罗斯福的四大自由，它将保证国家的独立、团结、统一与各民主强国的合作"。见《中共党史参考资料》，人民出版社，1979年，第6册，第7页。

② 《毛泽东选集》，第4卷，第1132页。

③ 毛泽东1946年6月22日关于美国对华军事援助的声明。《解放日报》，1946年6月23日。

等的电报中即已明确指出："美蒋对我极为恶劣,全面内战不可避免。"①"美蒋"作为一个新的组合名词,注定此后长时期内为人所痛恨。

"纸老虎"②是毛泽东对美国的看法的总概括。早在 1945 年 8 月 13 日,毛泽东即已说过"美国帝国主义是外强中干的"③。差不多一年以后,即 1946 年 8 月 6 日,毛泽东在同安娜·路易斯·斯特朗的谈话中首次正式提出了他的"纸老虎"论④:

> 原子弹是美国反动派用来吓人的纸老虎,看样子可怕,实际上并不可怕。……一切反动派都是纸老虎。看起来,反动派的样子是可怕的,但是实际上并没有什么了不起的力量。从长远的观点看问题,真正强大的力量不是属于反动派,而是属于人民。……蒋介石和他的支持者美国反动派也都是纸老虎。提起美国帝国主义,人们似乎觉得它是强大得不得了的,中国的反动派正在拿美国的"强大"来吓唬中国人民。但是美国反动派也将要同一切历史上的反动派一样,被证明为并没有什么力量。在美国,另

---

① 《毛泽东军事文选》(内部本),第 280 页。后来,毛泽东把中国内战解释为"美国出钱出枪,蒋介石出人,替美国打仗杀中国人,借以变中国为美国殖民地的战争"。见《毛泽东选集》,第 4 卷,第 1491 页。

② "纸老虎"一说,最早源自何处,已不可考。据说,当李鸿章引以自豪、苦心经营的北洋海陆军在甲午之战中一触即溃后,李氏颇有感慨,"练兵也,海军也,都是纸糊的老虎",虚有其表,外强中干。参见苑书义著:《李鸿章传》,第 330 页。

③ 《毛泽东选集》,第 4 卷,第 1132—1133 页。

④ 同上,第 1194—1195 页。10 年以后,即 1956 年 7 月 14 日,毛泽东在接见两位来访的拉美人士时,谈话的主题就是"美帝国主义是纸老虎":"现在美帝国主义很强,不是真的强。它政治上很弱,因为它脱离广大人民,大家都不喜欢它,美国人民也不喜欢。外表很强,实际上不可怕,纸老虎。外表是个老虎,但是,是纸的,经不起风吹雨打。我看美国就是个纸老虎"。"我们说美帝国主义是纸老虎,是从战略上来说的",即战略上轻视它,战术上重视它。"我们看到帝国主义就不舒服。……要帝国主义干什么? 中国人民不要帝国主义,全世界人民也不要帝国主义"。见《毛泽东选集》,第 5 卷,第 291,292 页。

有一类人是真正有力量的,这就是美国人民。

在这里,毛泽东在观察美国时有这样几个特点:第一,从本质上而非从表面上看问题。这在当时"恐美"心理相当普遍的情况下①,更显示出其高瞻远瞩的战略家气度。第二,在看美国时,注意严格区别"美国反动派"与"美国人民"敌友这两个方面,这是毛泽东的一贯主张②,也是与笼而统之的"反美"根本不同的。第三,此

① 美国当时拥有世界上最强大的经济、军事力量,美国军队在第二次世界大战中表现极佳,几至"打遍世界无敌手",战后又到处耀武扬威,不可一世。在这种情况下,人们对美国有一种恐惧心理,是很自然的。美国站在蒋介石一边,又有大量美军驻华,因此,"恐美"心理成为与蒋大决战的障碍。毛泽东提出,美帝国主义、蒋介石也是纸老虎,无异于一颗精神原子弹的引爆,对于消除这一心理障碍是有很大作用的。当然,倘要把多年形成的"恐美"心理一扫而光,亦非一蹴而就之功,且不说新中国成立后这仍是一项重要的思想任务,在解放战争时期尤其如此。邓小平1948年4月25日即曾在一次高级军事干部会议上专门指出:"最近,恐美病似乎有发展。有的人说,给蒋介石几万万美金和枪炮,我们已经知道没有多大用处了,现在就是怕美国出兵,怕美国的原子弹。很多同志不相信毛主席讲的美帝国主义是纸老虎的论断,以为美国出兵凶得很,我们非失败不可。这对一个革命者来说是要不得的"。"我们为什么要怕帝国主义?不要说美国出兵不是那么容易,就是出兵,我要反问:你还革命不革命?还要不要反帝这个纲领?还够不够得上是无产阶级的先锋队?具有优良品质的共产党员,应该回答:和他干,干到底!就要有这个气魄。……我们要敢于蔑视美帝国主义,鄙视那些怕外国人的奴才相,要发扬正义"。见邓小平:"跃进中原的胜利形势与今后的政策策略",《邓小平文选(1938—1965)》,人民出版社,1989年,第105页。毛泽东1949年1月8日为中共中央起草的党内指示,亦特别强调:"在中国人民和我们党内存在着对于美国帝国主义力量的过分估计的错误观念,必须继续地加以指明和克服"。见《毛泽东军事文选》(内部本),第328页。1949年1月,毛泽东在西柏坡村召开的中共中央政治局会议上也强调美帝在中国已经臭了,但害怕美帝的心理并未解决。参见《胡乔木回忆毛泽东》,第537页。

② 毛泽东早在1945年6月即指出:"我们反对美国政府扶蒋反共的政策。但是我们第一要把美国人民和他们的政府相区别,第二要把美国政府中决定政策的人们和下面的普通工作人员相区别"。见《毛泽东选集》,第3卷,第1126页。

段文字已隐约包含了后来的"蔑视、鄙视、仇视美帝"的气息①。

从 1949 年 8 月 14 日到 9 月 16 日，即中华人民共和国诞生前夕，短短的 1 个月内，毛泽东亲自为《人民日报》撰写了 5 篇喜怒笑骂皆成文章的关于《美国与中国的关系》白皮书的著名评论②，明确阐述了对美国的基本认识：第一，必须丢掉对美国的任何幻想。帝国主义是十分凶恶的，它决不会放下屠刀，也不会立地成佛，必须与之斗争、再斗争，直至胜利。要有对美帝国主义作长期斗争的决心和信心。第二，彻底揭批美国对华政策的侵略本质，不上帝国主义的当，增强民族自信心。美国对中国历来就不是友谊，而是侵略。"美帝国主义侵略中国的历史，自从 1840 年帮助英国人进行鸦片战争起，直到被中国人民轰出中国止，应当写一本简明扼要的教科书，教育中国的青年人"。与其他列强相比，在很长的时期内，美国更加注重精神侵略，如宗教、教育、文化事业等。抗战胜利后，美国出面调处国共争端，这场"文明戏"的目的就是"企图软化中国共产党和欺骗中国人民，不战而控制全中国"。随后又陷中国于内战的苦海，出钱、出枪、出顾问，由蒋介石出人，替美国打仗，杀中国人。那些对美国仍存有幻想的中国人，必须从历史和现实的教训中觉醒。"没有美国就不能活命吗？"第三，对美国政治的本质作了定性。美国政府是继德意日法西斯之后的第一个"右派极右政府"。它是资产阶级一个阶级对人民实行专政的政府。它对资产阶级内部

---

① 直至 1991 年 11 月 30 日，胡乔木在与章百家等人的谈话中还记得一清二楚：当赫尔利背弃"五条协议"后，驻延安美军观察组组长包瑞德曾劝说不要顶撞赫尔利。毛泽东听说后很气愤，这位大智大勇的中共最高领袖据称回敬说：你们美国人吃的是面包，我们吃的是小米，你们美国人吃饱了饭愿意干什么是你们的事。胡氏解释说，这"意思是我们中国共产党人坚持自己的路线，是不会畏惧的。"参见《胡乔木回忆毛泽东》，第 80 页。

② 即"丢掉幻想，准备斗争"（1949 年 8 月 14 日）；"别了，司徒雷登"（1949 年 8 月 18 日）；"为什么要讨论白皮书？"（1949 年 8 月 28 日）；"'友谊'，还是侵略？"（1949 年 8 月 30 日）；"唯心历史观的破产"（1949 年 9 月 19 日）。见《毛泽东选集》，第 4 卷。

是有所谓民主的,但对人民是独裁的。"美国政府现在还有一片民主布,但是已被美国反动派剪得很小了,又大大地褪了颜色,比起华盛顿、杰斐逊、林肯的朝代来是差远了,这是阶级斗争迫紧了几步的缘故。再迫紧几步,美国的民主布必然要被抛到九霄云外去"。

毛泽东是中国共产党的灵魂,其美国观自然有其非同寻常的特殊意义。这些基本认识成了1949年后20多年间中国人的美国观的根本指南。其影响之大,无论作何估计,恐怕都不是过分的。

非常有意思的是,诚如何迪所概括的:"1944年8月,毛泽东亲自为延安《解放日报》修改审定了题为'欢迎美军观察组的战友们'的社论。1949年8月,毛泽东又亲自为《人民日报》撰写评论'别了,司徒雷登'。从'欢迎'到'别了',这4个字准确地概括了5年之中中国共产党与美国交往的历史和对美政策演变的过程"。[①]其实,这4个字亦同样准确地概括了1944—1949年间毛泽东的美国观及其演进历程。

从"欢迎"到"别了",这字字千钧的真正份量,只有昭昭青史,才有资格佐证。

---

① 何迪:前引文。见袁明、哈里·哈丁主编:前引书,第77页。

第十章 矫正与扭曲

—— 中国人美国观的硬化

1949 年中华人民共和国成立以后,中国人的美国观进一步转变,美国在中国的形象在被矫正的同时,亦不乏扭曲之处。这是当时历史条件下种种主客观因素综合作用的结果,有某种程度的必然性,也有一定的合理性,当然也有夸大其辞、言过其实之处。

一、不相往来的一代人之间

从 1949 年到 1972 年,中美两个大国之间非但不相往来,而且几乎始终处于相互敌视和对抗的非正常状态,并一度在朝鲜兵戎相见、在越南间接相战、在台湾海峡武装对峙。这一相当严峻的两国关系的背景,加上东西方国际关系上的冷战格局以及中国、美国国内政治生活的刺激,构成了这一时期中国人看美国的独特背景。具体说来,朝鲜战争、中国反右运动、台湾海峡危机、美国对共产党的政治压迫、越南战争以及美国对中东、非洲、古巴的武装干涉,都是影响、制约中国人对美国的看法的重大因素。其中,朝鲜战争是一个关键性因素①。

朝鲜战争对中国人美国观的影响,至少强烈地表现为 4 个方面:

---

① 陶文钊一言以蔽之曰:"美中两国先后卷入朝鲜战争,两国对抗的格局也就定下来。……两国都为它们的对抗付出了高昂的代价"。见《中美关系史》,第 496 页。

首先，美国对朝鲜内战的大规模武装干预以及无理封锁台湾海峡，使中国政府和人民进一步看到了美国侵略的现实威胁性，美国已肯定无疑地成为头号公敌。"战火已经烧到我们的门前了"①，"美国版的希特勒们狂妄地设想他们在不久的将来能够征服全世界"。②美国之插足朝鲜，是为了吃掉中国。"狼子野心如美帝者，难道会只满足于对朝鲜这一个国家的占领吗？不会的，它的鹰隼凶视着中国、亚洲和全世界"。③

　　其次，抗美援朝运动的大规模开展，事实上是在全中国上上下下中进行了一次思想教育运动，其中心内容就是"蔑视美帝！鄙视美帝！仇视美帝！"这是针对当时相当一部分人仍存在的崇美、恐美心理而进行的。朝鲜战争爆发后，在我们的大城市中，有一些人恐美、崇美情绪严重，不相信共产党，说"共产党在军事上能打 100分，政治上能打 50 分，经济上只能打零分"④。此外，说"美国和善"、"不会侵略中国"的有，说"朝鲜战争是金日成打起来的"、"苏联老刺激美国"、"美国攻朝鲜是维辛斯基骂出来的"也有⑤。当时颇有一些人"提起美国的侵略行为来还不像提起日本帝国主义来那样立刻怒火中烧；说到美国的腐朽堕落时还不能立刻扫尽对它的假仁假义的若干幻想；这一部分人对于美帝国主义的力量，还存在着一些幻觉"。⑥ 凡此等等，对于顺利开展抗美援朝斗争都是障碍。为了扫除这些障碍，就须动员舆论力量，重新认识美国，清除这些心理病。为此，在全国范围内，大张旗鼓地开展宣传教育运动，

---

① 社论："为什么我们对美国侵略朝鲜不能置之不理？"，《人民日报》，1950 年 11 月 6日。
② 廖盖隆："玩火者将自焚"，《世界知识》，22 卷 6 期（1950 年 10 月 21 日）。
③ 邓超著：《朝鲜人民的伟大解放战争》，世界知识社，1952 年，第 16 页。
④ 曲爱国："抗美援朝战争纵横谈——访柴成文将军问答录"，《人物》，1992 年 5 期。
⑤ 双云："打倒亲美论"，《学习》，3 卷 4 期（1950 年 11 月 20 日）。
⑥ 张彦："为什么有些人对美帝国主义认识不足？"，《学习》，3 卷 15 期（1950 年 12 月1 日）。

"已推行者深入之，未推行者普及之，务使全国每处每人都受到这种教育"。① 在这种情况下，"如何普遍展开仇视美帝、鄙视美帝、蔑视美帝的运动，以提高警惕，加强全国同胞同仇敌忾的精神，巩固我们的国家建设和心理建设，实为我们战胜美帝的两把犀利武器"。② 有的文章说，亲美论是亡国论、卖国论，所以，"抗美援朝运动主要的思想斗争，就是痛打亲美论"。③ 关于这一点，张彦的说法有其典型性和代表性④：

> 坚决仇美、鄙美和蔑美的感情才是真正地代表了中国人民的崇高的感情。每一个爱国的中国人都必须彻底地清算对美帝国主义的任何幻想，消除对美帝国主义的任何惧怕心理，树立起仇视、鄙视、蔑视美帝国主义的观点，增强人民必胜的信心。

再次，抗美援朝战争本身进一步强化了中国人的仇美情绪。中国人民志愿军是高唱着"打败美帝野心狼"⑤的战歌奔赴朝鲜战场的。残酷的战争和血的代价，只能使人们把美国兵称作"兽军"、"吃人生番"、"屠夫"。报告文学作家杨朔在《万古青春》中记载了一级战斗英雄李家发的一个小故事：在反美军细菌战那当儿，有一回，班长听见小李一个人在青枫树底下自言自语地骂："你这个杜鲁门，再叫你祸害人！"班长跑去一看，原来李家发捉到一只耗子，倒

---

① 《毛泽东选集》，第 5 卷，第 34 页。
② 孟宪章："展开对美帝的仇视鄙视蔑视运动"，见《文汇报》社会大学编辑室编："仇视美帝鄙视美帝蔑视美帝"，文汇报社，1950 年，第 33 页。
③ 双云：前引文。
④ 张彦：前引文。有人说，在今日美帝国主义穷凶极恶地挑衅之时，"若仍执迷不悟地在崇拜、在摹仿日趋没落的美帝的那一套，这不仅是愚昧无知，简直是认贼作父了！"见杜文思："日趋没落的美国科学"，《解放日报》，1950 年 11 月 16 日。
⑤ 《中国人民志愿军战歌》的歌词是："雄纠纠，气昂昂，跨过鸭绿江。保和平，卫祖国，就是保家乡。中国好儿女，齐心团结紧，抗美援朝，打败美帝野心狼！"见《人民日报》，1951 年 4 月 1 日。

吊在树上，手握着根藤条，抽一下，骂一句①。俗话说："老鼠过街，人人喊打!"这老鼠也就是耗子，堂堂的美利坚合众国总统杜鲁门，在志愿军的心目中如同一只老鼠，典型地反映了当时中国人对美国的仇恨心理②。"英勇的人民志愿军以自己的血肉之躯和敌人的炮火与钢铁对抗"③的英雄主义精神，更进一步激起人们对美国的仇视、蔑视和鄙视；抗美援朝中涌现的黄继光、邱少云等英雄的名字，成为"最可爱的人"的化身，也成为整整一代中国青少年学习、崇拜的榜样。

最后，刚刚成立的新中国敢于和号称第一的美国在朝鲜真刀实枪地进行较量、见高低，极大地长了中国人民的志气。"美帝是个纸老虎"的观念愈益深入人心。毛泽东不无自豪地宣示，抗美援朝战争是个大学校，我们在那里进行大演习。"这一次，我们摸了一下美国军队的底。对于美国军队，如果不接触它，就会怕它。我们跟它打了33个月，把它的底摸熟了。美帝国主义并不可怕，就是那么一回事"。④美国连朝鲜战争都打不赢的结局，就使到底谁应该怕谁作为一个问题被提了出来："是我们应该怕美国，还是美国应该怕我们?"⑤毛泽东说，"美帝国主义者很傲慢，凡是可以不讲理的地方就一定不讲理，要是讲一点理的话，那是被逼得不得已了"。中国人民第一次真正体会到"站起来了"的意义。美国尽管财大气粗，

---

① 参见《杨朔文集》，山东文艺出版社，1984年，上卷，第225页。

② 当时的一首儿歌说："一二三四五，上山打老虎；老虎不吃人，专吃杜鲁门……"现今的一首形似但神异的儿歌改为："一二三四五，上山打老虎；老虎打不着，看见小松鼠……"。当我有意识地把前一首教给不到3岁的儿子时，他虽照例背得朗朗上口，但一直搞不明白杜鲁门为何许人、老虎为何偏偏"专吃杜鲁门"?

③ 杨刚：《美国札记》"前言"，湖南人民出版社，1983年，该书初版于1951年。作者指出："我们还应该进一步对美帝无法无天的掠夺精神以及这种掠夺精神所造成、所影响的美国文化思想多作研究与暴露"。

④ 毛泽东："抗美援朝的伟大胜利和今后的任务"（1953年9月12日在中央人民政府委员会第24次会议上的讲话）。《毛泽东选集》，第5卷，第103页。

⑤ 廖盖隆著：《反抗美国侵略者》，中国青年出版社，1951年，第56页。

狂妄得很，"可是现在连朝鲜这块小地方都啃不动，战争贩子们如何能够完成他们的霸业呢？"①一个著名劳动模范掏出了老百姓一吐为快的心里话："美帝国主义早已是我们手下的败卒，在朝鲜战场上早已证明是一个一戳即穿的纸老虎"！②

《世界知识》杂志刊载的《蔑视美帝！鄙视美帝！仇视美帝！——国际问题问答》一文说："我们蔑视美帝，因为它是纸老虎；我们鄙视美帝，因为它是民主的敌人；我们仇视美帝，因为它是直接威胁我们的最危险的敌人！"各种各样的小册子、文章、漫画都集中对美国进行抨击、揭露、批判③。概括说来，在50—60年代中国人的心目中，美国社会腐烂不堪，美国文化腐朽反动，美国政治法西斯化，美国经济千疮百孔。美帝国主义已如日落西山，气息奄奄，正在一天天烂下去。美帝的寿命不长了。

二、美帝："最凶恶的帝国主义"

50年代有广泛影响的《学习》杂志在谈到"我们应该怎样正确地认识美国"时，用5个"敌人"作了答案，即美国是"和平的敌人"、"民主的敌人"、"文化的敌人"、"全世界人民最凶恶的敌人"、"中国

---

① 邓超著：《美帝狂妄的战略计划》，人民出版社，1951年，第18页。

② 吴运铎："我时刻准备着重新拿起枪来"，《新观察》，1958年18期。有一首叫《纸老虎不可怕》（赵良民词，世彪曲）的歌唱道："原子弹，不可怕，决定胜利不是它；杜鲁门，不可怕，光会用嘴说大话；美国兵，不可怕，他不知打仗是为啥；纸老虎，不可怕，和平阵营力量大。"

③ 吴甫编著的《美国——一个杀人喝血的国家》（新潮书店1951年版）很有代表性。这本写成于1951年4月的小册子，其中心思想就是要控诉美帝国主义的血腥罪行。该书说，"美国是一头吃人的野兽！是一个杀人喝血的国家！""它那一双血淋淋的手，把千千万万本来可以自由自在地过完他们一生的人们整批整批地变成一堆堆的骷髅。美国的资本家就用这些骷髅，造成了它们的纽约和华盛顿，造成了他们一百几十层的大楼。没有疑问，在这个意义上来说，美国的48州完全是用骷髅铺成的；美国的星条国旗是用骷髅的骨头织成并且是插在山一般的骷髅的上面的"。参见该书第195页、206页、197页。

人民最凶恶的敌人"。① 有一篇文章说,美帝国主义是世界人民最凶恶的敌人,它正在走着从腐朽到坟墓的最后一段历程。美帝"是最顽固、最不要脸、最坚持侵略的强盗",是殖民主义的头子和保镖,是一切反动派的首脑,是一切被压迫民族的共同敌人,是"集帝国主义的一切罪恶之大成的帝国主义头子"②。它妄想称霸全球,"恨不得一下子就把全世界吞进肚皮里才痛快"③。在帝国主义群狼中,美帝是一条"吃人不吐骨头的大恶狼"。第二次世界大战后,它始终没有停止过对世界人民进行核讹诈,不断地在世界各地进行武装挑衅、军事干涉和侵略战争。"美帝国主义是人类有史以来最贪婪、最残暴、最狂妄的侵略者"④。美帝已融最反动、最野蛮、最专制于一体,"它的最重要的特点是它的侵略性。美帝国主义是今天世界上最富于侵略性的帝国主义国家"。⑤ 它也是没落中的帝国主义阵营的中心支柱、最后堡垒,"是今天世界的反动中心"。⑥ 哪里有风吹草动,它一定得派出军队,先开到这里,又开到那里,搅得全世界都不得安宁。它是"太蛮横、太霸道了。"好话说尽,坏事做绝⑦。同时,它也自己给自己制造了绞索。"美国在全世界许多国家

① 本刊编辑部:"目前时事问题学习提纲",《学习》,3 卷 4 期(1950 年 11 月 20 日)。
② 纪隆:"世界人民最凶恶的敌人",《世界知识》,1959 年 2 期。
③ 叶君健:"肯尼迪的法西斯原形毕露",《光明日报》,1962 年 1 月 24 日。
④ 思慕:"美帝国主义就是战争",《中国青年报》,1966 年 1 月 15 日。
⑤ 王惠德:"学习'帝国主义论',从根本上认识美帝国主义",《学习》,3 卷 4 期(1950年 11 月 20 日)。
⑥ 胡绳、于光远、王惠德:"美国——世界的反动中心",《学习》,4 卷 10 期(1951 年 9月 1 日)。
⑦ 有的书指出,战争和掠夺是美国资本主义发展的基本道路,美国是各民族自由与独立的绞杀者。"如果以为美国的帝国主义政策只是用来对付和平民主国家的,那就大错特错了。"对西欧等资本主义"朋友",美国照样实行帝国主义的政策。"战后,在英法这些还算是资本主义大国的国土上,到处飘扬着星条旗,到处都是美国兵。连这些国家的首都都出现了不受这些国家的法律约束的'小华盛顿'。这些国家的民族主权逐渐在丧失中。"见时事手册编辑部编写:《战后国际形势基本知识讲话》,世界知识社,1954 年,第 91 页。

建立了几百个军事基地。中国领土台湾、黎巴嫩以及所有美国在外国的军事基地,都是套在美帝国主义脖子上的绞索。不是别人而是美国人自己制造这种绞索,并把它套在自己的脖子上,而把绞索的另一端交给了中国人民、阿拉伯各国人民和全世界一切爱好和平反侵略的人民。美国侵略者在这些地方停留得越久,套在它头上的绞索就将越紧"。①"纸老虎"是没有好下场的。它总有一天要被全世界人民处以绞刑。"美帝国主义的疯狂挣扎,是在自套绳索、自掘坟墓"。②

三、"中国人民的死敌"

在 50—60 年代,我国出版了大量的以美国侵华为主要内容的著作及小册子。"美帝国主义从来就是中国人民的敌人,而且是一个最凶狠、最阴险的敌人"。③ 这是当时的一般说法。

从帝国主义侵华史的角度看,陈旭麓说,"美帝侵略我们的时间最长,侵略过我们的空间也最大"。在别的帝国主义国家倒下去之后,美帝仍在南方侵占台湾,在东北想走日寇的老路,"在遥远的西藏企图放一把侵略的野火","美帝是我们最大最凶恶的敌人!"④ 美国对中国的侵略是一贯的、全面的、阴险的。"它采用了多少毒辣的阴谋,多少阴险的手段,欠了我们多少血债,真是数不清,

---

① 毛泽东 1958 年 9 月 8 日在最高国务会议上的讲话。参见《人民日报》,1958 年 9 月 9 日。

② 金仲华:"坚决反对美国侵略,彻底粉碎强盗逻辑",《学术月刊》,1958 年 10 期。

③ 钟正轩著:《美帝国主义是我们的死敌》,中国青年出版社,1962 年,第 33 页。在当时为数众多的美国侵华史著作中,以历史学家刘大年的《美国侵华史》影响最著,该书曾一版再版。卿汝楫著《美国侵华史》(两卷本)是当时篇幅最大、学术色彩最浓的一部中美关系史著作。

④ 陈旭麓:"怎样从历史上认识美帝侵华",见中国教育工会上海市委员会编:《从各方面看美帝》,棠棣出版社,1950 年,第 23 页。

说不尽"。① 既有经济的掠夺、文化的麻醉,也有政治上的压迫,还有赤裸裸的屠杀,在"中国百余年退化历史中,都渗透了美国资本主义侵略的血迹"。② 它还两面三刀,极尽其阴毒欺诈之能事。对反动政权大肆援助,对革命力量无情打击,"小反动小被援助,大反动大被援助,愈反动愈被援助;反之,小革命小被打击,大革命大被打击,愈革命愈被打击"。③ 这也是美帝国主义侵略中国的反革命手法。一首50年代初流行的儿歌,开头的前两句就是:"美国强盗是条狼,一心要把中国亡"。美帝国主义除了自己侵略中国外,还无耻协助日本帝国主义侵略中国,"日帝可恨!美帝更可恨!"怎么办呢?一位当时即已享有盛名的历史学家说④:

> 历史事实既然告诉我们:美帝和祖国、美帝和正义都不两立,那么如真为着正义,为着祖国,就必自恨美帝始;
>
> 如不恨美帝,就是思想有问题,神经有问题!

中国人民"深知美帝国主义从来就不愿在平等的基础上同别人协商,合理解决问题"⑤。它对中国内政粗暴干涉,霸占中国的神圣领土台湾,赖着不走,在中美关系问题上"打了个死结"。但美国的武力、战争威胁吓不倒中国。周恩来总理在谈到对美态度和政策时郑重提出:第一,中国不会主动挑起对美国的战争;第二,中国人

---

① 杨宽:"美帝向来是个狡猾阴险毒辣的侵略者",《从各方面看美帝》,第29页。
② 姚天珍:"美国是中国人民的凶恶敌人",《解放日报》,1950年11月11日。
③ 蔡尚思:"美帝是中国最大的敌人",《从各方面看美帝》,第11页。
④ 蔡尚思:"美帝是中国最大的敌人",《从各方面看美帝》,第14页。
⑤ 周恩来1960年8月30日同斯诺的谈话。见中华人民共和国外交部等编:《周恩来外交文选》,中央文献出版社,1990年,第299页。《人民日报》1958年10月11日发表的社论说:"我们只要求美国人休管我们中国人内部的事情,休想骑在中国人头上拉屎撒尿。"

说话是算数的；第三，我们是有准备的。① 毛泽东主席 1955 年 1 月 28 日对芬兰首任驻华大使孙士敦讲，原子弹吓不倒中国人民。"今天，世界战争的危险和对中国的威胁主要来自美国的好战分子"。不过，美国的原子讹诈吓不倒中国人民。它那点原子弹，也消灭不了中国人。"即使美国的原子弹威力再大，投到中国来，把地球打穿了，把地球炸毁了，对于太阳系说来，还算是一件大事情，但对整个宇宙说来，也算不了什么"。② 当时的中国国务院副总理兼外交部长陈毅的一段话更有意思，这位元帅外交家 1965 年 9 月 29 日在中外记者招待会上说，中国决心为打败美帝作出一切必要的牺牲③：

> 对于美帝国主义，我们不存在任何幻想。为了反对美国侵略，我们一切都准备好了。……我们等候美帝国主义打进来，已经等了 16 年。我的头发都等白了。或许我没有这样幸运能看到美帝国主义打进中国，我的儿子会看到，他们也会坚决打下去。请记者不要以为我是个好战分子。是美帝国主义穷凶极恶，欺人太甚。

正因为美国"欺人太甚"，所以"要把对美帝国主义的新仇旧恨

---

① 这是周恩来 1965 年 4 月 2 日与巴基斯坦总统阿尤布·汗会谈时说的。一年以后，即 1966 年 4 月 10 日，周同巴基斯坦《黎明报》记者伊查兹·侯赛因谈话时，又进一步将中国的对美态度和政策归纳为 4 句话：（一）中国不会主动挑起对美国的战争。中国没有派兵去夏威夷，是美国侵占了中国领土台湾。尽管如此，中国仍努力通过谈判解决问题；（二）中国人是说话算数的。如果亚、非或世界上任何国家遭到以美国为首的帝国主义的侵略，中国政府和人民是一定要给以支持和援助的。如果因此而引起美国侵略中国，我们将毫不犹豫地奋起抵抗，战斗到底；（三）中国是做了准备的。如果美国把战争强加于中国，不管它来多少人，用什么武器，它将进得来，出不去；（四）战争打起来，就没有界限。详见《周恩来外交文选》，第 460—461 页。
② 《毛泽东选集》，第 5 卷，第 136—137 页。
③ 参见《人民日报》，1965 年 10 月 7 日。

永记在心,把对敌人的仇恨搞的深深的"①,把一切工作同反对美帝的斗争密切结合起来,"立足于美帝要早打、大打这个'打'字上"。② 1966年初的一篇文章提出,"认识美帝国主义,仇恨美帝国主义,反对美帝国主义,是当前迫切的政治任务"。一位著名的国际问题专家说,美帝国主义特别富于侵略性,特别好战,它"不仅是一只最嗜血的大恶狼,而且是一只披着羊皮的大恶狼,对于它,人们特别要提高警惕"③。它一心一意想吃掉中国,对其军事冒险的可能性决不能掉以轻心。"不把美帝国主义彻底埋葬,我们的斗争决不罢休"!④

四、"民主"乎?"自由"乎?

当时中国人认为,美国既无民主,也无自由。它是一个政治上日趋法西斯化的帝国主义国家。美国国内政治生活的不正常化(如50年代初麦卡锡主义横行、60年代初对美国共产党人的迫害等),中国学术界对资产阶级民主的坚决批判以及反右运动等,对中国

---

① 吴恩:"把对敌人的仇恨搞得深深的——重学毛主席的〈友谊〉,还是侵略?)",《新工商》,1966年3期。
② 金晓:"一定要在政治思想上作好美帝国主义要同我们早打、大打的准备",《新工商》,1966年2期。
③ 恩慕:"美帝国主义就是战争",《中国青年报》,1966年1月20日。
④ 同上,《中国青年报》,1966年1月27日。

人如何看美国政治均有重要影响①。

当时人们的注意力，主要是集中在如何"将美国假民主的面貌赤裸裸地揭开"，然后"戳穿它，撕碎它"。1962年1月17日，北京的一批法学家集会，声援美共的斗争，据报道，当时大家的共同认识是，"标谤'自由世界、最民主国家'的美国，实际上是一个连基本人权都得不到保障的最不民主、最不自由的国家"。② 美国没有民主、自由，"一小撮亿万富翁实行残酷的统治，广大劳动人民处于奴隶地位，这就是号称'民主'、'自由'、'全民福利国家'的美国的真相"。③ 美国已经走上希特勒的老路了，在那里，"我们已经嗅不到丝毫民主的气味"，④ 找不到任何的民主，有的只是"资产者有"、"资产者治"与"资产者享"。一小撮资本家及其走狗已把所有的美国人民放在一个大集中营里，"这个大集中营的名字就叫做'美国'"。⑤ 有一本旅美游记说，"只要美帝国主义一天不被打倒，美国

---

① 关于中国反右运动对中国人看美国政治的影响，我们可以从有关著作的前言或后记中略窥一斑。如有一本书说，"我们的右派老爷们"或隐蔽、或露骨地向我们传播"美国民主的神话"。"他们要求成立'上议院'和'下议院'啦，他们主张民主党派大发展，发展到几百万人，以便可以'轮流执政'啦——'展开竞争'啦；当然，他们也诋毁我们真正民主的选举制度，而向往于美国式的'自由'选举。在反右派斗争胜利的基础上，我们有必要捣毁右派的政治思想的老巢，揭穿美国'民主'的神话；有必要看看清楚：在那神话的背后，隐藏着怎样的荒谬、污垢和血腥的现实"。见朱彤著：《美国民主真相》"楔子"，世界知识出版社，1958年。另外一本书的"后记"亦提到，"这本小册子是在1957年写的，那时全国正在进行轰轰烈烈的反右派斗争。作者的目的是想揭穿美国'民主'、'自由'的假象，提供给读者一些在反右斗争中可用的材料"。见长弓著：《美国的"民主"与"自由"》"后记"，中国青年出版社，1958年。
② "首都法律工作者集会支持美共斗争"，《光明日报》，1962年1月18日。
③ 社论："反对美国反动派迫害美国共产党的罪行"，《红旗》，1962年2期。
④ 张明养："美国民主吗？"，见《从各方面看美帝》，第82页。
⑤ 王青编著：《腐烂的美国》，劳动出版社，1950年，第32页。

的千万劳苦大众就一天没有好日子过。"①

至于美国的选举,"戮穿"来看,也"有如马戏团小丑所表演的戏法,全都是假的"。② 不过挂羊头卖狗肉,是欺骗人民、热热闹闹的假把戏。在共同维护资本主义制度的大前提之下,虽然有时候议员亦会"哇啦哇啦"、"狗咬狗地闹起来",但都是表面文章,其根本利害是一致的。"这种情形,用粗浅的比方说,就好像一个地主家庭的几房媳妇,大家对于佃农的态度是一致的,坚决的,但是对于怎样瓜分剥削来的地租,大媳妇和三媳妇就会各有怀胎,二媳妇或者另有私心,吵闹不休"。③ 至于 4 年一次的总统大选,也同样是垄断资产阶级搞的"哄人的木偶戏"④。长耳朵的"驴"和长鼻子的"象"是一丘之貉,虽吵吵嚷嚷,但都不过是"玩玩'换汤不换药'的骗人把戏而已"⑤。一切都决定于华尔街的大老板,"这是'钱主',不是'民主'"。⑥ 关于美国有没有民主这个问题,朱启贤作了这样的答复:⑦

> 如果人们不承认美国历史上曾有过一些很辉煌的民主主义,那是抹杀事实。但是,如果现在还有人仰慕"美国的民主",那我们该告诉他:那是历史上的东西,不是现在的东西;那是书本上的东西,不是现实的东西了。如果有人还在认真地宣讲或者相信美国的民主,我们说,他们不

---

① 贺祥麟著:《美国见闻录》,人民出版社,1951年,第6页。有一段相声是这样说的:"告诉你,美国就会吹牛和造谣,别听他说是甚么金元国家,他的黄金只是操纵在少数的资本家手里,大多数的人是没有饭吃的,失业的、挨饿的多啦!"美国人尽是吹牛,中国的牛是宰死的,美国的牛是吹死的。见大众文艺创作研究会:《如此美国(相声)》,工人出版社,1950年,第9页。

② 苗长春等编著:《腐朽没落的美国社会生活》,河北人民出版社,1961年,第22页。

③ 朱彤著:前引书,第82—83页。

④ 思慕:"从1964年大选看美国",《国际问题研究》,1964年6期。

⑤ 长弓著:《美国的"民主"与"自由"》,第19页。

⑥ 丁德纯著:《如此美国民主》,世界知识社,1951年,第23页。

⑦ 朱启贤:"美国还有没有民主?",《光明日报》,1951年1月11日。

是骗子,就是傻瓜。

美国式的自由又如何呢?人们认为,美国实行垄断资产阶级专政,又实行私有制,所谓自由总是与财产密切联系在一起的。有多大财产,就有多大自由。"对于美国广大的劳动人民来说,他们除了有受压迫、剥削和失业、贫困的'自由'外,又能获得什么自由呢?"①美国劳动人民根本没有民主自由,人们耳闻目睹的只是法西斯迫害、种族歧视,"这已成为美国政治的特色"。有人说,"美国实质上已成为一个法西斯主义国家",其面目"早已比希特勒德国更为狰狞",②死去的希特勒已在美国"借尸还魂"③。因此,必须在中国"坚决地扑灭思想意识中的任何反动与堕落的美国文化毒素,如像我们要肃清最危险的瘟疫毒菌一样"④!尽管如此,中国政论界偶尔也有关于美国政治的不同声音,邓小平1980年8月18日在中共中央政治局扩大会议上的讲话中谈到,"斯大林严重破坏社会主义法制,毛泽东同志就说过,这样的事件在英、法、美这样的西方国家不可能发生"⑤。据《美国友好人士斯诺访华文章》⑥记载,毛泽东1970年12月18日曾向埃德加·斯诺表示,"中国应该学美国把责任和财富分散到50个州的那种发展办法。中央政府不能什么事都干"。但在上述的否定性舆论大潮中,至多是一现的昙花。

五、"纸老虎":"一天天烂下去"

"纸老虎"是40年代末到70年代初中国妇孺皆知的美国"外

---

① 陈原:"美国式的'自由'",《红旗》,1962年3—4期。

② 袁泰:"论美国法西斯化",《国际问题研究》,1962年3期。

③ 燕羽编著:《看,这就是美国》,上海群联出版社,1951年,第26页。

④ 曹孚著:《腐朽反动的美国文化》,开明书店,1952年,第11页。

⑤ 见《邓小平文选(1975—1982)》,人民出版社,1983年,第293页。

⑥ 三联书店,1971年,第20页。

号"。它武装到牙齿,张牙舞爪,看上去像个老虎似的,样子很可怕。但实际上却是"外强中干",和用"纸"糊的老虎一样。其社会,腐朽透顶,没落不堪;其经济,危机四伏,风雨飘摇;其文化,人欲横流,糜烂堕落;其外交,到处伸手,四面楚歌;其前途,黯淡无光,日暮途穷;其处境,色厉内荏,内外交困。美帝国主义正无可挽回地走向崩溃、死亡的末路,用当时的流行语言说就是,它正在"一天天烂下去",其寿命不会很长了。这是当时中国人对美国所作的素描。

1958 年 7 月,美国伙同英国干涉伊拉克内政,为此中国戏剧家协会宣传队特地排练了一个大型活报剧,在天安门广场为群众演出,内容是"耍纸老虎":一阵锣鼓之后,纸老虎奔出,张牙舞爪,作出"饿虎扑食"、"虎跳"等动作,令人眼花缭乱,煞是威风。这时候,宣传队员说:同志们!别看它逞威风,其实是纸老虎,是纸糊的、面捏的,外强中干。尽管它能做出许多怕人的怪样子,但英雄的人民谁也不会怕它。我们只要刮一阵东风,就能戳穿它;人人吐一口唾沫,就会淹死它。① 一位经济学家揭露了美国的"三真三假":假和平,真好战;假繁荣,真贫困;假强大,真脆弱。从财力、物力、人力等方面看,"美帝国主义是只纸老虎"。② 美国经济最显著、最致命的特点,是其财富的高度集中,"决无走向繁荣的道理"③。美国经济"正在一天天烂下去"④。70 年代初的美元危机,充分暴露了美帝"这个曾赫赫一时的'金元帝国'腐朽没落、外强中干的纸老虎的

---

① 参见中国戏剧家协会宣传队集体创作:《戳穿纸老虎(街头活报剧)》,中国戏剧出版社,1958 年,第 2 页。
② 吴大琨:"从经济上看美帝国主义这只纸老虎",《新工商》,1966 年 3 期。
③ 陈翰笙:"美国经济何以必然动摇",《学习》,1951 年 4 期。
④ 杨湛林:"美国经济危机的信号又响了",《人民日报》,1960 年 8 月 18 日。《战后美国经济》(上海人民出版社 1974 年版)是"文革"期间我国出版的篇幅最大的一部有关美国经济的著作。该书写道:"今天,美国经济已是百孔千疮,病入膏肓;昔日骄横一时的金元帝国已经无可挽回地没落下去。"("前言")

本质"①。经济危机更是美国的不治之症,这促使美国社会矛盾尖锐化,使阶级斗争走上新的高潮。"新的经济危机正在引起新的政治危机。危机推动着以美国为代表的资本主义制度加速走向死亡!"② 一首形容1958年美国经济危机的诗是这样写的③:

> 生产下降何时了?
> 失业知多少!
> 公司倒闭一阵风……
> 美国不堪回首危机中!
> 满仓货物依然在,
> 只是无人买!
> 问君能有几多愁?
> 恰似密士失必向南流!

经济危机表明,美国"并没有什么了不起的力量,它虽然汹汹然似乎不可一世,但它的色厉不过是内荏的表象罢了"④。那些用来医治危机的"灵丹妙药",不仅已无法奏效,而且还"使这个不治之症更加病入膏肓"。

更重要的是,美国社会也"正在腐烂得发臭"。⑤ 在这个"文明"

① 南开大学政治经济学系写作小组编著:《美元霸主地位的垮台》,商务印书馆,1972年,第44页。
② 关梦觉:"美国经济危机透视",《新建设》,1958年7期。
③ 羽林:"艾克自叹",《世界知识》,1958年10期。
④ 刘方械、肖灼基:"论美帝国主义是纸老虎的经济根源",《北京大学学报》,1962年6期。
⑤ "美国官、商、盗三位一体鱼肉人民",《人民日报》,1969年8月13日。原中国中央电视台新闻联播节目播音员杜宪1992年访美时感慨说,"我最早对纽约的印象是从漫画里得来的,那时看不到什么照片图像,也没有有关的电影电视。对纽约的印象就是一座座黑乎乎的、阴森森的摩天大厦,那高楼上的明晃晃的窗户里透出大腹便便的资本家的剪影,他们嘴里叼着雪茄烟,肥胖的手指托着盛满劳动人民血汗的红酒杯,身旁是装满带着美元标志的钱币的口袋,而街头的寒风中倒伏着的要饭人瘦骨嶙峋,真是一副'朱门酒肉臭,路有冻死骨'的景象"。见杜宪著:《我在美国一〇六天》,长春出版社,1993年,第16—17页。

国度里,盗匪横行,流氓猖獗。如偷盗、诈骗、抢劫、赌博、吸毒、强奸、凶杀等等,无时无地不在泛滥,并且日甚一日。"今天的美帝,腐朽透顶"。[①] 有一篇文章举例说,1965 年 11 月 9 日,美国 7 个州的几十个城市电灯统统灭了,一片漆黑达 10 多个小时,铁路、公路、航空交通中断。在纽约,有 15 万人困在地铁里,数以百计的摩天楼的电梯吊在半空。"美国自夸是一个科学最发达、设备最现代化的国家,却连续出现断电事故。这不是充分暴露了美帝国主义的腐朽性和虚弱性吗?"[②] 科学家们纷纷论证说,真正的科学在美国已"被窒息了"[③],美国的科学发展"是正在走下坡路了"![④] 一个哲学家说,"美国的经济,面临资本主义崩溃的前夕;美国的军事,外强中干,有器无人;美国的文化,表现了资本主义末日的一切腐败现象"。[⑤] 美帝国主义正每况愈下,"无可挽回地走着日薄西山的末路"。[⑥] 它正在"一天天烂下去",而且"越烂越深"[⑦]。

人们常常挂在嘴边的是,东风压倒西风,社会主义欣欣向荣,

[①] 沈志远:"从美国经济的腐朽性来认识美国",《学习》,3 卷 6 期(1950 年 12 月 16 日)。

[②] 思慕:"美帝国主义就是战争",《中国青年报》,1966 年 1 月 20 日。

[③] 金荫昌、涂光炽:"窒息了的美国科学",《人民日报》,1950 年 11 月 19 日。

[④] 华罗庚:"美国是怎样对待科学家的",《人民日报》,1950 年 11 月 17 日。

[⑤] 张岱年:"从哲学的方面藐视美国",见《从没落到反动的美国文化》,上海平明出版社,1951 年,第 36 页。有的书说:美国文化已极度堕落,它的特点就是色情、强盗和造谣。"最奇怪不过的,美国人尽管疯狂一样地追求性欲的满足,他们在精神上是极其消沉的,他们不懂得人生的意义是什么,他们在生活中丧失了趣味,他们是没有灵魂的人们。"见楼邦彦编著《美国的法西斯统治》,开明书店,1951 年,第 51 页。据埃伦·福斯特·斯诺回忆,当她 1972 年底与包括周一良在内的 7 位北大教授晤谈时,有人曾提到美国青年人蓄长发、留大胡子、穿稀奇古怪的服装的问题,"他们对此事实感到不可思议,但是都极想弄清楚是怎么回事。"据说,"有一位的评语是:'我们不穿奇异服,因为我们内心不空虚。'"见埃伦·福斯特·斯诺著:前引书,第 100 页,101 页。

[⑥] 纪隆:"全世界人民最凶恶的敌人",见《腐朽透顶的美帝国主义》,世界知识出版社,1959 年。

[⑦] "美帝国主义无可挽救地没落下去",《解放军报》,1970 年 3 月 14 日。

帝国主义日暮途穷;敌人一天天烂下去,我们一天天好起来;东方旭日步步升,西方夕阳节节落;纸老虎过年,一年不如一年;等等。在1962年初中国作家抗议美国政府反共的一次集会上,萧三即兴赋诗曰:①

> 历史的车轮任何反动派也扭不转,
> "山姆大叔"其实外强中干。
> 事实是:我们一天天好。
> 事实是:你们一天天烂。

人们真诚地相信,美国国内正处于"山雨欲来风满楼"之际,②"美国人民革命斗争的形势一片大好"。③不管它玩弄什么花招,都无济于事。美国正"在一座活火山的薄薄的地壳之上跳舞"④。它是"越来越外强中干了"⑤。刘思慕强调说:"'敌人一天天烂下去',一点也不错,全世界人民最大的公敌美帝国主义正是如此,而烂下去的结果使得这只纸老虎连'外强'的门面也越来越支撑不住了。"⑥

"夕阳无限好,只是近黄昏"。美帝国主义的兔子尾巴长不了啦。当时有人预言:⑦

> 美国好像一座正在活动的火山。远处看起来,虽还蒙罩着翠绿的丛林,但里面无法调和的阶级矛盾和民族矛盾正在勃勃有力的滚动。一旦爆发出来,外层一切的风景就会彻底摧毁消灭。

人们得出结论:"溃烂的脓疮"正腐蚀着美国的肌体⑧,它不仅

---

① 《光明日报》,1962年1月23日。
② 本报评论员:"评美国总统咨文",《人民日报》,1972年1月30日。
③ "美国革命群众运动烈火熊熊",《人民日报》,1970年6月2日。
④ 汪敏之著:《美国是怎样发展和侵略别人的》,中华书局,1950年,第173页。
⑤ 杜微:"美帝国主义快速进入自掘的坟墓",《世界知识》,1958年22期。
⑥ 思慕:"美国纸老虎",见《腐朽透顶的美帝国主义》,第82页。
⑦ 吴泽霖:"在法西斯匪徒奴役下的美国少数民族",《光明日报》,1951年1月23日。
⑧ 参见潘光祖著:《人类公敌美帝国主义》,华南人民出版社,1952年,第52页。

是纸老虎,而且终将转化为"死老虎"、"豆腐老虎"。① 美国的一切都在没落,"一天天走下坡路",它没有别的出路。"美帝道路条条通向死亡"。② 人们相信:"美帝国主义被彻底埋葬的日子已经为期不远了!"③

六、"赶超"美国的画外音

与全社会对美国骂倒骂臭这种几乎是"一边倒"的情形有区别,中国政府及中共中央最高领导层内对美国还有另外的看法,这在 50 年代中叶到 60 年代初尤为明显,最有代表性的就是正面承认美国的某些长处,"赶超"美国。这是非常有趣的一种现象。

周恩来还在建国初期即明确提出"必须向外国学习"的思想,④ 针对当时人对外动辄用刺激性语句的普遍情况,他认为应作纠正。为此,周于 1952 年 5 月 18 日专门写信给当时的外交部副部长李克农及中央人民政府办公厅副主任、国家新闻局局长乔冠华:"我们的发言和新闻稿件中所用刺激性的词语如'匪类'、'帝国主义'、'恶魔'、'法西斯'等甚多,……望指示记者和发言起草人注重

---

① 沈阳冶炼厂工人评论组:"美国人民是大有希望的",《人民日报》,1971 年 1 月 8日。

② 程元斟著:《美帝走向死亡》,上海通联书店,1951 年,第 35 页。

③ 李记生、程太生:"势不可挡的革命怒潮",《人民日报》,1971 年 5 月 7 日。战后 20年的历史证明,"长着核牙齿的美帝国主义,不过是一棵被蛀空了的大树,在世界人民革命风暴的冲击下,这棵大树连根拔掉的日子已经越来越近了!"一个简单的例子是,美国拥有大量火箭核武器,号称世界第一,但却"被 1400 万人口的越南南方人民打得丧魂落魄,丢盔弃甲,连大使馆都保不住,还有什么好吹的呢?"见罗瑞卿著:《纪念战胜德国法西斯,把反对美帝国主义的斗争进行到底!》,人民出版社,1965 年,第 19 页。

④ 我们"应该批判地接受一切中外的文化。《大公报》有一栏叫'中国第一'。中国哪里有那么多第一,这样提就不对……。新中国当然比旧中国好,祖国是可爱的,但我们仍然必须向外国学习"。见周恩来:"我们的外交方针和任务"(1952 年 4 月 30日)。《周恩来选集》,下卷,第 91 页。

简短扼要地揭发事实,申述理由,暴露和攻击敌人弱点,避免或少用不必要的刺激性语句"。① 这显然体现了求实精神。党的领导人认识到:"切不可过份夸张自己的成就,切不可把我们的事情说得太完美了。"我们的国家还很贫穷、落后,困难很多,面临的问题也很复杂。"搞革命不能说我们没有本事,我们把革命干成功了,搞建设我们还说不上有多大的本事"。在搞建设这个大问题上,"我们全党还是小学生"。因此,为了把贫穷落后的祖国变成工业国家,我们"要学习世界上一切先进的经验,世界各国,包括美国在内,有先进的东西我们也要学"②。刘少奇很重视美国发展农业的经验,③ 对此持明确的肯定态度。毛泽东的提法尤其引人注目。他在中共中央政治局的一次扩大会议上指出,要努力向外国学习,"应该承认,每个民族都有它的长处,不然它为什么能存在?为什么能发展?同时,每个民族也都有它的短处。有人以为社会主义就了不起,一点缺点也没有了。哪有这个事?"因此,一切民族、一切国家的长处都要学,凡是政治、经济、科学、技术、文学、艺术的一切真正好的东西都要学。他还具体提到,要注意学习资本主义国家先进的科学技术、企业管理中的科学方法(如用人少、效率高、会做生意等)。④"一切民族、一切国家"中,自然也包括美国在内。在 1956 年 8 月

---

① 中共中央文献研究室编:《周恩来书信选集》,第 470 页。

② 邓小平:"今后的主要任务是搞建设"(1957 年 4 月 8 日)。《邓小平文选(1938—1965)》,第 249、252 页。

③ 刘少奇 1961 年 5 月 31 日在中共中央工作会议上谈到当时经济困难的原因及克服的办法时说:"在这里,我要讲到美国的情况。美国现在有 1 亿 8 千万人,农业人口不过 1500 万,约占 9%;而农业劳动力只有 6 百万,其中一部分人搞粮食,一部分人搞畜牧业。它的这一点农业人口,除了能够提供国内所需要的粮食、肉类、原料、棉花以外,还有剩余的农产品和原料出口。它的农业劳动生产率这样高,因此可以用 90% 以上的人来搞工业和其他事情。假如我们能够达到美国这样的比例,我们这个国家的强大就可观了"。1962 年 7 月,刘又以美国的大农业为例说明:"发展农业,使农业过关,使粮食过关,只能是大农业"。分别见《刘少奇选集》,下卷,第 340、462 页。

④ 毛泽东:"论十大关系"(1956 年 4 月 25 日)。《毛泽东选集》,第 5 卷,第 285、287 页。

30 日中共八大预备会议第一次会议上的讲话中,毛泽东主席明确提出了"赶上"、"超过"美国的历史任务①;我们要把国家建设起来,改变过去一百多年的那种落后、被人家看不起、倒霉的状况,在第 3 个五年计划内,钢产量应超过 2 千万吨,要"赶上世界上最强大的资本主义国家,就是美国"。这位中国的最高领导人对他的同志们亦庄亦谐道:

> 美国只有 1 亿 7 千万人口,我国人口比它多几倍,资源也丰富,气候条件跟它差不多,赶上是可能的。应不应该赶上呢?完全应该。你 6 亿人口干什么呢?在睡觉呀?是睡觉应该,还是做工作应该?如果说做工作应该,人家 1 亿 7 千万人口有 1 万万吨钢,你 6 亿人口不能搞它 2 万万吨、3 万万吨钢呀?你赶不上,那你就没有理由,那你就不那么光荣,也就不那么十分伟大。美国建国只有 180 年,它的钢在 60 年前也只有 4 百万吨,我们比它落后 60 年。假如我们再有 50 年、60 年,就完全应该赶过它。这是一种责任。你有那么多人,你有那么一块大地方,资源那么丰富,又听说搞了社会主义,据说是有优越性,结果你搞了五六十年还不能超过美国,你像个什么样子呢?那就要从地球上开除你的球籍!所以,超过美国,不仅有可能,而且完全有必要,完全应该。如果不是这样,那我们中华民族就对不起全世界各民族,我们对人类的贡献就不大。

当然,中国尚未"赶上"美国,更未"超过"美国。1958 年的"大跃进"、全民大炼钢铁,其结果是适得其反。在好不容易才度过 3 年特大自然灾害之后,旋即是"史无前例"的大动乱,更谈不上"赶",也无从说起"超"了。

---

① 毛泽东:"增强党的团结,继承党的传统"(1956 年 8 月 30 日)。《毛泽东选集》,第 5 卷,第 296 页。

我们感兴趣的是,中国党和国家主要领导人在当时仍能正视美国的某些侧面,承认其可取之处,承认其强大和先进,这事实上是比"纸老虎""一天天烂下去"的说法更清醒、更真切的一种认识。不过,这主要是局限于 60 年代初以前。此后愈来愈"左",终致不可收拾的残局。在当时的政治环境下,外国是不能谈的,美国更是一无是处、一团糟。"崇洋媚外"、"洋奴哲学"、"爬行主义"等等都是现成的帽子,压得人喘不过气来。学习外国是弥天大罪,是把国家命运"系在外国资本家的裤腰带上",况"纸老虎"乎?"革命小将"们甚至表示,要把红旗插到克里姆林宫和白宫。一切都乱了套。

在 50、60 年代,虽然亦有极个别人能在某些问题上坚持相对清醒的认识[1],但往往受到不公正的对待。比如有一位美国史专家谈到,不能完全否认门罗宣言在一定程度上有帮助拉美国家维护民族独立的作用,"虽然美国今天是最凶恶的帝国主义国家,但在分析门罗宣言的时候,是应该用实事求是的态度,从当时的历史客观实际出发"。[2] 这本是一种尊重历史的难能可贵的态度,但却引起了一致的反驳,以致同一作者也只好在 70 年代末时完全修改、放弃了自己的观点[3]。更典型的例子是,有一位学者因为在一次讲

---

① 曾经在美国留学 7 载的知名民主人士、1957 年被错划为"大右派"的彭文应,即在苏共 20 大后的一次发言中明确说过,"学习苏联不一定好,学习美国不一定坏"。参见叶永烈著《沉重的 1957》,百花洲文艺出版社,1992 年,第 127 页。

② 黄绍湘著:《美国早期发展史(1492—1823)》"前言",三联书店,1957 年。

③ 参见黄绍湘著:《美国通史简编》,人民出版社,1979 年,第 136 页。

演中对美国经济发展以及如何看美国提出了自己的见解，① 结果不但落了个右派帽子，而且还招来了激烈的轮番批判。岂不悲乎？

痛定思痛，教训是深刻的。如何看美国，其实说到底是与如何看自己密切相关的。骄傲、不冷静，是最大的绊脚石②。瞻前顾后，我们会发现，"要了解美国很不容易。这一方面是由于这个国家实在太复杂，太庞大；另一方面也由于我们的思想方法与偏见的障碍。多少年来，对美国只能说丑，不能说美。在'左'倾当道的年月，谁把美国说得越丑越行时；反之，则要倒霉。其实，这是一种闭关自守、失去信心的表现。可喜的是党的十一届三中全会以后，正确的思想路线重新开阔了我们的眼界，敢于面对现实，这是中国兴旺发达的标志。"③

---

① 见吴承禧 1957 年 4 月在上海市工商界政治学校民主建国会辅导学习会上的讲演："第二次世界大战后美国经济的特征与一般动向"(《学术月刊》1957 年 11 期刊出时题目改为"第二次世界大战后美国经济的特征")。吴当时为中国科学院上海经济研究所筹备处副主任、中国经济学会上海分会常务理事、《学术月刊》常务编委。吴指出，"第二次世界大战后，在美国，经济的发展一般比较顺利"；它虽是资本主义发展最集中、最垄断、最反动的国家，但"以美国今天来说是世界上生产力最高度发达的国家，苏联没有一样东西是赶上它的"；美国有些东西如科学、精简节约、自动化生产方法、农业等是"值得我们学习的"；"我们应该怎样看美国呢？我们不能再从教条主义来看美国，不要总是把它们看成不行，看成是纸老虎，但是也不要把它看成多么伟大多么了不起。我觉得我们应该与他们比制度"。

② 张闻天 1959 年 7 月 21 日曾在庐山会议的发言中中肯地指出："现在的问题是要防止骄傲自满、麻痹大意的情绪。……去年搞了大跃进，就很容易地产生不冷静。去年 9 月以后，在国际关系中产生了严重的骄傲情绪，气焰很高，大国主义思想表现得相当明显。中国人过去受压迫，现在不断胜利，容易产生大国主义"。见《张闻天选集》，人民出版社，1985 年，第 503 页。

③ 汪熙："从《美国万花筒》说起……"，《解放日报》，1986 年 2 月 2 日。

第十一章　面向大洋彼岸
——"美国热"的省思

当代中国人对美国看法的转变，开始于 70 年代初。不过，真正的相对彻底的转变则是 70 年代末以后的事。与 50、60 年代相比，那种简单化、公式化的文字现在基本上不见了，理性的审视与探索精神奠定了中国改革、开放新时期对美国重新认识的新基础。这一认识目前正在继续深化之中。

一、"乒乓球转动了地球"之后

70 年代初，中美国家关系的急剧转变是促使中国人重新睁眼看美国的基本因素。

还在 50 年代中期，中国即已有改善中美关系的愿望，[①] 但美国的制裁、封锁、敌视、冷战政策使之不可能有任何成果。这至少耽误了 10 年的光阴。60 年代末美国推行以缓和、收缩为特点的尼克松主义，这一外交新思维提供了新的契机。与此同时，中苏关系极

---

① 周恩来总理早在 1955 年 4 月 23 日即曾公开声明："中国人民同美国人民是友好的。""中国人民不要同美国打仗。中国政府愿意同美国政府坐下来谈判，讨论和缓远东紧张局势的问题，特别是和缓台湾地区的紧张局势问题。"1957 年 9 月 4 日，周恩来在与来我国访问的美国青年代表团的谈话中又说："如果中美两国友好起来，毫无疑问，对两国经济的发展都会有好处。……任何一个国家在建设中，任何一个国家在这个世界上，不可能完全闭关自守，总是互相需求，首先就是贸易的往来，技术的合作。这对我们中美两国，也不例外"。分别见《周恩来外交文选》，第 134、244 页。

度恶化，"苏修"成为比"美帝"更现实的敌人，中国方面遂不失时机地作出对美关系的调整与反应。1970年10月1日，毛泽东主席在天安门城楼上与中国人民的老朋友斯诺夫妇合影，尽管天安门广场上仍醒目地挂有"全世界人民团结起来，打败美国侵略者及其一切走狗！"的大横幅，但这无疑是一个重要信号。在毛泽东77岁生日那天，《人民日报》在显要位置发表了合影照片，称斯诺为"美国友好人士"①，并在每天刊载毛主席语录的右上角的框子里破例登了这样一句话："全世界人民包括美国人民都是我们的朋友"。12月18日，毛泽东会见斯诺，又含蓄但明白无误地表示欢迎美国总统尼克松访问中国②。尼克松虽说暂时没有成行，但美国的一批年

---

① 埃德加·斯诺(1905—1972)是半个多世纪以来中美人民友谊的一面旗帜和象征。毛泽东说，"斯诺先生是中国人民的朋友。他一生为增进中美两国人民之间的相互了解和友谊进行了不懈的努力，作出了重要贡献。他将永远活在中国人民的心中。"周恩来说，"斯诺先生的一生，是中美两国人民诚挚友谊的一个见证"。"对这样一位老朋友，中国人民不会忘记的"。宋庆龄说，"中国人民将永远以感激的心情记得埃德加·斯诺这位致力于中美人民友好的不知疲倦的活动家。"1972年2月斯诺病逝后，中国外交部长乔冠华在北京人民大会堂为他举行追悼会，毛泽东敬献了花圈，周恩来、宋庆龄、李富春等参加，埃伦·福斯特·斯诺事后说，这是"第一次在人民大会堂为任何人举行追悼会"，"也许是中国历来给予外国人的最高荣誉"。1973年10月19日，斯诺的骨灰被安葬在风景秀丽的北大未名湖畔，邓颖超主持了安葬仪式，周恩来、李富春、郭沫若、廖承志等参加了安葬仪式。毛泽东、朱德等献了花圈。斯诺之墓现已成为燕园一景。

② 毛泽东对斯诺讲：应该欢迎代表垄断资本家的尼克松来，因为目前中美两国之间的问题必须靠他解决。尼克松可能有欺骗性，但比起其他一些人来，也许要稍微少一些。尼克松常来硬的一手，但有时也来软的一手。他这样的人比起社会民主党人和修正主义者好，因为后者说的是一回事，当权后做的又是另一回事。尼克松只要坐上飞机就可以来了。谈得成也行，谈不成也行。吵架也行，不吵架也行。作为旅行者来也行，作为总统来也行，都没有问题。参见《斯诺在中国》，第310页。据资中筠先生"缓慢的解冻"（《美国研究》1987年2期）一文说，毛泽东与斯诺的谈话的精神"当时异乎寻常地在中国层层传达，一直到农村大队党支部。这也可以算是一种舆论准备。不过当时人们注意力大多集中到这篇讲话的有关'文革'部分，例如说'四个伟大讨嫌'之类。对于有关美国的提法，极少有人注意到，更不会意识到对美政策将有变化。对大多数人，包括当时在'干校'劳动的有外交经验的工作人员来说，这一段话的含义也是以后回想，并证之以事态的发展，才理解其深义的"。

轻的运动员却抢了头炮。1971年4月，美国乒乓球代表团戏剧性地应邀正式访华，周恩来总理亲自会见了代表团成员，并盛赞他们这次来访"打开了两国人民友好往来的大门"。轰动一时的"乒乓外交"启动了中美关系迅速转变的巨轮。"乒乓球转动了地球"之后，一系列更加富有戏剧性的变化接踵而至。1971年7月，基辛格秘密访华①；1972年2月，尼克松正式访问中国，"这在中美两国关系史上是一个创举"。"美帝国主义头子"在各种传媒上笑嘻嘻地与毛泽东握手言和。惊奇之余，一般人莫不目瞪口呆②。尽管此后因中、美两国政局的影响（如水门事件、林彪事件等），两国关系并未立即出现大的飞跃，但双方相互隔绝的状态毕竟被打破了。在中国，美国终于不再是一个纯粹的反面角色了。不过，要想实现中国人美国观的更进一步的转换，在当时尚不太可能。

这一转换的里程碑是70年代末矗立的。中共十一届三中全会确立的全面开创社会主义现代化建设新局面的路线、实践是检验

① 据当时中国外交部礼宾司国宾接待处副处长、曾参与接待基辛格秘密访华的唐龙彬回忆：1971年7月初的一个夜晚，外交部礼宾司代司长韩叙约见他，"到了部里，韩叙单独告诉我：'有一位美国高级官员秘密来访，你要参加接待。明天就去钓鱼台国宾馆集中。此事要绝对保密，不得向任何人透露，对家里人也不能说'。我一听到美国这两个字，心情就有些紧张。虽然自己参加外交工作近20年，在驻外使馆工作过多年，也跟中央领导访问过许多国家，但我接触的大都是第三世界国家的朋友和领导人，和美国的头头打交道还是第一次。那一夜我难以入睡，心中不时地猜想着这个美国头头是个什么样的人物"。见唐龙彬："一次神秘的外交使命"，《世界知识》，1995年12期。

② 关于中美关系解冻之前的情况，陈敦德在其《毛泽东·尼克松在1972年》（昆仑出版社1988年版）一书中作过很好的概括："在那时候，不只是北京，在全国几乎所有的城镇，都醒目地张贴着'打倒美帝！打倒苏修！打倒各国反动派！''全世界人民团结起来，打倒美帝国主义及其一切走狗！'的标语，这些标语表明美帝国主义是中国人民不共戴天的仇敌。在军队或是民兵的靶场，打靶的目标往往是被画成尼克松的漫画像，长而歪斜的光下颏，长而斜翘的鼻子，靶心就是尼克松画像的胸口。不少子弹射穿他的胸膛，不少钢刀戳穿他的躯体。不少文艺节目中，尼克松是高鼻子被描白了的丑角，戴着写有USA的高礼帽，在怒不可遏的工农兵演说的声讨声中，手脚发颤，满地打滚"。见该书第152页。

真理的唯一标准的大讨论以及改革、开放成为中国的基本国策,提供了重新认识美国的良好的内部环境;与此同时,中美国家关系最终实现正常化,为这一重新认识提供了理想的国际环境。

二、重新"发现"新大陆

1979年1—2月,75岁的邓小平率领中华人民共和国第一个政府代表团正式访问美国。这位将直接影响新时期中国历史进程的总设计师,对美国的现代化建设事业及美国人民的实干、创新精神印象极深①。与此同时,中国的新闻传播媒介对美国作了广泛报道,除各大报纸每天都在头版显要位置及时报道有关消息外,包括中央电视台在内,各地电视节目把陌生的美国展现于中国人面前,活生生的事实与过去的硬性宣传大相径庭,转眼之间,"北京的广播和电视为美国塑造了一个闪闪发光的永远带着微笑的形象。"②

率先走出国门的人们,捷足先登,把对新大陆的观察与感受倾吐给同胞。那"富饶的土地,美丽的风景,进步的科技,发达的工业和丰产的农业",③ 给一位中国外交家留下了"良好的印象"。一个记者试图回答美国人常常问他的"你对美国初步印象如何?哪些事

---

① 邓小平赴美访问之前,曾于1979年1月5日答美国记者问,他说:"这次去美国访问,这是我至少几年来的愿望。我去的目的是了解美国,向美国的一切先进东西学习"。抵美后,邓小平又多次表达过他对美国的看法。1979年1月30日,他在6个美国团体联合举行的招待会上说:"美国人民是伟大的人民。美国人民对人类的文明和世界的进步作出了杰出的贡献。中国人民对美国人民一向怀有友好的感情,对你们那种实干和创新的精神深为钦佩。你们有许多东西值得我们学习"。第2天,在同美国广播电视界记者的谈话中又说,他访美的使命之一就是要"了解美国人民,了解你们的生活,了解你们建设的经验,学习一切对我们有用的东西。"1979年2月1日,邓在访问亚特兰大时说:"美国人民二百年来艰苦创业,实现了工农业和科学技术的现代化。……你们有许多东西值得我们借鉴。我们愿意向你们学习"。参见《人民日报》,1979年1月6日、2月1日;《世界知识》,1979年5期。
② 杰伊·马修斯:"中国宣传工具把美国说得过于美好",《编译参考》,1979年4期。
③ 黄镇:"在华盛顿的日子里",《人民日报》,1979年1月28日。

情使你感到新鲜或意外?"时说:"一下飞机第一个印象是生活脉膊的紧张,处处感到速度的压力。汽车跑得快,人们走路快,新闻报道快,广播员说话快……人们总是处在一种紧张状态之中,好像有许多急事要办,又像是什么都来不及了。……没有速度就混不下去"。"赶快!赶快!这就是美国社会的口令"。① 不看不知道,不比不知道。冯亦代先生感叹说:从北京经香港到纽约,最强烈的感受就是:美国人的走路是冲,香港人的走路是追,我们走起路来却是迟迟疑疑地踱方步,由小见大,"我心里有些隐痛,我们在文明的路上,走得太慢太慢了。别人已经走到超工业社会,而我们还在历史遗留给我们的阴影里踱着方步!"② 美国人的生活快节奏,使人痛感时间观念的极端重要性:"时间仅仅是金钱吗? 不,远不止此,它还是道德、教养、品格、尊严、社会责任,甚至还是一种社会生命"。③ 美国人的乐观、开朗、坦率、热情、讲求实际、富于进取精神等,"很值得像我们这样一个有几千年历史的古老的民族学习。特别因为我们正在开拓人类历史上的新大陆,做前人没有做过的事情,……非常需要有不怕冒险犯难、积极进取、敢于研究新问题、开创新局面、而又讲求实际的精神。"④

在自行车王国过惯了的人,突然接触到现代化的汽车文明,同样是耳目一新、眼花缭乱。在美国,乘汽车奔驰在四通八达的高速公路上,两眼只见一排排车辆来往如梭,两耳但闻汽车风驰电掣之

---

① 钱行:"华盛顿一个月见闻",《人民日报》,1979 年 6 月 18 日。林非先生在谈其旧金山印象时写道,"公路上几乎找不见人,只有一辆接一辆的汽车,匆匆忙忙地奔跑,这真是一个充满了紧张气氛的机械的世界,而人们就躲在机器里赛跑,一切都在追求着速度,时间珍贵得像是被人们掰着在使用。这高速公路上的景象,也许就是当代美国的一个缩影罢。"见林非著:《西游记和东游记》,重庆出版社,1991 年,第 1 页。

② 冯亦代著:《漫步纽约》,百花文艺出版社,1985 年,第 13 页。

③ 徐中玉著:《美国印象》,上海社会科学院出版社,1985 年,第 23 页。

④ 蒋元椿:"高高的洛基山——访美散记",《人民日报》,1979 年 5 月 13 日。

声。华灯已上的夜晚，往来不息的汽车，带着一串串红光、一串串白光，"好似两条灯龙，在墨黑的夜空中飞舞"，[①] 在五彩滨纷、万家灯火的辽阔地面上构成了一种奇妙的情景：虽有车，车不乱，虽有灯，灯不乱。车在车的海里、灯的海里，"在闪烁的星海里穿来穿去"，一位作家写道，"我落入到一个从未到过，也不能想象的现代化繁华城市"[②]。没错，"如果从飞机上俯瞰美国大地，千千万万的汽车奔驰在密如蛛网的公路线上，岂不真是一个偌大的国家装上了轮子在无休止地蠕动！"[③] 正是从这"四个轮子"上，人们听到了令人心醉神迷、扑朔迷离的美国"都市交响乐"[④]，触摸到了"美国的动脉！十分有力地搏动着的永不停息的大动脉"[⑤]！一位诗人写下了他对美国高速公路的印象[⑥]：

① 凤子："旅美一瞥"，《旅游》，1980 年 3 期。
② 丁玲著：《访美散记》，湖南人民出版社，1984 年，第 53 页。
③ 张彦："在高速公路上——旅美散记"，《人民日报》，1979 年 10 月 14 日。
④ 金涛著：《从北京到南极——美国、智利、阿根廷、南极散记》，上海人民出版社，1986 年，第 20 页。
⑤ 周俐、吕丹云著：《千奇百怪寻常事——美国实录》，天津人民出版社，1988 年，第 62 页。于恩光先生在《白宫内外采访录》(中国青年出版社 1992 年版)中写道，"是的，一个外国人一踏上美国的土地，留下的第一个深刻的印象往往就是那纵横交织的现代化公路"。在美国，城乡公路总长 385 万多英里，正在使用的各类汽车总数 1.65 亿辆，汽车驾驶员 1.48 亿人，"柏油马路几乎通向每一个偏僻的农舍，新泽西和纽约之间那种上下 24 排车辆同时行进的宏伟场面和壮观气势，更是在其他国家难以看到的。"(第 141 页)
⑥ 李瑛著：《美国之旅》，四川文艺出版社，1985 年，第 14—15 页。

从地平线到地平线，

在美国，高速公路像带子，

缠绕着地表和地幔。

向火车示威，向飞机挑战，

现代化的骄傲和文明，

充满力量感。

没有 STOP，没有红灯，没有斑马线，

从起点到终点，掠过的只有：

风的呼啸，地的旋转。

在动力和阻力之间，

在色块与线条之间，

在坚实平稳和适当的粗糙度的平面上，

闪过了速度和时间。

　　一切都是全新的感觉。由此而带来的是对美国的重新思考、重新认识。"否定一切"这把尺子看来是非扔不可了。"如果相信'月亮也是外国的圆'，固然是洋迷得可鄙，但对人家通往月球的先进的航天工业，也来个'不承认主义'，那就未免'阿Q'得可笑"。① 必须睁开眼睛，也必须摘掉有色眼镜。令人深思的是，美国人"认真地把我们嫦娥奔月的神话变成事实，而且不像我们那样忍心让嫦娥一去不返，一辈子在广寒宫里过着寂寞的生活，他们把人送上月球之后，还要接回到地球上来"②。对这种"斗智的世界"，怎能"不承认"呢？一位经济学家重访美国之后说："30年来看惯了中国模式、走过两次'之'字形的社会主义经济，有机会看个把月美国模式，依

---

① 思慕："打开窗子，放眼世界"，《文汇报》，1979年1月3日。
② 费孝通：《访美掠影》。见《美国与美国人》，第265页。

然是世界一霸的资本主义经济,我感到对照鲜明"。①

在重新认识之初,自然亦不免浮光掠影之嫌,② 但其重要性在于,历史毕竟又揭开了新的一页。

三、"天堂"?"地狱"?

在失衡的心理天平逐渐摆平之后,中国人终于发现,美国是一个"充满矛盾的国家",③ 它"既不是个天堂,也不是个地狱,而是一个在许多方面独具一格的国度,值得我们去了解,去探索"。④

的确,美国并非天堂,⑤亦非乌托邦或田园诗。这是一个"复杂的世界":⑥

> 美国,辽阔又狭窄的,
>
> 豪华又贫穷的,
>
> 文明又野蛮的,
>
> 迷惘、困惑、风趣而匆忙的美国……

纽约是一面镜子。对于这个美国最繁华也最复杂的城市,一个

---

① 薛葆鼎:"重访美国",见中国社会科学院访美代表团著:《访美观感》,中国社会科学出版社,1979年,第64页。薛氏特别注意到了美国的企业管理机制,即一个企业应是一个完整的有机的经济组织,人、财、物需全权管理,供、产、销需统盘决策,这样才能发挥企业经营的主动性、积极性,敢于到国内外市场去竞争。与我们把企业的经营管理机能肢解开来,由行政机关下达指标,单靠一些动人的口号鼓干劲相比,实在差别太大。

② 董乐山先生曾谈到这种情况:开放之初,人们普遍要求了解美国,但亦不免表面化和肤浅。"有些作家本来不是研究美国问题的专家,同时又没有完全摆脱过去教条式框框的束缚,在匆匆作了走马看花式的游览之后,惊叹美国的物质文明与科技进步之余,最后免不了要加一条揭露资本主义社会黑暗的尾巴。这几乎成了一个新的公式,有时牵强附会,甚至自相矛盾,使人读了有啼笑皆非之感"。见董乐山:"十年来美国书籍在中国",《中美关系十年》,第281页。

③ 李延宁:"美国——一个充满矛盾的国家",《环球》,1984年12期。

④ 张彦著:《一个驻美记者的见闻》,中国新闻出版社,1988年,第2页。

⑤ 滕维藻:"美国是天堂吗?",《天津日报》,1982年7月2日。

⑥ 李瑛著:前引书,第121页。

曾长驻美国的记者说他"始终没有吃透"。因为正是在纽约，"挥金如土的和靠救济度日的同处一地，富丽堂皇的摩天楼群和断垣残壁的贫民窟相比为邻。这一点，虽说过去早有所闻，但始终未敢尽信。亲临其境，我才发现，悬殊就是这么巨大，矛盾就是这么尖锐"。① 美国存在着对比鲜明的两个世界：一个繁荣兴旺，一个贫困潦倒。② 它实在是一个"反差"太大的国家：那么富裕，又有那么多穷人；教育那么发达，又有那么多文盲；科技那么进步，宗教迷信又那么流行；讲求法制，却又有许多罪犯逍遥法外③。有一位著名青年学者赴美考察半年后写下了一本关于美国的书，书名就叫《美国反对美国》④，恰到好处。关键在于：如何"用事实的美国反对想象中的美国"？

美国是西方政治民主与自由的样板，可是，对于黑人而言，"真正的自由在哪里呢？"⑤ 从60年代民权运动起就想争取的"自由与平等"的黑人梦，远未变成现实⑥。虽然历史一直在艰难地前进，黑人的政治、经济、社会地位确有许多改善与提高，虽有上百万人上升为中产阶级，但其仍生活在另一个世界里⑦。黑人仍被踩在脚下。暴力、凶杀、吸毒、犯罪仍严重困扰着整个黑人社会，"美国并非

---

① 张彦著：前引书，第77页。另外一个长期驻美记者的看法是：纽约是一个贫富悬殊的城市，有过着花天酒地生活的百万富翁，也有流落街头、靠救济为生的无家可归者。大有大的难处。它的优点和缺点都非常突出，"你既可以把它吹成天堂，也可以把它咒成地狱"。这位旅居纽约6载的半个"纽约客"仍对这座"独特的、无与伦比的城市"充满信心，"纽约是个大苹果，尽管有蛀虫，但它并没有失去表面的光泽。纽约的问题虽多，但它仍不失为世界上最光彩夺目、最有创造性和吸引力的城市之一"见张治平著：《纽约》，上海人民出版社，1992年，第269页，"引子"，第270页。

② 张海涛著：《我说美国》，北京出版社，1987年，第6页。

③ 李延宁：前引文。

④ 王沪宁著：《美国反对美国》，上海文艺出版社，1991年。

⑤ 蒋元椿："黑人的哀歌——访美散记"，《人民日报》，1979年6月24日。

⑥ 张亮："美国黑人的'梦想'和现实"，《人民日报》，1983年9月20日。杨立文："论美国黑人继续遭受种族歧视的症结及其出路"，《美国研究》，1994年2期。

⑦ 鲍世绍："美国黑人20年的变迁"，《人民日报》，1988年4月3日。

是一个'色盲'的社会,对黑人的歧视依然存在"。① 美国黑人领导人圆桌会议 80 年代初发表的一份声明说:"20 年前我们贫困,今天我们依然贫困;20 年前我们的社会地位低下,今天我们仍然如此"。老作家冯亦代访问纽约,有感于布鲁克林后街这一黑人居民区的杂乱、衰颓,愈发理解了黑人作家的忧伤:"难怪卡静也好,马拉默德也好,想起了幼时的辛酸,至今恨恨不绝;至于辛格的'布鲁克林代表美国,美国只给人失望'的浩叹,确是实情"。② 魏章玲是一位社会学家,她曾于 1984 年参观过密执安州的杰克逊监狱,这也是一座堪称世界之最的监狱。魏氏发现,黑人的犯罪率大大超过白人;难道真的是黑人"凶暴、野蛮、生性恶吗"? 答案是否定的。这都是种族主义造的孽③。种族歧视仍是美国社会的顽症,这一苦果尚须慢慢消化。美国史专家邓蜀生的结论入木三分:④

> 种族歧视观念从美国白人内心中完全消除,恐怕比人类登上火星还要遥远,而种族歧视的存在,使美国社会永远得不到真正的公正与安宁。一个拥有 2 千多万人口的族裔集团怎么会长期容忍对他们的歧视而无动于衷呢?

> 1991 的洛杉矶大骚乱,就是确凿的明证之一。

至于"天堂里的乞丐",也是美国的一大景观。不管怎么说,这

---

① 贾光伟:"美国黑人仍然受歧视",《人民日报》,1989 年 10 月 20 日。
② 冯亦代著:前引书,第 196 页。
③ 魏章玲:"世界最大监狱参观记",《世界知识》,1984 年 5 期。
④ 邓蜀生著:《美国与移民》,第 205 页。另据青年学者黄兆群的研究,摒弃民族排外主义,合众为一,放眼未来,是美国民族政策的一个基本特征和总的历史定势。"种族歧视是美国民族病的根本症结,但它自从 19 世纪 60 年代的美国南北战争以后,已经没有可能酿成国家解体或民族独立那样严重的危机了。美国各个民族集团的人们,其中包括黑人和土著印第安人,今天已经习惯于在现行国家体制中解决关于自己切身利益的民族或种族问题。合力大于分力,共性大于个性,这是美国的民族格局,也是其民族政策真正成功的地方。"见黄兆群著《美国的民族与民族政策》,台北文津出版社,1993 年,第 159 页、170 页。

终归是 20 世纪第一巨富之国的影子。当然,不应夸大美国的贫困现象。与一些真正贫困的国家相比,美国"穷人的比例要小得多,贫困的程度也要好得多"①。在发展中国家被视为奢侈品的,在这里已成为日用必需品,连贫困的家庭也有。然而,"乞丐王国"②的存在,终究是令人头疼的社会问题。不管是在繁华的纽约第五大街、风光秀丽的旧金山金门公园,还是小城镇的街头巷尾,常常可以听到"Give me a quarter"的求乞声,一个留美学生说,这"使我眼前那些五光十色的霓虹灯、广告牌黯淡了、模糊了,我感到有些不寒而栗"③。冯亦代在哈兰姆看到的是贫穷、愤怒与绝望,"这里的人处在生活的边缘上,也许是天堂的门口,也许是地狱的门口。是谁驱使他们陷入这一境地的?"此外,无家可归的流浪者也遍布各地,"正在矗入云霄的摩天楼旁不声不响地日益扩大着"④。一位新华社记者在 1986 年圣诞节前一天作过一篇关于漂泊不定、游移无踪的美国流浪者的报道,据介绍,"流浪者大军像候鸟一样,追逐季节变化,从北向南,由东至西,一年四季,不停地迁徙。他们从垃圾中拾破烂,觅食物。天暖,睡公园;隆冬,卧车站候车室。"⑤ 李延宁 1981 年初途经华盛顿时,正降大雪,在几个地方都看到流浪者躺在人行道上,身下垫张牛皮纸,身上没有任何可避寒的被毯,触景生情,这位中国记者叹曰:"如果杜甫见到这种景象,也许要把他的著名诗句改成'虽有广厦千万间,难蔽天下寒士尽欢颜'了"。也有的提出:"偌大一个'金元帝国',何处才是流浪者的'乐园'?"⑥ 美

① 袁先禄:"美国的贫困一瞥",《人民日报》,1982 年 1 月 6 日。
② 王沪宁著:前引书,第 366 页。
③ 徐国民著:《这就是美国》,上海文化出版社,1987 年,第 75 页。
④ 梁丽:"美国街头流浪者",《人民日报》,1982 年 4 月 28 日。
⑤ 夏兆龙:"纽约街头的流浪者",《人民日报》,1986 年 12 月 26 日。
⑥ 陈诗信:"风雪寒冬有'乐园'",《人民日报》,1983 年 2 月 13 日。

国的无家可归者本身当然很复杂,不能作简单化的类比①。"美国并不会因有这些问题而被认为是一个贫穷落后的国家,人们照样认为美国是一个头号发达的国家。然而,美国因有这些现象,从而被人们更好地认识。"②

暴力、犯罪、吸毒、色情、精神危机等等,也同样困扰着美国。有一篇文章谈到美国监狱人满为患的窘境,究其原因,无非是消极防犯之道尚未增高一尺,犯罪之魔早已高过一丈。盘根错节的经济、社会原因,是犯罪滋生、繁殖的温床。"马萨诸塞州的法官查米林斯塞说:'我们正处在犯罪分子和守法公众间的内战状态'。在似乎是歌舞升平的美国,处处都在进行着这场无休止的内战。内战越来越厉害,而受害人总是战败者"。③ 一个留美学生在热闹的广场街口被抢,其实类似的事,不胜枚举,"向来以'法治'自豪的美国,如今竟让宵小之徒横行无忌,岂不是一个最大的讽刺?"④《人民日报》登载的一则"国际札记"说,纽约的一家首饰店,开张不到半载,遭抢10多次,贼比客多,无奈关门大吉。有感于美国每20秒就有一起暴力犯罪、其凶杀案是法国的2倍、英国和日本的6倍,这则札

① 刘绪贻先生在谈到美国的贫穷问题时写道:"也许有人会问:美国不是有无家可归的人和流浪儿童吗?有露宿街角的'提袋女士'吗?有小偷和抢劫者吗?是的。但比起两亿多人口来,这些人是极少数,一般只出现在大城市里。而且,流浪儿童多半是家庭解体造成的,并非由于贫穷;'提袋女士'不少是精神失调者;造成小偷和抢劫者的,有社会的原因,也有个人的原因,不一定是活不下去"。见刘绪贻:"马克思主义的阶级斗争原理需要发展",《社会科学》(沪),1986年8期。

② 王沪宁著:前引书,第37页。

③ 梁丽:"挤不下和煞不住",《人民日报》,1982年7月14日。董乐山先生在"美国社会的暴力传统"(《美国研究》1987年2期)一文中说,美国身为高度法治的国家,又是一个暴力充斥的国家。与其他国家不同的是,"暴力不仅是美国社会生活的传统,而且也融合进了美国人的民族性格,成为一种崇拜。有不少美国历史上的无法无天、作恶多端的歹徒或凶犯,在美国人的心目中成了英雄的人物、崇拜的对象;他们的暴行和劣迹在各种文艺形式中得到绘声绘色的描述,甚至被树碑立传。如果说暴力是美国社会中的一个常现象的话,这应该说是一种反常的民族心理"。

④ 张素初:"康桥十字街头被劫记",《人民日报》,1982年7月9日。

记感慨道:"作为超级大国之一的美国,尽管军事实力雄厚,可以在国外耀武扬威,而在国内却不能保障人民生命财产安全,岂不可叹?"① 萧乾先生访美时,曾下榻于衣阿华城的五月花公寓,他在该公寓大厅的布告牌上发现了一张画了密密麻麻的黑点、远看酷似围棋谱的"地图"——本城"强奸受害者协会"所绘、标有一年来该市区发生过强奸事件的地点,"地图"旁边有十几条受害者"须知",另一栏里是受害者来信摘录。"望着那招贴牌,我一方面钦佩美国妇女急公好义的精神和周密的组织能力,钦佩她们对这种伤天害理的暴行所作的坚决斗争,另一方面心里又不禁产生一种疑窦:几乎所有较大城市都有一条条旧金山百老汇那样的大街,那里兜售着淫书、淫画和淫器,昼夜不停地放映着色情电影;中等城市还有用'丹麦图书馆'那样文雅字号召的春宫影院(美其名曰'成人电影院'),可以说是不遗余力地宣扬、纵容,甚至教唆色情狂。一方面听任洪水泛滥,可另一方面,又让几只瘦弱拳头去堵口子,这是何苦来?"② 黄色泛滥,"无毒不美国",也都使中国人从更多的侧面认识复杂的美国。

一个生在美国、父亲是中国人、母亲是美国人的学者,大学毕业后即返回中国,1978 年赴美探亲时,发现美国已有很大变化,既亲切、又陌生,同时也有一种难以名状的孤独感。当亲人劝她留在美国安度晚年时,这位当时已 83 岁的武汉大学教授回答说:"论物质享受,美国确实比中国好;论精神享受,美国不如中国"。③ 很多

---

① 晓谷:"防不胜防",《人民日报》,1982 年 5 月 16 日。
② 萧乾:"美国点滴·疑窦",《人民日报》,1980 年 3 月 20 日。
③ 参见李玉秀等:"她有一颗赤诚的爱国心——记武汉大学外语系教授许海兰",《人民日报》,1982 年 7 月 25 日。

人对此有同感①。美国在物质上是"富翁",但在精神上却是"乞丐"。1978年11月26日,新华社播发了"人民圣殿教"900名信徒于是年11月18日集体服毒自杀的消息及照片,认为"这件惨案震动了科学和物质文明高度发达的美国社会,突出地反映了在资本主义制度下人们精神上的压抑、空虚和颓废"。鼎鼎有名的纽约地铁折射了美国精神文化的一个侧面:在地铁的车厢内外,到处是横七竖八、五颜六色的符号、图案、人名、数字等,"比我们当年红卫兵造反时到处乱写的标语有过之而无不及"。② 这些Graffitti,有如"鬼画桃符";③ 其实也"多少是在发泄鲁智深的那股憋不住的'鸟气',……这种情绪在现在美国的社会制度下是洗刷不清的"。④

当然,也不能忽视美国人的其他生活场景,特别是其锲而不舍的创业精神,更令人感而佩之。一位研究美国西部开发模式的专家说得好:"不管后来人对'拓荒精神'作何解释,'拓荒精神'本身始终是属于劳动人民的"。⑤ 有人读了一部关于19世纪美国西部拓殖时期妇女日记的书后这样写道:⑥ 作为一个中国读者,不能不产生的联想是:幸福不会从天降。今天高度现代化的美国,是开拓者用汗水、甚至生命换来的。关于美国人的苦干、实干精神,王作民先

---

① 萧乾先生在"漫谈访美观感"一文中说,与美国相比较:"在意识形态方面,我们比他们先进得多;我们的社会,尤其在男女问题上,比他们干净多了。然而在物质方面,在科技方面,人民生活水平方面,我们比他们又落后得多"。见《读书》,1980年5期。钱俊瑞先生谈其赴美讲学观感时亦说:"美国人民的物质生活,确实比较富裕,但他们的精神生活却非常空虚。他们往往是混着过日子,谈不到什么远大光明的理想。许多人,特别是有钱人,生活腐朽糜烂"。见《世界经济》,1981年3期。
② 王蒙著:《德美两国纪行》,浙江人民出版社,1982年,第126—127页。
③ 谌容:"纽约地铁探险记",《人民日报》,1982年11月21日。
④ 费孝通著:《美国与美国人》,第244页。
⑤ 何顺果:"美国西进运动初探",见中国美国史研究会编:《美国史论文集》,三联书店,1983年,第111页。
⑥ 段牧云:"发掘西部开拓史中被埋没的那一半——介绍《西进妇女日记》",《美国研究参考资料》,1986年6期。

生深有感触①：

> 旅美一年，我处处都碰到人们在"玩命地干"。衣阿华州的农夫惠勒，家里住房、农机、汽车一应俱全，但一年到头仍是"日未出而作，日已落而不息"。华盛顿 D.C. 的一位出租汽车司机，为了挣到他给自己规定的钱的数额，常常每天 16 个小时在街上转圈子。……除失业者外，我没有看见一个闲人，也很少遇到走路慢腾腾的、说话慢悠悠的"绅士"，更没有见到站在柜台后头聊天、坐在办公室嗑瓜子的"女士"。……诚然，在这个社会里，你要活就得干，要活得好就得干得猛。但我觉得谋生不是全部原因，从早期拓荒者开始形成的凭着双手干一生的传统，已经成为美国人的习性，这种习性并没有因为生活水平的提高而消退，相反随着科技的迅速发展，生活的节奏似乎更快了。否则，就难以解释为什么一些不愁吃穿的老人还要自己做木工、种菜园呢？美国物质生产发展如此迅速，在较短的历史时期内，能把一个原始大陆建设为高度现代化的国家，一个很重要的原因就是人民勤劳。

这已经是说到点子上了。美国之所以成为今日的美国，离开人民玩命干的拚搏精神，是无从谈起的。这是真正的美利坚人风格。若要认识美国，对此是不能视而不见、听而不闻的。"干活就是休息"，这并非仅仅是一个老农场主的准则。"仰望纽约高耸的大厦，漫步华盛顿葱绿的草坪，再看看农场满仓的谷物，感到美国的富裕和美丽，确是与美国人的勤劳和苦干分不开的，他们并不像某些人想象的那样轻松"。②

在美国，"金钱万能"，但是，体现社会责任感和互相帮助、志愿

---

① 王作民著：《美国万花筒》，第 441 页。
② 李德民："美国人并不轻松"，《人民日报》，1987 年 5 月 3 日。

投身公益活动的 Volunteer，却反映了美利坚人的可贵的美德，这"是一种用金钱也买不到的献身精神"①。

美国不是伊甸园，不是天堂，但也不是阴森森的地狱。美国就是美国②。王蒙在其"旅美花絮"的结尾，曾作过一首很滑稽的打油诗，亦饶可玩味：③

> 太平洋与大西洋之彼岸兮，高高的鼻梁，
>
> 有此一金元帝国兮，富丽堂皇，
>
> 既不那么像地狱兮，也绝非天堂，
>
> 乱乱哄哄，危机四伏兮却又活泼要强，
>
> 花絮好写兮而难以概括、综述，
>
> 多知道点实际情况兮也好避短扬长！

四、理性的审视

当我们反顾新时期中国人对美国的探索与认识历程时，就不难发现，中国知识分子的理性精神正在不断张扬。

面向世界，当然首先就是不能再像以往那样不敢面对现实。我们需要真正了解美国，需要了解真正的美国。"作为一个高度发展

---

① 参见张宏毅："美国社会的'沃伦梯尔'"，《人民日报》，1984 年 9 月 9 日；周偀"义务服务的传统——访美散记"，《人民日报》，1985 年 8 月 22 日；张宏毅："比金钱更珍贵的……"，《北京日报》，1989 年 1 月 7 日；梁治平著：《观察者》，浙江文艺出版社，1991 年，第 181—185 页。

② 王沪宁教授作过如下分析："美国不是一个简单的均质的整体，用一句话就可以打发掉。在过去的年代，人们从教条主义的观念出发，把美国仅仅看成是'剥削剩余价值'，'资产阶级专政'，看得一无是处，那么现实的美国便会反对这样的'美国'、僵化观念中的美国。如今又出现另一种极端，有的人把美国想象成富丽天堂，十全十美，那么现实的美国同样反对这样的'美国'、理想化的美国"。见《美国反对美国》"序"。大致言之，此种分析是合情亦合理的。不过，不仅仅是"美国反对美国"，任何一个国家大约也免不了此种"反对"。在知识界，目前真正把美国看得"十全十美"者，即便有，恐亦是很特殊的例外。

③ 王蒙著：前引书，第 172 页。

的资本主义国家,美国的社会和制度确有其不可克服的痼疾和阴暗面,但它还没有'濒临崩溃的边缘',它的生产力还有巨大发展的潜力。"①这是一篇问世于 1979 年初的有影响的论文所作的判断,如今是不会有人再公开对此有什么异议的。过了十多年以后,在 90 年代初,新的认识又进了一层。就是说,除了经济成就外,对美国文化与政治体制也应正视之。"如果说美国只是物质上强,这不符合事实。我们无法想象一个至少自本世纪以来一直在物质上处于世界前列的国家,在精神上或文化上会是腐败透项的"。②另一位历史学家的看法有异曲同工之妙:美国经济建设的成就是惊人的,其迅猛神速,举世无匹,但这是与其政治体制、文化教育、科学技术等等的发展密切相关的,后者促进了经济的发展。"很难想象一个经济高速发展的国家在其它方面却很落后"。③这是基于对美国全面认识的重要论断。

　　至少从 40 年代末期以来,对美国的政治体制我们很少能正面作出估断。青年学者金灿荣已经深刻地剖析了这一点④:

　　　　长期以来,我们习惯于将美国的资本主义政治制度仅作为一种现实政治威胁看待,而不承认其为西方文明发展史的一个自然产物。一旦提及,常心怀不安,露出敌意。此种心态下,用以一概全、片面静止的观点看待美国政治制度则是必然的了。于是乎,只注意它具有欺骗性的

---

① 汪熙:"略论中美关系史的几个问题",《世界历史》,1979 年 3 期。
② 华庆昭:"美国文化在亚洲的前景",《中国美国史研究会通报》,51 期(1991 年 6 月)。
③ 见刘祚昌教授 1990 年 11 月为《美国的崛起》(黄安年著)一书所写的"序"。
④ 金灿荣:"美国政治研究的翘楚之作",《美国研究参考资料》,1991 年 3 期。台湾学者陈毓钧的研究表明,美国民主真基于宪治主义的原则之上,换言之,在美国,自从政人士到一般民众,无不遵循宪法规范、尊重宪法权威,然后始在慎重、渐进、守成的宪政发展中保存了民主的生命。参见陈毓钧著:《美国民主的解析》,台北允晨文化实业股份有限公司,1994 年。

一面,不承认它有真实性的一面;只揭示它的资产阶级属性,不研究它的社会整合功能;只承认它相对于封建时代的历史进步性,不承认它的现实"合理性";只谈它第二次世界大战前的情况,而不愿考究其战后的变化;只考察它的政治性,而不重视它所包含的技术性。科学的研究无从谈起。

美国的政治体制当然不是一朵花,它也有问题,比如"拿国计民生当儿戏"的官僚政治①。问题在于:这是主流还是支流?共和政体、总统制、两党制、联邦制、代议制等等,是美国政治体制的根本基础和特色,也是美国对资产阶级民主的主要贡献。我们应怎样在历史和现实的环境中加以清醒地认识呢?

中国人探索美国,首先应认真地发现和吸取有益于我们的养料。李世洞教授指出,在美国的发展轨迹中,有些方面是很值得我们去分析、研究、借鉴和学习的。如长期保持一个稳定的国内政治局面,就是值得注意的一点。如果说我国曾因过多的"震灾"而延缓了发展的步伐,那么,美国则恰恰因"少震"而迅速前进。美国何以有稳定的政治局面? 这显然与其政治体制不无关系。权力部门的分散与相互制约,避免了权力过分集中所带来的一些矛盾;比较完善的法治避免了人治所造成的一些问题;公共舆论有较多的监督作用等,都在减少社会动荡的过程中发挥了有益的作用。"这些难道不值得加以研究、借鉴、拿来以改善社会主义民主制度吗"?② 美国不存在事实上的终身制。它"至少就没有权大还是法大的问题,也不存在人治还是法治的问题"③。正是由于美国人的法治精神,连捅了大丑闻的总统也可以搞下台。一手遮不了天。这样一来,就

---

① 陈功:"'幽灵投票'与官僚政治",《人民日报》,1985 年 12 月 15 日。
② 李世洞:"研究美国　促进四化",《九江师专学报》,1989 年 1 期。
③ 陈启能著:《美国的思想库和美国社会——访美札记》,社会科学文献出版社,1987 年,第 59 页。

使得"搞政治的人都必须特别小心,注意法律,不敢轻举妄动"①。美国没有"父母官"。里根的儿子并不因为他老爷子是总统就不失业。罗斯福总统的下一代,也是各奔前程,独立生活,"决不因为他们的父亲做总统,而有公家的便宜可占。也许会有人斥我崇洋,但我认为这样的公私分明,不因祖泽而五世不绝,这一点还是值得称道的"。②

《美国政府和美国政治》③是我国学者迄今撰写的一部篇幅最大、功力深厚的美国政治研究著作。在该书中,作者李道揆研究员探索了这样一系列问题:美国革命成功之后,究竟建立了什么样的政治制度和民主?有何特点、长处及问题?对美国经济、社会发展起了什么积极作用、又存在哪些问题?美国的政治制度和民主能否使政府和官员履行其职能、防止其滥用权力和独断专行?能否保障公民的自由与权利?美国公民在多大程度上、通过什么渠道参与政治、行使民主权利?美国的政府如何运作?如何制定政策?美国政治制度与民主是否为人类文化增添了新的遗产?等等。由此不难看出,中国知识分子在看美国政治时正在摆脱以往种种有形或无形的障碍,正在愈来愈体现出客观、求实的科学精神。这部巨著告诉读者,美国资产阶级民主的基本性质虽然未变,但其民主的适用范围不断扩大,即由政治民主而社会民主;美国的政治体制,既有其历史进步性,也有其现实合理性和技术有效性;多元化是美国政治生活的特色,若仅用简单的意识形态规则去衡量美国现实政治,恐不免蹈空之论。无独有偶,一位美国行政法研究专家积多年研究之心得而成就百万言的《美国行政法》,其切实体验之一就是,"在美国的行政制度中,有很多先进的东西,值得注意。"比如,美国的

---

① 张彦:"市长选举与美国式民主——美国西行散记(三)",《人民日报》,1980年3月13日。

② 冯亦代著:前引书,第159页。

③ 李道揆著:《美国政府和美国政治》,中国社会科学出版社,1990年。

行政公开制度即居于世界领先地位,虽说各国具体情况不同,美国的制度其他国家也不一定能实行,但对其行之有效的制度不能视而不见①。

事实上,对美国政治文化的重新认识②,无疑将会为我们打开一个新的思维空间。这里举两个例子。其一,刘祚昌教授自80年代初以来悉心研究美国民主政治的设计师托马斯·杰斐逊,结果他发现,杰斐逊的隐居与出仕交替的思想和经历,能给我们以历史的启迪:"只有像杰斐逊那样有隐居读书的高雅情趣的人,才能成为一个好官,而那些热中〔衷〕于当官,甚至到老时仍一心恋栈的人们,必然成不了好官。那些有当官迷的人,正好像象棋中的过河卒子,有进无退,一心一意想向上爬,势必不择手段,巴结上司,夤缘求官,欺压百姓,以权谋私,贪脏〔赃〕枉法,什么坏事都干得出来。这样的人最后只能堕落为祸国殃民的害民贼"。③ 其二,高放教授考察了美国"国父"乔治·华盛顿在其政治生涯中的两次引退,同样得出了值得重视的历史经验④:

> 人们都认识到制度比个人更重要,好的政治体制可以激发人民群众的创造力,持久地稳定地推动经济和整个社会进步,如果制度不健全的话,即使有十分英明的领袖也难免人亡政息,甚至还会引起社会动荡。然而,好的政治体制不可能从天而降,或者由人恩赐,而有待人们积

① 王名扬著:《美国行政法》"序言",中国法制出版社,1995年。
② 参见张毅:"美国民主政体的起源",《美国研究》,1989年3期;李世雅:"北美新大陆的移民社会与宗教自由",《美国研究》,1989年3期;张定河:"论美国联邦制的确立及其历史作用",《历史研究》,1992年6期;周琪:"美国对西方近代民主制的贡献——代议制民主",《美国研究》,1994年4期;张毅:"里根之后的美国政局",《美国研究》,1987年3期;金灿荣:"政治-文化分裂与美国政局演变",《美国研究》,1995年1期。
③ 刘祚昌著:《杰斐逊传》,中国社会科学出版社,1990年,第500页。
④ 高放:"华盛顿的两次英明选择",《光明日报》,1989年5月1日。

极努力去开创。在历史的转折关头，往往有两种甚至更多种的选择。处于政治漩流中心的关键人物，如果能够深谙历史发展规律，顺应人群进化要求，勇于当机立断，善于排除逆流，作出正确的选择，使政治体制早日健全化，那就会极大地促进社会的发展。

这就是中国知识分子的良心。

北京大学教授袁明说得恰如其分："当前的中国知识分子，对贫困、落后、锁国、吃大锅饭等现象有切肤之痛，面对美国那高度发达的物质文明，那一个开放的、竞争的、机会众多的社会，心情复杂而感慨不已。对自己祖国也往往有'哀其不幸，怒其不争'之叹"。① 这里恰恰蕴含着中国人深沉的爱国意识。

徐中玉先生谈其访美印象时说，"对'铁饭碗'、'大锅饭'、'终身制'等这些办法的害处，出来看了人家的情况，时常感到更加痛恨，不赶快大力改革，事无大小，肯定都难搞好"。② 萧乾先生结识了不少衣阿华大学的工读生，对许多青年人以"自助"为荣、以靠老子为耻的新气象感触甚深，"我默想着富兰克林和林肯苦学的早年，心里琢磨着：干部则'铁'饭碗，学生则'铁'助学金；没有竞赛，没有鞭策，靠这个路子能'赶'能'超'吗？"③ 美国人的家庭关系，特别是父母与子女之间的相对独立的关系，常常被我们中的有些人作为"资产阶级只重金钱不讲人情"、"六亲不认"的例子而口诛笔伐。这多半是以中国的老眼光看新问题。能不能转换一下视角呢？请看上海作家协会主席徐中玉所作的如下解释：其实，美国人这样

---

① 袁明："对当前中国大陆知识分子看美国的几点思考"，见《中美关系十年》，第345—346页。一个中国的美国研究专家访美期间，据说，他"无时无刻不在思考"的问题是："为什么美国如此富有？有哪些地方值得我们学习？"参见茅于轼著：《生活中的经济学——对美国市场的考察》"前言"，上海人民出版社，1993年。

② 徐中玉著：前引书，第122页。

③ 萧乾："衣阿华的启示"，《人民日报》，1979年11月14日。

做，是鼓励、培养孩子的自立能力，使其在青年时代即确立必要的自尊心、责任感。路是走出来的，还要去闯，那才能有开拓和创新。"如果我们承认不少美国青年确有某种喜欢创新、敢于开拓的可贵精神，我想，这样的家庭关系，父母用心，未尝不是一个可取的、合理的因素。在所谓'不讲人情'的现象背后，其实并不是不存在一些健康、对孩子对社会进步都有利的东西。'五世同堂'仍好得很吗？'小家庭化'或简化家庭结构，我感到也正是我们这里越来越明显的趋势。'大锅饭'的弊害，并不只表现在某一角落，在家庭中它同样也不是很值得称赞的"。这位学者写到这里，笔锋一转，痛快淋漓道："用封建思想来批评资产阶级思想，已经不对路，仍用封建思想来反对现代化的合理法则的发展，那就更加像螳臂挡车了"。①

历史学家们的再审视，从更广阔的层次上扩展了中国人美国观的深厚的历史感。作为有影响的中年美国史专家，北京师范大学教授黄安年致力于对美国的崛起及其发展历程的探索，如美国的发展"模式"和特点（为什么美国在近一个世纪里一直保持头号世界大国的地位？"美国式"道路是什么？外来移民、跨越封建制阶段、领土开拓和西进运动以及科学技术革命对美国发展有什么影响？）；再如怎样看待现代资本主义的美国（从自由资本主义走向一般垄断资本主义和国家垄断资本主义是不是历史的进步？美国的"活力"在哪里？贯穿本世纪的改革、调整起了什么作用？现代美国的开放政策有什么特色？对美国的危机、弊端如何认识？资产阶级民主体制对美国发展有何作用？）；② 黄的认识是："美国崛起之路具有明显的美国特色。……美国崛起之路具有启迪意义。认真研究美国崛起的经验和教训，并不是要实现美国化。不顾我国国情，盲目照搬美国经验，是不可取的，借口国情不同，排斥多样性统一

---

① 徐中玉著：前引书，第41—42页。
② 参见黄安年著：《二十世纪美国史》"作者的话"，河北人民出版社，1989年。

历史中的美国经验,也是十分错误的。"① 从美国历史的进程看,其发展是与连续、频繁的改革潮息息相关的,"在某种意义上讲,发展和改革是美国资本主义发展史上的一对孪生兄弟"②,美国之成为科技大国、超级大国,执世界经济之牛耳,并不是偶然的。从改革史观重新认识美国,已成为一种新趋向。"美国社会每前进一步都和社会运动与改革有着直接的或间接的关系。从这个意义上说,社会运动和改革已构成美国社会发展的重要动力。"③ 人们越来越明确地认识到,美国的改革及其前因后果和规律性,美国的现代化进程、模式及其经验教训,等等,都应该是中国人在研究美国时认真关注的重大问题,如果这个问题吃透了,对于发展中国家是不无借鉴意义的。④

说来说去,中国知识分子认识美国,归根结蒂,还是首先为了自己的祖国如何进步和发展。一个留学生谈到他留美时"心灵上的痛苦",是很动感情的:美国是个最国际化的国家,世界上各个国家和地区都通过经济的、技术的、文化的输出在这里无情地相互较量。如果说在国内时,"民族荣誉"、"爱国主义"仅仅是抽象的概念,那么,在这些留美学子的心目中,"它们就变成非常具体的见、闻、触、感"。这位留学生感到焦虑、羞愧、危机扑面:"皆〔按:应为昔〕日的'蛮夷'遥遥领先了,'泱泱大国'呢?!"⑤ 1988年岁末,新华社记者袁晞采访了当时任中国社会科学院美国研究所所长、现任《美国

---

① 黄安年著:《美国的崛起》"后记"。
② 黄安年著:《美国社会经济史论》"后记",山西教育出版社,1993年。
③ 张友伦、李剑鸣主编:《美国历史上的社会运动和政府改革》,天津教育出版社,1992年,第336页。
④ 详见黄仁伟:"作为一种历史进程的现代美国改革——第6届美国史研究会年会讨论综述",《美国研究参考资料》,1991年3期。洪朝辉著:《社会经济变迁的主题——美国现代化进程新论》,杭州大学出版社,1994年。中国美国史研究会编:《美国现代化历史经验》,东方出版社,1994年。
⑤ 丁学良著:《丁学良集——痛索·奋发》"自序",黑龙江教育出版社,1989年。

研究》主编的资中筠研究员，其问、答均饶有意味。当记者问"您是多年从事美国研究的学者，按照您的观点，中国需要向美国学习，您认为最主要的是学习什么？"时，资氏答曰：①

> 通过这些年的研究、理解，我认为除了要考虑到社会制度、人口问题等等因素的根本差异外，最重要的是学习美国人的价值观念，其中主要的一条就是：优胜劣败。美国人并非都是优秀者，但是它的制度是利于优胜者的制度，鼓励人们奋发向上，用自己的勤奋劳动和聪明才智在接近机会均等的竞争中战胜对手，胜者生存、发展。这是美国成为世界强国的重要因素。……我想强调的是，中国人学美国不要仅仅盯着冰箱、彩电、成套设备，不要满足于迪斯科、霹雳舞，而是要搞清美国之所以发展成现代化国家靠的是什么，特别什么是现代化观念，关键是要学其精髓，而非皮毛。

怎样看美国？如何研究美国？资中筠的话代表了相当多数中国知识分子的心声。

新时期中国人在观察美国时所体现出的理性精神，还有许许多多的方面，其中对美国外交的审视就是有代表性的范例之一。

在中国人看来，美国在处理对外关系时，仍不乏其帝国主义、霸权主义行径，动辄插手他国内政，唯我独尊，特别是跟第三世界过不去；其超级大国心态，撒下许多祸种和遗患；在中美关系问题上，美方言行不一，不时给中国人民的民族感情以创伤，设置障碍

---

① 袁晞："为什么要研究美国——中国社会科学院美国研究所所长资中筠谈中国的美国研究"，《美国研究参考资料》，1989 年 2 期。

和陷阱。凡此等等，人们只能予以严正的批评①。美国仍然以自己的实际行动为它的脸上添加着不光彩。

　　美国屡屡表明，它确确实实是国际政治中的以强凌弱者。如干涉尼加拉瓜、入侵格林纳达、出兵巴拿马、轰炸利比亚、制裁古巴等等。从人口、地理面积、国力等任何一个方面来说，这些国家都是名副其实的小国。对这些主权国家武力威胁或大举入侵，都不是什么光明正大之举。究其原因，无非是美国仗着它是个超级大国，"哪个国家不按照它的意志行事，就感到不舒服，就要对它进行威胁"。②一些美国当权者"喜欢打着民主、自由的旗号，摆着舍我其谁的架子"，对他国事务动手动脚。有一则国际随笔有感于美国的某些大员说什么要"在各个方面采取行动"来"惩罚"利比亚，而只是拿"我们当然认为"、"有情报说"之类作挡箭牌，写道：美国如此做作，也只能用来对付像利比亚这样的小国。"用中国的一句成语，这叫做'雷公打豆腐，拣软的欺'。老实说，干这种事情，对于像美国这样一

---

① 有学者指出，"美国国内仍有一些人迷恋大国强权政治的原则，他们根据自己的哲学信仰、价值观念动辄干涉别国内政，"以各种手段施压，企图迫使别国"向美国的强权政治屈膝"。见霍世亮："论杜勒斯的和平哲学及其和平变革说"，《美国研究》，1990年1期。再如，近年来，"美国以'人权卫士'自居，用是否符合自己的好恶及自己认定的标准对别国的人权状况作出评判，然后采取政治的、经济的、外交的、宣传的种种手段来强迫别国接受，把自己的政治、经济制度和价值观念强加给他国。显然，这是对别国内政的粗暴干涉和对国际法准则的践踏，是霸权主义的一种表现"。见张宏毅主编：《美国人权与人权外交》，人民出版社，1993年，第53页。冷战结束以来，时势巨变，世界正日益趋多极化。可是，"美国政府和国会中的某些人却不识时务，死死抱住'唯一超级大国'的陈旧观念不放，自以为美国有能力主宰世界，并采取'遏制'、'制裁'等冷战过时的政策和做法，对付来自各方面拒绝接受美国'世界领导地位'的挑战。"比如，对中国，近年来搞过"人权牌"、"最惠国待遇牌"、"复关牌"、"台湾牌"、"南沙牌"等等，始终排解不开旧的"冷战情结"。见唐天日："美国冷战情结"，《瞭望》，1995年30期。另有人不客气地指出：时至今日，"在美国人当中，确实有一些冷战骑士式的人物，有一类抱着莫名其妙的种族优越感的人物，他们视中国为洪水猛兽，必欲扼死之而后快，而且要'在它尚处于早期时就开始'，不能等它强大起来再动手"。这是地地道道的一家独尊、一家独强、以强凌弱的霸道逻辑。参见华麻："冷战骑士的狂言呓语"，《瞭望》，1995年33期。

② 短评："岂可以强凌弱？"，《人民日报》，1984年11月17日。

个超级大国,并不光彩"。① 与此同时,美国对它的那些"铁哥们儿"则百般庇护,蠢行不断,老是处于被动。这种不识时务的"畸形外交",无论是对世界、还是对美国本身,都是不利的。

正直的中国学者当然不可能替美国护短遮丑②。它总想"凭借其大国的优势力量处理国际事务"③,将自己的意志强加于人,包打天下,为了自己的利益常常不尊重、乃至践踏他国的主权与利益。美国外交史专家杨生茂教授指出,"扩张是贯穿整个美国对外政策史的主线,也是理解美国外交政策发展的关键"。美国扩张主义的理论核心是使命观,它的致命弱点是自命不凡、唯我独尊。这种民族优越感、自满意识,一旦推行到极端,就是颐指气使,驾驭别人,以大压小,以富欺贫,以强凌弱。"这种霸道作风,虽自诩为'发挥领导作用'或'承担'什么'义务',实际上却把自己置于失道寡助和力不从心的困境,迟早会把民族命运推向危险的地步"。④ 历史已经证明,并将继续提示美国人:对外关系史的"老子天下第一"、飞扬跋扈,不管怎样,很难使自身形象在世人面前变得可爱起来。⑤

---

① 塞北:"还要'惩罚'吗?"《人民日报》,1986 年 8 月 29 日。
② 李剑鸣研究美国印第安人与白人文化关系演进"这一事关种族存亡和文化绝续的无声战争",据他自述,此一主题始终令人"心绪难安","触目皆是关于印第安人苦难和惨祸的记述,白人的无情不义和横暴自负亦充盈其间。"李氏不禁感而慨之曰:"以史为鉴,更可清晰辨别美国发展道路上的斑斑污迹;除了剥夺印第安人,其他如奴役黑人、压榨劳工、排斥少数族裔移民、夺取他国领土以及争霸海外市场等等,又有哪一种是可以张扬的光彩记录呢?"见李剑鸣著:《文化的边疆》,天津人民出版社,1994 年,第 2、373、351 页。
③ 张也白:"评里根政府对外政策的矛盾",《人民日报》,1982 年 7 月 31 日。
④ 杨生茂:"美国外交政策史三论",《历史研究》,1991 年 2 期。
⑤ 王缉思、朱文莉在"冷战后的美国"(《太平洋学报》1994 年 1 期)一文中警示说,"瞻望 21 世纪,可以肯定美国没有资格、也没有能力称霸全球。在冷战后的美国国内,公众对政治领导人缺乏信任,政界丑闻不断,经济发展的结构性障碍难以克服,犯罪率上升,种族矛盾突出,教育水准下降,传统价值观丧失。如此种种问题,使美国人无颜自诩为今日世界之楷模。而现任克林顿政府在处理一系列外交问题时,既无章法,又力不从心,"更遑论'领导世界'"。

对美国的超级大国心理刻画得最为维妙维肖的,当首推彭迪先生。这位国际问题评论家妙笔生花,这样写道①:

> 美国军事实力较大,向外伸手较多,世界公认它是超级大国,西方推举它是盟国之首,它自己也老是不客气,经常说自己是'天下第一'。这种思想包袱最容易把自己当作世界的中心,自命超人一等,情不自禁地要求别国按照自己的利益和意志转移,不仅动不动用美国的一套政治信仰和政府制度来挑剔别国内政,教训别人,甚至动手动脚,包括出钱出枪以至出兵⋯⋯。

在对中国的外交关系上,美国当然也少不了强权逻辑,如抛出所谓的《与台湾关系法》,肆意供应台湾武器、"庇护"胡娜,在西藏、计划生育、人权等问题上指手划脚、允许李登辉公开访美等等,都极大地刺激了中国人的民族感情②。这不能不使人感到,"美国国内总有这么一小撮人,死抱着帝国主义、超级大国、霸权主义思想不放,处处与中国人民为敌"。③ 比如台湾问题,美国一直想捞便宜,嘴皮子说得动听,实则心怀鬼胎,总忘不了"两个中国"、"一中

① 彭迪:"论'变'——评里根政府对外政策新动向",《瞭望》,1983年2期。
② 以计划生育这个不少美国人起劲攻讦的问题为例,用一位中国计划生育工作者在一份内部报告资料中的话说,"我们辛辛苦苦,被人称为'五加皮'干部——厚着脸皮、硬着头皮、磨破嘴皮、饿着肚皮、走破鞋皮,去说服人家节育流产,美国佬还骂我们。"参见段连城著:《美国人与中国人》,第94页。再以1995年引起轩然大波、使中美关系严重滑坡、海峡两岸关系顿趋紧张的李登辉访美问题为例,"无论美国方面对李登辉的访问冠以何种名目,对自己的错误决定作何种辩解,也无论美国政府现在如何高喊它奉行是'一个中国'政策,都改变不了美国背信弃义、企图制造'两个中国'、'一中一台',破坏中国统一大业的基本事实,也推托不了把中美关系引向歧途的历史责任"。"必须指出,美国政府出尔反尔,公然改变近17年来美国历届政府禁止台湾领导人访美的政策,说到底是美国一直没有放弃把台湾当成美国'不沉的航空母舰'的政策,企图玩弄所谓'台湾牌',阻遏中国的发展、壮大和统一。⋯⋯中国人民重视与美国的关系,珍惜同美国人民的友谊,但更珍惜自己经过长期奋斗而得来的独立和主权"。见新华社评论员:"美国究竟要把中美关系引向何方?",《人民日报》,1995年6月18日。
③ 本报记者述评:"中美关系发展中的一股逆流",《人民日报》,1983年11月14日。

一台"或者这样那样的翻版。其实,中国舆论早就指出,"搞'两个中国'是着死棋,无论怎么走也走不活的一着死棋"①,但美国就是不信,偏偏硬抱住这艘"航空母舰"不放,蹒蹒跚跚,玩一种比踩钢丝还危险的把戏。②"'台湾问题'今天之所以仍然是中美关系中的一个'问题',完全是美国帝国主义扩张政策的结果;在中国方面,则是百年来受侵略、被瓜分的尾声。很难想象,曾经为结束民族屈辱而付出了这么重大牺牲的中国人民,能长期容忍这种状况。而美国在当年鼎盛时期已经失败的政策,今天如果还抱着不放,将会陷入怎样的困境,则是不难想象的"。③可是很奇怪,花岗岩脑袋就是不开窍。究其结局,自然一再使"中国人民不能不表示极大的愤慨"。④

还得特别提到彭迪先生,他有一篇专论此事的文章,我读之再

① 华庥:"出路何在?——评《纽约时报》20日社论",《人民日报》,1981年11月25日。

② 华庥:"蹒跚的美国对华政策——再评向台湾出售武器问题",《瞭望》,1981年4期;本报评论员:"不要玩弄损害中美关系的危险把戏",《人民日报》,1983年11月27日。关于近年来中国学者研究美台关系的代表性学术论文,可参见资中筠、何迪编:《美台关系四十年(1949—1989)》,人民出版社,1991年。

③ 资中筠:"历史的考验——新中国诞生前后美国的对台政策",《人民日报》,1982年7月13日。据参加过万隆会议、当时任周恩来总理秘书的李慎之先生说:"世人咸知,在万隆会议上,周恩来为以求同存异之精神谋求亚非会议之成功,曾表示不在会上提出本可提出之台湾问题与恢复中国在联合国席位之问题。周氏之政治家风度当时曾博得普遍之钦敬赞佩。世人有所未知者,则周氏于代表团团长举行之秘密会议上阐释中国此一立场时曾称:'台湾未归祖国,中国未获统一,中国仍不能谓为完全独立之国家'。此言至为沉痛。周作此语时,热泪盈眶,满座动容"。见李慎之:"中美关系与台湾问题",《美国研究参考资料》,1985年2期。

④ 本报评论员:"中国内政岂容他人干涉",《人民日报》,1983年11月20日。中国社会科学院美国研究所所长王缉思等指出,"值得警惕的是,有的美国人提出,如果中国不在人权等方面对美国作出让步,美国就应当'鼓励'华南一些地区在政治和经济方面进一步向港台靠拢,脱离中央控制。……联系到某些美国人鼓吹支持'台独',支持香港现任总督的'政治改革方案',支持'西藏独立',制造'中国威胁论',不能不让人怀疑这些人是否蓄意要采取敌视中国、分裂中国的政策"。见王缉思、朱文莉:"美国人眼中的'大中华'",《美国研究》,1994年1期。

三，越读越有味：①

　　　　长期以来，美国有人一直在纠缠一个根本不存在的问题——中国是一个还是两个？中国这个国家论面积比美国大，论人口比美国多，作为一个独立国家的资历更是比美国长几十倍。不管中国内部有多少变化，从来都只有一个中国。连美国的影子都还看不见的时候，人们只要一提起中国，就知道指的是那个以中国首都为中心的大国——唯一的中国。然而，不知道从哪个天涯海角忽然跑出来那么些自以为是的美国人来，既不懂中国历史，又不懂中国地理，更不懂中国政治，也不讲文明礼貌，却对中国指手划脚、发号施令，先是硬说中国这个大国根本不存在，不承认有中国，然后硬说中国有两个，而且坚持这种错误多年，硬是要在华盛顿的什么国会山或是玫瑰园之类对中国人完全陌生的地方，来决定中国这个文明古国的国界、领土，简直想把中国当作一块蛋糕，今天这样切，明天那样切。……多少年来，一部分美国人把中国应该切成几个的问题，翻来复去地讨论得津津有味。请问：这是一种什么心理状态呢？

美国当然有其值得自豪和夸耀之处，它也的确有这种资本。可

---

① 彭迪："超级大国的心理"，《瞭望》，1981年4期。

是，傲里傲气，就适得其反了①。青年学者张毅曾谈到他在这一方面的体验。1986年美国国会中期选举期间，张毅有机会以竞选助手的身份实地参与、考察了4个国会选区的部分竞选活动。后来他回顾说："美国人真心爱国，当然令人钦佩，但他们时常表露出的老子天下第一的傲气，却又极其令人反感。在考察竞选过程中，我接触了许多美国人，其中有好几个得知我来自'共产党中国'时，马上非常武断地问：'那你肯定不回去了吧？'好像这个地球上只有美国能住人！我说选举完了之后我马上就回国，他们表示很难理解，脸上一副困惑相。有一位'热心人'怕我当着许多人有话不愿直说，居然还把我拉到一边说：'你是不是真想留下？如果你想，我们可以帮忙'。弄得我真不知说什么才好。发火吧，他是好心；由他去吧，心里还真憋着一股气"。② 如果想了解中国青年知识分子怎样看美国，张毅的体验很有意义。

至于说到美国和中国的关系，一向有话直说的邓小平讲得很坦率："这是一个最富和一个最穷的国家打交道"；"美国人骂娘，造谣，没什么了不起"。换言之，不管怎么说，美国断无理由动不动就塞给中国苦药丸，美国至少应尊重中国的独立与主权、尊重中国人

---

① 练性乾先生在《可爱的美国佬》(国际文化出版公司1990年第2版)中写道，"爱管人家的闲事，管惯了要改也难。国会有个'人权委员会'，每年发表一份世界'人权'问题的报告，厚厚一大本，都是别国的内政，谁也没有委托它。这是官方的，舆论界和老百姓中也有这样的人。中国一家报纸报道了北京为防止狂犬病而禁止[按:应为限制]养狗，还打死了一些狗。这么一条小消息，……在美国可不得了了，又是抗议，又是谴责，有人还真的动了感情，说我不跟你友好了。……还有就是中国计划生育的事，则更是吵吵嚷嚷，没完没了，……。我有时候就对一些美国人说：'中国如果不实行计划生育，人口发展到20亿、30亿，对你们美国有什么好处？对世界有什么好处？'"练氏的结论说，"美国人很为他们自己的国家骄傲过头了，什么都是'老子天下第一'，甚至自己的月亮比人家的都圆，难免碰钉子，有时还显得可笑"。(第205、208页)

② 张毅："美国议员竞选活动亲历记(下)"，《美国研究参考资料》，1988年7期。

民的民族感情①；否则，必将一而再、再而三地在中国人的伤口上撒盐，这不仅导致两国关系的颠簸不定，而且将直接影响到中国人如何看美国的问题。历史的经验与现实情况表明，美国只要不放下自己的臭架子，它大约是不太可能"得到"中国的。也很难想象美国的形象在十几亿炎黄子孙的心目中能"光彩照人"②。迄今美国的污点，绝大多数都是它不顾及真正的大国角色而胡乱往自己的脸上涂抹的。中国有一句古话："解铃还须系铃人"；西方有一句谚语："我已经说了，我已经拯救了自己的灵魂"。与古老的源远流长的中国相比，美国的历史微乎其微；大概与此有关，美国人一般不愿意去回味历史，似乎亦不太情愿从历史老人那里聆听教益。可是，历史的经验又怎么能绕得过去呢？抽刀断水水更流。历史、现实、未来，其实是三位一体的。中国人民真诚地希望美国能在关键时刻作出有远见的政治抉择，③ 从而进一步维护两国关系、世界和平，实

---

① 有人尖锐地指出，"不管中国愿意不愿意，中国实际[上]一直被美国战略决策集团看作战略性的潜在敌国"。说白了，"美国并不乐于看到一个强大、统一、兴旺、工业化的现代中国的崛起。"正是基于此，"一旦苏联对美国不复是大问题，美国就把中国作为贯彻其全球目标的主要战略对手，必置之于死地而后已。今后若干年的中美关系，将非常严峻。美国将加速颠覆中国经济、制造中国内乱、最终分裂和瓦解中国。这是美国秘而不宣的既定国策，不仅贯彻在其40年来的全部对华战略中，也暗含在其最近10年的对华政策中"。参见何新著：《世纪之交的中国与世界》，四川人民出版社，1991年，第393、395页。

② 据说，有这么一个流传很广的故事：一位美国高级官员访问北京，走到王府井，望着摩肩接踵的人群，忽发感想说，如果这么众多的中国人都反美，实在不堪设想，美国无论如何应致力于防止发生这样的情况。资中筠先生中肯地指出："不论这个故事是否真实，在10亿中国人中间，特别是其中的精英阶层中间，美国的形象如何，美国是不会无动于衷的"。见资中筠"利益的汇合：国家关系的基础——写在中美建交10周年之际"，《美国研究》，1989年2期。

③ 罗荣渠1990年4月21日在华盛顿一次国际研讨会上的讲演中忠告："对于美国明智的政治家来说，如果他们真正想帮助中国的现代化，我希望他们珍惜发展中的美中关系的积极健康的因素，努力避免而不是去加剧那些消极的病态的因素。在当前风云变幻的世界中，……我不希望美中关系一遇风吹草动就又走回头路。"见罗荣渠："世界风云变幻中的政治选择——对美中关系的一种中国观点"，《北京大学学报》，1992年2期。

际上也就是真正维护、爱护美国在中国人心目中的大国形象。

五、如实地探索美国

在改革、开放的中国大潮中，如实地探索美国，已经越来越成为人们的共同认识。这为进一步揭示美国这个谜的真谛奠定了最重要的基础。

还在 1980 年，罗荣渠先生即已率先提出："尊重历史，如实地研究美国"。[①] 他说，研究外国历史，如果不是采取尊重历史、一分为二的科学态度，而是硬把自己的价值尺度强加于人，甚至把事物的一个片面夸大为全面并推向极端，那么，历史必将变成荒谬一团。罗氏指出，美国有许多污秽和丑恶的东西，而且可以说应有尽有。问题在于，"美国的丑恶的黑暗面决不能代表美国这个国家的立国精神，不能说明它的历史的发展和进步，也不能反映它的人民的思想风貌"。美国的长处、优点及其迅速发展的原因和内在力量，正是我们以往很少注意的问题。谈到美国经济的发展，过去往往满足于美国剥削全世界国家、在两次世界大战中大发横财之类的公式化说法，即便是对美国的经济危机、政治腐败等的论述，亦多是揭露现象，缺乏深入分析。其实，这个新生的资产阶级共和国能在短短的几百年内超越中国数千年的历史进程，用几十年工夫完成了英国几百年才完成的变革，在世界上很少有比美国发展更快的国家。"难道具有这样重大历史意义的课题还不值得我们认真地深入研究吗？"罗荣渠还写道，"资产阶级历史学家曾经提出过这样的问题：美国的资本主义是不是一种成功？这个问题，马克思主义者

---

① 罗荣渠："关于中美关系史和美国史研究的一些问题"，《历史研究》，1980 年 3 期。亦见中国美国史研究会编：《美国史论文集》，三联书店，1980 年；汪熙编：《中美关系史论丛》，复旦大学出版社，1985 年，中美关系史丛书编委会主编：《中美关系史论文集》，重庆出版社，1985 年，第 1 辑。

也无需回避，应该遵循经典作家的研究方法，从历史的实际出发，全面地、一分为二地、实事求是地去进行研究"。

笔者赞同这种实事求是的科学精神。瞻前顾后，确有很多问题值得省思①。比如，我们过去的通病之一是，不顾美国的国情，脱离美国的具体历史条件，用马克思主义经典作家的个别论断生搬硬套；时时事事倾心于揭露这个资本主义国家是如何对内压迫和剥削、如何对外扩张与掠夺，却很少注意"从历史和环境的脉络中"把握和评价美国，往往连某件事的来龙去脉或者某个人的生平都还说不太清楚，就急于"一针见血"地批判了。如何实事求是地看待这块"资本主义生产的乐土"、这个"资产阶级文明的榜样"？应该说，我们在相当长的时期内是处理得不好的。再比如，我们习惯于用欧洲的阶级斗争模式来套美国历史上的社会矛盾与阶级斗争，其实也未必是严肃的。在美国历史上，政治一步步民主化，经济从近代的起飞到现代高速发展，这两大线索事实上始终是主旋律。美国人民创造了美国的历史，促进了合众国的进步与发展，但倘"以阶级斗争为线索"来总括，恐怕很难说是恰如其分的。美国并不"例外"，也不可能"例外"，但美国历史终归有自己的特色。千篇一律的阶级斗争观远不能反映丰富多彩的美国历史的真实面貌。相对而言，广泛、深刻的社会改革或许更能从主体上有助于解释美国这个年轻国家的成长。把历史的内容还给历史，对于跨世纪的中国学人而言，应当是责无旁贷的。

如实地探索美国的过去、现在与未来，是一项宏大的学术系统工程，不可能一蹴而就。我们欣喜的是，改革、开放以来，中国美国学正在焕发出勃勃生机，一派盎然，其勃兴与发展已构成新时期中

---

① 参见杨玉圣："从《美国史纲》谈我国的美国史研究"，《北京大学研究生学刊》，1989年2—3期。亦见拙著：《美国历史散论》，辽宁大学出版社，1994年。有的学者不同意笔者的看法，参见黄绍湘："简炼揣摩 据理争鸣——评杨玉圣同志'美国史研究的反思与改革'"，《兰州学刊》，1990年增刊。

国社会科学界熠熠生辉的崭新篇章。① 这就使得中国人对美国再认识有了更深厚的学术背景。一批批有价值的学术论著的问世②，就是明证之一。

中美关系的正常化、中共十一届三中全会所确立的实事求是的思想路线，都为新时期如实地探索美国提供了良好环境。百家争鸣的精神正在不断得到提倡和光大。与过去水波不兴的沉闷局面不同，解放思想，百花齐放，已是越来越正常的学术现象。涉及美国历史、经济、文化、外交、社会等方面的论争，举不胜举，令人目不暇接。总的说来，这些论争基本上是健康的，也是很正常的。真理愈辩愈明，对美国的认识也是如此。有的论争中，虽亦不乏挖苦对方的不文明现象，让人不愉快，但这尚属个别情况。当然，要达到百家争鸣、如实探索美国的理想境界，并非轻而易举之事。这里须具备两个基本条件：其一，坚持和贯彻"双百"学术方针，坚持和发展实事求是的科学思想方法；其二，在倡导严谨学风的同时，应大力支持相互尊重的自由讨论，并真正杜绝多年来相沿成习的抓辫子、扣帽子、打棍子的丑恶现象。总之，我们更欢迎以理服人的平等讨论，更期望宽松融洽的学术氛围。如同有的学者所呼吁的："我们希望有影响的学术机构和有影响的学者在树立良好的学风方面起一个

① 参见资中筠："中国的美国研究"，《美国研究》，1987 年 1 期；杨玉圣："八十年代的中国美国学——回顾与思考"，《美国研究》，1990 年 4 期。

② 新时期我国学者发表的研究美国的论文，不胜枚举；有价值的著作，也呈丰收之势。1985 年迄今，已有 9 套大型美国研究丛书正在编辑、出版，它们是商务印书馆的《美国丛书》、中国社会科学出版社的《美国译丛》、三联书店的《美国文化丛书》、上海外语教育出版社的《美国文学史论译丛》、汪熙主编的《中美关系研究丛书》、丁名楠主编的《中美关系史丛书》、刘绪贻主编的《美国现代史丛书》、杨生茂与刘绪贻主编的《美国通史丛书》、董乐山主编的《美国与美国人丛书》。1978 年以来，我国学者还陆续出版了一批有价值的专著、文集、工具书。

带头作用。"① 这也是我们在认识美国的过程中至关重要的关键之一。

大致言之，中国学者已逐渐摆脱过去那种戴有色镜、用一只眼看美国的积习。这是一个质的跃进。

接下来，我们不妨通过几个典型事例来具体考察此一跃进的情形，以略窥一斑。

对现代美国特别是战后美国的新发展、新变化、新规律，过去长期不能予以正视。"垂死"、"腐朽"、"日薄西山"、"一天天烂下去"似乎是标准的答案，不能越雷池半步。这显然是与活生生的历史、现实极不吻合的。对此令人难堪的状况，如果仍满足于躺在过去的条条框框上睡大觉，不以求实精神去作出新探索，这不仅无济于事（美国并没有因为我们几十年说它"烂"而"寿命不长"了），而且还客观上人为地造成许许多多的困惑（如为什么社会主义没有在经济高度发达的美国首先出现？为什么早在 19 世纪末即已进入帝国主义阶段的美国仍有其顽强的生命力？），何况亦不见得裨益于清醒地看我们自己。这显然是一种严峻的挑战。历史学家的良知就在于真正对历史负责、对社会负责，"做学问是追求真理，是为了对人民对社会有益，水平有限可以学习提高，但不能计较个人得失，要有点勇气"。② 正是基于此，刘绪贻教授以罗斯福新政研究为

---

① 汪熙、王邦宪："我国 35 年来的中美关系史研究"，《复旦学报》，1984 年 5 期。亦见复旦大学国际政治系编：《美国研究》，复旦大学出版社，1986 年；汪熙编：《中美关系史论丛》。

② 见刘绪贻 1986 年 10 月为他主编的《当代美国总统与社会》所作的"序"。

切入点,试图对美国国家垄断资本主义及其变迁作出重新解释①。他认为,真正重视和认识罗斯福新政式国家垄断资本主义发展的新规律,有助于了解美国垄断资本主义、国家垄断资本主义发展的曲折性和复杂性,有助于我们解释现代美国的历史行程,也"有利于我们防止国际共运中的过左情绪,不至于像'四人帮'胡吹的那样:头号帝国主义——美帝——已接近死亡,只要红卫兵到处点火,世界共产主义运动的胜利就指日可待"。事实当然比这远为复杂得多,这就需要历史学家在探索美国时,应尊重历史,努力拓展新视野:②

> 从美国垄断资本主义的发展过程来看,它与马列主义的基本原理是吻合的;但是,如果要根据马列主义来阐释清楚美国垄断资本主义发展过程,就决不能仅仅靠经典著作中的现成词句,一定要发展马列主义。我们还可以进一步说:可以把美国现代史作为一个典型,研究垄断资本主义发展的新规律,以发展马列主义,为我们的理论工作、世界现代史的研究开创新局面。

从目前的情况看,对刘绪贻的有关观点,仍存在相当尖锐的不同意见③。这是在探索美国、深化历史认识过程中的正常现象。对

---

① 关于刘绪贻研究罗斯福新政等问题的代表性论文,可参见"罗斯福新政的历史地位",《世界历史》,1983 年 2 期;"有关罗斯福新政的几个问题——与黄绍湘同志商榷",《世界历史》,1985 年 1 期;"美国垄断资本主义与马列主义",《社会科学》(沪),1984 年 2 期;"马克思主义的阶级斗争原理需要发展",《社会科学》(沪),1986 年 8 期。刘绪贻现正通过有关著作的撰写力图使其基本观点进一步系统化、理论化,可参见他主编的《当代美国总统与社会——现代美国社会发展简史》(1987年)、《战后美国史(1945—1986)》(1989 年)、《富兰克林·D·罗斯福时代》(1994年)。

② 刘绪贻主编:《当代美国总统与社会》,第 49 页。

③ 有关文章,可参见黄绍湘:"评'有关罗斯福'新政'的几个问题'——答刘绪贻同志",《世界历史》,1985 年 3 期;黄绍湘:"评'罗斯福新政从杜鲁门延长到肯尼迪、约翰逊时期'的见解",《重庆社会科学》,1985 年 8 期;胡国成:"关于'新政'的分期问题——兼与刘绪贻先生商榷",《世界历史》,1986 年 7 期。

此无须大惊小怪。有一个问题似有必要在这里顺带提及，就是说，这种论争无论如何尖锐、激烈，终归都是属于正常的学术争鸣。这对于活跃新时期中国的美国研究的学术空气、解放思想以及对于促进相关学科的建设与发展，进一步认识美国的真情实况，均贡献良多。有的台湾学者和美国学者有感于诸如此类的争论，把某某人划为马克思主义派、某某人为非马克思主义派、某某人为反马克思主义。我以为，这都是不符合中国美国学界的实际情况的臆测。当然，国内学者在争论中，有的亦指责对方为非马克思主义或反马克思主义，这主要与其想找一个吓唬人的帽子扣在别人头上的心态有关，不是正常现象。在这个问题上，我的看法是，广大的老、中、青学者绝大多数都是在以严肃、负责的学术态度来研究美国的，矫枉过正的情况，不可能完全没有，但这与是否反马克思主义并非一回事。如果想当然地指责某某人是"直接抵制和否认马克思主义基本原理适合研究"美国云云，那么，许多问题将永远稀里糊涂、纠缠不清。在学术研究领域，在防止右的同时，更主要的是反对极左的遗毒。这一方面，我们的教训实在是太深刻了。唯有以马克思主义为指导，如实地探索美国，才能在越来越大的程度上真正了解和认识美国，而这恰恰又是与生动、活泼、健康的学术讨论分不开的。笔者在 1989 年岁末撰写、翌年发表的一篇文章中曾谈到过这个问题，迄今亦仍坚持当时的看法①

> 面向世界、面向现代化、面向未来的战略需要，不能不使中国学者首先面向严峻的现实。如实地研究美国，已逐渐成为中国学者的共识。其实，10 年来的巨大成就舍此是无从谈起的。不是说这些成果皆已尽善尽美，但这种探索所凝聚的理论勇气本身，正是一种非常难得、十分可贵的学术风尚。否则，故步自封，陈陈相因，何从谈起学术

---

① 杨玉圣："八十年代的中国美国学——回顾与思考"，《美国研究》，1990 年 4 期。

进步与繁荣？又何从谈起中国美国学的学术价值与社会价值？

我们回过头来再继续考察有关的具体实例。

其实,围绕着如何重新探索美国而引起的最早、最为引人注目的争论,首先发生在中美关系这一领域。当时的争论热点是多少年来一直说不清、道不完的"门户开放"政策①。争论的双方主角都是该领域有影响的学者,如汪熙、丁名楠、张振鹍、罗荣渠等。分歧不可能消除,争论仍在继续。但不管怎么样,这场争论已成为中国人美国观演进史中的重要环节,已成为一笔应予珍视的学术文化遗产。撇开对具体问题的歧义不谈,当时争论中所提出的一些见解,随着时间的推移,已愈来愈显示出其学术生命力。如有的学者提出,国际关系除受两国之间及诸国之间相互作用的影响外,各国内部的各种矛盾也常常会形成、影响甚至左右该国的对外政策。以美国为例,决定其对华政策的因素是多方面的,除争取美国最大限度的利益这一基本因素外,还有党派间的政治斗争、不同利益集团势力的消长、孤立主义的影响、公众舆论的压力以及经济的盛衰等等。因此,"在研究中美关系史时,我们若只看见中国的一面,而没有看见美国的那一面;或只看见中美两国的一面,而没有看到其他的国际关系的一面,就往往会弄不清楚各个矛盾之间相互对抗、制约和转化的运动过程"。②再如有的学者指出:"过去我们研究中外关系史,一般都是从中国的角度去看世界,却很少从世界的角度看中国。这样往往容易使我们的视野受到一定的局限,甚至难免不自

---

① 关于"门户开放"政策的争论,自 1979 年肇其端,一直延续下来。当时的有关争鸣文章,除前引汪熙的《略论中美关系史中的几个问题》、罗荣渠的《关于中美关系史和美国史研究的一些问题》外,还有丁名楠、张振鹍:"中美关系史研究:向前推进,还是向后倒退? ——评'略论中美关系史的几个问题'",《近代史研究》,1979 年 2 期;项立岭:"怎样向前推进? ——中美关系史研究中的几个问题",《世界历史》,1980 年 5 期;向荣:"论'门户开放'政策",《世界历史》,1980 年 5 期。

② 汪熙:"略论中美关系史中的几个问题"。

觉地受到闭关自守的因袭观点的影响。我们主张,不但应从中国的角度去观察世界,也应该从世界的角度来透视中国"。① 这些极富建设性的理论见解,其实已含有方法论的意义。一方面,这将有助于进一步探索美国,另一方面,离开如实地探索美国;这些见解也是无以寄托的。中美关系史研究的进步与成就②,是与此分不开的。

新领域的拓殖,也是新时期如实地探索美国的一个重要收获,如何顺果对美国区域问题的研究、王旭对美国城市史的研究、黄兆群对美利坚民族的研究、朱传一对美国社会保障制度的研究、章嘉琳对美国垄断财团的研究、刘绪贻对美国国家垄断资本主义的研究、李剑鸣对美国印白种族文化关系的研究及资中筠、袁明、陶文钊、牛军、王缉思、何迪等对40、50年代转折时期的中美关系的研究、时殷弘对战后美国外交史的研究、温洋对美国人价值观的研究、刘祚昌对杰斐逊的研究、邓蜀生对美国移民的研究、齐文颖和满运龙等对美国殖民地时期史的研究、施咸荣对美国通俗文化的研究、朱世达和沈宗美对美国社会文化的研究、赵一凡对当代美国学术文化的研究、王缉思对"文明冲突"论战的追踪研究、滕大春对美国教育的研究、杨生茂及李世洞、张广智对美国史学的研究、洪朝辉及张少华对美国现代化进程的研究、胡国成、萧琛对美国现代经济制度的研究,等等,都为我们进一步了解、认识美国提供了许多新的文化知识背景。

---

① 罗荣渠:"关于中美关系史和美国史研究中的一些问题"。
② 详见陶文钊:"中美关系史研究十年回顾",见前引《新的视野——中美关系史论文集》(1991年);杨玉圣:"中国美国学的一株奇葩——八十年代的中美关系史研究",《美国研究参考资料》,1991年3期。贾庆国在"重新认识中美关系"一文中反思说,"历史上,两国关系虽然多有起伏,但是,这一关系既不像'友好'论者所强调的那样友好,也不像'敌对'论者所说的那样敌对,也不像'钟摆'论者所描绘的那样极端和有规律。而是受到各种因素来自不同方向的影响,游离于有限的冲突和有限的合作之间"。见《美国研究》,1995年1期。

一些赴美访学、考察的学者、作家及驻美记者、留学生，亦为中国人重新认识美国贡献了其聪明才智。其访美纪游作品①，大都融知识性、可读性于一体，既有感性认识，又有理性认识，提供了不少有关美国的丰富素材，并从耳闻目睹中得出了一些新的认识。② 尤其值得称道的是，有的考察者还能对此保持相当清醒的态度，如华东师范大学徐中玉教授的意见就颇具代表性：③

　　这里确实有些在我们地方颇为缺乏、至少相当稀见的东西，应该承认人家有长处。一味颂扬当然不对，也不合事实，一笔抹煞对我们自己亦毫无益处。如果我们有机

---

① 代表性作品有徐中玉的《美国印象》、王作民的《美国万花筒》、冯亦代的《漫步纽约》、冯骥才的《美国是个裸体》、梁治平的《观察者》、张彦的《一个驻美记者的见闻》、费孝通的《访美掠影》、王毅捷的《闯荡美利坚》。有关1979年以来的旅美作品选集，可参见汪曾祺、邵燕祥编《美国的月亮》；杨玉圣、辛逸、胡玉坤编：《我说美利坚》。

② 这里不妨举几个例子来说明。如作家丁玲就在她的《访美散记》中写道：我不完全相信一些人对美国青年人的传说，说他们都没有信仰、没有理想，只知道玩乐、吸大麻。"我想，这可能吗？如果真的都是这样，美国的物质生活是从那〔哪〕里来的？难道不是美国人民、美国的青年人的劳动创造而全是掠夺与剥削得来的吗？"（第27页）。历史学家陈启能在《美国的思想库和美国社会——访美札记》中也写道：美国的政治还是稳定的，"资产阶级的政治统治秩序总的说来没有发生大的危机"。美国的经济，除1929—1933年大危机外，整个情况还是比较稳定的，没有太大的震荡。"整个社会没有出现经济崩溃，民不聊生，或者经济秩序混乱，人们惶惶不可终日，或者灾祸不断，生灵涂炭这样的惨剧"（第66—67页）。有一篇旅美游记说：我并不觉得外国一切都好，大有大难，小有小难，美国社会自有其痼疾和弊端。不过，从整体看，"美国国家的潜力是深厚的，人民是向上进取，充满活力，社会是在健康发展的。"见陈玉龙：'夏威夷情思'，《人民日报》，1989年5月25日。樊纲1985—1987年赴美访学、深造，他的一位搞文学的朋友也是从哈佛大学读完博士、又作过两年访问学者，此后先后回国，并且成就斐然。在新近面世的《求解命运的方程》（北京出版社1993年版）这部专论人生之作中，樊氏回顾道，"我回来后，记得有一次朋友相聚，请我们俩说对美国的感受，要用最简单的词句来表达，我们俩几乎同时以类似的方式表达了同一个意思：他妈的美国就是那么一个既招人爱又招人恨的地方！"这位著名青年经济学家自信，"我现在也觉得这是一个准确的表达，既道出了实际情况，也道出了我们酸甜苦辣的切实感受，而且我想那个'爱'和那个'恨'也是相辅相成的"。（第197页）。

③ 徐中玉著：前引书，第143页。

会出来亲眼看看的人仍不能实事求是,那末,崇洋媚外与夜郎自大这两种极端的谬论,又如何能逐渐加以克服呢?

中国人在看美国时的这种清醒态度,还可以从90年代初学者们对美国"衰落"与否的讨论中体味出来。以前,在我国,人们常说美国"走下坡路"或"跌落"或"衰落",但这种估计与美国的现实显然有极大差距。进入90年代以来,中国学者在看这个重大问题时显系深思熟虑得多了。尽管有关的学术见解不尽相同,甚至有很大差别,但总的说来,已不是以往那种"咒语"式的意气用事了。中国学者指出,第二次世界大战以来,美国经济经历了一个由鼎盛到衰落的演变过程,但它至今仍是世界上最大的经济强国,尚无任何一个国家能取而代之,还很难说美国经济已走上"英国的老路"。① 资中筠认为,美国在战后极为特殊情况下那种各个方面遥遥领先的地位,确已发生变化,但"这与美国本身是否在走向衰落不是一回事。记得70年代我国盛行'苏攻美守'之说的时候,有人甚至把美国比作昔日的大英帝国,而认为苏联将像美国当年取代英国一样将取代美国称霸世界,这显然在当时就是错误的估计,而从那时以来事实的发展更是相反的。那么现在是否对德国和日本又可以作那样的预言呢?我认为至少从可以预见的综合国力发展来看,论据还不足"。② 学者们分析说,不是美国国力下降了,也不是美国的国力不强,只是它使用力量的环境、力量的使用要受到已深刻变化的世界环境的制约③。不能说美国的问题或矛盾一点没有,但决"没有人们鼓噪得那么严重"④。美国虽不可能像50年代那样主宰世

① 储玉坤、孙宪钧著:《美国经济》"前言",人民出版社,1990年,。
② 资中筠:"人才吸引——一个没有丧失的优势",《美国研究参考资料》,1990年11期,参见资中筠主编:《战后美国外交史》,世界知识出版社,1994年。
③ 张静怡:"美国国力运用的限制因素",《美国研究参考资料》,1990年11期。
④ 方绍伟:"衰落论者忽视了什么?",《美国研究参考资料》,1990年11期。

界，但它在 90 年代的状况要好于 70 年代和 80 年代①；与 50、60年代的颠峰时期相比，美国在世界经济中的优势地位确已"相对削弱"，但不是"相对衰落"。"无论从美国的综合国力，还是科学技术的发展水平来看，美国仍然是当今世界经济实力最强的国家，这种地位在本世纪末和下个世纪初不会发生根本的变化。"②用一个形象的体育竞技的术语来说，美国在经济、军事、科技和资源上仍居于"全能冠军"的地位，"其他强国最多只是单项冠军"③。总之，很难证明美国很快就会丧失霸主地位。一位美国经济专家说："这种事情即使发生也将在遥远的将来"。④ 这里也许有必要说明的是，这种认识的更新往往是与对美国考察时的健康心态分不开的。温宪有感于美国学者对美国衰落与否的争论⑤，认为这说明了"生于忧患、死于安乐"的辩证哲理：⑥

> 一个真正有力量的人，常常并不总是自我感觉良好，且敢于将这感觉叫出来。反之，容不得警钟，见不得风雨；消耗钝眊，骄惰脆弱；论危机之事，则缩颈而股慄，闻衰落之名，则掩耳而不愿听者，多半是有些衰病了。心之衰才是最可怕的衰落。

俗话说，"旁观者清"。谢天谢地，我们中国人在观察美国时，终于越来越往这个千真万确的真理靠拢了。类似的例子还可以举出

① 肖炼："从世界经济三元格局看美国的地位"，《美国研究参考资料》，1990 年 11 期。
② 郑伟民："美国的经济地位是相对削弱，不是相对衰落"，《美国研究参考资料》，1990 年 11 期；郑伟民："美国经济是在'衰落'还是在'复兴'"，《美国研究》，1991 年 2 期。
③ 吴展："90 年代美国军事战略的趋向"，《美国研究参考资料》，1990 年 11 期。
④ 陈宝森："谈谈 90 年代美国经济的竞争态势"，《美国研究参考资料》，1990 年 11 期。
⑤ 有关美国学者的争论情况，详见徐国琦："美国在危机中——美国是否衰落论战述评"，《美国研究》，1992 年 1 期。董乐山著：《边缘人语》，辽宁教育出版社，1995 年，第 195—197 页。
⑥ 温宪："'衰落'论"，《人民日报》，1989 年 4 月 28 日。

很多①,但对美国衰落与否心平气和地加以探讨,恐怕是最有说服力的事例之一了。

从这里似乎还可以引伸出一个结论:我们中国人最终是能够正确揭示美国这个谜的。

对此,我们充满信心。

---

① 比如,已故中国社会科学院美国研究所研究员李国友先生对海湾战争后的美国的观察就是很有个性的。他认为,世界新格局具有多极、多元、交叉、务实、多变的特点。当美国尚未设计出新的蓝图时,"不要认为它还要按老方式行事"。到 1990 年下半年,在美国考察所接触到的学术界、外交界、政界和企业界的人士中,已听不到冷战时的论调了,都在纷纷重新定向。美国是多元化社会,不能轻易把个别国会议员、著名报章和政界人物的言论作为反映政府意图的证明。美国是商业化社会,经济思维是各界的共同基础,考虑政策和国家战略都离不开成本—效益的权衡。"如果说美国对外政策的重点是对社会主义国家搞'和平演变',就必须分清,是否是重点,是什么时候的,对美国有什么利益,代价多大,有无实施的基础"。也就是说,对美国,我们不能把观察问题的基点建立在过时的观念和枝节的依据上。参见李国友:"海湾战争后的美国",《美国研究》,1991 年 4 期。

结束语　美国这个谜

回到我们在"导言"中所提出的问题："美国到底是一个怎样的国家？""究竟应当如何认识美国？"

这是我们中国人一个半世纪来一直在回答、但迄今亦未明晰的问题。

作家王安忆在美国漫游 120 天，结果她说："我不明白美国，我越看得多，就越是不明白"。王安忆的母亲、作家茹志鹃也直言不讳道：美国"有着各种可怕的着色糖衣迷药和不可抗拒的神秘魅力"，它本身"有点像迷宫"。① 曾留学美国的王毅捷的现身说法是，"10个人从美国回来，感受不一样，会讲 10 种故事。我讲的是其中的一种。……站在街头道听途说，看看高楼大厦，是无法深入了解美国的"。② 复旦大学教授、现任职于中共中央政策研究室的王沪宁对"美国现象"有他自己的判断："今日美国之发展，以其经济繁荣、其政治过程、其生活方式、其国际地位，在当今世界上制造了一个大大的疑惑。"③

诚如斯言。无论是历史背景、文化传统、社会制度、政治及经济体制以及生活方式，等等，中国与美国都是截然不同的。这种异质文明体系的根本差异，是我们认识、理解美国的主要困难和障碍。除此之外，还有许许多多具体因素的影响与制约。

---

① 茹志鹃、王安忆著：《母女漫游美利坚》，上海文艺出版社，1986 年，第 457 页、1 页。
② 王毅捷著：前引书，"致读者"。
③ 王沪宁著：前引书，第 3 页。

当代著名作家王蒙对美国的"杂"、"奇"印象至深。比如，美国人的服装，往往是杂乱无章、无奇不有，奇谈怪论就更不足为怪了。"举一个例子，美国至今有纳粹党徒，他们每年高举着希特勒像举行集会。此外，还有主张摒弃一切文明的，主张自杀是认识真理的必由之路的，主张搞红卫兵运动的，主张男女乱交的，宣传世界末日的，讨论如何接吻以至如何放屁的……"。① 在某种意义上，确实可以毫不夸张地说，"这个国家，这个社会，实在是太高深莫测了"。② 另一位著名作家冯骥才自称，对于美国人，"无论做出什么难以置信的事，我也相信，这就是我所理解的美国人"。③

用我们原来的眼光去看美国，确实困惑重重。比如，对"扔东西的社会"怎么看，中国人和美国人就是完全不同的。中国人听了、看了，很是可惜，认为是"浪费"、"反映了发达国家的畸形"、"是美国社会制度的畸形产物"等等。美国人对我们的这些责难很不以为然，因为在他们看来，美国劳力昂贵而商品便宜，若像中国那样"修旧利废"，对美国来说，太费工，得不偿失，是更大的浪费。美国人还说，美国在消费上浪费，但中国在生产上的浪费更大。为此，80年代初的《人民日报》还一度开展过不大不小的讨论。其结果是可想而知的，公说公有理，婆说婆有理，谁也说服不了谁。这是两种不同文化价值观的反映。类似的例子多得很④。怎样看待这种现象呢？徐中玉解释说⑤：

① 王蒙："杂与奇——美国印象点滴(之一)"，《新时期》，1981 年 7 期。
② 谈锋："在'第三次浪潮'下"《人民日报》，1984 年 6 月 24 日。
③ 冯骥才著：《美国是个裸体》，中国华侨出版公司，1989 年，第 11 页。
④ 一个很有趣的例子是，据费孝通教授在"人民、政党、民主"一文中说，他初访美国时，在美北部一农家作客，问主妇太太是哪一个党的，还问"你常去开党团会议的吗？"又问"你们怎样入党的？入党的手续怎样？有没有党证？交不交党费？"等等。费氏写道，这些问题把她"弄糊涂了"。参见太岳新华书店编印：《美国问题研究》(二)，1946 年，第 115 页。
⑤ 徐中玉著：前引书，第 106 页。

我毫无赞赏人家浪费的意思。只是认为在生产力迅速发展、经济不断有所增长的条件下，某些"浪费现象"——物力未尽利用的缺点实属无伤，我们的眼睛和舆论倒是应该首先放到搞活经济，大大发展我们自己的生产力方面去。他们的浪费，我们当然不必学，他们在发展生产方面，有些难道不是我们应该认真学的么？

　　看来，不拆除中国人与美国人之间"无形的墙"，要真正相互了解和理解是难乎其难的。几十年的敌视与隔膜，其灾难性的后遗症并非短期内即可治愈的。尽管与改革、开放之初对美国所知无多相比①，十几年来的认识已有了根本性的变化，但这一认识仍远远没有终结。

　　改革、开放使我们有可能有机会重新"发现"新大陆。五彩斑斓、扑朔迷离的美利坚景象，不停地在新时期中国人的心目中变换。似乎可以说，经过了十数年的是是非非、曲曲折折之后，中国人的美国观已愈来愈多地体现出深沉的历史感、现实感。这里想特别提到的一个实际例子是：1995 年 5—6 月，中国青少年发展基金会、中国青年报社等联合举办了一次规模空前的大型读者调查——"中国青年看世界"。这次来自除台湾以外的中国 30 个省级行政区、包括汉、藏、回、满等 30 多个民族的 10 万余名中国青年的自愿回答的民意调查显示，所有外国中占据最引人注目的位置的仍

---

① 1979 年初新华社在报道当时不熟悉的美国时，即免不了出些小毛病。如当时加利福尼亚州州长小埃德蒙·布朗是个单身汉，但报道却说：布朗州长和夫人在帕姆戴尔迎接方毅副总理。从亚特兰大发出的一则关于邓小平参观黑人民权运动领袖小马丁·路德·金的墓的电讯，总是误把 Luther 拼成 Ruther。这种情况，美国也有。比如，有不少人一直搞不明白邓小平这位打不倒的中国领袖的名字该怎么发音。有一位华盛顿的电视播音员，介绍哥伦比亚特区警察为邓访美所采取的安全措施时，称邓小平为"平先生"。美国著名剧作家阿瑟·密勒 1981 年在一次讲演中坦率地承认：他 1979 年访华方使自己认识到，在美国，"我们的教育制度使我们对东方几乎一无所知"；"一谈到中国的真实情况，我们往往只能目瞪口呆"。其实，在当时，谈起陌生的美国，我们中国人也"往往只能目瞪口呆"。

是美国。然而，出乎许多中外人士意料的是，在被调查的10余万名中国青年中，87.1％的人认为对中国最不友好的国家是美国；57.2％的人表示，他们最无好感的国家同样是美国；与此同时，74.1％的人认为，对中国影响最大的国家还是美国。① 十分有意思的是，这一结论与1994年夏中国青少年研究中心主持的另一次全国性的大型随机抽样调查的结果② 大同小异；只是在1995年的调查中，最不喜欢美国和认为美国是对中国最不友好的国家的人数比例大幅度上扬，而对美国有好感的人数的比例则相应下降。③

这并不排除新形势下出现某些新的问题，比如，"在相当多的中国人中间对美国有一种盲目崇拜，以为美国遍地黄金唾手可得。有的青年人痛感中国民主改革的迫切需要，处处以美国的制度为蓝本，提出激烈而不切合中国实际的要求"，④ 等等。⑤ 不过，随着中美文化交流的加深，这种消化不良症终究会被慢慢克服的。其实，因噎废食，才是更可怕的。那么，出路何在呢？

---

① 有关该项调查的详细数据资料，见《中国青年报》，1995年7月14日第8版。此一调查还评出对20世纪世界历史影响最大的5位巨人（毛泽东、斯大林、罗斯福、列宁、丘吉尔），等等。

② 有关该项调查的统计资料，见《中国青年报》，1995年1月21日第2版。

③ 波折起伏、危机中的中美关系是一个产生直接的刺激性影响的基本因素。尤其是美国政府出尔反尔、允许李登辉公开访美；美国国会中有人说三道四，甚而至于鼓噪向西藏派驻"大使"；美国无端阻挠中国加入世界贸易组织，等等。这使不少原本对美国可能有好感的人转而怀疑美国对中国的现代化的诚意，也有的感到美国正不怀好意地遏制中国的崛起，还有的人对冷战后美国仍然到处指手划脚的干涉主义做法十分反感。

④ 资中筠："利益的汇合：国家关系的基础——写在中美建交10周年之际"。

⑤ 在1979年1月1日中美正式建交后，中国人对几十年隔膜的美国既陌生、又好奇。一时"美国热"潮席卷古老的华夏大地。据说，有人把"文革"时期最走红的两句口号添油加醋后改作："工业学大庆，农业学大寨，全国学美国。"80年代中期，我国大陆一度出现令人飘飘然的高消费风，有人戏曰："暖风吹得游人醉，直把中国当美国"。大学生考TOEFL、GRE到美国去，"蔚蔚然而成为中国高校最引人注目的景观之一"。有人说，"渴望到美国去"；更有的甚或说："生为中国人，死为美国鬼"，等等。

沟通与理解，无疑应是中国人从深层次看美国的根本途径。"'百闻不如一见'，来往多了，交流多了，失实的传闻会得到纠正"。我们无须妄自尊大，亦不应妄自菲薄；实事求是，不卑不亢，才是正视美国所必备的心理素质。"世界的任何地方都不可能一切都好或一切都坏。认为自己一切都好并无益处，既不能使人信服也不能使自己不断前进；认为别国一切都坏同样无益，既不能凭咒骂叫人倒下去，也不能使自己从别国学习到有用的东西。"[①] 多少年来，我们在看美国、看世界、看自己时，反反复复，其教训确应值得记取。老资格的中国国际问题专家李慎之说得很干脆：[②]

> 多年来，我们光会讲形势大好。大乱对我有利，和平对我也有利，似乎形势永远对我有利。这就在国民中培养出一种盲目自得的精神状态。我们的报刊在向人民介绍发达国家情况时，有时说得一无是处，有时又只讲如何先进，却很少讲人家之有今天，是怎样艰苦奋斗过来的，而现在还在怎样紧张地劳动、奋斗。

痛定思痛之后，人们的思考应当更理智、更深刻。《人民日报》1984 年 10 月 3 日曾发表过陈小川的《纵横比》，文短意深：

> 前清时候是国门紧闭，十分忌讳横比的。对外国人一律称作"洋鬼子"，嘲笑他们"连跪也不会"。到了民国，有些人横比仅仅比起了"外国人的月亮也比中国的圆"，"洋鬼子"变成"洋大人"了。文革时期是闭着眼睛比，什么都是"老子天下第一"。……今天横比，就是以现代眼光正视当今世界一切先进的东西，……有着纵比带来的自豪与信心，又有着横比带来的清醒与激励，中国会更迅速地奋进。

---

① 徐中玉著：前引书，"前言"。
② 罗荣兴等："慨当以慨　忧思难忘——访人大、政协会上的三代知识分子（之一）"，《人民日报》，1988 年 4 月 6 日。

中国人应如何看美国？中国人又应如何看中国？离开"纵横比"是无法看的。问题是：怎样比？比什么？陈小川的说法，作为一家之言，至少是清醒的。

只要中国的改革、开放国策不变，只要中国谋求现代化的总目标不变，只要中美关系不发生根本性逆转，对于中国和中国人来说，"美国热"恐怕将持久地延续下去①。笔者赞同资中筠先生1989年初在一篇文章中所作的估计，这就是，"一般说来，多数中国人在想到现代化时，自觉或不自觉地都想到美国。不论是抽象地还是具体地，也不论对美国的想法是否符合实际情况，相当广泛的阶层人士在追求现代化的过程中，自然而然地把美国当作一个重要的参照系。美国高度发达的科技、教育、文化和雄厚的经济实力是中国可以吸收和借助的对象；尽管美国与中国国情极为不同，发展道路、社会制度、文化背景都相差甚远，但是这一切对当前的中国人都有吸引力，对美国的探索和研究方兴未艾"②。

作为隔太平洋相望的两个伟大的国度，中国和美国是世界东西方不同文明体系的卓越代表。中国人民是伟大的人民，美国人民也是伟大的人民，都为推动人类文明的进步和世界历史的发展作出了并且正在继续作出越来越大的贡献。时代不同了，无论美国，抑或中国，都应当而且必须清醒地重新审视对方，并由此而尽可能地作出实事求是的分析和判断；否则，便不能不为此付出沉重的代价。历史的经验已经残酷地证明、并且将会继续证明这一点。

从鸦片战争迄今的一个半世纪以来，中国人对美国的了解、介绍和研究，已经经历了曲曲折折的惨淡行程。与此同时，中国人的美国观也留下了反反复复的历史轨迹。"花旗国"的形象并不是也

---

① 1995年11月，由中国社会科学院美国研究所、中华美国学会中美关系史专业委员会、中山大学历史系等联合主办、召开了全国性的学术讨论会，其主旨即研讨"美国与中国的现代化"。

② 资中筠："利益的汇合：国家关系的基础——写在中美建交10周年之际"。

不可能是一成不变的。一直到 20 世纪 90 年代的今天，大约也很难说美国在中国人心目中的形象已经"定格"。或者说，对我们中国人而言，在更大得多的程度上，美国仍然是个未 解之"谜"。

不过，说回来，我们已经比以往任何时代的人都更幸运得多了。日新月异的高科技，正在把我们生息的地球变得越来越小，正在把割裂开中国与美国的太平洋变得越来越小。有了沟通与了解，有了理解与尊重，中国人对大洋彼岸的美国的新认识终究会愈来愈真实、愈来愈深化。

我们祈盼，总有一天，在中国人的眼中，美国将不再是个谜。

附录一

主要参考书目

001 上海图书馆编:《中国近现代丛书目录》,上海图书馆,1979年。

002 上海图书馆编:《中国近代期刊篇目汇编》,上海人民出版社,1980—1984年。

003 中国革命博物馆资料室编:《二十六种影印革命期刊索引》,人民出版社,1988年。

004 上海图书馆编:《辛亥革命时期期刊总目》,上海图书馆,1961年。

005 三联书店编辑部编:《"东方杂志"总目》,三联书店,1957年。

006 三联书店编辑部编:《"新中华"总目》,三联书店,1957年。

007 丁守和主编:《辛亥革命时期期刊介绍》,人民出版社,1982—1987年。

008 中共中央马克思恩格斯列宁斯大林著作编译局主编:《五四时期期刊介绍》,三联书店,1979年。

009 张允侯等编:《五四时期的社团》,三联书店,1979年。

010 四川大学历史系美国史研究组编:《美国史论文资料索引(1901—1949)》,〔中国〕美国史研究会,1981年。

011 四川大学历史系美国史研究组编:《美国史论文资料索引(1949—1982)》,〔中国〕美国史研究会,1983年。

012 黄安年编:《百年来美国问题中文书目(1840—1990)》,中国美国史研究会、北京师范大学历史系,1990年。

013 汪熙等主编:《中美关系百年书目(1890—1990)》,复旦大学出版社。(初稿本)

014 杨玉圣、胡玉坤编:《中国美国学论文综目(1979—1989)》,辽宁大学出版社,1991年。

015 台北中央研究院近代史研究所编(胡秋原、王萍等主编):《近代中国对西方及列强认识资料汇编》,中央研究院近代史研究所,1972—1988年。

016 中央研究院近代史研究所编(张贵永主编):《中美关系史料》(嘉庆·道光·咸丰朝),中央研究院近代史研究所,台北,1968年。

017 故宫博物院明清档案馆编:《清末筹备立宪档案史料》,中华书局,1979年。

018 张枬、王忍之编:《辛亥革命前十年间时论选集》,三联书店,1960—1977年。

019 夏东元编:《郑观应集》,上海人民出版社,1982—1988年。

020 刘晴波、彭国兴编:《陈天华集》,湖南人民出版社,1982年。

021 周永林编:《邹容文集》,重庆出版社,1983年。

022 广东省社会科学院历史研究室、中山大学历史系孙中山研究室、中国社会科学院近代史研究所中华民国史研究室编(黄彦、陈锡祺、尚明轩主编):《孙中山全集》,中华书局,1981—1986年。

023 陈旭麓、郝盛潮主编:《孙中山集外集》,上海人民出版社,1990年。

024 汤志钧编:《康有为政论集》,中华书局,1981年。

025 姜义华等编:《康有为全集》,上海古籍出版社,1987—1990年。

026 上海市文物保管委员会编:《戊戌变法前后——康有为遗稿》,上海人民出版社,1986年。

027 湖南省社会科学院历史研究所编:《黄兴集》,中华书局,1981年。

028 梁任公著:《饮冰室合集·文集》,中华书局,1932年。

029 李华兴等编:《梁启超选集》,上海人民出版社,1984年。

030 湖南省哲学社会科学研究所编:《唐才常集》,中华书局,1980年。

031 曾业英编:《蔡松坡集》,上海人民出版社,1984年。

032 傅德华编:《于右任辛亥文集》,复旦大学出版社,1986年。

033 陈旭麓主编:《宋教仁集》,中华书局,1981年。

034 汤志钧编:《章太炎政论选集》,中华书局,1977年。

035 朱维铮、姜义华编:《章太炎选集》,上海人民出版社,1981年。

036 蔡尚思、方行编:《谭嗣同全集》,中华书局,1981年。

037 唐文权编:《雷铁厓集》,华中师范大学出版社,1986年。

038 广东省哲学社会科学研究所历史研究室编:《朱执信集》,中华书局,1979年。

039 广东省社会科学院历史研究所编:《廖仲恺集》(增订本,中华书局,1983

年。

040 彭国兴、刘晴波编:《秦力山集》,中华书局,1987年。

041 丁凤麟、王欣之编:《薛福成选集》,上海人民出版社,1987年。

042 北京大学历史系近代史教研室整理:《盛宣怀未刊信稿》,中华书局,1960年。

043 顾廷龙、叶亚廉主编:《李鸿章全集》,上海人民出版社,1985--1987年。

044 《陶行知全集》,四川教育出版社,1991年。

045 傅学文编:《邵力子文集》,中华书局,1985年。

046 《冯玉祥选集》,人民出版社,1985年。

047 中国民主促进会中央宣传部编:《马叙伦政论文选》,文史资料出版社,1985年。

048 《廖沫沙杂文集》,三联书店,1984年。

049 《柯灵杂文集》,三联书店,1983年。

050 《吴晗文集》,北京出版社,1988年。

051 蔡尚思主编:《中国现代思想史资料简编》,浙江人民出版社,1982—1983年。

052 《胡适留学日记》,商务印书馆,1947年。

053 《胡适文存》,亚东图书馆,1925年。

054 中国社会科学院近代史研究所中华民国史组编:《胡适来往书信选》,中华书局,1979年。

055 中国社会科学院近代史研究所中华民国史组编:《胡适任驻美大使期间往来电稿》,中华书局,1978年。

056 中共中央书记处编:《六大以前——党的历史材料》,人民出版社,1980年。

057 中共中央书记处编:《六大以来——党内秘密文件》,人民出版社,1981年。

058 中共中央党校党史教研室编:《中共党史参考资料》,人民出版社,1979年。

059 中央档案馆编:《中共中央文件选集》,中共中央党校出版社,1982—1991年。

060 林茂生等编:《陈独秀文章选编》,三联书店,1984年。

061《蔡和森文集》,湖南人民出版社,1979年。

062 张注洪等编:《恽代英文集》,人民出版社,1982年。

063《李大钊文集》,人民出版社,1984年。

064《张太雷文集》,人民出版社,1981年。

065《毛泽东选集》(第1—4卷),人民出版社,1991年。

066《毛泽东选集》(第5卷),人民出版社,1977年。

067 吴黎平整理:《毛泽东一九三六年同斯诺的谈话》,人民出版社,1979年。

068 中共中央文献研究室编:《毛泽东书信选集》,人民出版社,1983年。

069 中国人民解放军军事科学院编:《毛泽东军事文选》(内部本),战士出版社,1981年。

070《毛泽东同志论帝国主义和一切反动派都是纸老虎》,人民出版社,1960年。

071 黎永泰著:《毛泽东与美国》,云南人民出版社,1993年。

072《周恩来选集》,人民出版社,1980--1984年。

073 中华人民共和国外交部等编:《周恩来外交文选》,中央文献出版社,1990年。

074 中共中央文献研究室编:《周恩来书信选集》,中央文献出版社,1988年。

075《邓小平文选(1938--1965)》,人民出版社,1989年。

076《刘少奇选集》,人民出版社,1981年。

077《李达文集》,人民出版社,1980年。

078《朱德选集》,人民出版社,1983年。

079《宋庆龄选集》,人民出版社,1966年。

080《张闻天选集》,人民出版社,1985年。

081《胡乔木文集》,人民出版社,1992年。

082《陆定一文集》,人民出版社,1992年。

083《胡绳文集》,重庆出版社,1990年。

084《瞿秋白文集·政治理论编》,人民出版社,1990年。

085 斯图尔特·施拉姆著:《毛泽东》,红旗出版社,1987年。

086 陈敦德著:《毛泽东·尼克松在1972》,昆仑出版社,1988年。

087 弗·鲍·沃龙佐夫著:《蒋介石》,新华出版社,1992年。

088 裴克安编:《斯诺在中国》,三联书店,1982年。

089 林太乙著：《林语堂传》，联经出版事业公司，台北，1989年。

090 吴景平著：《宋子文评传》，福建人民出版社，1992年。

091 《抗战建国史研讨会论文集》，台北，1985年。

092 《中国近代现代史论文集》，台北，1985年。

093 《中国现代史专题研究报告》，台北，1985年。

094 李宗仁口述、唐德刚撰写：《李宗仁回忆录》，广西人民出版社，1988年。

095 《顾维钧回忆录》，中华书局，1983年。

096 杰克·贝尔登著：《中国震撼世界》，北京出版社，1980年。

097 白修德等著：《中国的惊雷》，新华出版社，1988年。

098 刘振东编著：《美国抗战建国史》，正中书局，1939年。

099 秦孝仪主编：《中华民国重要史料初编——对日抗战时期·第三编·战时外交》，台北，1981年。

100 秦孝仪主编：《中华民国重要史料初编——对日抗战时期·第七编·战后中国》，台北，1981年。

101 《筹办夷务始末·道光朝》。

102 魏源撰：《海国图志》。

103 徐继畬撰：《瀛环志略》。

104 梁廷枏撰：《海国四说》。

105 王树楠编：《张文襄公全集》。

106 吴汝纶编：《李文忠公全书》

107 林铖撰：《四海纪游草》（见钟叔河主编《走向世界丛书》）

108 冯承钧：《海录注》，中华书局，1955年。《海录》，亦见湖南人民出版社1981年版《乘槎笔记（外一种）》。

109 李圭著：《环游地球新录》，谷及世校点，湖南人民出版社，1980年

110 张德彝著：《欧美环游记》，左步青点，米江农校，湖南人民出版社，1981年。

111 祁兆熙著：《游美洲日记》。见钟叔河主编《走向世界丛书》（合订本），岳麓书社，1985年。

112 崔国因著：《出使美日秘日记》，刘发清等点注，黄山书社，1988年。

113 梁启超著：《新大陆游记》，何守真校点，湖南人民出版社，1981年。

114 伍廷芳著：《美国视察记》，陈政译，中华书局，1915年。

115 叶建柏著:《美国工商发达史》,商务印书馆,1918年。

116 江康黎著:《美国之透视》,商务印书馆,1935年。

117 费孝通著:《初访美国》,美国驻华使馆文化处,1945年。

118 韬奋著:《萍踪忆语》,三联书店,1958年。

119 杨钟健著:《新眼界》,湖南人民出版社,1986年。

120 张其昀著:《旅美见闻录》,商务印书馆,1946年。

121 刘尊棋著:《美国侧面像》,新中国书局,1949年。

122 贺祥麟著:《美国见闻录》,人民出版社,1951年。

123 杨刚著:《美国札记》,世界知识出版社,1951年;湖南人民出版社,1983年。

124 萧乾著:《海外行踪》,湖南人民出版社,1983年。

125 费孝通著:《美国与美国人》,三联书店,1985年。

126 中国社会科学院代表团著:《访美观感》,中国社会科学出版社,1979年。

127 王蒙著:《德美两国纪行》,浙江人民出版社,1982年。

128 王作民著:《美国万花筒》,中国社会科学出版社,1985年。

129 丁玲著:《访美散记》,湖南人民出版社,1984年。

130 冯亦代著:《漫步纽约》,百花文艺出版社,1985年。

131 徐中玉著:《美国印象》,上海社会科学院出版社,1985年。

132 李瑛著:《美国之旅》,四川文艺出版社,1985年。

133 陈尧光著:《大洋东岸——美国社会文化初探》,辽宁人民出版社,1986年。

134 张海涛著:《我说美国》,北京出版社,1987年。

135 陈启能著:《美国的思想库和美国社会——访美札记》,社会科学文献出版社,1987年。

136 徐国民著:《这就是美国》,上海文化出版社,1987年。

137 张彦著:《一个驻美记者的见闻》,中国新闻出版社,1988年。

138 周俐、吕丹云著:《千奇百怪寻常事——美国实录》,天津人民出版社,1988年。

139 刘宗仁著:《在大熔炉两年》,三联书店,1987年。

140 冯骥才著:《美国是个裸体》,中国华侨出版公司,1989年。

141 茹志鹃、王安忆著:《母女漫游美利坚》,上海文艺出版社,1986年。

142 王毅捷著:《闯荡美利坚》,中国青年出版社,1989年。

143 叶永烈著:《我的家一半在美国》,同济大学出版社,1995年。

144 练性乾著:《可爱的美国佬》,国际文化出版公司,1989年。

145 童恩正著:《来自新大陆的信息——旅美航讯》,四川人民出版社,1983年。

146 张洁著:《在那绿草地上》,中国文艺联合出版公司,1983年。

147 于民生、余志恒著:《美国五月花》,新华出版社,1991年。

148 查良镛、周重范著:《来自大洋彼岸的报告——一对中国学者在美国的见闻》,青岛出版社,1991年。

149 于恩光著:《白宫内外采访录》,中国青年出版社,1992年。

150 白桦著:《我想那月亮》,广东旅游出版社,1992年。

151 林非著:《西游记和东游记》,重庆出版社,1991年。

152 曾恬著:《中国女教授在芝加哥》,时代文艺出版社,1993年。

153 杜宪著:《我在美国一〇六天》,长春出版社,1993年。

154 丁峻著:《美国人的喜怒哀乐》,朝华出版社,1993年。

155 王周生著:《我看美国月亮》,安徽文艺出版社,1994年。

156 叶永烈著:《星条旗下的中国人》,上海画报出版社,1994年。

157 周健著:《从花花世界归来》,知识出版社,1994年

158 侯宁著:《这里没有免费的午餐》,京华出版社,1994年。

159 刘绪源等主编:《纽约白日梦》,安徽文艺出版社,1990年。

160 汪曾祺、邵燕祥编:《美国的月亮》,中外文化出版公司,1990年。

161 杨玉圣、辛逸、胡玉坤编:《我说美利坚》,山东人民出版社,1995年。

162 王沪宁著:《美国反对美国》,上海文艺出版社,1991年。

163 熊月之著:《中国近代民主思想史》,上海人民出版社,1986年。

164 茅海建著:《天朝的崩溃——鸦片战争再研究》,三联书店,1995年。

165 熊月之著:《西学东渐与晚清社会》,上海人民出版社,1992年。

166 钟叔河著:《走向世界——近代中国知识分子考察西方的历史》,中华书局,1985年。

167 柯文著:《在中国发现历史——中国中心观在美国的兴起》,中华书局,1989年。

168 胡逢祥、张文建著:《中国近代史学思潮与流派》,华东师范大学出版社,

1991 年。

169 罗荣渠主编:《从"西化"到现代化》,北京大学出版社,1990 年。

170 陈旭麓著:《近代中国社会的新陈代谢》,上海人民出版社,1992 年。

171 黎澍著:《再思集》,中国社会科学出版社,1985 年。

172 顾准著:《顾准文集》,贵州人民出版社,1994 年。

173 孙广德著:《晚清传统与西化的争论》,台湾商务印书馆,1982 年。

174 夏东元著:《晚清洋务运动研究》,四川人民出版社,1985 年。

175 李时岳、胡滨著:《从闭关到开放——晚清"洋务热"透视》,人民出版社,1988 年。

176 中国史学会主编:《洋务运动》(中国近代史资料丛刊),上海人民出版社,1961 年。

177 章开沅著:《辛亥前后史事论丛》,华中师范大学出版社,1990 年。

178 史扶邻著:《孙中山与中国革命的起源》(*Sun Yat-sen and the Origins of the Chinese Reveolution*),丘权政等译,中国社会科学出版社,1981 年。

179 薛君度著:《黄兴与中国革命》(*Huang Hsing and the Chinese Revolution*),杨慎之译,湖南人民出版社,1980 年。

180 李定一著:《中美早期外交史》,传记文学出版社,台北,1978 年。

181 保罗·埃文斯:《费正清看中国》,上海人民出版社,1995 年。

182 费正清:《费正清对华回忆录》,知识出版社,1991 年。

183 陶文钊编:《费正清集》,天津人民出版社,1992 年。

184 中国社会科学院近代史研究所编:《五四运动回忆录》,中国社会科学出版社,1979 年。

185 中国社会科学院近代史研究所编:《五四运动回忆录·续》,中国社会科学出版社,1979 年。

186 汪荣祖编:《五四研究论文集》,联经出版事业公司,台北,1979 年。

187 天津市历史博物馆编辑:《秘笈录存》,中国社会科学出版社,1984 年。

188 蒋梦麟译:《美国总统威尔逊参战演说》,商务印书馆,1918 年。

189 萧超然著:《北京大学与五四运动》,北京大学出版社,1986 年。

190 钱仲联主编:《中国近代文学大系·诗词集》,上海书店,1991 年。

191 周守一著:《华盛顿会议小史》,中华书局,1922 年。

192 贾士毅著:《华会见闻录》,商务印书馆,1923 年。

193 朱士嘉编:《美国迫害华工史料》,中华书局,1958年。

194 阿英编:《反美华工禁约文学集》,中华书局,1962年。

195 张存武著:《光绪卅一年中美工约风潮》,中国学术著作奖助委员会,台北,1965年。

196 广东省中山图书馆编印:《广东1905年反美爱国运动资料汇辑》,1958年。

197 美国留学生编:《美洲留学报告》,上海作新社,1904年。

198 陈学恂等编:《中国近代教育史资料汇编·留学教育》,上海教育出版社,1991年。

199 勒法格著:《中国幼童留美史》(*China's First Hundred*),高岩(*Timothy Kao*)译,香港文艺书局,1980年

200 高宗鲁(*Timothy Kao*)译注:《中国留美幼童书信集》,传记文学出版社,台北,1986年。

201 苑书义著:《李鸿章传》,人民出版社,1991年。

202 夏东元著:《盛宣怀传》,四川人民出版社,1988年。

203 李国祁著:《张之洞的外交政策》,台北,1970年。

204 张秉铎著:《张之洞评传》,台北,1972年。

205 孙鼐迦编著:《美国经济复兴与政策》,正中书局,1937年。

206 蒋恭晟编著:《美国复兴运动》,中华书局,1937年。

207 陈竹筠等编:《中国民主党派历史资料选辑》,华东师范大学出版社,1985年。

208 中共北京市委党史研究室编:《抗议美军驻华暴行运动资料汇编》,北京大学出版社,1989年。

209 北京市档案馆编:《解放战争时期北平学生运动》,光明日报出版社,1991年。

210 《美国兵,滚出去!》,爱国运动出版社,1947年。

211 涛然编著:《美国对中国玩的啥把戏》,太岳新华书店,1946年。

212 戈明等著:《美国往何处去》,光华书店,1948年。

213 张松如著:《美国是个什么样的国家》,哈尔滨东北书店,1948年。

214 张一中著:《战后美国》,东北书店,1949年。

215 《美国问题研究》,太岳新华书店,1946年。

216 乔木著:《从战争到和平——1945年的世界政治》,知识出版社,1946年。

217 菲昔、孙思定等著:《美国政治剖视》,世界知识社,1948(?)年。

218 翦伯赞、郭沫若等著:《美国反动派走上了希特勒的老路》,华北新华书店,1948(?)年。

219 《胡乔木回忆毛泽东》,人民出版社,1992年。

220 张宪文主编:《中华民国史纲》,河南人民出版社,1985年。

221 唐庆增著:《中美外交史》,商务印书馆,1928年。

222 蒋恭晟著:《中美关系纪要》,中华书局,1930年。

223 迈克尔·罗素著:《院外集团与美国东亚政策——30年代美国白银集团的活动》(*American Silver Policy and China*,1933—1936),郑会欣译、吴世民等校,复旦大学出版社,1992年。

224 入江昭、孔华润编:《巨大的转变:美国与东亚(1931—1949)》,复旦大学出版社,1991年。

225 中国社会科学院近代史研究所翻译室译:《马歇尔使华——美国驻华特使马歇尔出使中国报告书》,中华书局,1981年。

226 包瑞德著:《美军观察组在延安》(*The United States Army Observer Group in Yenan*,1944),万高潮等译,解放军出版社,1984年。

227 迈克尔·沙勒著:《美国十字军在中国》(*The U. S. Crusade in China*),郭济祖译,商务印书馆,1982年。

228 资中筠著:《美国对华政策的缘起和发展(1945—1950)》,重庆出版社,1987年。

229 约·斯·谢伟思著:《美国对华政策》(*The American Papers:Some Problems in the History of US-China Relations*),王益等译,中国社会科学出版社,1989年。

230 肯尼思·休梅克著:《美国人与中国共产党人》(*Americans and Chinese Communist*,1927—1945)》,郑志宁等译,吉林文史出版社,1989年。

231 约瑟夫·W·埃谢里克编著:《在中国失掉的机会——美国前驻华外交官约翰·S·谢伟思第二次世界大战时期的报告》,罗清等译,国际文化出版公司,1989年。

232 牛军著:《从赫尔利到马歇尔——美国调处国共矛盾始末》,福建人民出版社,1989年。

233 赫伯特·菲斯著:《中国的纠葛》(*The China Tangle:The American Ef-*

fort in China from Pearl Harbor to the Marshall Mission),林海等译,北京大学出版社,1989年。

234 肯尼斯・雷等编:《被遗忘的大使:司徒雷登驻华报告(1946—1949)》,尤存、牛军译,江苏人民出版社,1990年。

235 陶文钊著:《中美关系史(1911—1950)》,重庆出版社,1993年。

236 华庆昭著:《从雅尔塔到板门店——美国与中、苏、英:1945至1953》,中国社会科学出版社,1992年。

237 牛军著:《从延安走向世界——中国共产党对外关系的起源》,福建人民出版社,1992年。

238 裘克安编:《斯诺在中国》,三联书店,1982年。

239 袁明、哈里・哈丁主编:《中美关系史上沉重的一页》,北京大学出版社,1989年。

240 孔华润著:《美国对中国的反应——中美关系的历史剖析》(*America's Response to China: An Interpretative History of Sino-American Relations*),张静尔译,周敦仁等校,复旦大学出版社,1989年。

241 费正清著:《美国与中国》(*The United States and China*),张理京译,马清槐校,商务印书馆,1989年。

242 汪熙编:《中美关系史论丛》,复旦大学出版社,1985年。

243 中美关系史丛书编辑委员会主编:《中美关系史论文集》(1—2辑),重庆出版社,1985、1988年。

244 南京大学—约翰斯・霍普金斯大学中美文化研究中心等主编:《新的视野——中美关系史论文集》,南京大学出版社,1991年。

245 资中筠、何迪编:《美台关系四十年》,人民出版社,1991年。

246 汪熙、霍尔顿编:《中美经济关系:现状与前景》,复旦大学出版社,1989年。

247 刘海平、朱栋霖著:《中美文化在戏剧中交流——奥尼尔与中国》,南京大学出版社,1988年。

248 卿汝楫著:《美国侵华史》,三联书店,1952年。

249 黄绍湘著:《美国简明史》,三联书店,1953年。

250 黄绍湘著:《美国早期发展史》,人民出版社,1957年。

251 汪敏之著:《美国是怎样发展和侵略别人的》,中华书局,1950年。

252 潘非著:《美国简史》,中外出版社,1951年。

253 《文汇报》社会大学编辑室编:《仇视美帝鄙视美帝蔑视美帝》,文汇报社,1950年。

254 吴甫编著:《美国——一个杀人喝血的国家》,新潮书店,1951年。

255 中国教育工会上海市委员会编、蔡尚思等著:《从各方面看美帝》,棠棣出版社,1951年。

256 奂言编著:《面临崩溃的美国资本主义》,开明书店,1951年。

257 程元斟著:《美帝走向死亡》,上海通联书店,1951年。

258 潘光祖编著:《人类公敌美帝国主义》,华南人民出版社,1952年。

259 邓超著:《美帝狂妄的战略计划》,人民出版社,1951年。

260 邓超著:《朝鲜人民的伟大解放战争》,世界知识社,1952年。

261 湖南省文学艺术联合会等编印:《美帝是只纸老虎》,1950年。

262 钟正轩编写:《美帝国主义是我们的死敌》,中国青年出版社,1962年。

263 曹孚著:《腐朽反动的美国文化》,开明书店,1952年。

264 金岳霖等著:《从堕落到反动的美国文化》,上海平明出版社,1951年。

265 楼邦彦编著:《美国的法西斯统治》,开明书店,1951年。

266 丁德纯著:《如此美国民主》,世界知识社,1951年。

267 朱彤著:《美国民主真象》,世界知识出版社,1958年。

268 长弓著:《美国的"民主"与"自由"》,中国青年出版社,1958年。

269 纪隆、思慕等著:《腐朽透顶的美帝国主义》,世界知识出版社,1959年。

270 武汉大学经济系北美经济研究室编著:《战后美国经济危机》,人民出版社,1976年。

271 蒋学模著:《美国经济危机》,世界知识社,1950年。

272 北京大学经济系编著:《美国经济的衰落》,人民出版社,1973年。

273 《风雨飘摇中的美帝》,上海人民出版社,1970年。

274 《战后美国经济》编写组编著:《战后美国经济》,上海人民出版社,1974年。

275 段连城著:《美国人与中国人——中美文化的融合与撞击》,新世界出版社,1993年。

276 褚葆一主编:《当代美国经济》,中国财政经济出版社,1981年。

277 章嘉琳主编:《变化中的美国经济》,学林出版社,1987年。

278 陈宝森著:《美国经济与政府政策——从罗斯福到里根》,世界知识出版社,1988年。

279 萧琛著:《美国微观经济运行机制——成熟的市场与现代企业制度考察》,北京大学出版社,1995年。

280 黄素庵著:《美国经济实力的衰落》,世界知识出版社,1990年。

281 储玉坤、孙宪钧著:《美国经济》,人民出版社,1990年。

282 茅于轼著:《生活中的经济学——对美国市场的考察》,上海人民出版社,1993年。

283 洪朝辉著:《社会经济变迁的主题——美国现代化进程新论》,杭州大学出版社,1994年

284 中国美国史研究会编:《美国现代化历史经验》,东方出版社1994年。

285 董衡巽、朱虹、施咸荣等著:《美国文学简史》,人民文学出版社,1978—1986年。

286 施咸荣:《西风杂草》,漓江出版社,1986年。

287 刘祚昌著:《美国内战史》,人民出版社,1978年。

288 黄绍湘著:《美国通史简编》,人民出版社,1979年。

289 曹绍濂著:《美国政治制度史》,甘肃人民出版社,1982年。

290 刘绪贻主编:《当代美国总统与社会——现代美国社会发展简史》,湖北人民出版社,1987年。

291 黄安年著:《二十世纪美国史》,河北人民出版社,1989年。

292 刘绪贻主编:《战后美国史(1945—1986)》,人民出版社,1989年。

293 杨生茂、陆镜生著:《美国史新编》,中国人民大学出版社,1990年。

294 邓蜀生著:《美国与移民》,重庆出版社,1990年。

295 刘祚昌著:《杰斐逊传》,中国社会科学出版社,1990年。

296 余志森著:《华盛顿评传》,中国社会科学出版社,1990年。

297 李道揆著:《美国政府和美国政治》,中国社会科学出版社,1990年。

298 丁则民主编:《美国内战与镀金时代》,人民出版社,1990年。

299 杨生茂主编:《美国外交政策史》,人民出版社,1991年。

300 黄安年著:《美国的崛起》,中国社会科学出版社,1992年。

301 余志森编著:《美国史纲——从殖民地到超级大国》,华东师范大学出版社,1992年。

302 张友伦、李剑鸣主编:《美国历史上的社会运动和政府改革》,天津教育出版社,1992年。

303 李剑鸣著:《大转折的年代——美国进步主义运动研究》,天津教育出版社,1992年。

304 何顺果著:《美国边疆史》,北京大学出版社,1992年。

305 黄安年著:《美国社会经济史论》,山西教育出版社,1993年。

306 邓蜀生著:《美国历史与美国人》,人民出版社,1993年。

307 张友伦、陆镜生著:《美国工人运动史》,天津人民出版社,1993年。

308 项立岭著:《中美关系史上的一次曲折——从巴黎和会到华盛顿会议》,复旦大学出版社,1993年。

309 庄锡昌著:《二十世纪的美国 文化》,浙江人民出版社,1993年。

310 王英杰著:《美国高等教育的发展与变革》,人民教育出版社,1993年。

311 滕大春著:《美国教育史》,人民教育出版社,1994年。

312 赵一凡著:《美国文化批评集:哈佛读书札记(一)》,三联书店,1994年。

313 沈宗美主编:《理解与沟通——中美文化研究论文集(Ⅰ)》,南京大学出版社,1992年。

314 李剑鸣著:《伟大的历险——西奥多·罗斯福传》,世界知识出版社,1994年。

315. 时殷弘著:《美国在越南的干涉和战争》,世界知识出版社,1993年。

316 钱俊德著:《美国军事思想研究》,军事科学出版社,1992年。

317 资中筠主编:《战后美国外交史》,世界知识出版社,1994年。

318 陈毓钧著:《美国民主的解析》,台北允晨文化实业股份有限公司,1994年。

319 王名扬著:《美国行政法》,中国法制出版社,1995年。

320 蒋劲松著:《美国国会史》,海南出版社,1992年。

321 吴泽霖著:《美国人对黑人、犹太人和东方人的态度》,中央民族学院出版社,1992年。

322 黄兆群著:《美国的民族与民族政策》,台北文津出版社,1993年。

323 胡国成著:《塑造美国现代经济制度之路》,中国经济出版社,1995年。

324 李剑鸣著:《文化的边疆——美国印第安人与白人文化关系史论》,天津人民出版社,1994年。

325 刘绪贻主编:《富兰克林·D·罗斯福时代》,人民出版社,1994年。

326 王旭著:《美国西海岸大城市研究》,东北师范大学出版社,1994年。

327 何顺果著:《美国"棉花王国"史》,中国社会科学出版社,1995年。

328 杨玉圣著:《美国历史散论》,辽宁大学出版社,1994年。

329 李本京、于子桥著:《中国大陆美国研究现况与分析》,正中书局,台北,1991年。

330 任复兴主编:《徐继畬与东西方文化交流》,中国社会科学出版社,1993年。

331 董乐山著:《边缘人语》,辽宁教育出版社,1995年。

332 罗荣渠著:《现代化新论》,北京大学出版社,1993年。

333 汪熙、魏斐德主编:《中国现代化问题》,复旦大学出版社,1994年。

附录二

对中国知识分子
看美国的若干思考*

袁　明

19 世纪中后期,太平洋的波涛将两类社会地位不同的中国人由中国送往 美国。前者是 1848 年加利福尼亚金矿被发现以后以"契约劳工"的身份 登上美国国土的华工,后者是自 1872 年始由清朝政府派往美国留学的留学 生。清廷将选派"聪颖幼童"赴美学习的宗旨视为"学习军政、船政、步算、制造诸学,约计十余年业成而归,使西人擅长之技中国皆能谙熟,然后可以渐 图自强"。①

这两类被大洋波涛裹挟东去的中国人的自然生命都早已结束,然而,他们 所从事工作的社会归宿却有明显的不同之处。中国赴美劳工在金矿开采、铁路 架设中为美国的经济繁荣流尽血汗,但美国在其西进运动完成之后,以"排华" 代替了招雇中国劳工。1882 年,美国国会通过第一个排华法案,这一支中 国人东去的人流被迫中断了。他们对美国的看法,因种种条件的限制,除了留下一些在美国受尽歧视与剥削后写成的血迹斑斑的诗篇之外,基本上是无声无息。赴美学习的中国人则不同。一个多世纪以来,几代中国人通过各种途径负笈北美。这一支人流声势不断壮大。与前者被招雇去美国一去不能复返不同,他们 有回流,有影响,架起了

---

* 本文原载《美国研究》1989 年 2 期。原题为"对当前中国大陆知识分子看美国的几点思考"。

中美文化交流上的一座座桥梁。这一支人流至今没有 中断。仅以数字为例，1872 至 1875 年首批中国赴美留学生人数为 125 人，而1979 至 1988 年仅中国大陆赴美留学、进修、访问人员即已达 5.6万人。②在中美交往史上，这两类中国人的境遇与归宿本身已经提出了无数有意义的 课题，值得引起中美两国有关学者的深入思考与研究。本文仅想对后一类中国 人作一些初步探讨，重点放在当代中国大陆知识分子如何看美国这一问题上。这是因为：(1)从历史发展的角度看，这一类中国人(中国知识分子)不仅 继承了前辈的事业，也发展了前辈的思想。对他们来说，美国仍不失为中国现代化进程中的一个重要参照系，他们的视野已由"西人擅长之技"而扩展到美 国社会、经济、思想、文化、法律诸方面。这必然会有助于中国人进一步深入 了解美国。(2)从中美交往的角度看，他们较其一般的同胞能更直接地接触 美国文化与美国社会，有大量的第一手的感性与理性认识，他们实际上起着中美 之间相互了解的媒介作用。(3)他们中的许多人已被历史的大潮推到当前中 国改革与发展的各个前沿位置上，他们将对中美关系在各方面的发展产生越来 越大的作用和影响。因此，就中国知识分子如何看美国这一问题进行研究和分 析，对中国人究竟应如何看世界、看美国、看自己以及对美国人了解中国，应 该说都是非常有意义的。

一、众口纷纷话美国

对当代中国知识分子来说，大洋彼岸的那一大片土地仍具有魅力与神奇色 彩。那一片土地曾经毫不留情地吞噬了大批中国劳工的生命，同时，它又培养 了一批批中国的学者。现代中国人要问：这个既吞噬中国人、又培育中国人的 美国究竟是一个什么样的国家？

要对这个问题做出完整的答案是困难的。有的中国学者认为，美国的出现是人类历史上一个相当特殊的现象，要回答美国如何成为美国，必须从地理条件、历史环境、民族因素、政治经济制度等多种角度来进行全面深入细致的考察。这个任务不可能在短期内完成。

尽管如此，许多现代中国人还是对美国社会与美国人作了不少观察与描绘。但正如一位中国留学生所说，留美的中国人往往根据自己的某些特殊的经历写出对美国这样那样的观感，而美国的"特殊之处"又太多，因此，一万名中国留学生就可以写出一万篇不同的美国观感来。这种说法虽然带有夸张色彩，但在一定程度上还是有道理的。近年来，发表在不少报刊杂志上的大量旅美游记、散文、小说等等，都可以归纳到这一类的对美国的描述上来。这些描述虽然零散表面，但五光十色，并且生动地向中国读者介绍了美国。而且，这些感性的认识是人们由表及里、由局部到全面认识的必要准备，字里行间也有不少闪光的思想。比如，一位中国老新闻工作者从美国新闻写作截稿的"死亡线"(deadline)谈起，赞赏了"美国人的苦干和实干精神"；从美国的滑雪热和艺术节，看到了"美国人爱玩会玩的风尚"；从小学校到国会山，感受到"美国人的民主传统"；从婴儿室的布娃娃到独居的老祖母，体会到了"美国人的个人独立精神"。①另一位曾对美国进行过两年考察的学者写道："美国文化的一个根本价值观念便是人类应努力征服自然。他们相信人类能克服障碍，掌握环境，他们主张以积极主动的态度来对付自然界而不应消极被动。从这一价值观念出发，又产生出许多相关的价值观念，如关于努力工作，重视个人成就，主张开创进取，讲究效率和理性。"②一位中国社会学家认为，美国人的精神根源于拓殖时代，"那种粗放旷达的生活环境养成了独来独往、不亢不卑、自负自骄、耐苦耐劳的性格。这性格归结于他们崇尚平等、爱好自由的精神。美国的创造力并不是凭空获得的，而是从这种对生活的认真、对自由的爱好中长成的。""我们要认识美国，不在他外表的耸天高楼，而是在他们早年的乡村里。"⑤

这些分析无疑都是深刻且有说服力的。然而，它们并不能全部回答本节开始时提出的那个问题："美国究竟是一个什么样的国家？"在中国知识分子看来，这是一个动感情的问题。因为美国差不多总是与中国人的痛苦和希望联系在一起。现代中国知识分子在探求对这个问题的答案时，往往会涉及到中美关系中的一些深层的、本质的东西。中国知识分子在看美国的时候，往往要受到一个复杂的外部世界与一个复杂的内心世界的制约与影响。这些制约与影响，也许是中国迄今还不能有一部像费正清的《美国与中国》那样从历史、文化的深度来全面论述中美两国的著作的主要原因。

二、在政治的漩涡里

任何人看世界看社会，总不免带上他所处时代的印记，受到自身所处的政治环境的影响。这一点在中国知识分子看美国时表现得尤为明显。

当前中国国内的知识分子队伍，若从年龄上作粗线条的、未必严格的划分，大致可分为老、中、青三个年龄段。他们各自不同的人生经历，不能不影响到各自对美国的看法。以老一代为例，他们中不少人有留美的经历，更多的人则在美国人办的学校里受过教育。他们"生活于中国与世界动荡最大的年代，许多够得上是世界头号新闻的事件都发生在这段时期里。如第一次世界大战、五四运动、抗日战争、第二次世界大战、解放战争、全国解放、中华人民共和国成立"。他们所亲身经历的这些与中国命运攸关的重大事件，往往都在不同程度上与美国联系在一起。他们对美国的希望、失望也都与这些重大事件联系在一起。第二次世界大战结束以后，美国政府介入中国内战，朱自清教授"宁可饿死也不领美国的配给面粉"，引起了中国师生的一片敬佩之情。一位老新闻工作者1948年在美国密苏里大学新闻学院毕业时，领到校方发给的校友通信地址登记表，出于对美国政府助蒋内战的义愤，他认为今后美国同中国敌对是注定的了，再同美国联系似乎没有什么可能，于是，他挥笔在地址栏上填了"花果山水帘洞孙悟空转"，弄得美国人莫名其妙。40年代在美国旅居4载的《大公报》女记者杨刚于1951年出版《美国札记》一书，当时正值朝鲜战争方酣之际。她在该书的前言中开宗明义："英勇的人民志愿军以自己的血肉之躯和敌人的炮火与钢铁对抗，取得了史无前例的伟大胜利，证明了美帝国主义是一只纸老虎"。因此，"我们还应该进一步对美帝无法无天的掠夺精神以及这种掠夺精神所造成、所影响的美国文化思想多作研究与暴露"。她认为，"一般地讲，除了少数进步的人而外，美国人是在民智未开的情况之中。他们的生活目标是空虚的，他们不问生活的意义何在。"⑧我们在今天回顾那几十年前的事情，重读那几十年前的文字，不能责怪当事人的偏激。就以上举例提及的几位而言，他们都是中国知识分子中的精英之才。他们学识渊博，精通中外文字，但他们当时之所以那样"宁死不食周粟"，义愤泻于笔端，主要是大政治环境的影响所致。一位美国历史学家在评论第二次世界大战刚结束时的那一段年月时指出，当时在中美两国国内，两种民族主义情绪都在迅速增长，一种以要扩张为标志，一种以争独立为特征。这两种强烈的民族情绪迎头相撞，必然会产生深刻的反响。政治已以压倒一切的优势代替了其他。当时美国国内又盛行麦卡锡主义，在"反共"的口号下反华，大批中国留美学生不得不排除重重阻挠返国，有的甚至要绕道第三国始能回到故土。彼时彼景，对美国的友好感情自然无从谈起。他们中间不少人后来经历过许多坎坷，有的人甚至因为早年与美国有这样那样的关系而受到无端牵连和委屈。事后他们中的大多数人以"我与祖国共了患难"来自慰。当时，他们想得更多的是如何从历史中总结经验,使中国能尽快摆脱贫困与落后,"如美国能平等以待我,中国应当发展与美国的关系"。由于有丰富的人生经历,这一代知识分子中的不少人对美国有较为全面的认识,并且,由于他们有早年与美国的种种联系,在交流上又没有语言障碍,他们目前在中美文化科技学术交流上仍起着带头作用。

中年一代知识分子,成熟、成长于新中国诞生之后。他们之中最年长的一批,正属于40年代末在北平美国人创办的燕京大学校园中贴出"吾爱吾师,吾更爱真理"大标语的那一代人。这一时期,是美国对中国采取敌对政策、要中国共产党人受难、封锁孤立新中国的时期。在这样的大形势下,即使他们中间最远离政治的人也要认真地思考国家的安危存亡问题。原来与美国的联系被朝鲜战争切断了。他们不可能再像上一辈知识分子那样赴美学习。他们中的一些人后来到了苏联和东欧,更多的人是留在国内,参加抗美援朝运动、思想改造运动、"反右"运动。他们中间更为年轻的一批人则从小学开始便感受到美国敌视中国的气氛:小学时,他们听的唱的是"雄赳赳,气昂昂,跨过鸭绿江"的歌曲。中学时,他们参加的是"要黎巴嫩,不要美国佬!"的示威游行,从报纸与教科书中,他们读到的是大量揭露美帝国主义的文章。这一代知识分子从政治启蒙开始,就被大政治气候推入一个固定的、由教条概念组成的思维框架之中。如果不是"无产阶级文化大革命"的激烈震荡,如果不是这场"革命"结束后出现的拨乱反正局面,如果不是新局面下的开放政策以及有了直接赴大洋彼岸亲眼观察美国的机会,他们或许至今也不明白美国的多元性、复杂性绝非是几个政治名词就可以概括得了的。近10年来,这一代人中的不少人已经访问过美国。他们承担着将中美文化交流史上缺掉的一页重新补上的历史重任。这项工作已在科技、文化、教育等领域全面展开。10余年来,不少双边研究项目、交流项目、国际会议的主力就是由这一代人来承担的。

青年一代知识分子中的较为年长者的经历，与上一批知识分子有不少共同之处。他们之中的稍年轻者出生成长于国内的动乱年代。客观环境不允许他们有一个正常的人生启蒙的机会，其人生启蒙的最初几课是在动乱与迷茫中度过的。但是，这一阶段恰好与中美关系由敌对趋向解冻并发展的时期相吻合。对他们来说，美国是神秘的、充满吸引力的。他们从书刊、电影、电视、交友中了解到的美国，与中年一代在早期所受的影响熏陶已很不一样。在他们的心目中，遥远的美国与其说是面目狰狞的"头号敌人"，还不如说像那"白胡子、戴眼镜、永远笑容可掬的山德士上校"那样直观、富有人情味⑦。青年人特有的朝气与探索精神和对旧传统的不满，使他们中的许多人渴望有朝一日能去"新大陆"实地了解美国。每次"托福"报名时的那种热闹盛况便是一个生动的写照。现在，已有一大批中国留学生在美国学习。可以预期，在对美国有了较为长期的观察之后，在对人生、对自身、对社会有了更为深刻的了解与体味以后，他们之中的不少人将会比他们的前辈更为全面、更为深刻地认识美国。三代中国知识分子看美国，时间、条件不同，主体、客体都在变化之中。就中国知识分子本身而言，老一代知识分子当年到美国与今天中青年知识分子去美国的情况与待遇是很不一样的。"回想当年，美国一般人对少数民族的心理状态还停留在黑奴主的时代，在美华人哪能高视阔步？有时甚至连头也不敢高高抬起，唯恐受到压制和打击"。⑧随着中国国际地位的变化，今天这一状况已经有了很大的改变。与老一代相比，现在中青年知识分子了解美国的条件与机会毕竟是好多了。

尽管条件起了变化，但我们仍然可以看到，中国当前几代知识分子都没有完成在客观的、系统的基础上了解美国、研究美国的工作。变幻动荡的国内外局势使中国知识分子在做这一项工作时遇到了极大的困难。虽说早在50和60年代中期，已经在某些政府部门、大学中设立了研究美国的系科，但严格学术意义上的美国研究并未真正受到重视。

以上只是影响中国知识分子看美国的直接的客观原因，如果放到更为广阔 的政治历史背景下去考察，我们还可以发现一些更为深沉的因素。

可以这样说，中国人看美国与中国人看世界这两者是紧密联系在一起的。中国人从传统上的"普天之下，莫非王土，率土之滨，莫非王臣"到认识现代 意义上的"中国是世界的中国"，其间经过了漫长、曲折的历程。只是到了 19 世纪，伴随着西学东渐，中国的旧观念才开始逐渐发生变化。但大的概念变了，具体看问题的角度、思维方式、语言、行为的适应与改变则没有很快跟上去。与欧洲人相比，中国人观察美国面临更大的基本文化价值观念问题、语言问题 等障碍。这些障碍从上一世纪一直沿袭至今，加上前述的大政治环境的限制和 影响，使中国人在如何全面认识美国这一点上始终没有打好基础。事实上，中 国的美国研究没有在近几十年内发展成健全的独立的分支学科，而是经常受到 国内外大政治气候的左右。

三、在启蒙与救亡的双重变奏之间

除了外部大环境的影响之外，制约当代中国知识分子看美国的还有非 常特殊与复杂的内心世界。这个复杂的内心世界的形成与近现代时期中国在列 强的挤迫下所走过的艰难曲折之路密切相关。

要说明中国知识分子这一复杂的内心世界，必须从其由来说起。这就不能 不专门提到五四时代。自五四运动以来，中国知识界思潮中的主旋律就是"启 蒙与救亡"。"启蒙的主题、科学民主的主题……与救亡、爱国的主题相碰 撞、纠缠、同步。中国近现代历史总是这样"⑧。在这启蒙与救亡的双重变 奏中，中美关系往往成为一个非常重要的内容。巴黎和会结束后,中国知识界对美国在和会上对日本的妥协与让步感到极 大的震惊与失望。李大钊在《秘密外交与强盗世界》一文中写道:"威尔逊君! 你不是反对秘密外交吗? ⋯⋯你自己的主张计画如今全是大炮空声,全是昙 花幻梦了。我实为你惭愧!"⑩悲愤之余,大批中国知识分子仍怀着强烈的救亡与启蒙的意识,远渡重洋,负笈美国。从 20 年代到 40 年代,美国的 大学培养了一大批学有专长的中国留学生,其中不少人后来成为对中国产生巨 大影响的学者。这批赴美学子,以启蒙为主要目的,即寻求科学与民主,但救 亡意识仍紧紧地同启蒙志愿联系在一起。"1919 年我到美国后,和西方文 化有了直接的接触,当时我经常考虑的问题是:西方为什么富强?中国为什么 会贫弱?西方的优点,在于其有了近代自然科学"。⑪一位留美学生在致国 内的信中说,"到了美国以后,发生了许多在国内不会发生的思想。⋯⋯我 是学化学的,我时常想到国内很难找到一个占有国际地位的化学学者。国内最 好的,在世界地位不过二、三等。其它学科,也多有同样情形。我觉得这也是 国家的羞耻之一。我深切地感到,至少应有一部分留学的同学能拚命延长学习,埋首 10 年或 20 年,替国家造出几个占世界地位的学者"。⑫就是说,中国 的有识之士,即使是受英、美教育和文化影响很深的人,也不可能将历史投 下的阴影完全从内心深处抹去。自上个世纪以来,多灾多难的中国一直扮演着 大国交易、强权政治中的牺牲品的角色。如此一来,对于任何一个以权势谋发 展的大国,中国人是不能不谨慎看待并持保留态度的,对在第二次世界大战中 实力空前膨胀的美国尤为如此。费孝通教授在 1944 年至 1945 年间访美 之后,写下了这样一段文字:"大英帝国的扩张时代已经过去,成了年,有的 是心平气和、冷眼看世的神气了"。但像美国这样"一个年轻的文化,配上无 比的强力,毕竟不是件太可以放心的事。何况,若是拓殖的心理没有修改,他 再度的扩张,是否是世界的幸福呢?⋯⋯现在世界上已经没有 300 年前的 北美了，没有文化的真空区了。若是按照 18、19 世纪的老方法去扩展的话，说不定会遇着很大的阻力，把人类在封建制度所解放出来的力量消磨在无谓的 争斗之中。"⑬如果我们回顾一下战后美国在远东、中东、拉丁美洲的扩张 及其困境，即足以证明这段话的先见之明。笔者在这里要强调的正是一位中国 知识分子在 1945 年看待盟国美国时那深沉的感情内涵与救亡意识。

在中国知识分子的内心深处，救亡的主旋律一次次压倒启蒙，这主要是由 大时代和客观环境决定的。"自从 1840 年鸦片战争失败那时起，先进的中 国人，经过千辛万苦，向西方国家寻求真理"。但是，"为什么先生老是侵略 学生呢?"⑭即便是在新中国成立之后，这种情感也仍然持续了相当长一 段时间。在"文革"中，提"现代化"被认为是"走资本主义道路"。救亡意 识发展到僵化锁国，走上了绝境。直到 70 年代末以后，启蒙、现代化的口号 才再一次被响亮地提出。与此同时，中国人开始用新的眼光重新看美国。今天，大多数曾到过或未到过美国的中国知识分子已有一种共识："美国是世界上经 济实力雄厚和生产力高度发达的资本主义国家"。⑮而且，美国经济发达和 科技进步的重要因素，是"美国建国二百多年来执行开门政策，第一，大量 吸引外国移民，第二，不断吸取外国技术，第三，长期吸收外国资金，第四，大量吸收外国文化"⑯。凡是到美国去过的中国人，几乎无一 不对美国那高 度发达的通讯联络、交通运输、机械化程度发出由衷的赞叹："当夜幕降临、万物隐退的时候，在美国的高速公路上驱车疾驰……只要继续向前，眼前就 永远闪烁着、流动着两道长长的火龙、金色的光带……这时，我忽然觉得自 己触摸到了美国的动脉"⑰当代的中国知识分子对贫困、落后、锁国、吃 大锅饭等现象有切肤之痛，面对美国那种高度发达的物质文明以及美国那种开 放的、竞争的、机会众多的社会，总是心情复杂而感慨不已，对自己的祖国也 往往有"哀其不幸，怒其不争"之叹。当前，这种由两个社会的强烈反差而引 起的感慨与实现现代化的决心交织在一起，启蒙的旋律便奏出了时代的最强音。

事实表明，前人的思考与话语并未成为历史陈迹、空谷余音。在中美外交关系正常化、政治关系相对稳定的今天，仍然时时激起中国知识分子内心的共鸣。在肯定美国的长处和优点以后，今日中国的有识之士仍不能不对美国有所批评："美国军事实力较大，向外伸手较多，世界公认它是超级大国，西方推举它是盟国之首。它自己也老实不客气，经常说自己是'世界第一'，自命超人一等，情不自禁地要求别国按照自己的利益和意志转移，动不动用美国的一套政治信仰和政府制度来挑剔别国内政"。[18]这种从宏观角度观察美国的理性思考，是新形势下中国知识分子内心深层的救亡意识的又一次表露，也是老一代知识分子几十年前对美国的思考与评价的继承与发展。

美国人对中国知识分子这一深沉的内心世界经常无法理解，甚至将其归于美国人理解的那种狭隘民族主义情绪框架中去。其实，这种处于"启蒙与救亡双重变奏"之间的复杂内心世界，是较一般的民族主义感情更为深沉、理性，带有强烈历史感与责任感的忧患意识。它几乎为中国知识分子所独有，而且往往超越时空与党派的界线。否则，就无法解释这一现象：无论是大陆、港台还是在美国及世界各地的中国知识分子，一旦相聚并谈及中华民族的前途，顿时会有那么多的话题及共同语言。这正是一般美国人所难以了解与体味的深层心理因素。现执教于美国哈佛大学的华裔学者杜维明教授对中美之间的这道鸿沟作了以下的描绘："中国人的忧患意识与美国人对政治悲剧的全然无知共存。没有尝过炮火轰炸滋味的美国人怎么能够理解什么是一场真正的民族灾难呢？"[19]有理由认为，中国知识分子看美国时的这一以"启蒙与救亡双重变奏"为特征的内心世界，可能还会持续相当长的一段时间。历史遗留的与现实发生的种种问题，使中国知识分子要摆脱这种心境变得非常困难。何况，目前正在中国知识界出现的大规模的对中国传统文化的反思正是这种心境的反映。

四、在对传统文化反思的困境中

19世纪中叶，李鸿章注意到中国已出现了"三千年未有之大变局"，这是在西方列强主要是大英帝国的坚船利炮前发出的惊呼。而100多年以后，咄咄逼人地向中国传统文化发起挑战的是另一个新的文化价值体系的代表——美国。这种挑战异常严峻。综观200多年来的世界历史，美国从弱变强，中国从强变弱。姑且不提这种强弱变化背后的种种原因，就其目前力量对比来说是很不均衡的。中国正处于改革转型时期，对自身的旧传统，究竟什么该坚持，什么该扬弃，尚在思考之中；对美国为代表的西方文化，究竟什么该吸收借鉴，什么该抵制，也尚在犹豫之际。更何况扬弃、坚持、借鉴、抵制的过程，从思想认识到社会实践，更需要相当漫长的时间。这期间必然会有各种摩擦与阵痛。当前的中国知识分子正身处这一特定的历史阶段之中。

目前，对传统文化的反思已构成上层建筑改革中的重要部分。学术界关于文化的讨论和研究已成为"显学"。很有意思的一个现象是：这种反思往往与当前中国知识分子看美国联系在一起。反思是需要借鉴外部世界的种种模式的，而美国已成为最重要的参照模式之一。比如，"三权分立"的政治体制、以法治代替人治的法律观念、市场调节的经济理论，等等，已成为学术界的热门话题。此外，不但中国的"经典文化"受到以美国为代表的整体文化体系的全面挑战，而且就连中国的"民间文化"似乎也在劫难逃。"文化的深处时常并不是在典章制度之中，而是在人们洒扫应对的日常起居之间"。"行为时最不经意的，也就是最深入的文化表现"。尽管"麦氏咖啡"的浓郁一时还不能代替传统的中国茉莉花茶的清香,但迪斯科、摇滚乐、霹雳舞等等毕竟已纷沓而至了。在这种环境下,中国的传统文化心理结构需要进行"创造性的转换"。中美之间的文化交流与碰撞不可避免。"全盘西化"当然不合我们的国情,一概斥之为"污染"而拒之门外,也未免失于浮躁。中国知识分子在认识美国时,还要面对一个重新认识自己的问题,而认识自己往往更为困难,这实在是一个困境。正如严复当初所说的,"旧者已亡,新者未立,怅然无归"。这不仅仅是中美关系史上的一个重要文化现象,而且也是世界文明史上的一个重要现象,历史安排它在 20 世纪末期发生。

然而,认识到"困境",实际上已是变化的开始。因为困境就意味着某种矛盾。上文曾提到,中国人看美国、看世界时,大的概念虽已发生了变化,但习惯的、传统的、具体的看问题的角度、思维方式、语言词汇等等都还是很"中国式"的。这一点实际上无可非议,因为任何民族都不必要、也不可能因受现代化潮流的影响而全部否定自己。纵观世界,每一个国家,无论是发达国家还是发展中国家,都肯定会具有本国特色的,更何况是像中国这样一个有着如此灿烂文明传统的国家。目前我们所面临的挑战其实是如何对自己进行确切的自我定位。中国要在世界上善于自处,确切的自我定位是相当重要的。

中美社会与文化之间的差别是如此之大,仅仅想套用几个名词概念来说明是无济于事的。这就要求我们必须从具体问题的认真研究做起。因为各自的文化传统都已渗透到日常起居、举手投足之间,若不从具体问题的研究做起,既不会真正认识对方,也不会很好地认识自己。譬如说,中国人讲究"正名",即主观判断为主,而美国人则讲究"理性",以客观实际为标准;中国人重人际关系,凡事左右考虑,个人在客观环境中越渺小越好,否则,"木秀于林,风必摧之",而美国人却偏重个人独立,在主观意识上较少受客观环境或关系的制约。凡此种种,皆是差别。有时题目虽小,却能见微知著，只要深入思考，即可见其本质，对深刻认识美国文化以及清醒地认识自身文化都有积极意义。

五、结 束 语

"美国究竟是一个什么样的国家？"当代中国知识分子正在寻找对这个问题的较为完整和科学的答案。中国的美国研究实际上是一个庞大的系统工程。可以毫不夸张地讲，就其对中国现代化的意义来说，这一研究的成果将会直接或间接地影响中国以什么样的姿态进入21世纪。除了加强美国研究本身之外，中国还需要了解世界上其他国家和民族如何看美国。一切尚待于实践。不过，有一点可以肯定：这个问题将会对今后几代中国知识分子具有持久不衰的魅力。这是一个跨世纪的重大话题。

注释：

① 《筹办夷务始末》，同治朝，卷82，第46页。

② 《人民日报》(海外版)，1988年11月15日，第4版。

③ 王作民：《美国万花筒》，中国社会科学出版社，1985年，第440—447页。

④ 陈尧光：《大洋东岸——美国社会文化初探》，辽宁人民出版社，1986年，第35页。

⑤ 费孝通：《美国与美国人》，三联书店，1985年，第16页。

⑥ 杨刚：《美国札记》，湖南人民出版社，1983年再版，第13页。

⑦ 此处的"山德士上校"，指天安门广场附近"肯塔基烤鸡店"的标志。见《人民日报》(海外版)，1988年10月8日，第3版。

⑧ 沈己尧：《海外排华百年史》，中国社会科学出版社，1985年，第15页。

⑨ 李泽厚：《中国现代思想史论》，东方出版社，1987年，第15页。

⑩ 李大钊：《秘密外交与强盗世界》，《每周评论》，第22号(1919年5月

18 日)。

⑪ 冯友兰:《三松堂自序》,三联书店,1984 年,第 202 页。

⑫ 见《胡适来往书信选》,中华书局,1979 年,中册,第 430 页。

⑬ 费孝通:前引书,第 36—37 页。

⑭《毛泽东选集》(合订本),人民出版社,1966 年,第 1474--1475 页。

⑮ 姚士谋、何腾高:《美国风光》,中国青年出版社,1982 年,第 1 页。

⑯ 张海涛:《我说美国》,北京出版社,1987 年,第 18—21 页。

⑰ 周倜:《在美国高速公路上开车》,《瞭望》,1985 年第 26 期,第 35 页。

⑱ 彭迪:"论'变'——评里根政府对外政策新动向",《瞭望》,1983 年第 2 期,第 32 页。

⑲ Tu Weiming:"Chinese Perceptions of America ",M. Oksenberg and R. Oxnam:Dragon and Eagle ,1978,Basic Books,N. Y. ,p. 91.

附注:

承蒙杨玉圣先生好意,在他的《中国人的美国观》出版之际附载拙文。本文写成于 1988 年。当时的确是意在"抛砖引玉"。现"玉"既出,"砖"还是保留原色为好。因此,只作了少许改动,以期读者能看出砖玉之别。

袁 明

1995 年 11 月

中国的美国研究[*]

资中筠

中国和美国,各处地球东西,隔洋遥对。早期具有这一地理知识的中国人曾为诗形容称:"足心相对一球地,海面长乘万里风"。[①]诗虽不佳,却是写实。而两国的历史、文化、风土、人情以及过去和现在的政治制度、经济条件等,可谓相去万里。但是在近现代史上,美国在中国的对外关系中占据着主要地位,在不同时期对中国的各方面产生着不可忽视的影响。也许正是这两个民族迥异的特点,吸引着一代又一代知识分子相互探索和研究。就中国方面而言,尽管一百多年以前得风气之先的知识分子已经开始对了解美国产生兴趣,但是由于种种原因,系统的、学术性的美国研究得以真正深入、全面地发展,还是近10年来的事。

19世纪中叶到目前的情况,大致可分以下几个阶段来叙述。

一、新中国成立之前的一百年

据历史学家们考证,中国人早在美国独立战争之前就已来到北美。但是知识分子赴美并写下文字记述,则是在1844年《望厦条约》签订之后。迄今所知,第一部著作首推1847年赴美工作的福建人林铖写的《西海纪游草》。这是一本诗集,附有长篇骈体文

---

* 本文原载《美国研究》1987年1期。本书转载时,由作者略作修改。

的序,最早刻本的年代为 1849 年。随后有志刚 的《初使泰西记》、张德彝的《欧美环游记》(《再述奇》)、容闳的《西学 东渐记》等等。这些早期的关于旅美见闻的述评,今天看来当然是相当肤浅,而且有不少谬误甚至可笑之论。但是它们在当时都起了打开眼界的作用。作者 领悟到自己过去是"坐井观天",现在则是"以蠡测海";读者则感叹"踽踽于一室之中,老死于户牖之下,几不知天下之大,九州之外更有何物"②。更 重要的是,这些作者不限于猎奇式记述异国风土人情,而且也涉及政治、社会 情况,并且指点江山,评论得失,还自觉或不自觉地与中国作对比。不论作者 身份如何,原来思想如何保守,亲身到美国(当然也包括欧洲)看过之后,总 在不同程度上承认别人之长,对自己有所启发。至于从清末维新到孙中山领导 的民主革命,乃至"五·四"运动前后,中国的仁人志士向西方寻求救国、革 新之道,对美国的考察就更深入,目的性也更加明确了。这期间,一些报刊杂 志在介绍美国方面起了很大的作用。例如,美国的《独立宣言》被首次翻译发 表在 1901 年出版的《国民报》第 1 期上。自本世纪初以来,在介绍美国方 面曾作出贡献的众多杂志中,《东方杂志》可称一枝独秀。该刊创办于1904 年,到 1949 年迁至台湾的几十年中,刊登了大量介绍美国的文章,包括政 体、政党、经济、财政、社会、工业、农业、外交、军事、文化以及人物传记 等各个方面。题目小的从《美国制棉籽油法》,大的到《英法美革命后建国事 业之比较》,范围极广。那时还有其他一些杂志也发表过介绍美国的文章,如《庸言》、《夏声》等,不过寿命都比较短。总的说来,包括《东方杂志》在内,这些介绍都是零散的,不是系统的。

30 年代,特别是抗日战争爆发后,中美关系日益密切,报刊杂志刊登美 国情况的文章激增,不过大多数内容是紧密配合时事的,较少基础性研究。《世 界知识》是其中在数量上和影响上较突出的一种。以翻译西洋报刊为主的《西 风》杂志,关于美国的文章占的比例远超过其他国家，也可以算是着力介绍美国的一本刊物。

当然，在这个时期中，中国人决不仅限于通过报刊文章了解美国。大批留学生赴美学习、美国在华创办的学校以及兴办的各种事业、乃至独占中国市场的好莱坞电影，特别是第二次世界大战中作为"盟友"的密切来往，都使中国人对美国增加了理性和感性认识。但是，这些都不能算是专门的对美国的研究。事实上，从抗战之前到战后，对美国的研究仅限于少数学者从事分散的、个别的工作，而且是附属于个别专业，如世界史（西洋史）、哲学、政治学、经济学、社会学，等等。例如胡适对杜威实证主义的研究和介绍，并在自己的治学方法中深受其影响，就是其中突出的例子。至于专门从事研究美国的机构更是不存在的。可以这样说，在当时的中国知识分子中，有相当多的人受过美国文化的熏陶，甚至接受了不少美国思想和生活方式的影响。但是专门从事美国研究，可称为美国问题专家的却寥寥无几。对美国的认识和介绍停留在比较浅的层次。

中国共产党领导的解放区就更为闭塞。当时中国共产党对美国是重视的，但是资料来源有限，没有条件进行系统的研究。只有个别地方出版过反映美国的丛刊。例如，晋绥解放区太岳新华书店在1947至1949年，曾编辑出版《美国问题研究》丛刊，内容包括美国经济危机、对外政策、黑人问题等论文。1949年，中华人民共和国成立之前，曾在北平出版过柯柏年主编的《美国手册》。

第二次世界大战结束到1949年这段时间里，美国站在国民党一边介入中国内战的特殊情况，造成中国知识分子中一部分人亲美、崇美，一部分人强烈反美，而且越到后期，反美情绪越加强烈和普遍。因此，这个时期对美国的研究高度政治化。中国国民党方面从利用美国内部矛盾、争取美援出发，对某些问题可以说钻得很深，摸得很透，但是谈不上学术研究。共产党以及左派知识界，则着重揭露和谴责美国,进而分析其帝国主义本质。例如这个时期出版的伦德伯格(F. E. Lundberg)著《美国六十大家族》(*America's Sixty Families*, 1937)、乔治·塞尔德斯(George Seldes)著《豪门美国》(*One Thousand Americans*, 1947)等,对以后中国对美国的研究产生了相当长期的影响。

二、新中国成立之后至"乒乓外交"

中华人民共和国成立后,各方面工作逐步走上正规。为了配合开展外交工作和对外经济关系的需要,在中央政府领导之下,开始发展国际问题研究。美国研究是其中一部分,它的发展,一方面与中国的整个国际研究事业相一致,另一方面又与中美关系的特殊情况相关联。同其他方面的国际研究一样,美国研究主要是作为涉外工作的一部分进行的,附属在有关政府部门和工会、青年、妇女、和平等群众团体的国际部门。在高等院校中,这方面的工作比较单薄,60年代之前没有专门研究美国的机构,有关美国问题的教学内容一般包括在世界历史、世界经济和国际关系等课程中。1956年,在外交部赞助下,成立了中国科学院国际关系研究所。④这是最早的、规模较大的国际问题研究机构,集中了一批专家,美国研究也是其中的一个重要项目,当时重点是研究美国经济。研究成果多为内部调研报告,公开文章发表在该研究所的刊物《国际问题研究》上。另外,《世界知识》杂志还继续刊载有关介绍美国的通俗性文章。

1949年10月,山东新华书店出版的《中美关系真相》是新中国出版的第一本有关美国的书。以后陆续出版了少量的著作和译作。50年代后半期,有关美国的著、译作在数量上和领域的广度上较之50年代前半期有显著发展。不过,译作的数量大大超过著作,而且一部分是从俄文和日文转译而来。建国初期,有一批从美国归来的知识分子,是这个时期提供美国情况的骨干力量,同时还受到来华长住的美国朋友的帮助。

进入60年代,世界形势发生了很大变化,中国对世界的兴趣不断增长。特别是"两大阵营"的概念开始打破,中国与第三世界以及西方国家的关系日益开展。在这种情况下,进一步了解西方国家,包括美国,成为迫切的客观需要。同时,中国国内已经从三年经济困难的谷底走出来,各方面的恢复和发展比较顺利,可以有余力更多地关心国际事务。于是,1963年底,根据毛泽东主席关于"加强外国问题研究"的指示,周恩来总理亲自主持了有关人员的会议,并由国务院发了文件。在此以后,美国问题研究与其他方面的国际问题研究一道,有了长足的、迅速的发展。1964年及以后,原中国科学院哲学社会科学研究部(即现在的中国社会科学院前身)所属的一些研究所,如外国文学、世界经济、世界历史等研究所相继成立了一批专门从事美国问题研究的研究室或研究组。一些大学,如武汉大学、南开大学等,在经济、历史、文学、哲学等系设立专门研究美国的研究室,武汉大学此后成立了美加经济研究所。其他如山东大学、华东师范大学等也分别设立研究美国文学、经济、地理、教育的研究室。复旦大学建立国际政治系,其分工是研究资本主义国家,其中当然包括美国。从此,有关美国的分科研究开始组织队伍,加强研究力量。有关美国研究的图书资料开始积累,为此目的而进行的外汇拨款也列入国家财政计划。原来各政府部门所属的有关研究所的工作有所调整,并继续得到加强。

但是,好景不长。在1966年爆发的长达10年的一场浩劫——"文化大革命"中,美国研究和其他各个领域的工作一样,遭到严重破坏,陷于瘫痪,相当一部分图书资料散失,或停止购进图书资料,几乎所有的研究人员都被迫放弃了专业工作。尽管如此,前几年中建立起来的机构、组织的队伍以及已经积累的一些资料和开展的少量的工作，为后来这方面工作的恢复和发展奠定了一定的基础。有这个基础和白手起家还是大不相同的。

这个时期对美国的研究虽然有较大发展，但有一定的局限性。这主要是因为中国与美国在该时期一直处于隔绝和敌对状况。由于隔绝，资料来源有限，更谈不到感性认识，因此观察问题往往隔靴搔痒；由于敌对，研究的内容多数从揭露、批判着眼。另外，自50年代以来，中国对国际事务的了解和研究受苏联的影响较大，许多教科书和资料都是从苏联转译来的，而且反映了苏联早期的观点。60年代，苏联与美国搞缓和，对美国的提法有变化，而中国主要担心美苏联合反华，反对"美苏勾结主宰世界"。凡此种种，使当时对美国的研究有教条主义倾向，难得客观、全面，也不大可能有好整以暇的、冷静的观察。例如，当时往往片面夸大美国的经济危机、财团对政府决策的操纵、工人运动的声势以及左派的力量，等等。但是，应该说，作为中国最高决策依据的估计，比公开发表的文章还是要客观一些；愈是在高层，愈是如此。否则，就无法解释毛泽东主席何以在"文化大革命"的极"左"思潮高潮中作出"乒乓外交"的决策。

三、开始解冻阶段

由于从1971年开始的中美关系的突变，中国对美国研究的恢复先于其他遭"文革"破坏的领域。在基辛格秘密访华之前，在极小的范围内已经开始了对美国内政、外交特别是建国以来中美关系的研究。这一研究的目的十分明确，参加的人员和议题的范围都极狭小，并且是在极端保密的状态中进行。

1972年尼克松访华以及《中美上海联合公报》的发表，是中美关系史上的一个重大转折，也是中国的美国研究的一个转折。从那时起，美国不再是一个纯反面的对象。中性的、以至正面的有关美国情况的报道开始在报刊出现。有关国际问题的内部刊物中,关于美国的内容陡增。尼克松访华前后,谢伟思、费正清、拉铁摩尔等过去因为对于美国对华政策持不同意见而遭迫害和排挤的中国问题专家特地被邀访华,引起了人们对抗战后期中国共产党同美国关系这段历史的回忆和新的兴趣。尼克松访华后,陆续来华访问的各界美国人士日益增多。经过了几十年的隔绝和敌对之后,中国人又有机会直接接触美国人,以极大的兴趣重新认识美国。那时,凡有美国人作报告,必然座无虚席,报告内容也不胫而走。举一个例子:长期在中国、热心帮助中国发展农业机械化的美国农业专家和作家韩丁,曾作过一个报告,内容谈到他一人经营相当于七八百中国亩的土地,同时还有大量时间旅行和写作。这件事使习惯于小农经济的中国人大开眼界。他的报告印发范围极广,一时之间不仅在北京,而且外地许多单位的负责人都在谈论韩丁的农场。尤其令中国人惊奇的是,韩丁有这么多地,却还常常入不敷出,还要负债,靠夫妇二人的其他收入来维持生活。这与中国人对"大地主"的整个概念完全不符。举这个例子,是为了说明当时中国的一般干部,包括一些居于领导岗位的人物,对美国的了解多么少。就了解美国而言,那可以说是一次新的启蒙教育。伴随着这种新鲜感而来的是对美国各个方面的新的、强烈的求知欲。

此时,"文革"前已有的研究机构部分地恢复了工作,有的大学建立了新的研究美国的研究室、研究组等。有一些与这方面工作有关的专业人员从"干校"调回。但是,当时还没有具备开展真正深入而客观地研究美国的条件。就国内而言,"文革"所造成的内部动乱、不正常的政治生活、思想禁锢和闭关锁国等状况,并未结束。国外的资料、信息,只有少数特许的机构和人员才能接触到。在观点上,也仍受到各种束缚,更谈不到百家争鸣。就中美关系而言,当时尚未恢复正常,而是处于极端微妙的状态,多少年来的相互敌对和成见不 可能在一个早上消除。更有甚者，尽管打开中美关系是毛泽东本人的决策，但 当时窃居高位的人时常要加以反对，或借题发挥，为别有用心的政治目的服务，以至于出现过像"蜗牛事件"⑧这样贻笑天下的荒唐事件。在这种情况下，自 难开展大规模的实事求是的学术性研究。专门为了处理中美关系而进行的必不 可少的调研工作，仍在极小范围内进行，笼罩在周围的那层神秘色彩仍未消除。

四、新时期的美国研究及其特色

大约从 1979 年初起，中国的美国研究进入了一个蓬勃发展的新阶段。这主要是由两大因素促成的。一是划时代的中国共产党十一届三中全会确立了"实践是检验真理的唯一标准"的原则，松开了精神上的紧箍咒，全国人民的 思想空前解放，学术领域的禁区一个个被突破；同时，全面开放政策使人们的 眼界大开，从而获得前所未有的、丰富的信息资料。这是促进学术繁荣的共同 因素。而中美关系正常化、两国正式建交，又是促进中国的美国研究发展的特 殊因素。从那时以来的七八年中，中美之间气氛的改善、两国交流的蓬勃发展、数以万计的中国留学生及学者赴美学习和考察，给美国研究带来了新的有利条 件。在这期间，不但过去原有的研究机构得到恢复和加强，而且各种新的研究 组织不断涌现出来。大体上以两种形式出现：一种是从事国际问题研究的新老 机构加强了研究美国的科、室；一种是一些大专院校在文科的有关系、专业中 恢复、加强或新设立该学科的美国问题教研组或研究室，如美国经济、美国历 史、美国文学等等。这一新的发展形势提出了把中国的美国研究建设成为一门 综合性学科的客观要求。于是，1981 年 5 月，中国社会科学院美国研究所 应运而生。这是中国第一所多学科、综合性的研究美国的科研机构。而且，美国研究所设在中国社会科学院内这一事实，标志着美国研究作为一门学科已进入中国的社会科学领域。此后，又有一些综合性的美国研究机构相继成立，其中主要的有复旦大学美国研究中心（1984 年）、南京大学与美国约翰斯·霍普金斯国际关系高级研究院联合主办的中美文化研究中心（1986 年）等。此外，四川大学、北京大学等也成立了美国研究中心。1979 年之后，还相继成立了中国美国史研究会、中国美国经济研究会和中国美国文学研究会。

这个时期关于美国的研究成果，仅从数量上来说，非以前任何时期可以同日而语，主要表现在大量的学术论文散见于如雨后春笋般出现的各种杂志、学报；有关美国研究的著作、译作也大量出版；综合性的学术季刊——《美国研究》于 1987 年岁初创刊。

更重要的是，在内容上，新时期的中国美国研究具有新的特点：

1. 严谨的、实事求是的治学态度。如前所述，这个时期美国研究的繁荣发展，是同整个中国学术的全面繁荣和思想活跃分不开的，是"实践是检验真理的唯一标准"的原则得以贯彻的结果。因此，愈来愈多的学者在研究工作中能逐步摆脱僵化的教条的束缚，对纷繁复杂的研究对象采取科学的、分析的态度；并且，言必有据，逐步克服断章取义的恶习。像过去那把一切归为非"友谊"即"侵略"、非"进步"即"反动"，是不足取的、过于简单化的作法，这一点大体上已成为学者们的共识。在这种气氛下，不同观点的争鸣也得到开展。例如，对于"里根经济学"的得失利弊、美苏力量对比、旧的美国财团的划分是否还能成立，历史上美国对华"门户开放"政策的评价等，都存在着不同的看法，可能还会长期争论下去。有关美国历史、经济、外交、军事战略、文学等的各种学术讨论会颇为频繁，大大促进了各研究机构之间的横向交流、学者之间的相互切磋，无疑对促进这方面的研究工作、深化对有关

问题的认识 是大有裨益的。

2. 新的、丰富的资料来源。新时期的美国研究是在全面开放、中国人 面向世界的新高潮中进行的。绝大多数研究美国的人员都有机会到美国作短期 访问，或长期考察、学习。一则可以得益于极为发达、使用方便的美国图书、档案资料设备，积累宝贵的素材；二则可以从与美国同行的交流乃至交锋中，开扩视野，拓展思路，得到新的启发；三则可以从实地观察和切身体会中印证 书本知识和理论。这样就从根本上改变了过去那种主要依靠闭门读书，或至多 是第二手的资料，或过时的感性知识的状况。

如果说以上第一条是主观因素，那么第二条就是客观因素。两者相结合，使中国的美国研究在短短的七八年中突飞猛进。

3. 研究成果的深度与广度超过以往。从已发表的研究成果来看，题材 涉及面之广，为前所未有。这些成果初步改变了过去多侧重政治、经济、外交、军事的状况，而及于社会、历史、文学、教育、哲学、宗教等各个方面，特别 是社会思潮、价值观念等更是新的研究领域。更重要的是，研究的兴趣日益向 深层发展，不满足于知其然，而要究其所以然。例如，研究美国外交，不再限 于仅叙述其某一时期的政策"是什么"，而是深究其历史根源、决策过程、产 生影响的诸多因素及其消长，等等。另外，就美国的某一项政策、某一项制度、某一种现象进行深入剖析的研作日益增加，这又与过去主要从宏观的角度论述 有所不同。当然不是说，当前宏观的研究被忽视了，相反，诸如美国的全球战 略这样的大题目就是一个热门题目。

4. 学者队伍的壮大和成长。这几年来，研究美国的专业人员的队伍壮 大的速度是空前的。在这些学者中，一部分是过去从事一般国际问题研究或涉 外工作的人员，把注意力集中到研究美国上来；一部分是各专业学科的学者在 本专业中把美国作为研究专题；还有政府机关或企业部门结合本单位业务，加 强研究美国的力量。一个新的现象是,非官方的、出于自发的兴趣而从事美国研究的人数日益增加,有专业的,也有业余的。这里面层次当然有深浅之别,质量也参差不齐。此外,体现了普及与提高相结合的特点。还有一个鼓舞人心的新现象是中青年研究者的蓬勃成长。在70年代末80年代初中美双方学者的交流中,一个令人遗憾的突出现象是,中方年龄普遍高于美方很多。当时,美国有的基金会在世界各地招考年龄在35岁以下的高级研究人员,对中国则不得不照顾特殊情况而放宽5至10岁。现在,这种情况正在迅速改变之中。例如,1986年10月在北京举行的中美青年学者关于中美关系史(1945—1955)学术讨论会上,作为会议主角的中方学者的平均年龄即略低于美方。这在5年以前是难以想象的。目前还有大批青年学者正在中国和美国的大学中学习或研究。可以期待在不久的将来,他们将以丰硕的成果成为中国的美国研究领域中的新的生力军。

当然,总的说来,中国对美国的综合研究还处于初创阶段,尚有许多不能尽如人意之处。例如,档案不开放,图书资料不健全、使用不便,各单位协作和通气不足,等等,都使中国学者与美国同行相比处于不利地位。在主观方面,专业人员的素质仍有待提高,老、中、青学者各有优势和弱点。有些研作仍失之肤浅,并且从一个极端走到另一个极端,全盘肯定或全盘否定的现象依然存在。还有许多研究领域有待开发,有许多问题尚需提高到理论层次上来认识。此外,分科研究与综合研究的关系也没有很好地解决。

五、美国研究之我见

中国人为什么要研究美国?在中国,发展美国研究的意义何在?目前流行的说法是"为四化服务",或作"智囊"。当然,这种说法适用于各种社会科学研究,不仅于美国研究为然。如果不是作狭隘的、短视的、急功近利的理解 的话,当然没有错。但是,这仍不能看作是完全的概括。我认为,美国研究的 意义可以分解为如下几个层次:

1. 在中国全面开放的今天,对全世界都应加深了解,这是不言而喻的。而美国这样一个大国,有其特殊性和复杂性。过去或为敌,或为友,与中国有 过特殊的关系,今后还要长期打交道。这中间可能有愉快的合作,也可能有痛 苦的摩擦。一般而言,相互了解愈深,则愈能妥善处理双方的关系。无论是外 交,还是贸易和文化交流,莫不如此。这是显而易见的。这也是我们开展美国 研究的目的中最浅近的一个层次。

2. 美国作为超级大国,对世界局势有独特的影响。地球上几乎每个地区都感受到 其影响。离开了对美国的力量、意愿、战略、策略以及短期或长期利益所在的 估计,就无以观察整个国际局势。对美国肤浅的、简单片面的了解往往会导致 对整个国际局势的错误估计。而要真正了解美国的对外关系,就必须了解造成 这种关系的诸多内在因素。从这个意义上讲,有必要对美国作全面的、深入的研究。

3. 美国是个高度发达的现代化国家。美国的历史背景、地理条件、发 展道路以及价值观念等,无不与中国形成鲜明对照。在中国今天探索走向现代 化的道路时,美国无疑是一个重要的参照系。事实已经证明流弊很多的经验固 不可取,即使在美国是成功的,行之有效,其多数也未必能照搬到中国。但 是,有没有这个参照系,有没有这个借鉴,对中国人了解自己、提高对世界的 认识、研究各种选择的利弊得失,却是大不相同的。中华民族要振兴,就必须 打开胸怀,吸收新鲜的养料。"坐井观天",当然不行;像林铖那个时代那样"以蠡测海",也已远远不够了。现在有必要、也有充分的条件寻根究底,观 其全貌。至于必须知所取舍,善于消化,这是当然的,但这个命题也只有通过 深入的而不是一知半解的研究来得到解决。

4. 美国之为美国，既是西方文明发展的一部分，又有其自成体系的独 特发展道路。对于以"究天人之际，通古今之变"为己任的中国社会科学工作 者来说，美国是一个极有吸引力的、值得研究的典型。这对政治学、经济学、人类学、社会学、历史学、哲学等都是适用的；而这又使"美国研究"本身足 以成为一门综合学科。这种研究在中国是新的课题，有许多问题尚待解决，在 理解上也很不相同。但是，作为探求人类社会发展史的学问的一部分，美国研 究肯定是大有作为的。

以上是个人浅见。如能成立，那么，对美国研究的意义就不宜作"立竿见 影"式的要求。不必一篇文章提出一项具体建议为决策者所采纳才算起了"智 囊"作用；同样，也不能认为美国的某项经验直接"拿来"为我所用才算是"为 四化服务"。一般说来，学术研究最终能够发生社会效用的周期长短不一，或 十年，或百年，"立竿见影"的情况是有的，但不是通例。归根结底，是面对 全社会起开发民智的作用。同其他社会科学一样，如果说作"智囊"，应该 是作全民族的"智囊"。从这个意义上说，中国的美国研究也许可以从根本上 为中华民族的振兴、为中国走向现代化作出一些贡献。这应当不算陈义过高。

注释：

① 清人林铖《西海纪游草》一书刊登的署名"浯屿梅瘦云"读后题诗。引自钟 叔河著：《走向世界》，中华书局，1985年，第59页。

② 本文所提到的美国研究，主要是指人文与社会科学领域，一般不包括自然 科学技术本身的研究。文中所提到的国内研究机构，只是举例，难以求全。另外，1949年以后在我国台湾所进行的研究也未包括在内。

③ 王广业题《西海纪游草》序文，见钟叔河：前引书，第58页。林铖、志

刚、张德彝等的著作,均见钟叔河主编:《走向世界丛书》,岳麓书社出版。

④ 国际关系研究所即现在的中国国际问题研究所的前身。

⑤ 1973 年,中国电子工业部代表团访美,美接待单位赠每人一个玻璃蜗牛 作纪念。有人向江青告发,说美借此讽刺中国发展慢如蜗牛爬行,而接受者被 指控为丧失民族立场。江青借此掀起轩然大波,实则反对周恩来及其领导的政 府部门。

中国美国学史：一个新的研究课题*
——兼评李本京先生等的新著

杨玉圣

何谓"中国美国学史"？这是一个迄今尚未作过明确界定的问题。依笔者浅见，所谓"中国美国学史"（A History of American Studies in China），简言之，即中国人从纯学术视角对美国进行系统研究的学术发展历程。此一历程，自晚清迄今，由一穷二白而渐臻繁荣昌盛。如何对这一学术历程加以科学的考察和认真总结？恐怕是一个应予重视的新课题。

本文从对李本京、于子桥教授著《中国大陆美国研究现况与分析》（An Analytical Study of American Studies in PRC）①的评论入手，拟就有关问题约略谈几点初步意见，以期引起海峡两岸美国学界对此问题的关心和进一步讨论。

一

从李本京、于子桥先生的"序"中，我们了解到，"本书写作的目的，就是要阐明大陆美国研究的概况，并且加以适当的分析"，以"了解中国大陆美国研究的全观"。为此，除附录外，本书正文由四大部分构成，其中"中国大陆美国研究现况分析"、"中国大陆美

---

* 本文原载《美国研究》1994年2期。本书转载时，略有修改。

国研究学术报告分析"为其主干部分,而以"探索·经验·推广
——美国研究在中国大陆概况之评析"为题的长篇序文,就全书
而言,则不失其纲举目张之用。

在分析我国大陆美国研究现状时,该书分 3 章介绍了有关研
究机构、团体、专家学者及其研究领域或方向,并附有若干统计表
格,以为具体说明。按照该 书提供的数据,大陆美国研究机构(含
大学院校、研究机构、学会)计有 57 所,"均经公认拥有自己的美
国问题专家,而其中的 25 所拥有的专家学者至 少有一位以上。"
(第 2 页)据两位作者观察,这些研究机构或学校的地理分 布情形
颇具特点,即"大多错落于半月形的东南沿海地带:从东北而下,
集于 北京和上海二大都市,以及各海岸线都市,直至广州。"(第
11 页)相形之 下,沿海地区较内陆地区"占了绝对的研究优势"。
至于大学院校,可细分为 美国研究中心、系级、个人这三个层次。
该书认为,其今后研究方向,除钻研 美国历史、美国经济等美国
研究某一领域外,将朝科际研究方向发展,并具有"文化取向"、
"政治取向"这两种特性,其中前者以研究历史、文学为主,后者以
经济、政治、国际关系为研究主题。从学者个人的状况看,以研究
美国 经济、美国历史的人为最多。北京大学、复旦大学、山东大学、
武汉大学、南 开大学、南京大学以及中国社会科学院美国研究
所、世界经济和政治研究所是"拥有最多美国研究学者的单位。"
(第 15 页)其中,成立于 1981 年的 中国社会科学院美国研究所
"称得上是中国大陆研究美国的龙头重镇,有其一 定之影响力。"
("序")

在对大陆美国研究学术报告进行分析时,该书以 80 年代发
表的 90 篇文 章"为样本做为研究对象",以"检视其主题内容、意
识形态、出版机构、作 者地位以及出版年份,来评估这些文章所
含的意义",亦即"了解大陆学者对 美国的认识。"(第 19 页)据李
氏等估断,三分之二刊物"所呈现的美国形 象并未具意识形态色

彩,……而一般所介译的文章大都为正面性;相反地,本地作者自己所撰作品带有意识形态色彩。"(第 20 页)同时,还特地对《复旦学报》、《美国研究参考资料》(1986 年 6 期)所载文章进行了个案分析。

附录 A—F 中,分别有"'成就学者'参考名录"、"设美国研究之大学院校 及研究机构"、"选样文章摘要"、"中华美国学会常务理事及理事名单"、"中华美国学会暂行章程"、"中国社会科学院美国研究所基本情况"等 6 个 方面的材料。

二

本书作者李本京先生,曾任台湾淡江大学美国研究所所长、台湾美国研究 学会会长多年,并积极推动有关美国研究的学术交流活动,卓有建树。另一位 作者于子桥先生,任美国伊利诺大学政治学系主任、教授。以这样两位有地位 的学者来专门介绍大陆美国学状况,必当引起海内外有关人士的诸多兴趣。事 实上,本书除在台北印行中文版外,亦同时在美国由 The University Press of America 出版英文版。其影响面之广,于此即可想而知。

一般而言,本书之撰写与出版,对于海内外学者特别是台湾学者了解大陆 美国学状况,或许是不无助益的。几十年来,海峡两岸缺乏正常的学术、文化 交流,美国研究界亦然。就大陆学者而言,对于台湾美国学的成果及最新趋向,除某些文章作过介绍外,仍所知无多。台湾学者对大陆美国学的历史与现状,似乎也同样隔膜。感谢李本京、于子桥两位教授,为了写作《中国大陆美国研究现况与分析》,他们进行了"长达 3 年的收集资料、归纳及分析",("序")从而为海峡彼岸了解某些基本情况提供了部分素材。毋宁说,正是李本京先生 等的辛勤劳作真正开启了海峡两岸美国学界相互了解与理解之先河。我认为,这是非常值得称道的。

在李、于看来，"今日大陆的美国研究一直在高增长"，只要假以时日，必将进入一个"更高的阶次"。美国研究之能取得今天的学术成绩，"已属难 能可贵"。给他们印象很深的是，学者们那种"大家一起来的干劲，确实令人 佩服"。书中预言，"美国研究在大陆有着相当大的空间，发展无限。"（以 上引文均见"序"）与此同时，他们也指出了某些不足，如翻译作品"不一定 维持高品质"，再如"量高质低"的问题。事实上，这些问题也正是我们中有 的学者早已认识到的。② 李本京先生隔海峡相望，"旁观者清"。这是其得天 独厚之处。

<h2 style="text-align:center">三</h2>

这部以反映、评析大陆美国学现状为主旨的新著，是否已经无可非议了呢？回答是否定的。如果作为一部严肃的学术著作，本书还存在不少缺陷，若不加以 弥补，似难真正反映大陆美国学的现状。正因为这是一部在大陆以外该领域 带有开创性的著作，影响很大，故而就更有必要尽一得之见，拾遗补缺。在这 里，我想就以下 4 个问题略陈管见，并就教于李本京、于子桥两位前辈。

（一）取材问题

客观的分析和结论来自较为全面、可靠的材料，何况本书用了许多定量分 析法，这一点就显得尤为重要；然而，恰恰是在取材方面，本书难以符合这一 前提。以该书的主干——"中国大陆美国研究学术报告分析"为例，它所研究 的 90 篇抽样文章选自 24 种③ 被认为是与美国事务有关的有"代表性的'重 点'刊物"（第 24 页）。据笔者统计，这 90 篇文章中，除《复旦学报》16 篇、《武汉大学学报》9 篇、《美国研究参考资料》8 篇、《南京大学学报》6 篇外，《历史研究》、《北京师范大学学报》、《国际问题研究》各 5 篇，《历史教学》、《兰州大学学报》、《南开学报》各 4 篇，《西北大学学报》、

《现代国际关系》、《北京大学学报》各3篇，《四川大学学报》、《吉林大学 学报》、《外国文学研究》、《学习与研究》各2篇，《文史哲》、《文艺理 论研究》、《社会科学》(沪)、《中国社会科学》、《外国戏剧》、《中央 音乐学院学报》、《外语教学与研究》各1篇。据作者自述，其所以选取这些 期刊，主要原因之一是它们"具全国性知名度与领导地位"(第20页)。可 是，我们注意到，作者抽样时却忽视、遗漏了中国美国学的核心期刊——《美 国研究》、《世界历史》、《世界经济》、《美国文学丛刊》、《近代史研究》，亦未注意到有关的内部刊物——《美国研究丛刊》、《现代美国文学研究》、《中美文化研究》、《美加经济研究》。对经常刊载美国研究成果的其他杂志④也忽略未计。这样一来，就不能不影响到抽样的质量。比如，像《美国研 究》这样一份创刊于1987年、由中华美国学会和中国社会科学院美国研究 所联合主办的学术季刊，恰恰是中国在美国学方面在全国最有代表性的期刊，本书在其他地方也提到过，说明作者是知道其存在的。可是本书在取材时却弃 而不论，令人费解。此其一。再从这90篇抽样文章来看，计有书评5篇、美 国学者讲座介绍2篇、会议报道1篇、译文1篇。就是说，这些文章中至少有10％本来就不是严格意义上的学术论文(Articles)，其他的选样文章亦不 乏平平之作。坦率地讲，这90篇文章很难说已代表了大陆美国学界十数载的 主要学术成果⑤。同样，这90篇文章的88位作者也很难被认为是大陆美国 学界最有代表性的学者⑥。作者在介绍其样本选取过程时曾认为，他们那种"大 量随机抽样"的选样方式"具有随机和灵活的优点"，并相信"本研究的发现 必能激起大家的兴趣和注意"。可是，读过这本书后，我本人对此却不这么乐 观。此种"随机"、"灵活"的方式，选来选去(不管是刊物、还是文章)，到头来，既不能保证抽样刊物的质量，又不能保证抽样文章及其作者的代表性，那么，类似"研究"的"发现"又有何意味呢？此其二。作为一本"以大陆美 国研究为题的专书"("序")，该书"旨在探讨中国大陆的美国研究状况"（第1页），然令人不解的是，它居然把十几年来大陆出版的美国学著作（书）一概摒弃在考察对象之外。其实，至少自1978年起，我国大陆学者在美国研究著述方面是很有作为的。一批批在体系、观点、材料等方面均有开创意义的丛书[⑦]、专著[⑧]、论文集[⑨]、教科书[⑩]纷纷问世，即是显例。关于这一点，连李本京先生、于子桥先生也是承认的，[⑪]惜乎他们在进行研究时却未把这个不可或缺的重要部分包括进去。问题在于，离开了对这些有价值的著作类成果[⑬]的审视，怎么能谈得上是对大陆美国学的全面把握呢？此其三。

（二）人名、机构名称的讹误

除了相当普遍的印刷错误[⑬]外，《中国大陆美国研究现况与分析》一书还有一些似是而非之说[⑭]。特别是，在介绍或提到有关学者或机构时，该书出现了大量问题。有关具体情况，请参见表甲、表乙：

表甲　有关人士姓名正误比较表

误	页　码	正
张　敦	"序"（2页）	张　毅
伍世荣	"序"（3页）	王世荣
王　璞	"序"（14页）	王　玮
何顺景	31、140页	何顺果
周珪良	34、133、154页	周珏良
席学谖	34、133、151页	席学缓
房长江	34、133、153页	屈长江
谭俊杰	36、134、160页	谭君久
屈　陘	36、158页	屈　湮

误	页　码	正
杨献英	37、135、166 页	杨灿英
过　洋	54 页	温　洋
曹绍镰	93 页	曹绍濂
陈君懋	94 页	陈启懋
陈胜林	94 页	陈胜粦
程汉丈	95 页	程汉大
郑红凤	95 页	邓红风
郑蜀生	95 页	邓蜀生
杜　度	95 页	杜　美
高鸿也	96 页	高鸿业
关绍记	97 页	关绍纪
洪吉彦	97 页	洪君彦
黄德泉	98 页	黄德禄
黄可杧	98 页	黄柯可
黄水群	98 页	黄兆群
李羡林	99 页	季羡林
蒋湘潭	99 页	蒋相泽
蒋湘津	99 页	蒋相泽
金君辉	99、176 页	金君晖
蕲文翰	99 页	靳文翰
周铭洲	99 页	车铭洲
李慎文	100 页	李慎之

误	页　码	正
李存洲	99 页	李存训
粟斯提	100 页	粟思提
刘佳炎	101 页	刘传炎
刘同萍	101 页	刘同舜
罗药渠	102 页	罗荣渠
马狄莎	102 页	马秋莎
梅益仁	103 页	梅仁毅
仁东来	104 页	任东来
沈仁道	104 页	沈仁安
谭绖安	104 页	谭圣安
谭宗台	105 页	谭崇台
陶火镛	105 页	陶大镛
陶　结	105 页	陶　洁
佟宪国	106 页	佟宪国
王义明	107 页	汪义明
吴大昆	107 页	吴大琨
吴继先	107 页	吴纪先
武世民	107 页	吴世民
杨逢垠	135、167 页	杨逢珉
吴文军	107 页	武文军
杨惠平	109 页	杨惠萍
杨周汉	109 页	杨周翰

误	页 码	正
姚庭纲	109 页	姚廷纲
易梦红	110 页	易梦虹
愈可兴	110 页	俞可兴
张椿平	110 页	张棒年
张静宜	111 页	张静怡
赵宝照	111 页	赵宝煦
郑应英	112 页	郑亚英
周基坤	112 页	周基堃
庄德均	113 页	庄德钧
赵尧丽	153 页	赵晓丽
东 英	154 页	车 英
王辑思	175 页	王缉思
丁则名	178 页	丁则民
康铭洲	179 页	车铭洲
丁铭楠	178 页	丁名楠

注： (1)本表所述上列人士,系指《中国大陆美国研究现况与分析》一书曾提到过、然有明显的讹误者。(2)这些人士中,有的其实并非从事美国问题研究。(3)表中"误"一栏,指《现况与分析》一书中原先的记载;"正"栏者,则是笔者所作的初步辨正;"页码"指该书出现时的场合。(4)本表中的"误"、"正",系按该书注明的"隶属单位"等推断。

表乙　有关机构或专门概念正误比较表

误	页　码	正
洛阳军事科学院外国军事研究部	"序"(6页)	中国人民解放军军事科学院外国军事研究部(北京)
上海国际关系研究所	"序"(19页)	上海国际问题研究所
黑龙江学	17页	黑龙江大学
现代国际问题研究所	9页	中国现代国际关系研究所
中国美国研究协会	9、128页等	中华美国学会
长春师范大学	"序"(15页)	东北师范大学
北京国际关系研究所	26页	中国国际问题研究所
北京外交研究所	83页	外交学院
南开大学美国史研究所	8、127页等	南开大学历史研究所美国史研究室
复旦大学美国问题研究所	8、129页	复旦大学美国研究中心
武汉大学北美研究所	8、124页等	武汉大学美国加拿大经济研究所
南京大学近现代英美对外政策研究所	8、130页	南京大学历史系近现代英美对外关系研究室
山东大学现代化美国文学研究所	8、129页	山东大学美国文学研究所

误	页　码	正
山东大学中国美国文学研究协会	9 页	中国美国文学研究会
中国美国历史研究协会	9、98 页等	中国美国史研究会
中华美国经济学会	"序"(11 页)	中国美国经济研究会
武汉大学美国史研究中心	93 页等	武汉大学历史系美国史研究室
中国社会科学院美国文学研究所	109 页等	中国社会科学院美国研究所
中国社会科学院世界经济政策研究所	109 页等	中国社会科学院世界经济与政治研究所
东北大学	83 页	东北师范大学
人氏出版社	177 页	人民出版社
东师范大学	120 页	华东师范大学
海外国语学院	180 页	上海外国语大学
西门外语学院	126 页	西安外国语学院
音乐与跳舞	41 页	《音乐与舞蹈》
研究与学习	41 页	《学习与研究》
《武议大学学报》	133 页	《武汉大学学报》
"文芒论研究"	26 页	《文艺理论研究》
《文艺论研究》	133 页等	《文艺理论研究》
"文哲报"	26、40 页等	《文史哲》
《山东文哲报》	132 页等	《文史哲》
中华美国学院	184 页	中华美国学会

注：《中国大陆美国研究现况与分析》一书在介绍有关机构等情况时，出现了一些不甚规范的说法（包括印刷错误）。兹据实列表辨正如上，供参考。

（三）关于"成就"学者名单

该书附录 A 为《"成就"学者参考名录》。按照作者的说明，"本研究特将 中国大陆美国研究之专家学者人名录收辑成附录 A，……资料来［源］主要为 美国新闻总署的研究报告，中文期刊中亦收集 100 多人次。虽然这二者出处 并不能保证所有人员都有很高的学术成就，但也足能说明他们在学术界的表现 是不容置疑的，因此，附录 A 内的所有人名，均可视为'成就学者'"（第 14 页）。然而，所谓的"成就学者"，其中有相当大一部分恰恰是大可"置疑"的。又据作者说，他们之收集此资料，是帮助人们了解"那些人的地位在他们机构 里到底有多高以及其影响力如何"（第 30 页）。应当说，这显然都是为读者 着想的。问题在于，这份长达 21 页、占全书 10％篇幅的"名录"所附的 451 名所谓大陆美国学"成就学者"中，据我初步考索，至少有 210 人事 实上完全与美国问题研究无关。就是说，这近 50％的"成就学者"，既非从 事美国学的教学，也非从事美国学的研究，亦非从事美国学著作的翻译或出版。把这么一大批人随意升格为美国研究"成就学者"，可谓莫名其妙。与此同时，一些真正孜孜耕耘于美国学园地并在国内外已有相当知名度的专家，这份"名 录"却又付诸阙如。此份"名录"中的某些人士，如季羡林、钱钟书、张友渔、端木正、冯至、杨绛等，确为硕学鸿儒、大家名流，但其专业并非研究美国问 题。很可奇怪的是，这份"名录"甚至还把一个人当作两个"成就学者"同时 列入，比如在北京大学栏内，即紧挨着罗荣渠、"罗药渠"这两个名字，中山 大学的蒋相泽被当成"蒋湘潭"、"蒋湘津"两位"成就学者"同时列入。此 外，"名录"所注明的学者与其隶属单位关系上亦有不少张冠李戴之处，如把 董衡巽（中国社会科学院外国文学研究所）、施咸荣

（中国社会科学院美国研 究所）、李文俊（中国社会科学院外国文学研究所）、赵家璧（人民文学出版 社）、冯亦代（三联书店）、赵罗蕤（北京大学）、周珏良（北京外国语大学）、张禹九（湖北大学）、梅绍武（中国社会科学院美国研究所）等统统说成是山 东大学的，把上海社会科学院的储玉坤、褚葆一、陈招顺说成是中国社会科学院的，把张培刚（华中理工大学）说成是华中师范大学的，把张梦白（苏州大 学）说成是深圳大学的，把王旭（东北师范大学）说成是西北师范大学的，等 等。再就是，这份"名录"起码有四五十人的名字的写法有明显错误（参见表 甲）。作者曾在另一处场合谈到：他们之把 37 所大学的美国研究人员均一一罗列于"名录"中，"北[此]举的意义在于说明本研究具有最高的可信度"（参见第7、5 页）。我的看法恰恰相反，此举大约既不能证明其研究的"可 信度"，也不能表明其"最高的可信度"。在我看来，如此一份有如此之多讹 误的"名录"，完全不足以反映大陆美国学学者队伍的构成、素质及现状。设 若以此"名录"为据，进而观察大陆美国学现况，恐怕是很难得出一个相对公 允的评估的。我个人认为，附此问题成堆、不伦不类的所谓《"成就学者"参 考名录》，很可能是《中国大陆美国研究现况与分析》一书的败笔。如此言重，不知本京、子桥先生以为然否？

　　（四）以"意识形态"划线不当

　　最后，还想在此提出讨论的是，该书作者似乎过于看重了十几年来大陆美 国学发展的非学术环境。比如，按该书之见，中国大陆美国学的第一个特征是："以政治挂帅，学术也就只好在狭窄的境遇中十分困难地谋求一些有限的活动 生机"，"要想做独立的学术研究是件相当困难的事"（"序"）。从这样一 个前提出发，作者主观地认为，"因处于马克斯[思]主义挂帅的环境中，中 国大陆[美国]学界均以研究经济和历史为主。毫无疑问地，在这二大主力学 科影响下，研究美国政治制度的学者就显得英雄无用武之地。同样情形,文学 和语言学者亦无处发挥"(第15页)。冷静观之,其实未必尽然。一来李、于两位先生的判断并不尽符合十数年来大陆美国学发展的真情实际;二来此一 判断显然过于猜测意识形态因素对美国研究的影响力了。虽说囿于主客观条件(如图书资料、人才培养以及确实存在的某些思想禁锢等)的局限,大陆美国 学各分支学科尚存在着不尽平衡的情况,但从十几年来问世的有关论著来看,除 美国史研究、美国经济研究仍保持强劲势头外,美国文学研究亦蓬勃向上,大 有并驾齐驱之势⑮,其中对奥尼尔、海明威、惠特曼的研究⑯已挖掘到 相当的深度。对美国外交特别是中美关系史的研究,自80年代初以来,亦后 来居上,十分引人注目。⑰这都是不争的事实。何况以研究何种学科来划分 马克思主义与非马克思主义,这种做法本身就很难说是科学的。

该书还硬性地把大陆美国学研究者划分为壁垒分明的"正教派"(Orthodox) 和"异端派"(Gnostic)这两大阵营。据说,"分辨'正教派'及'异端派'文章之主要方法,系以文章内容而定,其标准为是否具有很明确, 或甚至完全 以马克斯[思]思想为基础讨论一项主题。这种以意识形态主导风格的写作方 式,由以下四点分析,即能很清楚地察觉出来:(1)一再引用马克斯[思] 主义者言论,(2)带有经济决定论的世界观, (3)对其他主义信念,均以 道德律去批评训斥,(4)全篇充满激动的字眼与文辞,将评论对象批评为和 邪恶结为一体。……至于'异端派'之文章,则根本没有马克斯[思]思想 的干扰,完全就事论事。"(第29页)更有甚者,该书在分析具体作品时,凡对美国某些方面持批评意见者,即被列入"正教派";对美国作正面叙述或 分析者,即被视为"异端派",或是"反马克斯[思]主义"。客观地说,这 种非此即彼、形而上学的作法本身,实在是把复杂的问题过于简单化了。能否 说在著书立说中引用了马克思的话就是"读来犹如宗教的道德诗篇"呢?显然不能。其实,即使是包括美国学者在内的西方学者,也不拒斥马克思的言辞，正如大陆学者也常常征引马克斯·韦伯的论断一样，有什么可大惊小怪的呢？至于以肯定或批评美国来划线，似乎更不足为据。众所周知，当年马克思本人 也曾对美国给予过很高的评价。况且同样显而易见的是，美国是一个十分复杂 的国家，即便是同一个学者对它这一方面予以正面评论而对另一方面或另一段 历史予以尖锐批评，亦属屡见不鲜；即便以该书圈定的标准来衡量，对同一学 者也难免存在断章取义、牵强附会之处。顺便说一句，某些美国学者在观察、分析大陆美国研究学者时也有此种简单、武断的作法。坦率地讲，在我们的学 者中间，人们已经越来越反感这种"扣帽子"式的"定论"了（称某某是"非 马克思主义"之类，也恰好是大陆某些人喜欢摆弄、强加于"论敌"的很现成 的"战无不胜"的"帽子"）。事实上，李氏等也已意识到：把大陆美国学学 者人为地弄成"正教派"、"异端派"，"这种正反二元化的方法，可能流于主 观、草率"（第29页）。但很可惜的是，他们同时又坚信"此分法却能很适 切地将中国大陆学术论文廓清开来"（第29页）。岂不怪哉？

此外，正是由于作者这种既定的从意识形态出发的主观判断，因而，该书 的某些分析就难免有牵强附会、子虚乌有之嫌。比如，"序"中曾提到"长春 师范大学［按：应为东北师范大学］的副校长就兼任美国所所长"（第15页），即属不实之论。⑱书中在评论温洋的《美国人价值观浅谈（之二）平 等、自由》一文时，甚而至于断定这篇纯学术性的文章"不仅反马克思主义路 线，而且不单只介绍美国，还倡导美国人的价值观"（第57页），未免过于玄乎了。

四

我由此还生发出其他一些感慨。

不知其根本缘由何在，反正不短的时期以来，在我国的美国研究领域中，人们似乎对国人自己的研究成果不怎么关心。相形之下，对英文版的书或外国人写的书（哪怕是一般通俗读物），好像总是持敬而仰之的态度。这当然不是说不分场合、不加区别地动辄征引中国人自己的成果，更不是说不重视外国学者的最新学术成果。关键是，如何很好地摆正这两者之间的关系？另一种与此不无关联的现象是，我们对自己以往及现有的学术研究历程、著述或成败得失缺乏必要的总结，有的是不屑做或认为不值得做，有的想做但因受材料等局限而做不了。倒是台湾学者、外国学者抢先一步，率先在这一方面推出专书（如《中国大陆美国研究现况与分析》）。然而，事实表明，这样的工作由大陆以外的学者——即使是像李本京、于子桥先生这样颇负盛名的学者——来做，终归存在着资料搜集等方面的特殊困难或者不方便。现在该是认真从事这项研究的时侯了。

几年来，我曾在不同场合呼吁要重视和开展对中国美国学史的研究，并身体力行，为此作过一些初步的尝试和探索。还有一些别的学者也在卓有成效地开展研究工作。⑩由王缉思、杨玉圣、金灿荣发起和组织编辑的《中国美国学百科全书》(Incyclopedia of American Studies in China)一书，自 1993 年 4 月开始策划、准备，现已进入实际编撰的阶段。作为一部系统、全面地反映和总结晚清以来中国人探索美国的学术历程的大型专业工具书，其目的，一是为了更进一步促进和发展中国的美国研究，二是为了改良和加强海内外（包括海峡两岸之间）美国学界的学术交流与协作。它将以如实地反映中国美国学历程、成就为己任，为中国的美国学在世界学坛上占有一席之地而竭尽全力。

或许可以说，李本京先生等的新著再次提醒我们：中国美国学史的的确确是一个值得引以重视、亟待加以研究的新课题。

注释：

① 李本京（Thomas B. Lee）、于子桥（George Yu）著：《中国大陆美国研究 现况与分析》，台北正中书局 1991 年 12 月初版。大 32 开，共 210 页。1993 年 6 月，笔者偶得此书问世之讯，遂致函李本京教授，李先生旋即热情回复，并于是年岁末托人自台北捎来此书相赠。谨此特别向李本京教授致谢。

② 参见资中筠："中国的美国研究"，《美国研究》，1987 年 1 期。

③ 该书第 20 页说，"本研究所分析的 90 篇文章采自 20 种期刊"。按：据笔者统计，实为 24 种期刊。

④ 如《世界史研究动态》、《世界经济与政治》、《东北师大学报》、《山东 师大学报》、《读书》、《外国教育》、《南开经济研究》等。

⑤ 参见杨玉圣、胡玉坤编：《中国美国学论文综目》，辽宁大学出版社，1991 年，第 20—21 页，"中国美国学论文资料统计"。

⑥ 在这 90 篇抽样文章的 88 位作者（其中 7 篇文章系由两人合作而写）中，大约有 31 人确系著述较多、有成就者（约占 35％），其余则表现一般，无甚作为。在这 88 位作者中，除倪世雄 4 篇抽样文章（含译文 1 篇）、李东、周敦仁、颉普、张友伦、周文贵各 2 篇外，其余均不超过 1 篇（有的是两人合写 1 篇）。

⑦ 如商务印书馆的《美国丛书》、中国社会科学出版社的《美国译丛》、上海 外语教育出版社的《美国文学史论译丛》、北京三联书店的《美国文化丛书》、（以上均系译作）；汪熙主编的《中美关系研究丛书》、丁名楠主编的《中美 关系史丛书》、董乐山主编的《美国与美国人丛书》（以上包括著、译作）；杨生茂、刘绪贻主编的《美国通史丛书》、刘绪贻主编的《美国现代史丛书》（以上均为著作）。顺带提到的是，由资中筠、刘颖主编的《美国哲学社会科 学名著丛书》、《美国研究丛书》，也已开始由中国社会科学出版社陆续出版。

⑧ 如刘柞昌著《美国内战史》（1978 年）、黄绍湘著《美国通史简编》（1979 年）、邓蜀生著《罗斯福》（1985 年）、刘绪贻主编《战后美 国史》

（1989 年）、丁则民主编《美国内战与镀金时代》(1990 年)、余志森著《华盛顿评传》(1990 年)、刘柞昌著《杰斐逊传》(1990 年)、邓蜀生著《美国与移民》(1990 年)；褚葆一主编《当代美国经济》(1981 年)、薛伯英主编《美国政府对经济的干预和调节》(1986 年)、章嘉林主编《变化中的美国经济》(1987 年)、龚维敬和甘当善著《美国 垄断财团》(1987 年)、陈宝森著《美国经济与政府政策》(1988 年)；董衡巽、朱虹、施咸荣等著《美国文学简史》(1978、1986 年)、赵毅衡著《远游的诗神》(1985 年)、毛信德著《美国小说史纲》(1988 年)、李野光著《惠特曼评传》(1988 年)、刘海平和朱栋霖著《中美文 化在戏剧中交流——奥尼尔与中国》(1988 年)；资中筠著《美国对华政策的 缘起和发展》(1987 年)、牛军著《从赫尔利到马歇尔》(1989 年)；李道揆著《美国政府和美国政治》(1990 年)。按：考虑到《中国大陆美 国研究现况与分析》一书系出版于 1991 年底，故本文列举有关著述时仅限于 1990 年以前出版的。下同。

⑨ 如中国美国史研究会编《美国史论文集》(1980、1983 年)；汪 熙主编《中美关系史论丛》(1985 年)和《中美经济关系：现状与前景》(1989 年)、丁名楠主编《中美关系史论文集》第 1、2 辑(1985 、1988 年)、罗荣渠著《中国人发现美洲之谜》(1988 年)、袁明 等主编《中美关系史上沉重的一页》(1989 年)、中国社会科学院美国研 究所等编《中美关系十年》(1989 年)；朱虹著《英美文学散论》(1984 年)、施咸荣著《西风杂草》(1986 年)、钱满素编《美国当代小说家论》(1987 年)、龙文佩编《奥尼尔戏剧研究论文集》(1988 年)；《美 国国家垄断资本主义与经济危机》(1984 年)；复旦大学国际政治系编《美 国研究》(1986 年)。

⑩ 如杨生茂、陆镜生著《美国史新编》(1990 年)。

⑪ 李本京、于子桥教授"序"称："大陆上近三年来，不少有关美国研究的 书籍出版，深受注目，也令人印象深刻。"

⑫ 例如，在 1993 年岁末揭晓的中国社会科学院首次优秀著作奖(1978－1991 年)评选结果中，资中筠研究员的《美国对华政策的缘起和发展》、李道揆研究员的《美国政府和美国政治》、陈宝森研究员的《美国经济与政府 政策》，均榜上有名(此次全院系统共评出 77 种获奖

著作),引人注目。再 如,刘绪贻教授主编的《战后美国史》(韩铁、李存训、刘绪贻著),亦曾荣 获第 4 届中国图书奖二等奖(1990 年)。

⑬ 举其要者,如把一蹶不振印成"一厥不振"(第 163 页),把享有盛名印成"亨有盛名"(第 87 页),把当代美国的中国研究印成"当代美国的人 国研究"(第 139 页),把 1980 年代印成"一九八０年伐"(第 88 页),把欣赏印成"欣贲"(第 149 页),把略述印成"略速"(第 167 页),把很容易印成"很客易"(第 80 页),等等。

⑭ 如在谈到"大陆各地的出版公司单位也相当多"时,说"上海有商务印书 馆,而重庆也有商务印书馆"("序"),显然是误会。再如"序"中谈到:大陆"研究美国的'研究中心'也雨后春笋,到处都是……,比如内蒙古包 头师专也自己成立了一个美国研究中心",此说恐亦不足为凭。又如,《"成 就"学者参考名录》中的"备注栏"不时出现"主席"、"副主席"字样,想 必系据英文 President、Vice President 转译而成,但事实上,大陆现行的称 谓为校长、系主任、所长、教研室(研究室)主任,虽说可译作 President 或 Chairman,但若从英文还原为中文,还须"约定俗成"或者"入乡随俗"为好,否则,说某某是"主席"或"副主席",就难免闹出笑话。

⑮ 参见黄梅、钱满素、王义国:"英美文学三十年",《外国文学研究集刊》,第 3 辑(1981 年);施咸荣:"美国文学在中国",《翻译通讯》,1983 年 12 期;施咸荣:"近十年美国文学在中国",见《中美关系十年》(1989 年)。

⑯ 参见刘海平、朱栋霖:前引书;吕艺红:"1988 年奥尼尔热在中国",《外国文学研究》,1989 年 1 期;王彪:《新中国的海明威研究》(硕士论文),云南大学,1988 年;邱平壤:《海明威研究在中国》,黑龙江教育出版社,1990 年;杨仁敬:《海明威在中国》,厦门大学出版社,1990年;李野光:"惠特曼在中国",见《惠特曼研究》"附录"(1988 年)。

⑰ 参见汪熙、王邦宪:"我国 35 年来的中美关系史研究",《复旦学报》,1984 年 5 期;陶文钊:"中美关系史研究十年回顾",见《中美关系十年》(1989 年);杨玉圣:"中国美国学的一株奇葩——八十年代的中美关系 史研究",《美国研究参考资料》,1991 年 3 期。另,中华美国学会中美 关系史专业委员会也已于 1993 年 8 月在北京成立。

⑱ 东北师范大学美国研究所是在该校历史系美国史研究室的基础上于1989 年成立的。该所成立伊始，即由丁则民教授担任所长，他是前美国史研究室主 任，而非什么"副校长"。

⑲ 如黄安年教授除编印了《百年来美国问题中文书目》(1990 年)外，还在从事中国美国学信息库课题的研究。

后　记

　　非常感谢汪熙教授,也非常感谢复旦大学出版社。没有其关怀和扶助,本书是难以面世的。

　　对中国人的美国观这一课题的兴趣,虽说由来已久,但真正有机会着手进行专门探讨,还是 1990 年初第一次拜访汪熙先生之后。汪先生热心支持这一课题的研究。后来,又亲自拟定了本书的书名,即《中国人的美国观——一个历史的考察》。在资料收集、纲目设计及写作过程中,先生又屡屡惠予关心、鼓励。凡此等等,我都是感念不已的。

　　系统研究晚清以来中国人对美国的认识历程,是一个非下硬功夫不可的苦差;在现有条件下亦难免这样或那样的困难与不便。本书交稿于 3 年前的 1992 年岁末。不少师友始终惦念着它的出版问题。此次趋校读清样之际,对个别文字进行了必要的调整或修补,并在参考书目中增列了部分新著。本书创获无多,不成体统,只是一个初步尝试。若有机会,我愿为此付诸进一步努力。

　　我还想在这里特别感谢资中筠研究员和袁明教授,承她们慨然同意转载其宏文大作,为拙著增辉良多。感谢黄安年教授、张宏毅教授推荐本书申请中华美国学会美国学著作出版基金,并承陶文钊研究员盛情关照。邬红伟先生负责本书的编辑事务,劳苦功高。谨此一并申致敬意。

　　在笔者的心目中,读者是上帝,也是朋友。我期待着批评与交流。

杨玉圣

1995 年 11 月 11 日

复旦大学美国研究中心

中美关系研究丛书

汪 熙 主编

已 出 版

（目录中带▲的书在美国由芝加哥大学出版社及加州大学出版社同时出版英文版。）

责任编辑 邬红伟

责任校对 马金宝

中美关系研究丛书(第15辑)

汪 熙 主编

中国人的美国观

——一个历史的考察

杨玉圣 著